U0945637

2024年馆校结合科学教育论文精选

钟 琦 李正伟◎主编

九州出版社
JIUZHOUPRESS

图书在版编目（CIP）数据

2024年馆校结合科学教育论文精选 / 钟琦，李正伟主编. —北京：九州出版社，2025.3. —ISBN 978-7-5225-3815-0

Ⅰ.N282-53

中国国家版本馆CIP数据核字第2025ZE3766号

2024年馆校结合科学教育论文精选

作　　者　钟　琦　李正伟　主编
责任编辑　李创娇
出版发行　九州出版社
地　　址　北京市西城区阜外大街甲35号（100037）
发行电话　（010）68992190/3/5/6
网　　址　www.jiuzhoupress.com
印　　刷　三河市中晟雅豪印务有限公司
开　　本　710毫米×1000毫米　16开
印　　张　25.5
字　　数　390千字
版　　次　2025年9月第1版
印　　次　2025年9月第1次印刷
书　　号　ISBN 978-7-5225-3815-0
定　　价　89.00元

前言
PREFACE

为深入贯彻习近平总书记关于“要在教育‘双减’中做好科学教育加法”的重要指示精神，全面落实教育部等十八部门《关于加强新时代中小学科学教育工作的意见》，教育部办公厅于2023年12月11日发出《关于推荐首批全国中小学科学教育实验区、实验校的通知》，启动了全国中小学科学教育实验区、实验校建设工作。文件要求各地充分利用科技场馆等资源建设科学教育基地，并促进形成中小学与科技场馆等的常态合作，推动科学教育高质量发展。目前，相关工作已经展开，给我们“馆校结合·科学教育”相关研究和交流工作提出了新的紧迫课题。

因此，我们拟聚焦全国中小学科学教育实验区、实验校建设开展“馆校结合·科学教育”征文活动，面向科学教育的研究者、实践者、管理者，广泛征集基于馆校结合做好科学教育加法的相关研究论文。

征文设置5个主要议题，分别为：

1. 区域科技场馆集群助力科学教育实验区建设

（1）场馆资源共建共享服务和科学教育相关机制建设；

（2）提升区域场馆创新能力，服务科学课程定制化设计；

（3）区域馆校结合开展国家创新人才培养。

2. 馆校结合助力科学教育创新

（1）场馆在跨学科主题学习中的作用；

（2）馆校结合提升青少年科学思维能力；

（3）人工智能、大数据等前沿科技在馆校结合科学教育中的应用。

3. 馆校结合助力科技教师专业发展

（1）馆校结合开展科技教师专业培训；

（2）馆校结合助力科技教师开展科学课程设计；

（3）科技教师科学教育活动效果评估评价。

4. 高校、企业助力科学教育

（1）高校科协助力科学教育案例研究；

（2）企业科协助力科学教育案例研究；

（3）国外高校、企业助力科学教育案例研究。

5. 社会力量助力科学教育加法

（1）馆校外科技教师的培养；

（2）研学活动中的个性化科学教育设计；

（3）科技工作者参与科学教育实验校建设的方式方法。

本次征文活动最终收录 35 篇原创论文，所有论文均未在其他学术会议或公开出版物上发表，为“馆校结合 · 科学教育”领域的深入研究提供了丰富的第一手资料。

目 录
CONTENTS

科普场馆联盟开展科学教育服务的机制与建设研究

傅子杰　杜心宁

自党的十八大以来，随着创新驱动发展战略的部署与实施，科学教育已迈入了新的发展阶段。[1]科技的快速变革深刻改变着社会结构和人类生产生活方式。为此，国务院印发的《全民科学素质行动规划纲要（2021—2035年）》指出："引导中小学充分利用科技馆、博物馆、科普教育基地等科普场所广泛开展各类学习实践活动。"[2]2023年，中国进一步提倡在教育"双减"中做好科学教育加法。[3]这些系列举措彰显出中国加快建设教育强国、科技强国、人才强国[4]的坚定决心。在此背景下，校外科学教育的服务正在积极转型，以便更好地为广大青少年提供科学技术教育与创新实践教育服务。

当前，我国校外科学教育面临着多重挑战，如理论教学与实践教学比例失衡、区域发展水平差异显著、科学教育资源整合不充分、师资队伍专业能力参差不齐、人才培养机制不健全等。在此背景下，联盟化场馆合作模式为科学教育发展提供了新机遇。本文旨在探讨科学教育试验区内区域科技场馆集群建设的科学教育服务思路，以期推动科学教育的创新发展。

一、校外科学教育的背景分析

目前，我国校外教育通过提供精准的个性化、主题式、项目式教育服务，构建起学校教育的有益补充体系，并在实践层面广泛应用新技术扩展教育资源，显著提升了校外教育质量。[5]科普场馆是校外科普教育的基地之一，在普及科学知识、弘扬科学精神、收藏和研究自然科学资源等方面发挥着重要的教育作用。科普场馆作为培养公众创新精神和提升科学素养的重要社会途径，不仅为公众提供了丰富的科学知识和实验活动，还激发了人们对科学探索的兴趣和热情。

面对社会层面对科学与技术学习需求的增长，传统的实体场馆难以满足人们日益多样化的学习需求，因此，区域科技场馆集群化的发展策略应运而生。这一策略旨在通过资源共建共享整合各场馆的优势资源，提供更丰富的科学教育服务。集群化的合作模式，不仅能够扩大科技场馆的教育服务范围和影响力，还有助于推动科学教育的创新。

然而，当前发展仍存在一些亟待解决的问题，例如如何构建有效的资源共建共享机制，以及如何通过这些机制促进科学教育实验区的教育服务，等等。本文旨在探讨科学教育实验区内发展区域科技场馆集群进行科学教育服务的建设思路，以期为相关领域同仁开展联盟化合作活动提供理论依据和实践参考。

二、国际科普场馆集群共建的服务机制研究

（一）集群概念

集群（cluster）概念自 20 世纪 90 年代由经济学者提出，其定义是一定地域范围内企业与其他相关机构共同发展的模式思路。对于场馆机构而言，集群模式能够提升经济效益，丰富博物馆文化消费内涵，并为科技文化的可持续发展作出贡献。

（二）集群化运营模式

总体而言，集群化运营分为以下几种模式：后因性垂直管理模式、先因性垂直管理模式、服务型水平合作模式、共享型水平合作模式。

这些模式通过人力、财力、物力、信息等资源共享，形成巨大合力，增加辐射力，提升社区、地区，甚至国家的科技文化软实力。

（三）国际科普场馆集群的教育服务经验

在国际上，科普场馆联盟发展已经有了较为丰富的实践经验。全球有许

多场馆集群化运营形成生态成效，包括诸多不同发展模式。

英国科技博物馆集团采用“总分馆”模式，各分馆在统一决策体系下发展，有着共同使命与愿景，扩大了科普场馆的影响力，并提升了资源利用效率。[6]

大都会博物馆（Metropolitan Museum of Art）、盖蒂基金会（Getty Foundation）等机构积极采用“总分馆”模式，分馆拥有管理与执行人员，总馆又总体保证场馆利用资源提供更多服务、扩展影响力，各分馆彰显各自特色。

古根海姆基金会采用“连锁”模式和休斯敦博物馆区达成自愿结盟模式，为国际科普场馆联盟的发展探索出了多样化的路径。[7]

古根海姆博物馆负责把握艺术方向并出借藏品、帮助举办展览。

休斯敦博物馆区通过结盟并设立机构统筹发展。其统筹同社区多家场馆设立休斯敦博物馆区协会，并与其他地区协会合作，将区域内的诸多场馆纳入专门机构统筹，形成合力。

美国史密森学会凭借独特的“公私合作”模式，成为全球极具特色的博物馆与研究集群。[8]

总之，集群发展给予博物馆未来以巨大发展潜力。

（四）集群理念：跨界融合与创新

2018 年国际博物馆日的主题“超级连接的博物馆：新方法、新公众”（Hyper connected museum: New approaches, new publics），反映了这一全球趋势。随着数字技术的不断创新，为科普场馆的跨界融合提供了坚实的技术支持与保障，使其迎来了新的融合机遇。近年来，博物馆界广泛将合作发展思路融入“文旅融合”“博物馆之夜”“智慧场馆”“虚拟博物馆”[9]等项目中，推动场馆突破自身局限，探索馆间创新模式，实现多场馆集群化运营，在内容和渠道上深度融合，不断探寻新时期科普场馆的创新发展途径。

（五）世界场馆集群的未来展望

技术创新“掀开”了世界上各个场馆的屋顶，没有边界的博物馆、科技馆、美术馆、自然馆成为发展的前沿方向。建设场馆区域联盟机制并辐射到更广泛的教育服务，实现综合效益最大化，集群化服务机制建设势在必行。世界范围内的区域场馆联盟，是尝试的第一步，通过“左邻右舍”的场地及藏品、人力、资金、渠道等各资源间的互通共享。比如，共同举办展览、实施教育项目、开展科学研究、进行媒体宣传等，构建起区域内的科学传播共同体，是当前最为可行的服务机制模式。当区域场馆联盟模式走向成熟时，未来还将继续探索更加广泛的场馆集群网络。这些发展路径与各国的教育战略和地区发展的趋势紧密结合，持续构建良性发展的生态系统。

三、中国科普场馆集群的现状概览

当下，中国现代自然科学场馆集群正在蓬勃发展。随着自然科学、技术以及人文领域的迅猛发展，文化类、科学类与自然类场馆紧密协作，共同构建起科普场馆集群，全力推动科学教育服务的提升。这种良好的发展态势，不但提高了各场馆的社会影响力，也有力地促进了科普教育的高质量发展。

经过多年建设，中国科普场馆的数量快速增长，截至2022年底，全国科技馆和科学技术类博物馆共有1683座，比2012年的996座增长了69%。科普场馆的发展从追求数量增长逐步转向需要提质增效的新阶段，科普场馆集群发展理念获得业界普遍认同。

近年来，中国科普场馆联盟发展成效显著，科普场馆的集群发展样例层出不穷。通过资源整合和不同的合作共享模式，场馆联盟成员间的教育服务能力和社会影响力得到显著提升。全国建成多种场馆集群，很多区域的集群模式，成了重要的地区“文化名片”。如中国现代科技馆体系、粤港澳大湾区科普联盟、长三角科普场馆联盟、京津冀科学教育馆联盟、[10]东北三省一区科普场馆联盟、黄河流域博物馆联盟、丝绸之路国际博物馆联盟等区域性联盟的建立，[11]都成了场馆集群发展的“排头兵”，推动区域科普资源整合和共享，[12]提升了各个场馆的科普教育整体水平。

通过联盟化发展，中国的科普场馆实现资源高效利用，有效减少了资源浪费和重复建设，大幅提高了科普教育的覆盖面和实效性。

四、国内优质科普场馆集群的案例分享

中国现代科技馆体系由中国科协牵头、中国科技馆主办，聚焦行业互联，深度挖掘科技馆科普资源，建立健全科技馆行业协作平台体系。持续开展“全国科技馆联合行动”，围绕“双进服务‘双减’”“奋进科普新征程”等主题，联动各地各馆深挖优质科普资源，动员社会各界广泛参与，5 年共计举办各类科普活动 1 万余场、联动全国科技馆 2044 座次，服务公众超 1 亿人次，逐步形成了“一馆主承办、多馆共协作”的联动模式，为科普服务发展打开新局面。

粤港澳大湾区科普联盟加强了粤港澳大湾区内有关科协、科技社团与科技科普产业界的交流与合作，有效整合区域内各类资源，实现共创共赢的合作局面。[13]粤港澳大湾区科普联盟推动科技团体间、科普教育基地间、科普单位间的合作，推动了科技产业与科普产业的融合，吸引了更多的企事业单位和社会力量，参与和支持科普事业，打造了区域科普事业发展高地。

长三角科普场馆联盟由上海科技馆发起，与京津冀、粤港澳大湾区等科普场馆区域联盟保持交流，通过建立长效合作网络，联合举办展览、策划教育项目，组织学术论坛，推动科普能力提升。[14]

京津冀科学教育馆联盟由北京科学教育馆协会、天津市自然科学博物馆学会和河北省自然科学博物馆协会联合组建。联盟共享三地政府支持的科普资源，形成协同发展格局，[15]拓展了京津冀三地科协交流合作的深度和广度，增强了三地科普场馆的社会公共服务能力。[16]

东北三省一区科普场馆联盟由黑龙江省科技馆、吉林省科技馆、辽宁省科技馆和内蒙古科技馆共同发起，联盟旨在促进区域科技馆体系建设，在科学普及、科技创新、人才培养等方面开展合作，[17]积极营造崇尚科学的社会氛围。

黄河流域博物馆联盟由河南博物院发起，联盟成员包括黄河流域内的多家博物馆，旨在保护、传承、弘扬黄河文化。[18]联盟致力于提升黄河文化国际影响力，通过诠释黄河文化的物质内涵、精神实质和时代价值，推动黄

河文化的创新性发展。

丝绸之路国际博物馆联盟由中国博物馆协会丝绸之路沿线博物馆专业委员会联合国际丝绸之路研究联盟共同发起，[19]致力于在丝绸之路沿线国家和地区开展国际文化遗产领域的展览、研究和人才交流培养等。[20]

如今，科普场馆资源共建共享的区域联盟已形成特色集群生态，相较于传统的协会或学会，联盟的组织形式更为灵活，各成员单位通过跨馆协作机制，实现场地、藏品、人力、资金、渠道等资源的共享与互通，最终达成综合效益最大化。

五、我国科普场馆联盟建设的科学教育服务机制建议

伴随场馆联盟的壮大，在实践中显现出一些亟待改善的问题：首先，整体管理不够系统，没有形成统一的管理标准与规划；其次，场馆工作人员缺少联动和信息共建，资源流动不够通畅，没有形成常态化的资源互补与联动机制。发展以集群化运营为框架、以跨界融合为空间的科普场馆体系，亟须破解当前面临的现实困境，以实现可持续发展。

科普场馆联盟为确保科学教育的服务质量，整合了科学教育服务资源，增强了科普市场优势，拓展了业务增长新空间。科普场馆联盟积极创新规模、标准、功能和定位，不断完善机制建设。联盟的成功依赖于有效的管理机制和资源共享机制。[21]在管理机制上，联盟应建立统一的管理标准和操作规程，通过信息化手段实现资源的高效配置和共享。[22]在资源共享方面，联盟成员应加强合作，共同开发教育项目、策划展览活动，从而全面提升联盟的整体服务能力。[23]

针对场馆联盟发展机制建设的现实挑战，关键是找准破解路径。面对管理系统碎片化问题，可重点推进以下三方面建设。

一是建立统一的管理标准和操作规程。联盟应开发一套系统的标准化管理方案，通过信息化手段实现资源的高效配置和共享。建立功能强大、操作便捷的联盟资源活动库系统，[24]全面提升场馆联盟的共建服务水平。

二是加强合作开发与资源共享规划。联盟成员应共同制定行业协作标

准，通过场馆联盟产业联动、行业标准互信互认、智慧场馆共建共享等方式，提升合作效能。[25]

三是强化人才培养和交流机制建设。通过举办专业技能培训、组织考察学习、推进培训资格互认等特色活动，共同培养场馆管理人才，[26]加强与场馆工作人员之间的信息联动和信息共建。

六、我国发展科普场馆联盟集群的未来

未来的科普场馆联盟集群需要围绕“教育、研究、创新、展示、融合、运行、藏品”等核心要素，共同推动教育活动创新、科普媒体资源创新、展览展品与藏品资源创新，打造科学文化软实力创新体系。联盟要充分利用数字技术探索跨界资源融合模式，推动大数据背景下的科普教育平台建设。通过合作举办赛事或活动，吸引更多学校和科研机构参与，逐步构建新型科普教育资源链。[27]

未来，科普场馆联盟集群发展还应进一步加强国际合作，借鉴国际先进经验，推动融合和创新发展。[28]通过建立数字技术共享机制，交流科普资源的数字化管理和智能化服务经验。此外，科普场馆联盟还应注重国际人才培养，通过开展面向国际的专业培训和交流活动，提升联盟成员的专业素养和管理能力。[29]

面向未来的场馆集群建设应建立统一的合作标准和特色的活动品牌，增强科普场馆圈的关注度与参与度，构建科普产业链，举办科普展会及学术论坛。重点推动互联网、大数据、人工智能与实体经济、场馆经济深度融合，试点推广场馆联盟标准与制度，联合开展行业联盟活动评级认定，等等。

综合来看，科普场馆联盟的发展路径可聚焦以下三个方面。

一是依托实体场馆集群特色更新合作项目，推动开发具备共同特色和推广价值的主题活动、展览，持续创新科普场馆发展理念、技术应用及业态模式。借助数字技术实现跨界资源融合，促进场景应用与技术成果的交互共享。

二是强化集群教育功能。立足全球视野，集聚教育资源，线上线下相互

促进，区域联动推广，深化馆校合作、研学实践活动，打造跨界融合教育平台，形成特色鲜明的场馆集群教育品牌。

三是加强多方协作机制建设，让区域内学校和科研机构等主体共同参与其中，发挥科普场馆集群的桥梁作用，构筑科普教育与校外教育的教育资源链。

展望未来，在跨界融合的时代背景下，科普场馆联盟更应夯实合作成效，以集群化运营破解单体运营的瓶颈，完善联盟合作共赢机制。通过与多学科、多领域、多区域的深度融合扩展场馆服务边界。深化与学校、市场、传媒等利益共同体的跨界协作，实现高质量社会资源的聚集与互惠。加强科普教育传播规律研究，充分发挥科技对文化的支撑作用，助推科技自信、文化自信建设。

综上所述，中国科普场馆集群与科学教育服务的机制建设仍需在创新与规范并重的发展路径中持续探索，深入研究集群化运营和跨界融合的特点与规律，以构建更高效的科学教育服务体系，为国家科学教育发展和公众科学素养提升提供有力支撑。

参考文献

[1] 任保平. 以新发展理念引领我国经济高质量发展[J]. 红旗文稿，2019(19)：23–25.

[2] 科技部科技人才与科学普及司.《“十四五”国家科学技术普及发展规划》绘蓝图指方向[J]. 国际人才交流，2022(9)：22–23.

[3] 姜景一. 校外教育协同育人，为科学教育做好加法[J]. 中国教师，2023(7)：31–34.

[4] 何成学. 努力推进社会主义现代化强国建设：学习党的二十大报告中关于“强国”建设的重要论述[J]. 桂海论丛，2022，38(6)：18–22.

[5] 杜占元. 改革创新加快推动教育信息化发展[J]. 辽宁教育，2014(4)：5–6.

[6] DAVIS M. The Impact of Museum Clusters on Local Communities[J]. Urban Studies Journal，2017，44(1)，76–89.

［7］TAYLOR R. Innovation in Museum Exhibitions: A Comparative Study［J］. Museum Innovation Quarterly，2021，30（1），15–29.
［8］JOHNSON K. Public-Private Partnerships in Museum Management［J］. Cultural Heritage Management Review，2020，18（2），89–102.
［9］赵新 . 信息技术在科技博物馆的应用与发展［J］. 科学教育与博物馆，2018，4（04）：261–264.
［10］刘玉花，王美力，马宇罡 . 我国县级科技馆发展研究：现状、机遇与路径［J］. 科普研究，2022，17（04）：65–70+95+104–105.
［11］魏亚明 . 中国博物馆合作发展研究［D］. 开封：河南大学，2017.
［12］ZHANG Y. Regional Cooperation in Science Education［J］. Asian Education Review，2021，27（2），99–112.
［13］ZHANG Y. Regional Cooperation in Science Education［J］. Asian Education Review，2021，27（2），99–112.
［14］LEE C. Mechanisms of Effective Museum Alliances［J］. Journal of Museum Management，2020，15（4），210–225.
［15］KIM H. Standardization in Museum Alliances［J］. International Journal of Cultural Studies，2019，22（3），175–189.
［16］陆为民 . 把握新要求 明确新任务 展现新作为 全力服务京津冀协同发展［J］. 天津人大，2019（7）：2.
［17］CHEN Q. Collaborative Education Projects in Museum Alliances［J］. Science Education Today，2022，31（2），134–148.
［18］GARCIA P. Cross–Border Museum Collaborations［J］. Global Museum Review，2018，13（3），65–79.
［19］徐露路 . 向世界讲述“丝绸之路”［J］. 文化交流，2021：4–9.
［20］LI J. The Role of Digital Technology in Science Museums［J］. Digital Education Review，2021，29（1），98–112.
［21］LEE C. Mechanisms of Effective Museum Alliances［J］. Journal of Museum Management，2020，15（4），210–225.
［22］KIM H. Standardization in Museum Alliances［J］. International Journal of Cultural Studies，22（3），2019，175–189.
［23］CHEN Q. Collaborative Education Projects in Museum Alliances［J］. Science Education Today，31（2），2022，134–148.

[24] SMITH L. Professional Development in Museum Education [J] . Journal of Professional Development in Museums，2020，8 (4)，145–159.

[25] SUN H. Innovation in Science Education: A Case Study of Chinese Science Museums [J] Journal of Innovation in Education，2022，10 (2)，78–92.

[26] LIU P. Challenges and Opportunities in Science Museum Management [J] . Journal of Science Museum Studies，2021，15 (3)，98–110.

[27] CHEN R. Building Effective Science Education Alliances [J] . Journal of Science Education and Technology，2020，29 (4)，301–315.

[28] GARCIA P. Cross–Border Museum Collaborations [J] . Global Museum Review，2018，13 (3)，65–79.

[29] SMITH L. Professional Development in Museum Education [J] . Journal of Professional Development in Museums，2020，8 (4)，145–159.

作者简介

傅子杰，女，助理研究员，研究方向为科普教育与传播方向。

杜心宁，女，助理研究员，研究方向为科学教育与普及。

浅析中国航空博物馆助力中小学生科学教育的有效途径

刘书含　冯凯荣

一、博物馆教育和学校教育优势分析

博物馆与学校都是社会开展科学教育的理想场所，但二者在教育方式与教育特点上各自有明显的优势和短板。

（一）博物馆教育的特点和优劣势

博物馆教育是一种以博物馆为场所，以实物为基础，通过讲解、互动、实践等手段进行的教育活动。博物馆的科学教育更加强调及时性、体验性、启发性，注重培养的是学生的兴趣和探究能力，对学习能力培养具有重要作用。博物馆具备学校所没有的资源、场地等，有不同的展品，这些展品比教科书上用文字阐述的科学原理更为具象，并且可以通过实践操作来提升学生对相应科学知识点的记忆力和兴趣点。博物馆给大家提供了更为丰富的教育方式，通过这些形式多样的方式，让学生对科学从不同的角度加以认知和理解，并且很大程度上提升了学生对科技的兴趣，它的教育成果注重于对科学的理解和兴趣。但是博物馆教学的短板就在于时间的不连续性以及受众的不确定性。它不能像学校一样为固定群体提供有进度的连续教学，所以每一次活动或课程都要求具备阶段性和完整性，确保达到相应的教学意义和目的。从这两方面来看，学校和博物馆有必要相互结合，从而取长补短，达到最优化的教育目的。

（二）学校教育的特点和优劣势

学校教育主要指的是在各类学校中实施的教育，属于教育制度的重要内容，有着固定的场所和明确的目标，教学的进度也是有连续性的，其最终目的是培养适合社会需求的人才。在学校开展科学教育，都是根据设计好的教学内容进行，这种教学模式限制了学生的思维发挥，且教学形式比较单一，没有实物具象化，因此已经无法满足社会对人才的需求。必须和非正规教育（例如博物馆教育）相互结合，相互促进，共创双赢。

二、中国航空博物馆开展中小学生科学教育的有效举措

（一）与学校共建

中小学科学教育是素质教育的重要组成部分。因此，我们把博物馆资源与中小学生学习紧密结合起来，使博物馆作为中小学生的有益第二课堂，积极开展面向中小学生的科学教育工作。以中国航空博物馆（以下简称“航博”）为例，其不仅积极组织中小学生进馆参观，而且常常根据需要调整展览内容，安排富有特色的主题活动。比如航博曾与多所小学联合举办了各种主题的科学教育活动，通过讲解与互动，让小朋友们近距离地聆听历史，感受中国空军文化，航博也成为国家级的“科普教育基地”。此外，航博积极与北京市育鸿学校等几十所学校进行共建，依托社会实践、志愿者服务等为中小学生提供了广阔的科学教育实践平台。

（二）近距离互动

航博会在博物馆日、七一、八一、空军成立纪念日、春节等重大节日积极和各大中小学校合作，共同举办少先队入队仪式、献花仪式、“11・11 来航博淘宝”“我来航博过大年”之类的参与性活动，通过举办集章纪念册等活动增强中小学生科学教育的互动性和趣味性。

（三）新技术嵌入

航博已建成“数字展馆”，为每一件文物录制专有的讲解词，并将其嵌入“中国航博”微信公众号中，观众可以边游览边用手机听到权威、专业的讲解词，展馆每一件文物都自动形成了一个个专业化的“教室”，而且在全

国的任何地方，只要打开微信公众号“中国航博”，在“云游航博”版块，就能看到博物馆的文物，听到专业的讲解词，形成一个真实的“微课堂”。此外，航博在认真办好官网、微信公众号的同时，积极依托抖音、快手等各种融媒体平台开展科学教育工作，目前共发布60余部空军文化宣传短视频，不仅覆盖面更广，信息传递更快，群众更是喜闻乐见，非常有利于对群众进行分散教育、渗透教育、互动教育和融入教育。

（四）全身心体验

在航博，不仅可以利用VR进行情景模拟飞行体验，让更多的中小学生认识飞行、爱上飞行、学习飞行、参与飞行，同时还能加强青少年航空航天科普教育培训，传播航空精神，培养航空兴趣，弘扬航空探索精神，引导航空人才的培养和发掘，让参观者感受到空军飞行员保家卫国的热情和强烈的爱国主义精神。

三、航博开展小学生科学教育存在的不足

（一）科学教育的深度和广度还不够

博物馆的科学教育还只停留在简单的军事装备展示上，缺乏对于国防科技研发、军事战略思维等方面的深入讲解，难以引起中小学生的浓厚兴趣和重视。

（二）展示的形式还不够丰富

航博虽然有一些视频影像资料、声音模拟等展示形式，但是还缺乏更多的高科技、能让中小学生更加身临其境的设备，对于中小学生的吸引力和影响力还远远不够。

（三）缺乏专题讲座和研讨会

大部分来参观的中小学生团体都只是根据展示牌内容或者讲解来学习。根据航博发出的问卷调查统计，大部分中小学生在航博参观停留的时间在2

小时左右，还停留在走马观花的阶段，因此需要有更加深入的形式，例如讲座和研讨会，来激发中小学生的科学热情。

（四）互动的形式不够多样，数量不够充分

虽然航博设有 VR 体验专区，但是体验区域面积较小，仅有几个座位，能够同时进行体验的设备较少，并且可体验时间段有限制，因此真正能够以 VR 形式互动的概率很小，也就很难让中小学生真正感受飞行体验。

（五）合作单位的数量和种类还不够

航博的合作对象主要集中于中小学校，而科学教育的开展，除了学校外，还涉及众多社会团体，因此航博需要继续发掘自身优势，拓展合作思路，与科研机构、企业、社区等建立合作关系，丰富科学教育的参与主体。

（六）展览方式还不够多样

目前，中小学生主要依靠来馆、线上观看讲解视频等传统方式进行参观，展览方式还可更加灵活，例如可以到中小学办理流动展览等。

（七）个性化参观方案

由于参观博物馆的中小学生年龄、受教育水平各异，能接受的内容和程度也各不相同，因此需要制定更加个性化的参观方案，以提升他们的参观体验和收获。例如，对于年龄较小的儿童而言，晦涩的文字和模糊的图片很难引发他们的共鸣与认知，因此需要开展专门的教育活动加以引导，以此增强对他们的吸引力。

四、航博开展中小学生科学教育的途径和策略

（一）拓展科学教育内容的深度和广度

航博应进一步加强和各大中小学的合作，针对国防科技研发、军事前沿技术及战略思维演进，系统开展专题讲解，提高博物馆对中小学生的吸引力

和影响力，让中小学生在沉浸体验中深化科技认知。

（二）创新展示形式

引入数字媒体触摸屏、全息幻影成像、情景交互数字媒体等技术，为中小学生打造更加丰富多元的互动体验场所，让学生在互动过程中提高对科学知识的理解和记忆。

（三）组织专题讲座和研讨会

高度重视教育延伸与拓展服务，以强化中小学生的学习体验，例如可以通过馆校合作的方式，邀请科普领域的专家学者举办专题讲座和研讨会，探讨科普教育发展的重要议题和前沿科技成果，为中小学生提供系统、专业的科普教育内容。

（四）创新互动方式

在博物馆多设置一些互动展示区域，且丰富互动方式，例如增加模拟空战、模拟跳伞、实际操控地面兵器、参观机舱等项目，让中小学生能够亲身参与国防科技实验和模拟项目，增强学生的实践能力和科学素养。

（五）合作开展国防科普活动

除了学校之外，还可以考虑与军事院校、科研机构、社区或企业合作，将博物馆教育、学校教育和社区教育有机结合起来，共同开展国防科普活动，提供更多的学术资源和实践机会，扩大国防科普教育的影响力和覆盖面。另外，还可向学校和社会招募志愿者，吸纳博物馆之友，借助学校和公众之力开展科学教育宣传，形成良好的社会气氛。

（六）开展流动展览活动

除了吸引中小学生入馆、为学生提供“数字展馆”外，还可以利用流动展览的形式为中小学生提供更多参观的机会。相比于传统博物馆，流动展览更加灵活，例如可以通过“馆校合作”在学校办理流动展览，方便中小学生参观、学习。

（七）制定个性化参观方案

针对不同学段认知特点，结合新课标要求，与科学教师共同开发、制定个性化的参观方案，提供适配的科普教育内容和互动体验项目，以此激发中小学生的学习热情，为我国科普教育事业的发展提供有力支撑。

五、结　论

博物馆教育作为学校教育的重要补充，是开展终身教育的理想场所。在大力发展素质教育的今天，博物馆的教育作用也更加凸显，这既对博物馆提出了挑战，也为博物馆的发展指明了方向。博物馆要积极开拓教育新理念、新方式、新途径，通过馆校结合模式，激发中小学生的科学学习热情，为提高公众的科学素养、促进我国科技发展和社会和谐稳定提供可靠的支撑，同时为我国文化发展贡献力量。

参考文献

［1］西莎．论博物馆科普教育功能的发挥［J］．学术论坛，2018（33）：254–256.
［2］程丽娟．浅析馆校结合在科普场馆的有效开展［N］．科学导报，2019–09–17（2）.
［3］胡新菲．新课标下科技馆如何推进馆校结合的实施［J］．科技经济导刊，2019（27）：27.

作者简介

刘书含，中国航空博物馆陈列宣传室主任，研究方向为小学生科学教育、爱国主义教育、国防教育等。

冯凯荣，中国航空博物馆陈列宣传室助理馆员。

利用国家自然博物馆资源开展科学教育路径探究

——以科学学科核心概念“生物与环境的相互关系”教学为例

张 艳 王 喆

科学是人类探索自然现象、发现自然规律的知识体系，以及在此过程中采用的方法。科学教育，以自然科学为核心，提升学生科学素养的教育活动。《义务教育科学课程标准（2022年版）》提出了13个核心概念，很多都与自然教育有关，如“物质的结构与性质”“生命的延续与进化”“宇宙中的地球”“人类活动与环境”“生物与环境的相互关系”等。

尽管自然界是科学教育的宝贵资源，但城市化限制了人们对自然的亲身体验。建构主义理论认为，学习者需要在特定的自然、社会和文化背景下，通过意义建构来获取新知识。在这个过程中，学生作为知识的主动建构者，可以通过分析和综合信息的方式来构建自己的知识体系。因此，恰当的情境是学习者建构的前提和基础。

科学教育不应局限于知识的传授，而应通过情境构建，引导学生体验和探索。这要求教育者追溯概念的本源，以激发学生的内在学习动机。然而，长期以来，我国的科学教育偏重内容知识的传授，忽视了概念本源的追溯，这对科学素养的培养构成了挑战。博物馆可以在城市化环境中提供一种自然场景的浓缩还原，应用于科学教育的概念教学。

一、博物馆在科学教育中的作用

教育部等十八部门联合印发了《关于加强新时代中小学科学教育工作的意见》，要求推进学校主阵地与社会大课堂有机衔接，从各类社会资源中汲取科学的养料。博物馆本是一个满足开展情境式教学条件的场所，以其丰富的馆藏和多维的情境创设，为学习者提供了直观的自然体验，激发了他们的好奇心，从而催生了探究的动力。博物馆除了能给学习者提供直观的情境，还能从历史的视角提供现在不可见的原始自然场景。如在北京天文馆可直观感受宇宙生命诞生的奇迹；在国家动物博物馆可走近各种动物，包括珍贵的濒危动物。

不仅如此，博物馆通常会在展厅中综合运用多种媒体，构建多元的文化情境，多媒体技术能同时作用于学习者的听觉、视觉、触觉、味觉、嗅觉等多种感官，带来更强烈的沉浸式体验。除了直观感受外，学习者还可以通过动手操作进行情境式学习。这种多感官协同参与的方式，超越了传统的纸媒、声媒和影媒单一的表达形式，为学习者创设了真实情境下的学习场域。相较于传统的以教师为中心的科学教育模式，博物馆营造了一种更具动态性和探索性的学习环境，有助于打破快节奏、探索不充分的教学局限。

国家自然博物馆以其涵盖生物学、地质学、人类学等领域的展品，成为科学教育的重要场所。馆内的珍稀标本数量在国内自然博物馆中居首位，且与科学教育的核心概念紧密关联，为学生搭建起真实的学习探索情境。

二、基于博物馆情境创设概念教学建构模型

基于博物馆情境创设概念教学建构模型如图 1 所示。

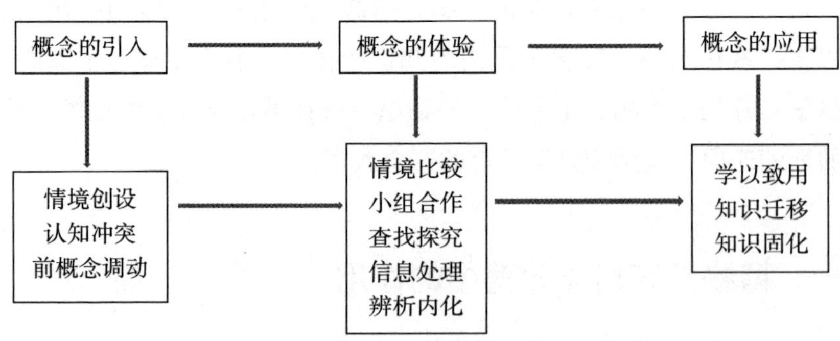

图 1　基于博物馆情境创设的概念教学模型图

第一阶段：概念的引入

情境创设：利用博物馆的丰富资源，如展品、互动展示等，为学生营造有趣的学习环境。

认知冲突：通过提出挑战现有观念的问题或展示与学生预期不符的现象，激发学生的好奇心和探索欲。

前概念调动：鼓励学生运用已有知识来解读新情境，从而促进他们主动探索新知识。

第二阶段：概念的体验

情境比较：学生利用博物馆提供的展品、多媒体资料等，进行信息搜集和情境扩展。

小组合作：小组利用学习单合作学习，学生可以共享观点，协同工作，共同解决问题。

查找探究：引导学生通过观察、提问、推理等方式来构建和理解科学概念。

信息处理：在教师的引导下，学生通过分析、讨论和实验等方法，对信息进行处理和内化，从而形成科学概念。

辨析内化：联系前概念，以小组合作学习的方式，处理各种资料信息，开展探究性学习，分析内化，在教师的引导下形成新概念。

第三阶段：概念的应用

学以致用：学生不仅要理解科学概念的本质，还要学会将其与现实世界联系起来。

知识迁移：鼓励学生将所学概念应用到新的情境中，展示其灵活性和适应性。

知识固化：通过实践和反思等方式，学生对概念的理解得以逐步加深。

三、基于博物馆情境创设概念教学建构模型实践运用——以“生物与环境的相互关系”教学为例

“生物与环境的相互关系”是义务教育阶段科学课程的 13 个核心科学概

念之一。根据本文设计的情境教学模型（见图2），需要在学生已有前概念的基础上，借助情境，开展构建概念理解的教学活动。这一学段的学生，经过科学课程的学习，已经形成了“生物能适应其生存环境”“人的生活习惯影响机体健康”等相关的前概念，初步探究过动植物对外界环境变化做出的反应。通过这些概念的同化和顺应，学生能够构建起对生物与环境相互作用复杂性的理解，对于进一步理解“生物与环境相互作用、相互协调，实现生态平衡”奠定了认知基础。教学中，需要创设合适的情境，构建支架，形成新概念。

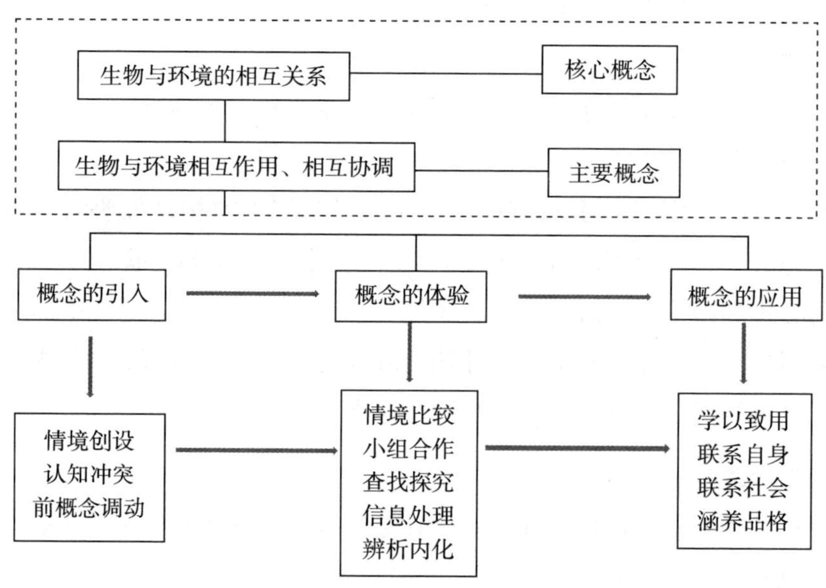

图2 “生物与环境的相互关系”的概念教学模型图

国家自然博物馆的许多基本展览都融入了“生物与环境的相互关系”这一概念。在植物世界展厅，展示了植物从低等植物到高等植物的演化过程，以及植物在人类生产生活中的重要地位和作用。这既体现了植物适应环境的能力，也展示出植物对环境和人类社会的影响。“动物——人类的朋友”展厅，通过展示与人类生活密切相关的动物，反映了动物与人类以及它们所处环境之间相互依存的关系。古爬行动物、无脊椎动物、恐龙公园、古哺乳动物等展览，从历史视角再现了史前生物，展示了生物多样性以及生物与环境的关系，呈现出地球上生命发生、发展的全景。“人之由来”展厅展示了人类起源和发展的历史，间接反映出人类对环境的适应与影响。这些展览，无论是从现有生物“结构与功能”相适应的角度，还是从生物演变进化的历史视角，都充分体现了生物与环境之间的密切关系，充分发挥了博物馆作为情境教学载体的重要作用。通过这些展览，国家自然博物馆不仅呈现了生物的结构与功能如何适应其生存环境，还借助生物的演变进化历史，展示了生物与环境之间有着不可分割的联系。

（一）概念的引入

在科学教育的第一阶段，利用国家自然博物馆中的古爬行动物馆进行情境导入是一种非常有效的方法。

情境创设：教师借助国家自然博物馆中古爬行动物馆中的恐龙化石进行情境创设。井研马门溪龙是一种巨大的、引人注目的恐龙，体长 26 米，脖子长度达到了 9 米，足以从一楼延伸至二楼顶部。作为亚洲个体最大的恐龙之一，以及世界上脖子最长的恐龙，井研马门溪龙无疑会成为学生探究的焦点。

认知冲突：教师通过灭绝事件引发学生的认知冲突。尽管井研马门溪龙体型巨大、曾经雄霸地球，但它们最终还是灭绝了。这一现象引发了学生对恐龙生活环境和生活状态的思考。在这种情境下，学生可以开始探究恐龙的灭绝原因，以及它们在史前时代的生活习性。

前概念调动：教师引导学生观察井研马门溪龙的化石，启发学生思考其身体结构和生活特征。学生基于已形成的“生物能适应其生存环境”这一前概念展开联想，深入思考恐龙与环境之间的相互关系。前概念调动能够激发学生对科学探究的兴趣和热情，有助于他们形成关于生物与环境关系的基本认识。

本阶段中，教师借助国家自然博物馆的恐龙化石进行情境导入，为学生提供一个生动的学习环境，帮助学生建立起对生物与环境相互作用的初步理解，并激发学生进一步探索科学知识的欲望。

（二）概念的体验

第二阶段的科学教育活动是一个互动和探究的过程，学生可以通过小组合作，在博物馆中寻找答案，更深入地理解恐龙的特点、生活环境、生活方式以及灭绝原因。

情境比较：教师设计任务单，列出需要探究的问题和提示，例如比较不同恐龙的身体结构特点、生活习性、食物来源、繁殖行为等。

小组合作：学生分成小组，每组负责不同种类的恐龙，利用任务单在博物馆中进行探索。

查找探究：学生在博物馆的各个展区观察恐龙化石、模型和相关展示，记录下关键信息。

信息处理：除了现场观察，学生还可以搜集博物馆提供的图文资料、视频介绍等，以获取更全面的信息。每个小组根据搜集到的信息进行讨论，分析恐龙的特点和生活环境之间的关系，以及这些因素如何影响恐龙的生存和繁衍。学生可以探讨恐龙灭绝的各种假说，如气候变化、小行星撞击、火山爆发等，并讨论这些因素如何可能导致恐龙的灭绝。

辨析内化：通过探究活动，学生能够理解“生物与环境的相互关系”这一概念，认识到生物必须适应环境才能生存，而环境变化又可能对生物种群产生重大影响；教师安排小组将他们的发现和结论与全班分享，通过交流不同的视角和理解，共同构建对恐龙和环境关系的综合认识。

本阶段，教师通过层层建构学生活动，使学生经历从恐龙与环境关系的事实中认识、归纳、概括“生物与环境的相互关系”概念的思维过程，进一步发展形成生物需要与环境相适应的生命观念。

（三）概念的应用

概念理解的本质是要与外部环境建立连接。根据教学模型图，教学的最后一步是开展概念的应用。教师借助博物馆中的其他任务情境，深化概念理解，引导学生把概念同自身生活联系起来，与社会、科技发展联系起来，运用所掌握的概念去分析现实问题，从而形成正确认知，涵养科学品格。

学以致用：自然博物馆中“走进人体”展示了人体构造和各器官的结构与功能，可以借助此展览，进行健康生活教育，来深化学生对生物与环境关系的理解。教师引导学生从生物学的角度看待健康问题，认识到健康生活方式的重要性，包括合理饮食、适度运动和疾病预防以及免疫力的作用和疾病预防等。

联系自身、联系社会：在“动物——人类的朋友”展厅，介绍野生动物及资源环境，展示近年来灭绝的动物。借助该展览，学生能够感受到环境对动物生存的重要性，理解保护环境的必要性；还能认识到人类活动对环境的影响，培养学生对生态保护的责任感。在此基础上，教师引导学生思考科技发展对环境和生物多样性的影响，以及如何在科技进步的同时保护环境，鼓励学生将“生物与环境”的概念应用到更广泛的领域，如公共卫生、环境保护政策等，实现概念迁移。

涵养品格：这些活动有助于培养学生的科学思维和科学品格，使他们能够运用科学的方法和态度去看待并解决现实问题。教师可引导学生参与如垃圾分类、节能减排等环境保护实际行动，反思这些行动对环境和社会产生的影响；还可引导学生与他人分享学习成果和体验，通过交流进一步深化对相关概念的理解与应用。

在本阶段，教师引入博物馆的其他任务情境，让学生运用所学概念对生命现象进行解释，为解决现实生活中的问题奠定良好基础。

四、结　语

科学教育的确不仅仅是知识的传授，更是科学思维、方法和过程的培养。这种教育方式能够帮助学生在面对复杂问题时，运用科学方法尝试分析和解决。概念学习作为科学教育的核心，涉及对科学概念的深入理解，包括概念的内涵、外延以及在不同情境下的应用能力。

核心概念的形成需要学生在解决真实情境问题中逐渐形成。在教学过程中，创设合适的情境对于概念的理解和应用至关重要。通过情境创设，学生可以将新知识与已有的前概念相联系，利用这些前概念作为“支架”，通过同化和顺应的认知过程，逐步构建起新的概念理解。情境的设计应以概念建构为出发点和落脚点，这种方法不仅促进了学生对概念的深入理解，而且也模拟了科学发现的过程，让学生在探究中学习科学。

博物馆作为资源丰富的学习场所，提供了多样化的教学情境，这些情境资源可以与学生的前概念连接，并创设新概念的探究环境。通过将科学概念与博物馆的实际情境相结合，学生能够在探究中学习，在体验中理解，最终形成科学的思维习惯和解决问题的能力。

参考文献

［1］教育部等 18 部门. 关于加强新时代中小学科学教育工作的意见［EB/OL］.（2023–05–17）. https://www. gov. cn/zhengce/zhengceku/202305/content_6883615. htm.

［2］教育部，国家文物局. 关于利用博物馆资源开展中小学教育教学的意见［EB/OL］.（2020–10–12）. http://www. moe. gov. cn/srcsite/A06/s7053/202010/t20201020_495781. html.

［3］王小丽. 初中物理概念教学中情境创设的实践研究［J］. 数理化解题研究，2023（2）：106–108.

［4］张新立，胡来林，蔡璐. 科技博物馆展品资源 STEM 项目化课程开发模式与应用研究：以温州科技馆为例［J］. 自然科学博物馆研究，2021（5）：56–65.

［5］陆祎婧. 自然博物馆教育资源在初中生命科学教学中的应用［J］. 生物学教学，2020（2）：63–65.

［6］汤才梅. 场馆学习活动的设计与开发［D］. 上海：上海师范大学，2015.

［7］赵新月，李金亭. 在初中生物学教学中培养社会责任的策略［J］. 中学生物教学，2022（24）：32–33.

［8］孟美杉. 基于博物馆课程资源的初中生物学校本课程开发与实践研究［D］. 长春：东北师范大学，2023.

作者简介

张艳，北京市东城区教育科学研究院教师，研究方向为中学综合实践活动。

王喆，北京市东城区教育科学研究院学生发展中心主任，研究方向为青少年科学教育和创新人才培养。

日本馆校合作博学连携体系：发展历程、现状分析与实施举措

白　欣　任二青

日本博学连携历经长期发展，从政策制度、实践活动到理论研究已形成较为完整的体系。1872年文部科学省设置汤岛圣堂大成殿①为博物局观览场，成为日本重要的社会教育机构，初步形成博学连携理念雏形，但其与学校教育的协作仍有局限性。二战后日本在教育政策的扶持下，博物馆面向学校的教育服务实现跨越式发展，标志着日本博学连携的历史帷幕正式拉开。日本博学连携是指基于特定的教育目的和教育理念，作为社会教育机构的博物馆协同学校，通过资源共享、课程共建等系统性协作，将博物馆的社会资源融入学校教育体系，旨在完成学校教育目标，培养学生适应未来社会发展的核心素养。[1]

日本国内关于博学连携的研究涵盖广泛。一方面，国家推行一系列行之有效的法规政策：先后出台《社会教育法》《博物馆法》规定博物馆设施是为了社会的教育，具有收集保管、展示教育和调查研究的职责；颁布实施《教育基本法》《学校教育法》强调学校与社会机构协同育人的义务性；制定《学习指导要领》《教育振兴基本计划》等纲领性政策细化要求中小学与博物馆设施等双方主体组织、推进和深化协同育人机制。另一方面，日本学者专家关于博学连携的内涵价值、实践路径、效果评价等开展研究。近些年，我国学者对日本博学连携的研究也有关注。董丹阐述了日本博物馆在儿童、学校、终身学习三大时期的公众教育作用，对我国博物馆公众教育活动的开展

① 汤岛圣堂又称东京孔庙，竖立着日本学校教育发源地的石碑。

有所启发。[2]苏博以日本东京国立博物馆、江户东京博物馆、九州国立博物馆的青少年活动为参照，探寻杭州博物馆第二课堂的创新思路。[3]朱峤主要从法律政策角度考察日本博物馆资源融入学校教育的制度设计与研究，认为其经验对我国馆校合作的政策与实践有借鉴意义。[4]总体而言，当前我国学者关于日本博学连携的研究在广度和深度上仍有拓展空间。分析日本博学连携的发展历程、现状及实施举措，以博学连携的课程转化、联动育人和教师参与为主要研究出发点，旨在为我国的馆校合作体系建设提供借鉴和参考。

一、日本馆校合作博学连携体系的发展历程

日本馆校合作博学连携的发展历程中，国家制定专业法律法规，提供良好的制度保障持续性生成、发展和改革，经历了制度探究生成期、体系建设发展期、优化改革转型期，形成较为完善的体系。

（一）制度探究阶段：从理念愿景到法制界定的博学连携生成期

日本馆校合作博学连携可追溯至19世纪70年代中后期，在1872年、1878年维新改革的助推下，明治政府先后创建东京国立博物馆（文博馆）、国立科学博物馆（科博馆）和教育博物馆："文博馆"旨在振兴近代产业经济；"科博馆"以补充学校教育内容为主旨；"教育博物馆"仅对学校教师开放。[5]早期日本博学连携的理念愿景初见端倪，作为社会教育机构的博物馆设施开始发挥对学校教育的补充功能。19世纪90年代后期至20世纪20年代初期，大正政府以"大逆事件"为转折点暂缓推进博学连携，转而设置公众教育馆，着力推广以健全国民思想为旨趣的公众教育，初始发展的博学连携也被迫融入公众教育实践。[6]以场馆体验为主的公众教育为后续日本博学连携的活动路径奠定了实践基础，成为博学连携从理念化到具象化的实现方式。20世纪中后期，为了铲除军国主义思想和极端民族主义思想，日本学校迎来全方位的民主教育改革。[7]博物馆设施因其民主化、多样化的特性而受到进一步关注。例如，东京国立博物馆增设教育普及事业科，教育普及工作量倍增；新增"儿童文化史展览""少年少女文化教室（夏日学校）""朋

友会议的开篇”“电影制作”等主题活动，其中“少年少女文化教室（夏日学校）”以小学生暑期自由研讨、展品素描、知识讲座为主，开启了真正意义上的博学连携并保持较长时期的持续性热潮。1949年，昭和政府颁布《社会教育法》，规定“社会教育应该确保与学校教育的联系”，[8]以国家法律确保博学连携的义务性。1951年，日本公布亚洲第一部专门性《博物馆法》，规定博物馆“涵盖历史、艺术、民俗、产业和自然科学等相关资料的收集保管、展示教育、调查研究”三大使命；提出“登录博物馆制”，即必须在都道府县各级教育委员会注册，才具备《博物馆法》意义上的登录博物馆资格。[9]可以认为，登录博物馆接受所属都道府县教育委员会的审查管理，与教育委员会的价值要求一致，这表明博学连携体现共同的教育价值。在制度探究阶段，日本通过国家法律法规界定了博学连携的价值内涵、实践主体与管理体制，完备的政策制度保障了博学连携在初始阶段由理念萌芽实现法制定义的生成。

（二）体系建设阶段：从实践活动到理论研究的博学连携发展期

20世纪70年代到80年代后期，“填鸭式教育”导致日本产生诸多教育危机和校园问题，为此昭和政府倡导以轻松学习为旨趣的“宽松教育”。[10]1992年，《学习指导要领》设置“学校周五日制”：利用周末双休时间鼓励中小学生参与多种形式的体验活动，深入挖掘馆校合作博学连携的协同育人功效。[11]在教育政策的影响下，日本在全国范围内推广大中型城市博学连携的成功范例；市町村各级政府大力支持新建美术馆、市町村博物馆、企业博物馆，极大地增加了博物馆的种类和数量。各级行政区域内博物馆设施的建设为日本博学连携的持续发展提供了场馆支持。1998年，《学习指导要领》新增“综合学习时间”，要求学校利用公民馆、图书馆和博物馆等社会教育设施促进博物馆和学校的博学连携。[12]2000年开始，文部科学省历时两年推广“亲近博物馆的创业”和“博物馆现场博学连携”等主题活动。[13]由此可见，平成政府由中央主推馆校合作博学连携，启发地方开展相关活动规划。2008年，日本“宽松教育”黯然收场后开启了“去宽松教育”。[14]2009年至2014年，文部科学省多次改革《学习指导要领》，指出“在综合学习时间和特别活动时间，学校应积极参与博物馆、乡土资料馆、科学学习中心、美术馆等社会机构的合作连携”，培养学生“思考力、判断力和表现力”。[15]数十年间，平成政府结合国内教育状况制定与之相适应的博学连携行动目标和操作指南，既有法可依，又有章可循。博学连携的焦点从开展具象化活动逐渐转向培养学生综合能力。20世纪90年代以后，日本博物馆设施数量剧增、馆种多样，但是博物馆教育理论研究相对滞后，学界尚未达成统一的博物馆教育理论。2006年、2009年，日本在全面修订《教育基本法》《博物馆法》的基础上，开始探究教育学理论和博物馆教育的学科融合：修改博物馆专业必修课程计划，由8科目9学分提升至9科目19学分；2012年新增“博物馆教育论”理论课程，考察学校教育中博物馆设施的积极作用。[16]同期，学者小笠原喜康、并木美砂子和矢岛国雄共同编著的《博物馆教育论：描绘新博物馆教育》是代表性成果，主要阐述日本博学连携的研究课题、活动形式和实践意义，中小学校和博物馆的连携育人以及大学作为中间机构的媒介机制。[17]日本馆校合作博学连携体系从理念制度、实践活动进入理论研究的体系建设期。

（三）优化改革阶段：合作化、网络化和数字化的博学连携转型期

2018年，日本文部科学省发布了第三期《教育振兴基本计划》，重提“教育立国”理念。该计划要求学校和博物馆双方主体均应采取积极策略，“中小学组织、推进与博物馆设施的协力合作，提供学生接触和体验科学、历史、传统文化和艺术的教育机会；结合地域发展需求，博物馆为学习者提供可适应性的学习机会”，形成“博·地·学”三者连携。[18]例如，日本岩崎历史博物馆是一座地方博物馆，馆内设施可以改造为体验型学习场所，致力于在学校教育情境下，以教科书补充题材为主要内容，由博物馆职员主导的学生主体性探究学习，旨在发挥博物馆教育作为学校教育与生活教育的链接作用。[19]“博·地·学”连携在真实复杂的情境下指导学生应用课程知识解决问题，注重培养学生的学习力；同时考虑地域合作和社会需求，注重全社会、全领域、全方位的协同育人。

为保障教育公平，日本博学连携体系持续推进资源网络化建设。例

如，神奈川生命之星・地球博物馆开发了“PAC Geo”（Project for Advanced and Comprehensive Geo-science） 和 EPACS（Expanded Project for Advanced Comprehensive Science）项目，包括数字化资料馆、展示馆和讲座等多种形式，供学习者使用。[20] 近年来，日本各地博物馆加速推进资源数字化进程，探索创新发展路径。例如，北海道博物馆倡导全国博物馆资源网络化，为学生提供“家・博物馆”宅家学习资料，推动跨场馆、跨学科、跨主题的博学连携资源共建共享。[21] 博学连携资源网络化改变了固有的现场活动连携模式，打破了场馆限制和学科壁垒，为博学连携的多元化发展提供了可能。

2019 年，令和政府意识到未来 5.0 社会人工智能对推动博学连携转型具有变革意义。2022 年，文部科学省数次召开审议会，提出强化博物馆资源数字化机制建设，以提升博物馆资源与学校课程内容的契合度。[22] 日本各地博物馆响应日博协“宅家・在校博物馆”线上展览，通过官网日志、图片、SNS 社交留言，结合虚拟技术推进博物馆资源数字化转变。[23] 借助数字化资源，学习者即使没有进入博物馆也能在异地获取资源，确保了博学连携的深度实践。可以说，博学连携已进入多元主体合作化、资源网络化和数字化的优化改革阶段。

总体而言，日本馆校合作博学连携体系从生成期、发展期到转型期是一个持续、动态的生成过程。在国家出台法律法规提供制度化保障的基础上，馆校合作博学连携聚焦视角从实践推广上升至理论探究；活动媒介从政策文本、现场活动拓宽至网络化、数字化资源；研究对象从“物”（馆藏资源）转向“人”（学习者发展）：既关注博物馆人员和学校教师的专业发展，更注重培养学生的可持续学习能力和面向未来社会的核心素养。

二、日本馆校合作博学连携体系的现状分析

2021 年，《日本博物馆综合调查报告书》统计结果（见表 1）显示，1997 年到 2019 年馆校合作博学连携全体事项呈现逐年递增趋势，2019 年博学连携活动数量较之前增加数倍。[24] 日本教育改革推行的“学校 5 日制”和“综合学习时间”等举措，为博学连携提供了更大的发展空间，有效促进

了学校和社会的协同育人。

表 1　日本博物馆和学校的博学连携活动概况（全体 / 年度）　　（单位：%）

项目内容	频　次	1997 年（N=1891）	2004 年（N=2030）	2008 年（N=2257）	2013 年（N=2258）	2019 年（N=2314）
授课环节的儿童和学生入馆	经常有 / 有过	27.1	35.0	38.9	40.7	86.0
	没有 / 从未有过	7.1	4.1	5.1	5.8	10.4
学校以团体形式的入馆实践	经常有 / 有过	34.0	33.1	34.6	32.0	72.8
	没有 / 从未有过	14.7	16.8	17.7	19.1	23.4
儿童和学生馆内职场体验	经常有 / 有过	—	11.8	18.3	20.2	58.9
	没有 / 从未有过	—	38.2	33.4	30.6	37.4
博物馆职员在馆内指导	经常有 / 有过	10.1	15.4	17.1	19.8	52.5
	没有 / 从未有过	47.2	41.2	40.9	39.0	43.5
博物馆职员走进校园指导	经常有 / 有过	0.8	3.8	6.4	9.0	36.0
	没有 / 从未有过	78.7	63.6	61.4	56.1	59.9
教师入馆事前培训	经常有 / 有过	5.2	6.1	7.6	15.9	31.4
	没有 / 从未有过	58.4	58.8	55.4	39.9	64.5
以教师为对象的讲座和讲习会	经常有 / 有过	1.2	1.6	2.1	3.4	20.3
	没有 / 从未有过	80.9	75.2	73.4	69.8	75.7
教育委员会教员研修连携	经常有 / 有过	2.3	2.6	2.6	3.9	27.5
	没有 / 从未有过	64.0	60.7	65.1	61.7	68.4
博物馆借给学校资料和图书	经常有 / 有过	3.1	3.5	3.3	5.2	25.2
	没有 / 从未有过	62.7	63.0	62.2	59.3	70.9
学校 5 日制的周六项目	经常有 / 有过	9.9	10.9	7.7	—	—
	没有 / 从未有过	72.6	71.3	78.6	—	—

注：“—”表示暂无当时相关的数据统计。

资料来源：公益財団法人，日本博物館協会．令和元年度日本の博物館総合調査報告書．表 2–19［EB/OL］．［2023–03–12］.https://www.j–muse.or.jp/02program/pdf/R2sougoutyousa.pdf.

第一，分析“经常有 / 有过”项目，现阶段博学连携仍是以学校主导，儿童、学生和教师、教育研究员居多。其中，“授课环节的儿童和学生入馆（86.0%）”比 2013 年增长 45.3%，达到历史最高值，表明以学校为主导、儿童为主体的博学连携探究学习得到有效实施。其他超过 50% 参与度的项目依次是“学校以团体形式的入馆实践”（72.8%）、“儿童和学生馆内职场体验”（58.9%）、“博物馆职员在馆内指导”（52.5%）。与之相对，“博物馆职员走进校园指导”（36.0%）、“博物馆借给学校资料和图书”（25.2%）等事项占比均未超过半数。“教师入馆事前培训”的增长幅度较低，只有15.5%。数据表明，目前日本博学连携依旧是以学校主导的入馆授课、实践和职场体验等为主，博物馆较少参与主导，博学双主体连携程度有待提高；以教师为对象的相关活动较为薄弱，这一问题尚未得到明显改善，这是日本博学连携未来需要切实解决的两大问题。

第二，反观“没有/从未有过”项目，1997年到2013年由博物馆主导的博学连携占比出现不同幅度的降低，“博物馆职员在馆内指导”“博物馆职员走进校园指导”“教师入馆事前培训”“以教师为对象的讲座和讲习会”“教育委员会教员研修连携”“博物馆借给学校图书和资料”较之前年份的占比均有减少，表明博物馆采取措施以解决博学连携中自身主导性缺失的问题，只是收效甚微。2019年，博物馆主导的博学连携陷入停摆状态。可以得知，博物馆主导的博学连携基础较为薄弱，对学校教育的辅助支撑易受到外界环境波动的影响，这也促使令和政府推进博物馆资源数字化、网络化改革以应对博学连携中不可抗拒的风险因素。

第三，2017年，日本小学《学习指导要领》规定，要“从主体性、对话性和深度学习视角推进社会科、理科、美术、综合学习时间等课程的博学连携，培养学生的资质与能力”。[25] 2021年，《日本博物馆综合调查报告书》显示，超过七成（71.4%）的博物馆注重教育普及；根据课程管理要求，博物馆面向学校教育的连携主要由展示活动和学校课程活动组成（见表2）。“展示活动”包括常设展和特别展、策划展；“学校课程活动”包括《学习指导要领》项目和综合学习项目。重点开展博学连携的馆种有综合类（44.2%、52.0%）、自然史（32.7%、56.4%）、理工类（37.3%、61.7%）、动物园（48.7%、68.3%）和生物（70.0%、70.0%）。比较“展示活动”和“学校课程活动”的占比差值，理工类（24.4%）、自然史类（23.7%）和动物园（19.6%）的悬殊较大，表明以学生为主体的学习活动较多，反映出博学连携中课程知识正从辅助教材的平面知识转向情境实践知识的运用，促使学生从掌握事实概念转向理解认知。另一方面，在新一轮教育改革背景下，学校教育增加授课时数和授课内容，导致植物园（20.6%）、历史类（22.2%）、美术类（34.4%）的博学连携以展示为主，与学校课程连携的占比较低。最后，相较于推广较为充分的展示活动和学校课程活动，不同馆种之间以教师为对象的活动占比均未超过半数，除去生物类达40%，其余少之又少。未来，日本博学连携应该重视教师参与的纽带作用。

表2　日本博物馆面向学校教育的连携活动比例（全体／馆种）　（单位：%）

馆　种	N=	展示活动		合　计	学校课程活动		合　计	以教师为对象的活动
		常设展	特别展策划展		《学习指导要领》项目	综合学习项目		
全体	2314	18.0	9.8	27.8	12.5	15.9	28.4	8.1
综合	129	30.2	14	44.2	22.5	29.5	52.0	14.7
乡土	248	14.1	5.2	19.3	13.3	16.9	30.2	4.4
美术	497	15.9	18.5	34.4	8.2	12.5	20.7	9.5
历史	1108	15.8	6.4	22.2	8.8.	12.5	21.3	5.2
自然史	101	23.8	8.9	32.7	26.7	29.7	56.4	15.8
理工	102	27.5	9.8	37.3	39.2	22.5	61.7	16.7
动物园	41	34.1	14.6	48.7	29.3	39.0	68.3	24.4
水族馆	44	29.5	6.8	36.3	9.1	20.5	29.6	11.4
植物园	34	11.8	8.8	20.6	2.9	14.7	17.6	2.9
生物	10	50.0	20.0	70.0	40.0	30.0	70.0	40.0

资料来源：公益財団法人，日本博物館協会．令和元年度日本の博物館総合調査報告書．表3-15-9［EB/OL］．［2023-03-12］．https://www.j-muse.or.jp/02program/pdf/R2sougoutyousa.pdf.

分析日本博学连携的现状可知：一方面博学连携相关活动呈现逐年递增趋势，面向学校的博物馆教育普及活动较为充分；另一方面博学连携中博物馆主导性缺失、连携课程计划易受外界波动影响、教师参与度较低等问题尚未得到明显改善。为此，博物馆需要配置专职人员，或是中间机构与学校教师合作设计教学计划；学校应将博学连携实践列入教学计划，深化学生、教师和博物馆三者的实践共同体建设，切实推动博学连携的意义生成；加强博物馆与教育委员会、学校的资源信息共享，构建博学连携的行政共同体。同时，从管理层面扩大教师参与博学连携的范围，深化教师对博物馆教育和学校教育的理解，借助博物馆资源为教师提供更多参与机会，并通过外部环境推动学校教师将理论性知识转化为实践性知识，激发教师开展连携教学的自我驱动力，从而主动利用博物馆资源推进馆校教学合作。

三、日本馆校合作博学连携体系的实施举措

2021 年,《日本博物馆综合调查报告书》基于馆校合作博学连携的现状提出深化与社会产业界、地域经济协同发展的新课题。为此，日本博学连携的实施举措应聚焦于课程转化、联动育人和教师参与三个方面，这也是令和政府教育改革中培养学习者“主体学习、对话学习、深度学习”的重要策略。课程转化是博物馆设施内生性的发展需求，体现了博学连携的本体论表达；联动育人是博物馆设施与学校、地域、产业连携的创造性实现，是博学连携价值论的转化方法；教师参与虽然进展较为缓慢，但其发展空间和纽带意义不容忽视。

（一）课程转化

2017 年，日本小学《学习指导要领》提出学校需要深度利用博物馆资源培养学生的思考力、判断力和表现力。学者高桥修认为守护“2M”是博物馆存在的根本意义：保护展品资源“Material”；启迪儿童心智、守护社会成员心灵“Mind”。[26] 博学连携超越了“人”与“物”的浅层观念，更关注学习者在具体情境中运用学科知识的能力转化，即课程知识的可迁移理解与运用。

日本博学连携课程转化最显著的特征是以无生命实物为教育媒介，让学习者自主观察展品，运用所学知识探究问题原理。无生命“物”（展品或活动）激发有生命“人”（学习者）自主思考，这既源自感官视觉性刺激，也是思维的二次创造性学习。博学连携课程转化立足于认识论视域下整体概念、主体性知识和创造性思维的建构，而不是满足于身体机能短暂的观赏体验。博学连携课程转化机制基于学校教育目标和课程知识，以博物馆实物展

品“物”为载体、学习者“人”为主体的探究学习。反之，学习者的学习过程和学习成果亦能促进实物展品发挥教育价值，累积展品资料的价值意义，实现博学连携的双向交融。另外，学习者在博学连携机制中通过主体性学习夯实了基础知识和基本技能，提升了个体思考力、判断力和表现力，促进了内在能力和外在特质的深度融合。例如，日本川越市小学博学连携课程转化以学校课程管理为核心，开展课堂内活动和课堂外活动。博物馆主导的连携课程按照课程知识难易度、学习需求、探究能力等，分为课堂内活动和课堂外活动。课堂内活动是学校课程的强化环节，博物馆工作人员提出与课程关联的历史、地理、化学等跨学科指导；课堂外活动是运用课堂内活动知识和学校课程知识，结合连携资源开展主体性探究。[27]川越市博学连携课程转化的最大特征并不是按照课程内容直接开展活动，而是遵循教学规律和教学实际，由博物馆人员在课堂内讲解专业知识，为学习者的实践探究提供补充材料，为博学连携课程转化提供知识支撑。除此之外，川越市博学连携课程转化以学校教学目标为根本出发点，关联学生日常生活情境，自制宣传手册和知识手账，借助简单的探究工具如搓衣板、炭火熨铁和石臼等，倡导“做中学”“创中学”“用中学”的连携理念，强化学习者在掌握事实性知识的过程中，主动构建课程知识与个体反思之间的主体性对话。换言之，博学连携课程转化的实质是静止的“物”（展品活动）与认知主体“人”（学习者）之间不再囿于学科知识到活动形式的低阶转化，而是注重课程知识向主体深度思维的高阶转化。

除了实践性博学连携的课程转化形式，还有数字化形式，既能满足远程无法入馆的学习者的学习需求，也可以作为自学参考的预习资源。奥本素子等学者推行美术馆整体单元教学 COM（Cognitive Orientation of Museum）数字教材。[28]COM 教材系统界面提示关注数字展品的异同，学习者借助代表性资料自主学习章节主题、理解美术史学和策划鉴赏攻略。伴随讲解深入，COM 教材既能检验学习者对教材知识的掌握程度，还可以引导他们在鉴赏过程中挖掘课程难以解释的现象，激发学习者从数字展品中获得新发现，这一过程契合博学连携课程转化中对深度理解与思维重构的要求，同时提升了学习者对美术馆的满意度，提高了美术馆资源的有效利用率。然而，目前

COM 数字化形式只适用于美术馆，尚未全面普及开来。

（二）联动育人

在新一轮教育改革背景下，日本博学连携不再拘泥于活动形式，博物馆更倾向于协同学校提供可持续发展的教育项目。鉴于学习者身心发展的差异、授课时数和课程内容等因素，学校教育通常直接呈现事实结果和规律公式，忽视知识推导演绎和实践理解的过程，长此以往学习者的科学思维和解决问题的能力将受到影响。与此相对，博物馆教育借助影像、图画等技术，让学习者在博物馆工作人员的引导下自由探究，为个性化、可持续发展的终身教育奠定了学习基础。因此，基于博学教育的差异性，在求同存异中开展实质性联动，成为日本博学连携联动育人的基本出发点。

日本学者樽创、小川义和等提出设置中间机构实现博学连携联动育人。[29][30] 第一，中间机构的活动以学校教育实践为基准，在博学教育的差异中平衡学习者的个性化学习需求，促进学校与博物馆的交流合作。第二，中间机构不只是负责设计连携课程、开展连携活动，更注重培养学习者的学习力。中间机构工作人员依托博物馆资料、标本和技术等，将研究成果反馈到博物馆，扩充馆内专业研究成果；同时，中间机构负责传递博物馆与学校课程的关联信息和研究方法，利用博物馆的史学成果丰富学校实践课程的知识性和趣味性，提炼博物馆的专业知识，对学校教育进行科学指导。第三，中间机构提供博物馆资料，帮助学习者在体验学习中进行问题探究、取证调研和结论检验，不仅能完善博物馆的研究成果，也能反哺博物馆教育普及事业。

甲斐麻纯、松冈守指出，大学可作为中间机构发挥博学连携联动育人的作用，大学教育的育人性和研究性使其兼具学校教育和博物馆教育的双重特征。[31] 一方面，大学利用专业人才研发博学连携理论课、博物馆资料研究方法课、学校实践设计课，为连携学校教师提供博物馆教育专业课程，讲授与学科关联的博物馆展品价值，加深教师对课程知识的理解，减轻博物馆工作人员的工作负担。另一方面，作为科研机构的大学分类研究学校教育所需的博物馆资料，为博物馆主导的博学连携发展提质增效；还可以为博物馆工作人员提供学校教育培训、资格认证、调查研究及实习培训，为博学连携的发展提供储备人才。

近年来，日本教育改革愈发关注学校、社会机构和地域的联动育人。2017年，《学习指导要领》提出要利用地域资源，通过学校实践课程与社会机构的连携推动实施“放课后计划”“星期六计划”。日本地域博物馆根据地域自然风貌和文化特色，安排志愿者规划主题活动，其最大特色不是塑造个体兴趣的“自我实现型”学习，而是运用知识振兴地域的“社会还原型”活动。[32]这一理念与新版《学习指导要领》面向未来、面向社会的指导思想相契合。由此可见，博·地·学连携是指结合学校课程和地域课题，在博物馆和学校的主导下，让学生运用所学知识探究、解决地域真实情境中的社会问题。博·地·学连携的实质是以地域真实课题为中间桥梁发挥联动育人效应，以真实社会问题为导向开展自主探究，帮助学习者完成从“知道”到“学习”的认知跃迁，实现社会还原型学习，从而提升博·地·学连携质量。例如，日本岐阜美浓加茂市民博物馆主导的博学连携以学校年度教学计划为总纲领，以地域课题、历史文化和自然资源为联动探究内容，形成特定的博·地·学地域文化群建机制，成为当地博学连携联动育人的有效策略。[33]日本博学连携将学习者置于广阔而鲜活的社会生活情境中，充分发挥博学连携的育人价值，引导学习者在自主探究过程中实现个体生命全方位的健康成长。

（三）教师参与

2021年，《日本博物馆综合调查报告书》数据显示，博学连携中教师参与度较低的问题，多年以来没有实质性改善。小笠原喜康指出，博学连携中学校问题首先表现为教师认知问题，例如教师前往博物馆开展资料调查和方法研习的频率较低；多数教师自然科学知识储备不足，缺乏将教育视线转向博物馆意愿；一些教师认为校外实践出行烦琐，欠缺应对临时事故的经验；教师轮岗后难以维持已形成的博学连携关系。长畑实指出，影响博学连携发展的外部因素中，教师的意义理解和方法认知是重要方面。板仓辉等提出，教师参与的博学连携组织机制尚不完善。[34]整体而言，博学连携中教师参与度较低的主要原因是认知有待提高。

教师依赖博物馆职员对学生实践进行指导和规划，其自身更关注秩序维持、出行安全和交通往返等方面，在连携活动结束后很少跟进后续课题。真正教师参与的博学连携应是从“记忆型教学”转向“思维型教学”，[35]指导学习者从“事实性知道”到“知识性理解”[36]的实践共同体建构中收获教学升华。不同于学习者对未知事物的初次体验探究，教师参与博学连携首先需要刺激自身对旧知识持有好奇心、求知欲和敏感度，以旧知识为连携媒介，与学生在建构情境实践共同体中再次领悟课程知识的新价值。教师参与博学连携的实质是固有专业知识经过实践检验再次认知生成新知识，是教师专业理论在“质”方面的二次飞跃。

教师参与博学连携的实践价值表现为：第一，有助于改善授课质量。教师在连携活动前需要反思“预见”学习者的体验学习课题，“预见”教师参与连携的研究问题。教师视博物馆为新“教室”，借助展品和活动组织学生能动地探究问题。相较于日常教师授课、学生听课的单向垂直教学模式，师生双方共同参与博学连携互动实践，有助于构建探究问题的逻辑，改变知识获取方式，促使教师掌握新理念，改善教与学的质量。第二，便于教师关注学习者的真实学习情况。当前，学习者正身处于信息爆炸的人工智能时代，从被动学习到主动学习，离不开教师的指导。教师参与博学连携项目，引导学生结合课程知识与个体经验探究社会问题，丰富了学校教育的价值；同时，使用表现性评价检测学生对知识的掌握程度，进而判断学习者是否真正达成博学连携学习目标。第三，有助于教师在创造性学习中领悟教育价值。教师参与博学连携活动，引导学习者拓宽学习视野，从校内学习走向校外实践，在真实的生活情境中运用所学知识解决实际问题。教师的角色从知识传授者到课程创生者的转变，也是专业能力进阶与教育理念更新的过程，既能感染和促进学习者自主学习和自我评价的实践学习，又能激发教师形成自我终身学习力，深化反思教育价值。

四、结　语

梳理日本馆校合作博学连携的发展历程、现状分析和实施举措，可为我国馆校合作协同育人提供启示。2023 年，我国教育部等 13 部门联合印发《关于健全学校家庭社会协同育人机制的意见》，明确了学校、家庭、社会在协同育人中的各自职责定位及相互协调机制，倡导全社会协同育人。日本馆校合作博学连携与我国协同育人理念基本一致，相较于日本博学连携已形成较为完善的体系，我国学校教育和场馆资源之间的课程开发、实践活动、理论探讨等近年来才成为研究热点，馆校合作协同育人仍处于发展阶段。为此，在参考性地借鉴日本博学连携经验的基础上，我国馆校合作协同育人应重点关注：①内容共建，校方教师与场馆人员需形成教学共识，尤其需重视民族性与地域性课题；②实践指导，明确校馆双方职责边界，在实物观摩与活动参与中培养学习者的判断力、创造力、表现力；③师资发展，通过构建教师深度参与的馆校合作常态化机制，推动教师专业知识与能力持续迭代，进而促进学生实践智慧与思维结构的有效生成。

参考文献

[1] 小川义和 . 博学連携は何のために［J］. 生物教育，2019，60（3）：156–160.

[2] 董丹 . 日本博物馆的公众教育［J］. 故宫学刊，2014（02）：368–379.

[3] 苏博 . 日本博物馆中的“第二课堂”［J］. 杭州文博，2016（01）：96–102.

[4] 朱峤 . 将博物馆资源融入学校教育的制度设计研究［J］. 中国博物馆，2016，126（03）：64–69.

[5] 文部科学省，これからの博物館 . 我が国の博物館の歴史［EB/OL］.（2008）［2023–02–20］.https://www.bunka.go.jp/seisaku/bijutsukan_hakubutsukan/shinko/pamphlet/pdf/r1409436_01.pdf .

[6] 田中梨枝子 . 人文科学・自然科学博物館の歴史の違いと現在の博物館教育への影響について［J］. 都市文化研究，2021（23）：133–143.

[7] 王芳 . 二战后日本民主教育制度的建立与演变［J］. 日本问题研究，2004（03）：

34–37.
[8] 社会教育法（第二条）e–Gov 法令検索 [EB/OL] .（1949）[2023–02–11] . https://elaws.e–gov.go.jp/document?lawid=324AC0000000207_20220617_504AC0000000068&keyword=%E7%A4%BE%E4%BC%9A%E6%95%99%E8%82%B2%E6%B3%95.
[9] 博物館法（第二条）|e–Gov 法令検索 [EB/OL] .（1951）[2023–02–11] . https://elaws.e–gov.go.jp/document?lawid=326AC1000000285_20220415_504AC0000000024&keyword=%E5%8D%9A%E7%89%A9%E9%A4%A8%E6%B3%95.
[10] 吴伟，赵健 . 日本“宽松教育”：历史脉络与理性审视 [J] . 比较教育研究，2018，40（04）：77–85.
[11] 尚冉，杨梅 .5+1=?: 日本“周六课堂”的新探索及其启示 [J] . 外国中小学教育，2016（06）：6–11.
[12] 文部科学省 . 小学校学習指導要領 総則 第 1 章 [EB/OL] .（1998）[2023–02–23] .https://www.mext.go.jp/a_menu/shotou/cs/1319944.htm.
[13] 田尻信壹 . 博物館と学校カリキュラム [J] . 調査報告 学校と博物館でつくる国際理解教育のワークショップ . 国立民族学博物館調査報告，2016（138）：111–19.
[14] 樊秀丽 . 从“宽松教育”到“去宽松教育”：日本教育改革之一的历史进程 [J] . 首都师范大学学报（社会科学版），2016（04）：128–136.
[15] 文部科学省 .【改訂版】学習指導要領の変遷 [EB/OL] .（2018）[2023–02–23] .https://www.mext.go.jp/a_menu/shotou/new–cs/idea/1304360_002.pdf.
[16] 长细实 . ミュージアム・リテラシー教育に関する研究 [J] . 大学教育 .2013，1（10）：79–94.
[17] 小笠原喜康 . 博学連携と博物館教育の今日的課題：近代学校の問題点を超えて— [J] . 国立民族博物館調査報告，2005（56）：281–307.
[18] 文部科学省 . 第 3 期教育振興基本計画 . [EB/OL] .（1998）[2023–02–23] . https://www.mext.go.jp/content/1406127_002.pdf.
[19] 山本孝司，久保田治助，元田充洋 . 地域博物館の教育的機能に関する考察：玉名市歴史博物館「こころピア」における「親子ふれあい博物館」の実践を手掛かりに [J] . 九州看護福祉大学紀要，2011（3）：21–32.
[20] 五島政一，小出良幸，平田大二，山下浩之 . 学びのネットワークの構築：中学校と博物館を中心としたネットワークの確立 . 日本科学教育学会第 23 回

年会 . JSSE・ICASE・PME 国際会議論文集，1999：345–346.
［21］室井宏仁，奥本素子 .COVID–19 感染拡大下における博物館施設のオンライン発信の傾向と分析［J］. 科学技術コミュニケーション，2021（28）1–10.
［22］文部科学省 . 文化審議会第 2 期博物館部会（第 4 回）会議資料［EB/OL］.（2022–04）［2023–02–25］.https://www.mext.go.jp/kaigisiryo/content/000080168.pdf.
［23］渋谷美月 . おうちミュージアムのはじまりとこれから［J］. 博物館研究，2021（9）：26–29.
［24］公益財団法人 日本博物館協会 . 令和元年度 日本の博物館総合調査報告書 . 表 2–19， 表 3–15–9［EB/OL］.（2020–09）［2023–03–12］.https://www.j–muse.or.jp/02program/pdf/R2sougoutyousa.pdf.
［25］文部科学省 . 小学校学習指導要領［EB/OL］.（2017–03）［2023–03–12］. https://www.mext.go.jp/content/20230120–mxt_kyoiku02–100002604_01.pdf.
［26］高橋修 .「小学生だから読める古文書講座」事業の実践：新しい博物館教育論と資料論の構築を目指して［J］. 神戸大学大学院人文学研究科地域連携センター，2014（6）：98–105.
［27］清水香保里 . 学校と博物館が学び合える場を目指して—川越小学校の博学連携による教育活動の可能性を探る—［J］. 教育研究所紀要，2019（28）：145–156.
［28］奥本素子，加藤浩 . 事前学習と館内鑑賞支援を連動させた博物館における展示鑑賞支援システムの開発［J］. 日本教育工学会論文誌，2012（36）：1–18.
［29］樽創，田口公則，大島光春，今村義郎 . 博物館と学校の連携の限界と展望：中間機関設置モデルの提示［J］. 博物館学雑誌，2001（26）：1–10.
［30］小川义和 . コミュニケーションとしての博物館教育［J］. 日本科学教育学会年会論文集，2017：221–222.
［31］甲斐麻純，松岡守 . 博物館と学校教育の連携の現状と今後の展望［J］. 三重大学教育学部研究紀要，2013：209–216.
［32］薄井伯征 . 地方の公立博物館と地域社会の活性化［J］. 日本生涯教育学会年報 .2011（32）：87–103.
［33］二村玲衣 . 美濃加茂市民ミュージアムにおける博物館と学校の連携関係の構築：博物館教育」の分析による課題を枠組として名古屋大学大学院教育発達科学研究科紀要［J］. 教育科学，2019（1）：27–39.
［34］板仓辉，君塚仁彦 . 博学連携における学びの創造と「博物館指導主事」：戸

田市立郷土博物館の活動に注目して［J］. 東京学芸大学紀要，2019（1）：35–50.

［35］田村学，广瀬志保 . “探究”之探究：有声有色的日本高中综合学习［M］. 东京：学事出版株式会社，2017：19.

［36］张华 . 让学生创造着长大：2022 年版义务教育课程方案和课程标准核心理念解析［M］. 北京：教育科学出版社，2022：5.

作者简介

白欣，首都师范大学初等教育学院教授，研究方向为科学教育、科学技术史。

任二青，首都师范大学教育学院博士研究生，研究方向为日本比较教育、教师教育。

HPS 教育理念在科技博物馆教育中的实践研究

李　宏　刘　迪

长期以来，我国的科学教育课程无论从教学内容还是教学方法来看均有较大的精神缺失。科学教育只重视科学的工具理性，将科学教育异化为科学知识的教育，看重的是科学知识的传授，忽视了科学方法的培养，更不用说 HPS 教育所强调的对科学史学、哲学与社会学层面的解读。就 HPS 教育对于提高公众科学素养的作用来说，我国的科学教育与发达国家的科学教育相比还存在一定差距。2017 年教育部明确提出了教育中要培养学生核心素养的观点，而经过一些科学研究者的坚持不懈的研究，探明在科学课程的教学过程中融入 HPS 教学模式能够有效地促进学生对科学本质的领悟与认知。[1] 作为培育学生科学本质观的有效手段，融合了科学史、科学哲学和科学社会学理论的 HPS 教育理念和教学模式在国际科学教育界得到广泛认可。

2022 年版初中生科学课程标准强调了科学课程的性质和目标，明确要求学生形成对科学本质的总体理解，包括科学的特点、科学知识的研究方法、科学的功能及其社会影响等内容。《义务教育生物学课程标准》中提到的核心素养包括生命观念、科学思维、探究实践和态度责任四个方面，这些都是为了帮助学生更全面地理解生物学的内涵和科学的本质。

科技博物馆在普及科学知识的同时，承担着弘扬科学精神、传播科学思想、倡导科学方法，引导公众理解科学本质、反映科学文化、提升科学素养的责任。本文以黑龙江省科技馆“生命遗传密码”教育活动为例，探究科技博物馆采用 HPS 教育理念开展教育活动对学生科学思维究竟起到何种作用，寻找及建构 HPS 教学模式与学生科学素养培育之间的重要联系，为学生科学思维和科学素养的发展提供理论上的支撑和实践案例，为科技博物馆事业的可持续发展提供理论和实例借鉴。

一、HPS概述

HPS 是科学史、科学哲学和科学社会学（History，Philosophy & Sociology of science）的简称，它是一种融合科学史、科学哲学和科学社会学的基于科学本质的教育理念。[2] 其中，科学史是指人类认识科学、发展科学的历史，科学哲学是指以科学作为研究对象的哲学，科学社会学是指用社会学观点研究科学与社会的相互关系及其影响的学科。HPS 教育强调的不仅仅是将科学知识传授给学生，更重要的是让学生通过科学史来学习知识的来龙去脉，构建知识体系并培育科学观念；通过科学哲学的学习来理解唯物主义辩证思想、掌握科学探究的方法并形成理性思维；通过科学方法的学习来体会科学发展日新月异、增加探究的欲望并提升科学探究能力；通过科学社会学的学习来体会“科学—技术—社会—环境”四大领域的交融、重视科学的人文意义并践行社会责任。[3]

二、HPS科学教育的发展

19 世纪末，物理学家恩斯特·马赫首次提出 HPS 的概念，他认为一切科学教育均不能小看科学中蕴含的历史和哲学内容，并将 HPS 教育的“理解科学本质”思想归入德国的科学教育改革计划之中，西方 HPS 教育的序幕由此拉开。[4] HPS 教育思潮的忠实倡导者库恩将 HPS 教育视为解读或理解科学的全新手段，开门见山地指出科学史与科学哲学的教育意义。在库恩科学范式的影响下，科学史内容与科学哲学内容被融入科学教育体系中，深化了民众对旧的科学教育思想的认知，HPS 教育作为融合了创新精神的“科学史与科学哲学”（History & Philosophy of Science）的统一名称，持续沿用到 20 世纪 80 年代。[5]

HPS 教学模式是 HPS 教育的某一维度内容，该模式一共有三种，分别是孟克与奥斯本提出的融入教学模式、琳达和杰姆斯提出的互动历史小故事模式和马修斯提出的适度模式。[6] 因马修斯的适度模式被大多数研究者认可，且具有较强的可执行性，所以本文主要研究马修斯的适度模式。马修斯提出的 HPS 教学适度模式包含六个步骤：演示现象、引出观念、学习历史、设计实验、显示科学观念和实验检验、总结与评价。

三、HPS教学模式在科技博物馆教育中的实践——以"生命遗传密码"教育活动为例

在厘清 HPS 教育的内涵以及梳理国内外研究进展的基础上，基于图 1 所示的"博物馆科学教育的三维模型"（涵盖科学的乐趣、探索的过程、技术的应用三个维度），结合建构主义、人本主义、最近发展区理论，设计教育活动方案。选取对照班级和实验班级为研究对象，运用实验研究法、问卷调查法、案例研究法等教育研究方法进行实验。基于 HPS 教育理念提炼出四种教学策略，即"巧设科学探究情境""挖掘史料潜在价值""开放实验设计过程"和"提供概念转变机会"，结合 HPS 经典教学模式，设计以下六个环节：提出问题、引出观念、学习历史、设计实验、呈现科学观点和检验、总结评价。[7]

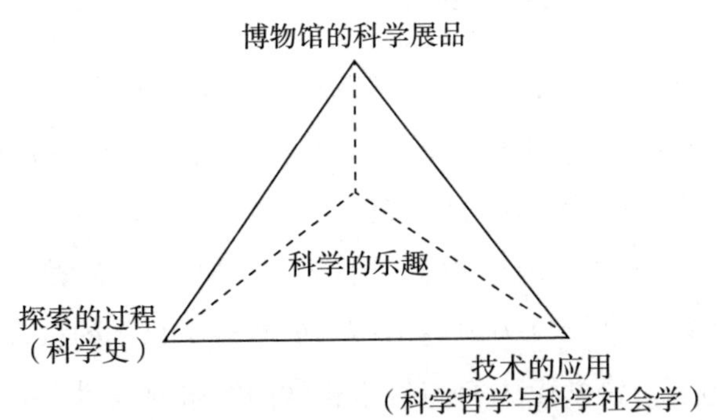

图 1　博物馆科学教育的三维模型

"生命遗传密码"是依托黑龙江省科学技术馆"人与健康展区"的展品"基因树"开展的展品辅导拓展类教育活动。活动从一个关于孩子遗传父母长相的谜题入手，探究环节层层深入，孩子们经过操作展品、探究实践、推理分析、总结提升等一系列过程，纠正了不正确、不科学的生活认知，初步了解遗传学知识，达到用其解释生活中常见的简单遗传学规律的目的。

该教育活动配备了活动教具和套材包，是依据《初中科学课程标准（2017）》生命科学中“生命的延续和进化”部分的内容，即“识别遗传和变异现象；阐述遗传物质的作用，明晰DNA、基因和染色体的关系，了解人的性别决定”，以及《科学教育的原则和大概念》中“生物的遗传信息会代代相传”这一核心概念进行开发的。基于HPS教育理念，运用“5E教学法”，采用以探究式学习为主的多样化学习方式，通过研习科学史，了解早期科学家在研究实验时的不同观点，以及一系列逐步逼近正确答案的解释，从而深刻体会到科学技术的不断发展。教学中，引导学生运用多种科学思维方法，将展品活动与自身生活经历相联系，构建模型、分析并解释数据。例如，依据父母的基因型（像父母的卷发和直发、单眼皮和双眼皮等性状特征），初步推断其后代可能出现的基因型和表现型，以此帮助学生形成正确的科学思想观，学习科学家精神。

（一）教学目标

1.知识与技能

（1）了解同一种生物也存在个体差异。对于细胞的微观结构产生认识，简单了解什么是基因及其存在细胞中；理解基因型与表现型的关系。

（2）围绕“植物和动物都能繁殖后代，使它们得以世代相传”这一核心概念，了解父母可以将一些性状遗传给后代，他们非常相似，但也会有细微的不同。了解简单的遗传规律；可以借助庞纳特方格这种工具，根据父母的基因型推理出子女可能具有的基因型和表现型。

2.过程与方法

（1）能基于所学的知识，运用分析、比较、推理、概括等方法得出科学探究的结论，发展学习能力、思维能力、实践能力和创新能力。

（2）复杂的微观结构和系统可以被可视化、被建模，并用来描述其功能或相互作用。

（3）能基于所学的知识，用科学语言、统计图表等方式记录整理信息，表述探究结果。

（4）通过探究，运用逻辑推理来解决问题。

3.情感、态度与价值观

（1）对生活中的现象保持好奇心和探究热情，激发出对事物的结构、功能、变化及相互关系进行科学探究的兴趣。

（2）运用科学的方式搜集、记录、整理信息，经历观察—探究—思考—内化的科学探究过程，在科学探究过程中能以事实为依据，分享彼此的想法。

（3）学习科学史和科学家的精神，构建知识体系，学习科学方法，培养科学思维。

（二）教学活动设计

第一阶段：猜猜看

设计意图

通过“猜猜看头像”的小游戏（见图2），引导学生根据外貌猜测哪三个人是亲子关系，经过讨论与判断，引发学生的猜想，父母的某些性状是否一定会遗传给子女。学生观察并比较自己或他人从父母那里遗传来的特征同时能够在教师的引导下自主提出相关问题为下一阶段的探究做准备。

图2　猜猜看头像

学情分析

在教师提出问题后，学生会根据日常生活经验去回答问题，答案往往不够准确，大部分同学会认为双眼皮的父母的孩子一定就是双眼皮，同时也会对自己与父母外表的一些显著差异感到奇怪，教师可以在学生的疑惑中引导学生继续学习。

教学策略

教师通过充满趣味性的游戏，请同学们猜测答案，在轻松幽默的氛围下引导学生们进行猜想与讨论、交流与对比，明确本次活动要探究的主要问题，在这一过程中，教师不必给出固定答案，也不必着急纠正学生的错误概念。

第二阶段："基因树"的回答

设计意图

教师通过"基因树"展品的操作与演示，让学生学会如何制订计划、利用展品解决实际问题；了解该展品的功能，同时也促使学生产生疑问，"基因树"为什么能够预测结论？它的结论是否正确？用这些问题来激发学生的探究欲，并让学生有想验证这些问题的想法。

学情分析

学生常依据生活经验去判断问题，同时也会好奇"基因树"这件展品是如何实现其功能的。

教学策略

教师进行展品的操作演示，引导学生观察、思考。学生在教师的指导下利用展品解决实际问题，在了解展品功能的同时为下一阶段的学习做准备。

第三阶段：什么是基因

设计意图

人类对遗传奥秘的研究历经多个历史阶段，每个阶段都涌现出起到关键作用的核心人物。在遗传学发展史上，孟德尔发现了遗传因子的存在，并揭示了遗传学的两大规律，因此被尊称为遗传学的奠基人。认识到基因的存在后，格里菲斯、沃森、克里克等科学家对基因存在的位置、基因的本质、基因如何行使功能进行研究，其中沃森和克里克建立的 DNA 双螺旋结构模型成为现代遗传学革命性突破。通过学习《遗传学发展史》和《什么是基因》动画，引导学生理解科学创新的本质，体悟科学家突破权威、通过实证挑战既有认知的勇气。

教师指导学生利用显微镜观察人体细胞模型（见图3），了解人体细胞基本结构。学生通过观察细胞模型教具，了解细胞中遗传物质之间的关系。教师利用眼皮形态卡片（见图4），引导学生讨论显性基因和隐性基因对性状的影响。学生根据教师的引导和提示进行思考、讨论与总结，利用基因盲盒完成任务，理解基因遗传的过程。教师根据模型教具和相关资料来修正学生的理解（见图5）。

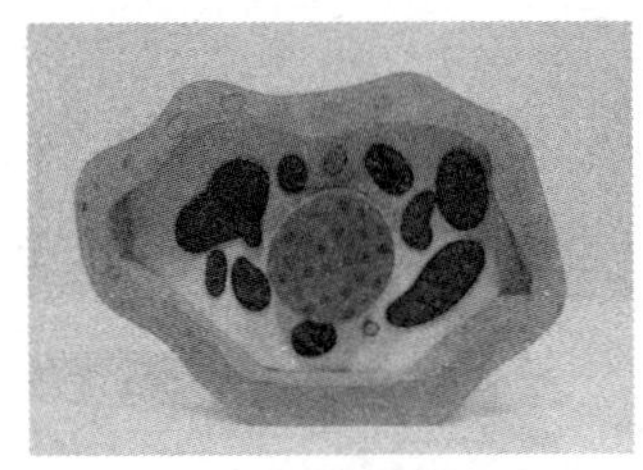

图3　细胞模型

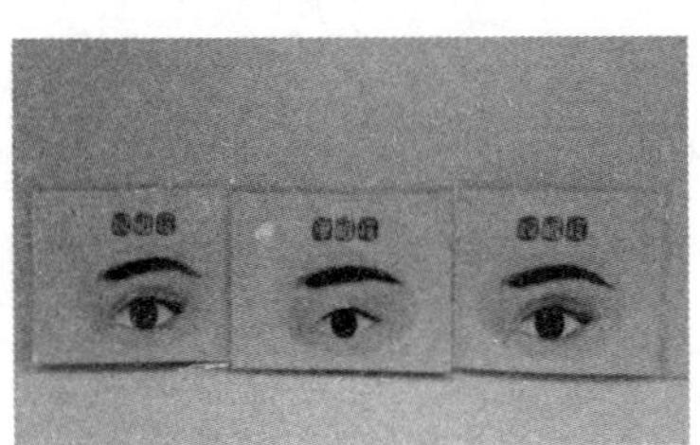

图4　眼皮形态卡片

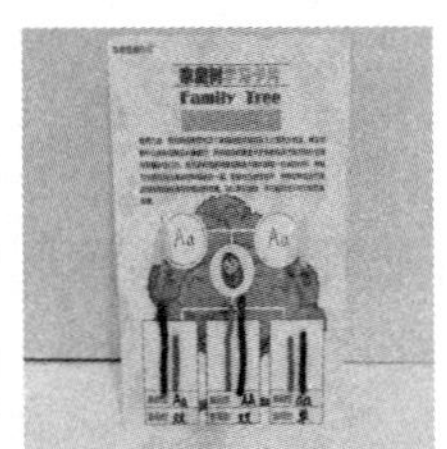

图5　家庭树学习卡片

学情分析

学生知道人体的基本组成单位是细胞，但是对细胞结构，尤其是细胞核中遗传物质的结构、功能及基因型、表现型等术语了解不多。在教师的引导下，学生利用辅助材料进行推理和总结，能够加深对科学概念和术语的理解，有利于将这些概念应用到实际生活中。

教学策略

教师在介绍、解释科学概念和术语之前，先让学生给出他们的解释。教师让学生观察细胞切片，模型教具，推理并讨论相关知识点，帮助学生将他们的探究过程与相应的科学概念联系起来。学生通过对眼皮形态卡片的观察，思考、讨论，总结出不同的基因型对应哪种表现型。最后，教师借助基因盲盒这一工具，让学生直观地了解遗传过程。通过巧妙设置问题链，引导学生逐步深入探究并解释遗传现象，帮助他们构建合理的知识体系，论证自己的观点，从而加深对遗传学知识的理解。

第四阶段：智慧的结晶

设计意图

教师演示模型，学生推理后代可能出现的表现型；教师解释与纠正后，学生通过构建和使用模型来描述基因从父母传递给后代的因果关系以及由此可能会产生的表现型。让学生领会利用庞纳特方格（见图 6）建立简化的遗传学模型。学生在学习之后能够通过构建模型、分类、分析、推理等方式得到正确结论。

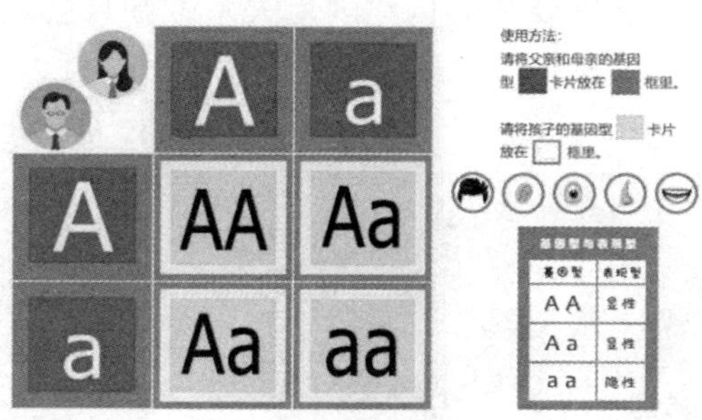

图 6　庞纳特方格

学情分析

学生有了前面的知识储备，了解了遗传是如何发生的，可以根据父母的基因型利用庞纳特方格来推理子女可能出现的表现型。学生在这一过程中要运用理性和逻辑思维，设计、计划、整理与解释数据、分析、推理，最终得出结论。

教学策略

教师向学生展示染色体模型（见图 7），学生思考父母如何将基因遗传给子女和产生的结果以及现象。教师帮助学生理解庞纳特方格如何使用，引导学生应用所学的知识和方法。教师引导，学生积极参与，设计并实施探究，建立模型、解决问题，得出结论。

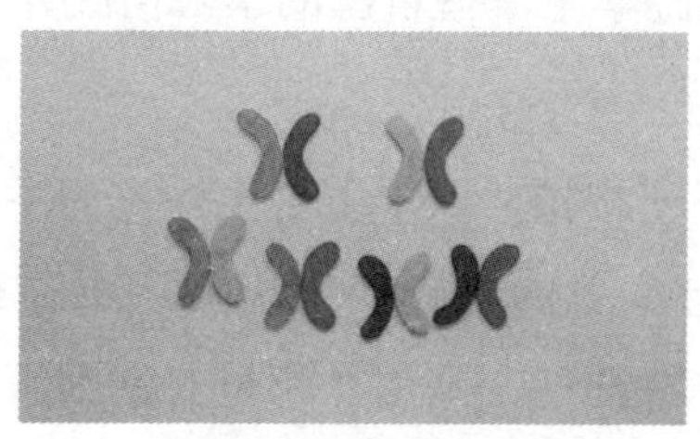

图 7　染色体模型

第五阶段：动手动脑解难题

设计意图

教师引导学生对本次活动进行总结；学生通过对套材包中工具的使用，任务的完成，检测对前几阶段学习内容理解的程度，同时也可以检验学生是否达到了学习目标。学生要学会构建因果关系，并且会运用概念和模型解决实际问题（见图 8）。

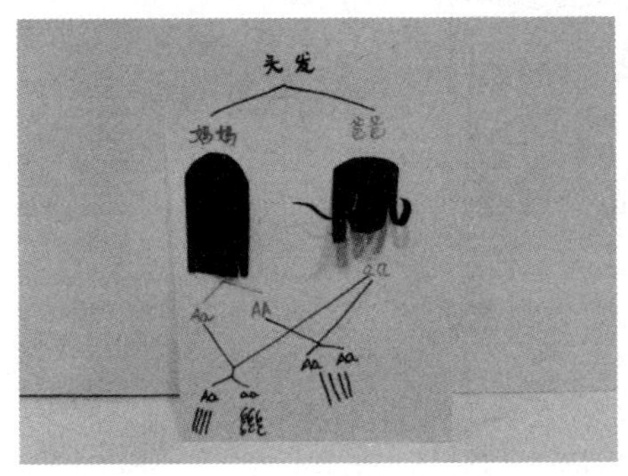

图 8　学生作品——基因遗传模型

学情分析

通过前面几个阶段的学习，学生已经掌握了相应的知识点和建立模型的方法。这些内容可以支持学生完成学习单和模型的制作与展示等相应内容。

教学策略

教师引导学生利用套材包的材料和所学的知识以及方法去解决实际问题，是对学生在本次活动中学习成果的检验与复习。学生要明确自己的目标、学会制订计划、选用最适用的方法和工具完成任务，并能够在其他人面前展示自己的成果。鼓励学生掌握自己的学习情况并评价其进步。

小结

活动逐步深入，环环相扣。以学生自主探究为主，教师引导为辅助。学生通过生活中常见的有意思的谜题产生探究意愿，在探究的过程中了解了是基因决定我们的一些特征——基因在哪里？基因有什么用？当爸妈提供不同的基因给孩子时，谁的基因更厉害？了解了基因、性状等概念，解开了谜题。学习利用模型，大胆质疑，小心求证，并将掌握到的遗传规律应用于生活，课后教师分析学生学习单与家庭树卡片的完成情况，完成教学评估（见图 9）。

第一阶段　猜猜看
通过猜猜看的小游戏引导学生根据外貌猜测哪个小男孩是双眼皮父母的孩子，引发学生猜想：父母某些性状是否一定会遗传给子女？

第五阶段　动手动脑解难题
鼓励学生大胆发言，对知识进行总结梳理，利用素材包中的基因遗传材料和工具以及学习单等对整个活动进行评估。

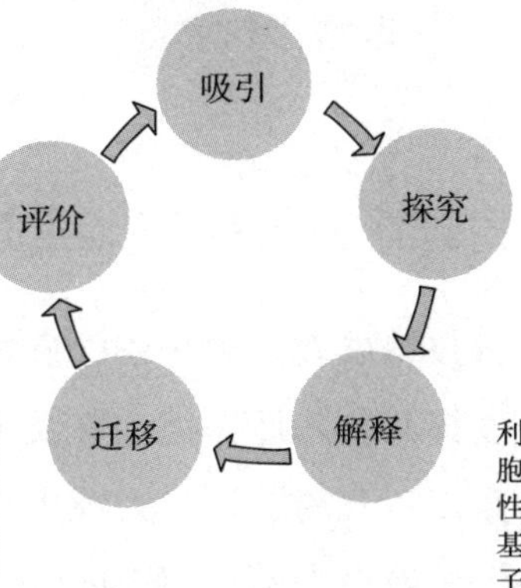

第二阶段　“基因树”的回答
学生把父母的眼皮形态特征分别输入“基因树”中找到答案，同时学生也会产生疑问：为什么双眼皮的父母既能生出单眼皮的孩子又能生出双眼皮的孩子？

第四阶段　智慧的结晶
学生了解庞纳特方格，会利用模型根据父母的基因型推理子女可能产生的基因型和表现型，简单了解遗传学的发展史，学习科学家追求真理、不畏困难的精神。

第三阶段　什么是基因
利用显微镜和细胞模型观察，了解细胞结构，基因在哪里等，教师解释显性基因、隐性基因等概念，学生通过基因盲盒探究父母如何将基因遗传给子女并产生哪种基因型和表现型。

图 9　生命遗传密码知识图谱

四、活动实施路径及开展情况

活动主要面向 8~14 岁青少年开展，时长约 2 小时，由科技馆辅导员引导。通过在科技馆举办科学探究活动、“科技馆活动进校园”、青年科普创新实验暨作品大赛、科普大篷车进农村等方式开展，利用相关展品原理演示和科学探究过程，激发公众对生命科学的兴趣和好奇心，引导学生学习科学研究的方法，培育生物学核心素养。活动自 2021 年 8 月份实施以来，经过不断完善丰富，截至 2024 年 10 月，已在科技馆展厅开展 57 个场次，通过馆校结合活动到各中小学校开展 3 次，累计服务观众 1800 人以上，已成为黑龙江省科技馆精品科学活动之一（见图 10）。

图 10 活动剪影

五、基于HPS教育理念开展馆校结合教育活动的启示

通过馆校共建，依托科技馆展教资源与校内资源进行整合，丰富活动内容、创新活动形式，充分发挥科普阵地作用，普及更多的科普知识。科技馆将生物科学知识以生动、直观、互动的形式展现出来，通过展品体验逐步渗透的方式使学生解决了在课堂教育中不易解决的问题，实现学校与场馆紧密结合，形成馆校协同育人新模式。

（一）巧设科学探究情境

为推动学生进行深度学习，在设计活动时，需助力学生实现生活经验与知识符号的相互关联和转化，构建既有益又有趣的探究情境，进而引出活动主题。要充分考量学生已有的生活经验和知识水平，结合学校科学课程标准，给予学生充足的知识建构空间，激发学生全身心投入学习的兴趣，而这在很大程度上依赖辅导教师在活动中的情境创设。精妙的情境既贴近生活，又能引入科学知识，通过环环相扣、层层递进的情境设置，可让学生在不知不觉中认识科学、技术与生活的紧密联系，感受科学的奇妙之处，从而更积极主动地开展学习，促使自身对科学事业的本质有更深刻的理解。

（二）关注学生最近发展区

维果斯基提出的“最近发展区”理论认为教学应该着眼于学生的最近发

展区，即学生现有水平与可能的发展水平之间的差异，在教学中为学生提供有难度的内容，调动学生的积极性，从而发挥其潜能。“最近发展区”概念强调教学在发展中所起到的主导和决定作用，揭示了教学的根本特征在于激发形成当前学习者还不具备的心理机能，而非“训练”和“强化”学习者已有的内部心理机能。

（三）挖掘科学史的潜在价值

在设计教育活动时，应当深入挖掘展品所蕴含的文化价值，其中涵盖科学家的思想观念、性格特点、精神品质，科学家探索真理的具体过程，甚至包括科学家所处时代的经济状况、政治形势、社会环境以及学术氛围等方面。将科学教育放置在历史语境当中，能够让科学的公众形象更加立体、鲜活。

从科技博物馆的角度来看，其有责任让青少年了解科学发展的真实历程，引导他们站在历史的角度，公正、客观地看待前人科学研究取得的成就与存在的局限性，促使他们从发展的视角去理解科学发展的脉络，运用前瞻性的眼光审视我们日常生活中熟悉的科学技术。这就要求科技博物馆紧密结合学校的科学教材和教学目标，将科学史的相关内容有效地融入博物馆的教育活动中。

（四）结合科学哲学与科学社会学思考技术的应用

科学、技术与社会之间的联系日益紧密，科学教育的范畴除了阐释科学本身外，还必须关注社会层面。科学教育不应仅仅让青少年掌握科学的基本知识，更重要的是引导他们理解科学的本质以及科学的社会功能，清晰地认识科学的社会形成过程和科学建构中的各类社会因素，明白在科学社会化与社会科学化进程中，起关键作用的并非科学本身，而是人类自身。因此，在科技博物馆开展教育活动时，需要充分考虑青少年现有的知识水平、生活经验以及社会阅历，将这些与现实世界中的实际问题紧密相连，深入挖掘现实生活中科学知识的应用场景，营造生动、自然且贴切的情境，以此促进青少年已有的经验与认知对象之间的互动。

六、结论

融入 HPS 教育理念的科技博物馆教育活动以承载科学原理、科学知识的展品为中心，从“科学探索的过程”“科学探究的路径选择”“科学技术的应用”等方面拓展知识的外延。它以理解科学本质、反映科学文化为目标，强调科学的社会功能，使青少年接受科学教育的过程既是学习科学知识的过程，也是科学探究的过程，既是思考的过程，也是提升科学素养的过程。本活动既是场馆深度挖掘科普展品价值的尝试，也为开展馆校深入合作，助力“双减”工作提供了基本遵循。由于教学内容复杂，加之不同学段学生认知的差异，在教学过程中特别强调了由浅入深，循序渐进的特点。未来，科技博物馆还可利用生物学相关知识结合声学、力学等科普展品和科学实验器材开展跨学科的活动开发与设计，使学生在获得全链条科学知识的同时，不断拓展和完善知识体系。

参考文献

[1] 陈怡瑾 . HPS 教学模式对学生科学本质观影响的实证研究 [D]. 重庆：重庆师范大学，2017.

[2] 张晶 . HPS（科学史、科学哲学与科学社会学）：一种新的科学教育范式 [J]. 自然辩证法研究，2008，24（9）：83-87.

[3] 皇甫倩，王后雄 . HPS 教学模型及其在中学化学教学中的运用 [J]. 教育理论与实践，2015，35（2）：58-59.

[4] 曹若娟 . 高中化学教学中实施 HPS 教学的实践研究 [D]. 石家庄：河北师范大学，2013.

[5] 谭冰华 . 理解科学的本质 [D]. 南京：南京师范大学，2014.

[6] 吴松原 . 新课程标准（2017 年版）背景下基于 HPS 的化学教学设计研究 [D]. 沈阳：辽宁师范大学，2018.

[7] 黎潇阳 . 初中生物教学中指向科学本质观培育的 HPS 教学研究 [D]. 重庆：重庆师范大学，2019.

作者简介

李宏，黑龙江省科学技术馆副研究馆员，研究方向为科学教育理论研究。

刘迪，黑龙江省科学技术馆馆员，研究方向为科普活动研究。

在馆校结合科学教育中开发编程活动的创新、模式与启示

——以中国科技馆感触智能魅力展厅展品资源为例

李 沫 傅子杰 王学旗

随着编程教育的不断发展，教育系统已将编程类教育纳入中小学的必修课程。编程教育能够培养学生的数字化技能，提升他们的信息素养与能力。在开发编程教育课程的过程中，少儿编程的发展和教育落地逐渐成为一种趋势。众多教育从业者都在积极构思和开发少儿编程类教育活动，以此丰富教育实践。本文立足科技馆领域，对编程教育在馆校结合的科学教育模式中的实践情况，以及未来发展空间展开探索。

一、编程教育在馆校领域内的现状与革新方向

编程教育是通过编程游戏启蒙、可视化图形编程等课程，培养学生计算思维和创新实践能力的课程。[1]编程教育是数字化技术与教育的结合，其核心在于依托学生的认知发展规律激发其编程潜能，使用数字化工具解决跨学科问题，[2]最终达成团队协作与创新能力培育的双重目标。

在目前国内教育中，由于编程教育的课程体系内容较新，且涉及较多关联学科知识，所以该领域教育活动的研发与开展存在一定局限性。对于学校教师而言，他们在高校学习阶段，主要接受的是某一专业技能的培养，多学科、跨学科综合教育的教学能力仍处于逐步探索阶段，学校的科技教育也多依靠经验开展。这导致教师们对一些数字化技能了解不足、钻研不深，对技术创新成果的掌握也不够前沿，与前沿科技存在“脱节”现象。在设计开

发数字化课程时，容易出现内容陈旧、缺乏新颖性、无法激发学生兴趣等问题。因此，与科技馆合作研发编程活动、培养学生的数字能力，成为学校教育的有益补充，也能更好地发挥馆校结合教育的优势。科技馆凭借与科研单位、企业的深度协同，具备把握和更新前沿数字化技术的能力。特别是在研发相关展品展项、开发数字化教育活动方面，科技馆具有显著优势，其开发出的教育活动和展品融合了前沿科技与现代技术，在实际运行中获得了观众的认可，并吸引了大量观众参与体验。专业的科技辅导员和开发团队在系统的课程开发体系下，对编程教育活动内容进行精细化整合，从形式上确保孩子们能够学到专业的编程知识与技能，充分培养他们的创造力与逻辑思维能力，让孩子们在科技的氛围中学习，在学习过程中激发创造力。

当前，科技馆开展的编程教育采用线上与线下相结合的模式，根据由浅入深的学习规律，将教学内容划分为三个层次：第一类是 Scratch 及类似 Scratch 的图形化编程教学，主要侧重兴趣培养和思维训练，通过趣味性强的实践项目，让孩子们像搭积木般轻松创作动画、故事、音乐和游戏，在互动体验中获得直观的创作成就感。第二类是机器人编程实践活动，即通过搭建实体机器人并运行专业程序，让孩子们在编写具体代码和动手组装的过程中掌握数字化工具的应用能力。第三类是基于 Python、C++ 等高级编程语言的教学课程，旨在帮助学生掌握更专业的编程技能，为其未来参与信息学奥林匹克竞赛、科技创新大赛、机器人竞赛等科技赛事奠定基础。[3] 科技馆开展这些少儿编程教育活动的根本目标，在于系统培育青少年的信息素养，既为其后续专业学习和职业发展打好基础，同时也促进馆校教育资源的深度整合与协同发展。

二、科技馆开发编程教育活动的现有模式与内容分析

在中国科技馆开展的教育活动“创造我的机器人”广受好评，是该馆人工智能展厅的特色编程教育活动之一。三层人工智能展厅自 2022 年开放以来，该活动累计举办千余场，参与人数超过万人次，已成为展厅最具代表性的特色活动之一。

图 1 “创造我的机器人”教育活动现场

“创造我的机器人”活动（见图 1、2）位于科技馆三层 D 厅，采取预约制每日开放，平日每天开展 4 场，周末及节假日增至 5 场。活动配备 4 套专用教具、4 个智能识别展台及 4 本操作手册。活动内容分为三个环节：一是认识机器人构成部件（了解各部件功能及其与整体模块的对应关系），二是模仿搭建简易机器人（通过实践掌握组装调试方法），三是自主创意设计（引导学生完成复杂机器人制作，深化调试技能理解）。

该活动主要面向 7~12 岁青少年设计，研发团队针对该年龄段认知特点，专门构建从形象思维向逻辑思维过渡的学习路径。活动采用“认知、模仿、创新”三阶段教学模式，通过单次主题活动完整覆盖全流程。在具体实施中，科技辅导员首先讲解电源、传感器、执行器等基础元件，随后引导学生认识逻辑器件（如求反器、阻隔器等）的工作原理。待学生掌握部件功能后，辅导员指导学生完成机器人组装，最终支持学生自主设计并调试具有个性化功能的创意机器人。

图 2　适龄观众参与“创造我的机器人”

随着编程教育的持续发展，中国科技馆积极总结优质活动经验，通过行业交流共享教育成果，不断优化教育活动开发机制。作为培养青少年数字技能的有效途径，编程教育需要持续完善实施方式，才能更好地服务于新一代人才培养需求，推动科技教育事业的创新发展。

三、馆校协同开展编程教育的实施路径

中国科技馆在三层 C 展厅改造区创设多元化编程教育实践空间，每日通过小程序预约系统开放编程体验活动，吸引了大量学校组织学生团队参与实践，其中“机器人小课堂”作为热门项目，通过工程师角色代入方式，引导青少年学习机械原理与编程逻辑，在合作设计过程中掌握图形化编程软件应用及电机运转原理，有效培养逻辑思维、动手能力与人工智能探索兴趣（见图 3）。

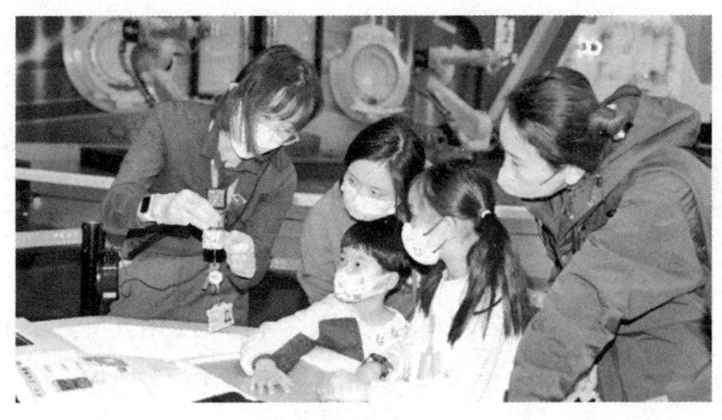

图 3　教育辅导现场

同时，许多科技企业与科技馆展开合作，共同开发教育活动，为学校的学生团体提供体验与学习的机会。例如，“优必选”作为一家科技教育企业品牌，其研发的“赛场先锋”项目入驻了中国科技馆的教育活动场地。“赛场先锋”活动以运动竞技为核心，在青少年体验过程中，配备了优必选自主研发的伺服舵机、红外传感器以及多种机械连杆结构，助力青少年在学习体验中完成极具趣味性的夹球、运球和投篮动作，让他们在感受科技与数字化力量的同时，体会到科技与应用相结合的乐趣。“赛场先锋”的活动设计具有体验门槛较低、难度逐步递增且延展性较强的特点，需要参与者通过多种操作和不同结构的协同配合来完成任务。那些在学校教育中难以实现的科技类体验，在科技馆中得以很好地实践，这正是馆校结合多样化发展日益兴盛的原因。

中国科技馆联合各地中小学开展了“同上一堂科学课”主题活动，推出青年科学家科技前沿课，积极与多所高校开展交流，推动科技馆教育资源向外拓展，共同探索未来馆校合作在课程内容与形式上的创新。同时，中国科技馆与众多中小学紧密合作，开展学生团体场馆综合实践活动，其中与北京市延庆区第三小学、北京市第十二中学等多所学校建立了馆校合作关系，中小学生走进中国科技馆，参与团体综合实践活动。科技馆的科技辅导员为上千名中小学生举办了展览主题辅导、科学实验秀、科学探索课程等教育活动，场次超过百场，深受师生的好评。

中国科技馆构建了社团教育的模式，旨在完善共建学校的科学课程服务体系。社团共建科学编程课系列活动走进北京市的府学胡同小学、花市小学等馆校合作小学开展服务，围绕不同教育主题有序开展。在社团活动中，同学们在科技辅导员的引导下，体验具有主题引导的专属展厅展品和教育资源的“排列组合”。同时，在科技辅导员的指导下，同学们运用编程知识设计并制作创意动画播放器和创意夜灯等，在实践中提升编程能力，培养创意思维。

科技馆科普资源进校园活动，由中国科技馆的科技辅导员走进中小学，为同学们带来生动有趣的科学课和实验秀，将科技馆里的优质科普教育资源送到学校。同学们在学校体验科技馆带来的教育活动资源，通过观察、探究、讨论、制作、分享等形式，获取科学知识和科学方法，体验科学乐趣，产生浓厚的科学兴趣，如中国科技馆的小型展览校园巡展活动，结合“看得见的科学”等主题展览进入小学课堂，将电、磁、热、力、气流、振动等多主题科普展品、教具带到同学们身边，将抽象的科学概念可视化，让同学们具象地了解变化的磁场、流动的空气、冻结的闪电。

近年来，中国科技馆持续推动“馆校合作”活动，依托展厅教育资源，结合科技前沿与社会热点，打造了“科技馆里的科学课”与“科普资源进校园”两项品牌项目，并对“科学体验营”品牌进行了优化升级。面向合作学校学生，科技馆推出系列主题教育活动，不断丰富教育内容，加强课程设计与活动实施的服务支持。“馆校合作”活动采取科技馆与中小学双向开展的形式，在馆内与校园交替进行，取得了广泛的社会好评。

四、编程教育在馆校结合发展中存在的问题与建议

在科技馆运行中，对于编程类教育活动开发的后续完善，还需要加强对于教育活动的整体设计和系列化发展，与学校老师共同开发编程类教育活动，让学生来科技馆前学习相关内容，到科技馆体验特色活动，再回到学校开展巩固和拓展学习，以达到和学校教育的高度配合和系统性校内校外联动的教育效果，并展开多次教学实践，总结活动经验，形成科技馆编程教育活动资源包，开展线上＋线下学习，扩大活动覆盖面，在更多学校、更多学生中普及推广。

在当下，科技馆越发重视前沿科技和高精尖科技的展示与教育，基于一些好的编程类展品正在不断开展教育活动。但还需要注意的是，目前对于新领域，新教育内容的试点，还需要不断地探索、完善，并最终能够实现系统活动开发的成规模的教育内容与活动研发。[4]在馆校结合的大背景下，只有这样，编程教育才能达成预期的教育目的，收获良好的教育效果，学生的培养才能更加全面，其数字素养也将得以持续提升。[5]

与此同时，在开发编程类教育活动中，还应加入学生评价的活动内容，对学生来科技馆学习体验的后续收获跟进考察得还不够，还可以设计调查问卷等追踪学生在学习后的继续提升等一系列“成长”，这样对于教育活动的

哪些环节更有效，哪些环节可以削弱等都可以得到很好的指导，并且从学生学习后的反馈追踪也可以作为数据支持教育活动的教育影响评价等。

最后，值得关注的是，在开发编程类教育活动时，应进一步加强馆校、馆企之间的合作力度，通过融合学校、社会科研单位及科技企业，开展更广泛深入的交流与合作，以大联合的形式共同设计并完善编程教育活动，提出更具建设性的建议。要借助多方的交流与思想碰撞，形成更优质的教育活动方案，从而推动教育合作向更高水平发展。企业和科研单位掌握着前沿技术，在技术支持方面具备专业性，科技馆的教育团队则有着出色的教育活动开发能力，且在研发这类活动上有着深厚的经验积累。双方联合开展教育活动是一项极具价值的举措，能共同推动中国青少年在编程与数字化领域知识和能力的双重提升。[6]

参考文献

[1] 李玉阁，刘军. 国内中小学编程教育研究现状分析［J］. 中国现代教育装备，2018（8）：4.

[2] 王雨静. 论我国中小学创客教育的实践探索［J］. 江苏第二师范学院学报，2017，33（4）：3.

[3] 陈一. 中国儿童编程教育产业发展研究［J］. 科技和产业，2018，18（8）：5.

[4] 雷红艳，邹汉斌. 加强程序设计课程群建设，培养计算机应用型人才［J］. 电脑知识与技术：学术版，2010（02Z）：3.

[5] 盛贤良. “数字化学习与创新”素养培养的教学实践：以校本选修课程“兴趣的发现：让我们一起玩编程”为例［J］. 中小学电教：综合，2018（6）：3.

[6] 张兴钤. 关于科研和产业紧密结合机制的一些思考［J］. 中国科学院院刊，1996.

作者简介

李沫，中国科技馆展览教育中心科技辅导教师，研究方向为教育活动开发。

傅子杰，中国科技馆助理研究员，研究方向为科普教育与传播。

王学旗，中国科技馆展品技术部工程师，研究方向为展览展品技术开发。

基于馆校结合的跨学科小气象家成长课程

梁红瑜

2021年11月，中华人民共和国教育部、中国科协联合发布《关于利用科普资源助推“双减”工作的通知》，要求通过“引进科普资源到校开展课后服务”“组织学生到科普教育基地开展实践活动”等具体方式，组织学生“分期分批”到天文馆、科技园、动植物园、农业示范园、高校、科研院所等各类科普教育基地，“加强场景式、体验式、互动式、探究式科普教育实践活动”。[1]

逸得小气象家成长课程，是在“双减”背景下做好科学教育加法，加强馆校合作，充分利用科技场馆资源升级建设完善学校科教园地；组建科学工作室，打造气象研学导师团，开发、实施由课内到课外的气象科学活动课。激发学生的好奇心、想象力、探求欲，为学生创造了更多的活动空间、实践机会和展示平台，以“真情境”“真挑战”“真需求”引导学生体验“真过程”，产生“真作品”，引领学生运用课外所学解决实际问题、参与公共事务，得到“真发展”。

一、馆校结合构建跨学科小小气象家成长方案

（一）馆校合作的基础与优势

1.馆校资源和特点

广西梧州市逸夫小学逸得气象站自2016年12月成立以来，接受各级气象学会专业指导，聘请两名市气象专家为校外气象科技辅导员，以校园气象站为基点，开展一系列科技实践活动，引导学生“学气象爱科学”，逐渐形

成气象科普与科学实践活动相结合科技教育特色。学生综合素养明显提升，在各级各项比赛和活动中成绩突出，2022 年 11 月获中国气象局命名为“全国气象科普教育基地示范校园气象站”，12 月获中国气象学会命名为“全国气象教育特色学校”，为广西唯一获此双命名的学校。

梧州市气象科普教育基地依托国家基准气候站，建于市桂江江畔的榜山山顶，包括新一代天气雷达、气象科普馆、气象榜山公园，以及气象科普观测场，除常规气象观测仪器外，还有酸雨检测仪、人工增雨作业的火箭炮架、人工增雨作业车等设施，可让参观者沉浸式体验气象科学的魅力。它是全国气象科普教育基地，广西青少年科技教育基地。

2. 可行性与必要性

学校教育拥有稳定的学生群体、专业的教师队伍和较为完善的教学体系，而场馆资源具备丰富的实物展示、专业的讲解人员和多样化的活动形式，二者结合可实现资源优势互补，为学生提供更丰富、更全面的学习体验。学校可组织学生到气象科普场馆进行实地参观和实践活动，让学生在真实的场景中感受气象科学的魅力，拓宽视野，增强实践能力。教师可借鉴场馆资源的互动式、体验式教学方法，创新学校的教育教学方式，提高教育教学质量，且场馆资源也可根据学校教学需求，开发定制个性化教育活动。

结合学校教育和场馆资源，打破传统教学局限，丰富教学内容和形式，激发学生的学习兴趣和积极性，不仅可以使学生巩固学科知识，还能培养其实践能力、创新精神和社会责任感，促进学生综合素质全面发展。

（二）打造气象研学导师团队

气象研学导师是逸得小气象家成长课程的重要师资力量。2021 年 12 月，在市级教科研课题引领下组建“逸得科学工作室”，从人员选拔、培训提升、团队管理和资源整合等方面入手，邀请气象专家为导师团队提供专业支持和指导，以为学生提供优质的气象研学服务为目标，不断提高导师的专业水平和教学能力。现已形成由市气象专家、市优秀气象专业讲解员、学校优秀科技教师、气象科普爱好者（家长代表）组成的气象研学导师团队。团队群策群力，积极组织、悉心指导逸得气象科技社团依托校园气象站开展系列气象科普、科技实践活动，主要在“双减”课后服务时间实施逸得小气象家成长课程，广受学生喜爱和家长欢迎。

（三）构建小气象家成长课程

随着全球化进程的加快和数字化时代的迅猛发展，在教育政策领域，核心素养、21 世纪技能等对教育目标和课程标准战略定位产生了影响，引发对项目化、情景化、跨学科、高阶学习等要求。[2]

依托“全国气象科普教育基地示范校园气象站”和“全国气象教育特色学校”特色和优势，2023 年 5 月，市气象局联合申报省中小学科学教育实验校，接受省气象学会指导，争取中国气象学会的支持，在现有两名市气象专家作为校外科技辅导员的基础上，聘请市气象局副局长、高级工程师为科学副校长，馆校之间展开深度交流、研讨和合作。

2022 年 12 月，以广西教育科学“十四五”规划科学教育专项重点课题的研究为引领，聚焦在人才培养模式与育人方式的创新上，推行“逸得小气象家”分级培养方案。在市气象局专家专业指导下，立足科学教材，升级现有气象校本教材，构建“逸得小气象家”成长课程，基于学生核心素养发展要求，优化课程内容结构，遴选重要观念、主题内容和基础知识，精心设计有意义、重参与的跨学科主题学习。

课程目标：做中学，玩中学，创中学

课程宗旨：以气象为引，激发探索热情，通过跨学科整合，打破知识壁垒，培养全面思维；以项目化为驱动，从真实情境出发，提升问题解决能力；借助社团平台，满足个性需求，强化团队协作与领导才能，引领学生在气象的奇妙世界中，开阔视野、创新思维、提升能力，成就全面发展的未来栋梁。

课程特色：

气象 + 跨学科　气象 + 科学、气象 + 艺术、气象 + 数学、气象 + 信息科技、气象 + 语文……以问题为纽带，激发学习和探索的兴趣，整合不同学科知识和思维，培养抽象思维、辩证思维、创新思维、系统思维，构建更全面的认识。

气象＋项目化　项目化设计，低年段启蒙课以问题为导向设计小实验，中高年段课程，每个主题一个项目，从社会生活出发，创设真实情境并提出问题，以学生为中心，通过对话等引导学生进行实验设计、观察和数据收集、物化品制作以及分析总结，培养解决问题的综合能力。

气象＋社团式　课程（见图 1）涵盖八大学生社团:“逸得气象小主播训练营”“逸得科普小讲师团”“逸得科学小达人团”“逸得气象科学小摄影社”“逸得气象 Ai 电子信息工程社”“逸彩飞扬艺术团”“逸得气象科学绘本文创社”“逸得心晴社”。满足学生个性发展和兴趣爱好需求，同时锻炼团队协作能力、组织协调能力和领导力。

推行“逸得小气象家”分级培养方案，构建“逸得小气象家”成长活动课程

基于提升科学学科核心素养，推行“逸得小气象家”分级培养方案，立足现有科学教材，与气象学会展开深度交流与合作，实行社企场馆融合，课内外生活融合，升级现有气象科学校本课程，除了气象科学知识技能活动课，还融入了科学、数学、艺术、工程、技术等多学科要素开展跨学科主题学习活动，构建逸得小气象家成长课程。以培养学生的创新实践能力与沟通协作、批判思维、问题解决、系统策划、人文艺术等核心素养，是面向全校低中高年段学生的逐级提升气象科学特色创新实践课程。

图 1　逸得小气象家成长课

“逸得小气象家”成长课程是在原有逸得气象校本教材基础上结合科学教材气象相关内容构建，包括逸得小气象家基本素养课（见表 1）和逸得小气象家跨学科主题学习活动课（见表 2）两大部分。

逸得小气象家基本素养课主要为观测、预报、防灾减灾等气象知识技能课，分别对应低中高年级，实行分级培养，逐级提升，探究实践，稳步成长。升级后的课程，更加以学生为中心，紧扣跨学科教育的精髓，弱化知识输入，专注项目化教学，培养学生解决实际问题的综合素质。

表 1　逸得小气象家基本素养课框架

课程设置	课程宗旨	课程内容	课程任务
气象启蒙活动课（对应低年段学生）	跨学科项目化学习，创新教学方式，点燃学习动力，培养科学能力和工程思维，提升科学素养，锻炼团队协作	今天天气怎么样 / 天气的影响 / 四季的天气现象等（基于苏教版科学二年级上册第一单元《关心天气》的拓展）。每课一个动手活动或实验，通过体验来认识气象要素和主要天气现象	通过小实验认识常见的天气现象，通过小实验认识热空气上升现象；认识常见天气符号；天气符号我会画活动；逸得气象吉祥物逸得云创画活动
小气象观测员主题活动课（对应中年段学生）		测量气温 / 云量和雨量 / 风向和风力 / 天气和气候 / 植物与环境 / 环境变化以后等（基于苏教版科学三年级上册《地球上的水资源》单元；三年级下册第二单元《植物与环境》，第五单元《观测天气》；四年级下册第五单元《生物与环境》的拓展）；每课一个动手实验或活动，系统介绍气象要素和主要天气现象	学习使用仪器测量和记录气温、风力风向、降雨量等气象数据，自制小气象站；争当校园小气象员；学习气象预报方法和知识
小气象服务官主题活动课（对应高年段学生）		云雾露霜雨雪 / 四季循环等（基于苏教版科学五年级上册《云雾露霜雨雪》《地球的表面和内部》；五年级下册《地球的运动》单元；六年级下册《理想家园》等课程的拓展）；一学期 2 大主题，6~8 个实验，围绕一个与气象相关的现实问题，分小组开展不同方向的课题研究，手把手引导教学，通过探究实验解决生活中的实际问题	如观察空气对流现象，做一个对流盒；模拟降雨的形成过程，围绕主题开展探究实验解决问题；每组出一份综评课题研究论文。（详见表 2 馆校结合的逸得小气象家跨学科主题学习活动成功案例）

二、馆校结合助力科学核心素养提升的“三创”策略

（一）创活动空间

坚持联合协作模式，加强社会资源开发利用，紧密依托上级科协，接受各级气象学会指导，创设良好科技教育环境，馆校结合拓展跨学科主题学习活动的情境和活动空间，利用好场馆的特色活动空间和学校与场馆的协同活动空间。

1. 多样化的场馆布局

市气象科普教育基地包括气象科普馆、气象科普观测场、气象榜山公园等专业特色活动场所；除了常规气象观测仪器，还有酸雨检测仪、人工增雨作业的火箭炮架、人工增雨作业车等专业设施仪器；可设计不同主题的展区，并分设有互动体验区、实验演示区等，能为青少年提供丰富的活动空间，让学生在不同的空间中沉浸式体验气象科学的魅力。

2. 拓展校园科普场地

学校在各级气象学会的专业支持下，将原有校园气象站升级建设；新增包含气象六要素的自动观测站，能自动记录数据并上传到逸得气象数据平台；并引入场馆的部分展品和资源，建设气象科普活动室、科技活动室；利用校园的公共区域，如大厅、走廊等，打造二十四节气长廊、逸得气象科学图书角、科普宣传栏等，为学生提供丰富的日常科学活动空间，营造浓厚的科学氛围。

3. 创建虚拟活动空间

开发逸得在线科普平台，提供科学微课、实验演示、气象知识竞答、互动小游戏等资源，让学生有更多自主自由参与科学活动的机会。

（二）创实践机会

《义务教育课程方案（2022 年版）》中明确要求“各门课程用不少于10% 的课时设计跨学科主题学习”，强调通过“开展跨学科主题教学，强化课程协同育人功能”。[3]

而高水平的项目式学习活动，是基于社会发展现实生活的“真情境”设计驱动性问题、基于问题解决实践中的“真作品”设计项目成果作品、基于综合复杂问题解决的“真需求”设计项目学习目标、基于长周期实践探索的“真过程”设计项目任务活动、基于问题拆解与解决中的“真挑战”设计项目指导策略、基于培养学生核心素养的“真发展”设计项目评价方式。[4]

场馆结合的逸得小气象家跨学科主题学习活动课，正是按以上标准设计。以素养为导向，以项目化形式，从“现有科学教材的拓展、基于真实天气事件、考虑科普场馆的特色资源、结合学生的兴趣年龄特点、关注社会热点和现实问题”等角度设计的跨学科主题学习活动，能够帮助学生在特定学科和其他学科之间建立牢固联系，引导学生将所学应用于新的情境，以更有效的方式学习，提高问题解决的能力，兼具探究性与综合性。它是立足现有科学教材的拓展，是气象研学活动与教本的融合，是逸得小气象家基本素养课的补充和应用。

表 2 是已经过实践验证的项目化形式的逸得小气象家跨学科主题学习活动的部分成功案例。

表 2　逸得小气象家跨学科主题学习活动部分成功案例

<table>
<tr><th colspan="5">馆校结合的逸得小气象家跨学科主题学习活动部分成功案例</th></tr>
<tr><th>依　据</th><th>主　题</th><th>关联学科</th><th>项目任务</th><th>核心素养</th></tr>
<tr><td rowspan="3">现用科学教材的拓展</td><td>说走就走走马灯会（基于苏教版科学五年级上册《热对流》的拓展）</td><td rowspan="3">科学
语文
数学
艺术
工程
技术
信息
科技</td><td>为何走马灯的实验探究——做一个特色走马灯——“说走就走”走马灯会</td><td rowspan="5">科学观念
科学思维
探究实践
态度责任
文化自信
语言运用
思维能力
审美创造</td></tr>
<tr><td>防潮小卫士（基于苏教版科学五年级下册《发霉与防霉》的拓展）</td><td>“回南天”的自白——编“潮”人自救指南——制作防霉除湿小物品——击退“回南”物品交流会</td></tr>
<tr><td>奇妙的种植（基于苏教版科学三年级上册《植物的一生》的拓展）</td><td>实验探究种子萌发的条件——争当种植小能手——种植与气象分享交流会</td></tr>
<tr><td rowspan="2">基于真实天气事件</td><td>狮卧山森林火灾为何扑灭又复燃？（基于2019年狮卧山森林火灾事件）</td><td></td><td>学习制作和开展“你了解森林火灾吗？”网络问卷调查——为何扑灭又复燃？结合苏教版科学四年级上册“研究空气成分”一课开展实验探究——气象专家防灾减灾讲座——“森林防火网络知识竞赛”</td></tr>
<tr><td>关于“七下八上”的那些事儿（基于2023年影响了大半个中国的台风杜苏芮）</td><td></td><td>台风主题探究活动——气象开学第一课——全国气象专家科普讲座及网络直播互动交流活动</td></tr>
</table>

续表

<table>
<tr><th colspan="5">馆校结合的逸得小气象家跨学科主题学习活动部分成功案例</th></tr>
<tr><td rowspan="3">利用科普场馆的特色资源</td><td>解密酸雨（市气象科普场馆开展酸雨检测仪研学活动）</td><td rowspan="6">科学
语文
数学
艺术
工程
技术
信息科技</td><td>雨水收集，酸雨对比实验——走进气象台酸雨研学活动</td><td rowspan="9">会用数学的眼光观察现实世界，会用数学的思维思考现实世界，会用数学的语言表达现实世界
审美感知
艺术表现
创意实践
文化理解
信息意识
计算思维
数字化学习与创新
信息社会责任</td></tr>
<tr><td>化云为雨（市气象科普场馆发射研学活动）</td><td>化云为雨实验探究——气象观测场之化云为雨研学活动</td></tr>
<tr><td>我们的节气日记（市气象科普基地二十四节气公园研学活动）</td><td>节气物候观测记录活动——春分立蛋挑战赛——市二十四节气气象公园研学活动——我们的节气日记展示交流活动</td></tr>
<tr><td rowspan="3">结合学生的兴趣和年龄特点</td><td>小米粒的故事（探寻水稻种植与气象的关系科技实践活动）</td><td>水稻种植与气象关系观测探究——市气象局农气专家指导研学活动</td></tr>
<tr><td>睡眠中的气象学（探寻睡眠与气象的关系科技实践活动）</td><td>通过搜集资料阅读进一步认识雾——假日里，不同时段不同天气条件下，与家长外出寻找、拍摄记录各种雾——实验探究雾的成因——编写“雾雾家族”手册或手抄报，从雾的类型、雾的成因、美丽的雾、雾的影响等方面呈现“雾雾家族”</td></tr>
<tr><td>“雾雾家族”（实验与观察记录各种各样的雾科技实践活动</td><td>到大自然拍摄各种各样的雾——查找资料进一步认识雾——模拟雾的形成——制作“雾雾家族”探究手册</td></tr>
<tr><td rowspan="3">关注社会热点和现实问题</td><td>以气象观测实践为基础的“我的低碳生活”</td><td rowspan="3">科学
语文
数学
艺术
工程
技术
信息科技</td><td>持续性的每天定时进行人工气象观测，记录数据并上传至校园气象科普教育网；学习从国家气象信息中心、中央气象台、气象档案馆查询获取需要的气象数据作对比分析；近十年温室气体排放现状调查；各小组以此为基础提出“我的低碳生活”方面的议题并开展探究</td></tr>
<tr><td>2024 世界气象日“气候行动最前线”逸得之星气象科普秀</td><td>气象科学诗朗诵——气象专家课《如何做天气预报》——逸得之星气象科普秀</td></tr>
<tr><td>2023 世界气象日“天气 气候 水 代代向未来”逸得气象科学荟</td><td>逸得气象科学播报秀——气象专家科普讲座——逸得气象科普小队进社区活动</td></tr>
</table>

（三）创展示平台

1.学生作品展示区

在学校橱窗、气象活动室内设置学生作品展示区，展示学生的科技作品、科学实验报告、科普绘画成果等。定期举办学生科技成果展，如“说走就走”走马灯会、击退“回南”物品交流会、种植与气象分享交流会、我们的节气日记展示交流活动等，邀请专家领导、家长代表到会。活动不仅激发了学生的学习兴趣和创造力，还提供了更多学生互相学习和借鉴的机会。

2.缤纷校园科学节

科普演讲与表演相结合，组织科普表演秀，让学生将自己所学的科学知识以演讲的形式展示出来。成功举办的有“气候行动最前线”我最喜欢的逸得气象小主播、逸得气象服饰表演秀、逸得星级气象员、逸得科学小达人、逸得气象吉祥物设计大赛等，锻炼学生的表达能力和逻辑思维，同时提高他们对科学的理解和认识。开展科普表演活动，如科学表演秀、科普剧等，以生动有趣的形式向观众传播科学知识。学生可以参与表演的策划和演出，提高他们的团队合作能力和创新思维。

3.科技竞赛与项目

举办学校科技竞赛，积极参加各级各项比赛如青少年科技创新大赛、科技运动会、电脑机器人竞赛等，激发学生的竞争意识和创新精神。学生在参赛过程中，能运用所学的科学知识，进行团队合作和项目设计，锻炼他们的综合能力。开展各种主题科技项目，如以气象观测实践为基础的“我的低碳生活”“防潮小卫士”“电动小玩具测评师”等项目，引导学生将课堂所学应用于生活解决实际问题，培养实践能力和社会责任感。

4.在线展示交流区

重视学生实践探究和成长过程的评价，以激励式客观测评为主，自评、互评、家长评、教师评的多方评价机制。利用社交媒体、网站等在线平台搭建各类活动交流展示平台，展示学生的科学作品和活动成果以研学实践营、活动交流营、校园科学节等方式营造爱科学用科学氛围，达到交流激励培优推优作用。学生可以通过上传图片、视频等方式分享自己的科学探索经历、物化作品和成果，进行交流和互动。建立在线科普社区，邀请专家、教师和学生共同参与，开展科学讨论、答疑解惑等活动，促进青少年科学素养全面提升。

结论与展望

做好“双减”中的科学教育加法，馆校结合，开发、实施由课内到课外的逸得小气象家成长课程，为学生构筑了更充裕的活动空间，赋予了更多的实践机会与展示平台。教师“循循善诱”，激发学生的好奇心、想象力、探求欲；引领学生确立正确的价值航向与精神坐标；启发学生像科学家一样思考，培养学生的科学精神、创新能力。学生积极投入，拓宽视野，增长见识，扩展科学思维的广度与深度，运用课内所学的知识和技能解决实际问题、参与公共事务，学以致用，乐在其中，核心素养得到全面提升。同时也有效推动了气象科普教育，以“小手拉大手”提高公众的防灾减灾能力和科学素养。

我们相信，随着馆校之间交流研讨与合作的深度开展和稳步推进，必将引领青少年的科学探索之旅走得更好更稳。

（课题：广西教育科学“十四五”规划2023年度科学教育专项课题重点课题“‘双减’背景下小学科学跨学科主题学习的实践研究”，编号：2023ZJY753）

参考文献

［1］教育部办公厅，中国科协办公厅．关于利用科普资源助推“双减”工作的通知［EB/OL］.（2021-12-02）［2022-04-15］. http://www. moe. gov. cn/srcsite/A06/s7053/202112/t20211214_587188. html.

［2］夏雪梅．素养时代的项目化学习如何设计［J］. 江苏教育，2019（22）：7-11.

［3］中华人民共和国教育部．义务教育课程方案（2022年版）［M］．北京：北京师范大学出版社，2022.
［4］魏锐，唐珑畅．青少年科技创新项目式学习课程开发的思路与方法［J］．中国科技教育，2021（12）：10–14.

作者简介

梁红瑜，广西壮族自治区梧州市逸夫小学科学教师，梧州市中小学学科带头人，研究方向为小学科学教育。

创客教育在博物馆：推动跨学科主题学习的实践

王梦琦　朱旭倩　鲍贤清

为打破学科壁垒，新课标着重强化跨学科主题学习，倡导“做中学”“用中学”“创中学”，[1]以此推动真实学习的发生。当下，跨学科主题学习已然成为一种极为重要的教育方式。[2]教育本身是一个贯穿终身的过程，跨学科学习方式并非仅局限于传统的学校环境，还需要借助非正式学习场所来予以补充和拓展。

教育是博物馆的一项重要职能，这一观念早已达成广泛共识。[3]博物馆作为教育的“第二课堂”，堪称开展跨学科主题学习的理想之地。跨学科教学是实现博物馆教育的关键方式，二者相互配合，高度契合博物馆教育指向（见图1）。博物馆蕴含着丰富的实物资源、深厚的历史背景以及独特的文化环境，不受单一学科、主题、内容等的限制，能够有效激发学生的好奇心与探索欲望。在博物馆场馆内，学生不仅能够与环境或者展览展开互动，还能够借助场馆所提供的特殊环境背景，跨越单一学科间的传统界限，参与为实现教育目的而精心设计的参观游览或者教学活动。这类基于课堂外环境的活动，为学生提供了在现实世界中观察科学概念的机会。[4]凭借这些教学契机，学习者能够进一步发展对于对象、想法、概念、主题或者操作的经验联系与知识体系。在博物馆内通过与现实事物的接触，有助于学生将理论知识与他们正在构建的学习实践价值紧密联系起来，形成多学科的意义关联，并且培育出对相关主题的积极态度，[5]进而以跨学科的方式去解决概念、程序以及态度等多方面的问题。

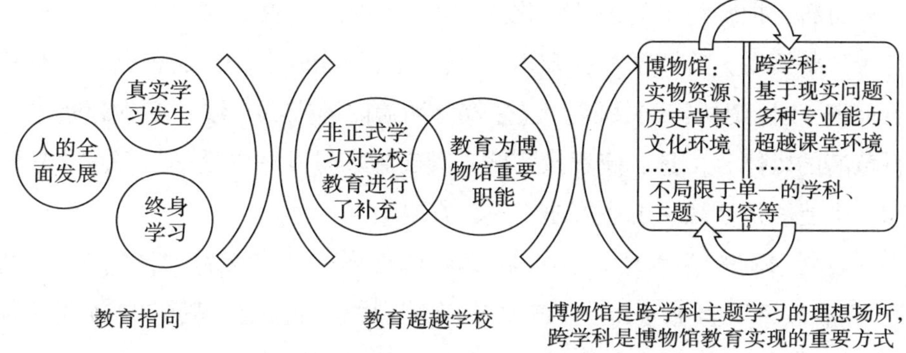

图1　博物馆跨学科主题学习契合教育指向

一、场馆跨学科主题学习创客化的内在逻辑

跨学科主题学习注重不同学科间知识的融合，创客教育则强调个人或团队运用技术及其他资源开展创新、创造活动。跨学科主题学习创客化，是一种融合了跨学科主题学习理念与创客教育特点的教育模式。它借助创客化途径实现跨学科主题学习，通过创新实践推动知识整合与技能培养（见图2）。

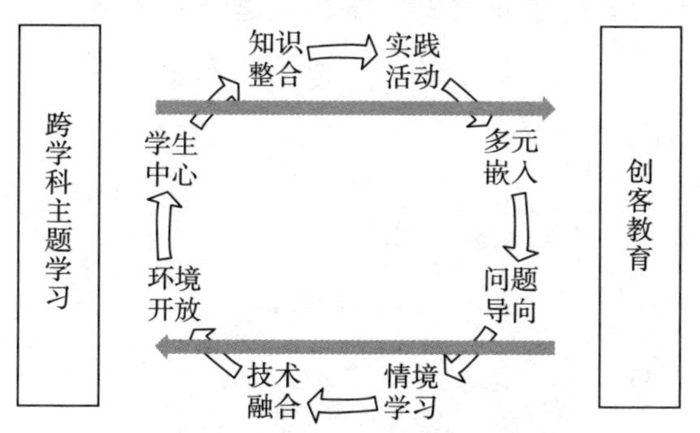

图2　跨学科主题学习创客化特点

（一）跨学科主题学习与创客教育一致性逻辑

通俗来讲，创客教育就是“通过制作来学习”，起源于创客运动。它利用物理和数字工具开展制作活动，凭借丰富的学习契机以及能促进真实协作学习的特性，进入了教育者的视野。[6]在创客教育中，学习往往涉及多学科，无论是从方法层面，还是从产出作品的角度来看。[7]创客们借助工具、

技术和材料，把脑海中的创意转化为实际制作成果。在此过程中，他们通过参与跨学科活动，持续学习新知识，进而创造出全新事物。这种方式能有效培养面向21世纪所需的技能。创客教育涵盖内容广泛，涉及多种超越单一学科范畴的媒体、工具、流程及实践，其实施场景既可以是学校等正式教育空间，也能够是社区、工坊等非正式教育空间。[8]

创客教育是跨学科学习的一种具体体现形式。本文以“博物馆”“场馆”“创客教育”为主题，在“知网数据库”中进行检索。截至2024年7月20日，仅检索到34篇相关文献。如图3所示，将这些文献导入VOSviewer软件进行聚类分析后发现，馆校结合、科技馆、科学教育等方面在文献中所占比重较大，并且与“STEAM”等跨学科主题学习的相关性较强。创客教育为学习者提供了从多个维度进行探索的契机。学习者能够运用自身所在领域的知识与技能，与其他领域的学生展开合作，采用跨学科的方法，重点发展高阶思维能力，比如分析能力、应用能力、归纳概括能力，以及在不同学科之间建立起有意义联系的能力。[9]创客教育的价值在于打破学科教学各自为政的局限，将教育场景扩大化、情景化，从脱离实际的理论层面走向各类非学习场所，为学习者提供真实的跨学科主题学习机会。

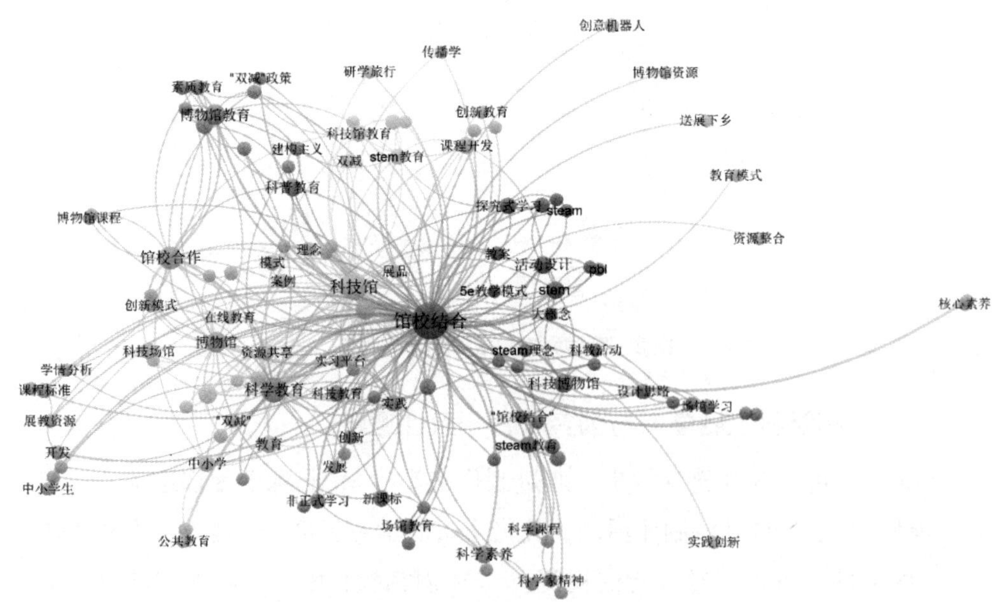

图3　场馆与创客教育的聚类视图

创客化的学习过程给予了学习者尝试、探索和创新的机会，提升了利用技术与方法创造产品与工具以解决实际问题的能力。[10]跨学科主题学习创客化的目的是，通过综合性、创造性的创客学习方式推进学习者的跨学科创造，依托项目驱动培养学习者的跨学科知识和技能获得，采用技术融合作为学习者跨学科手段，紧扣反思、迭代、分享等鼓励学习者提升跨学科思维与能力。

（二）场馆跨学科主题学习创客化以观照学习者特点为逻辑起点

博物馆观众年龄分布广泛，覆盖各年龄段。[11]其独特的环境为所有人提供了一个自由自主的学习空间，并能根据个人兴趣、社会联系和资源条件，拓展出多样化的学习体验。[12]对于个人来说，不同学习者可根据其目标、兴趣、先验知识、期待等，借助在博物馆的经验展开学习；社会层面是指在学习者与共同互动的社会相关人士，例如家庭、同学同事，甚至陌生人等，形成各种观点与学习潜力；资源意味着博物馆提供的展示要素或物理资源的学习环境会增强学习者与之互动，从而生成各种学习。

就现代学习者认知特点而言，其更为自我化、碎片化、交互性，[13]创客教育以建构主义为基础，作为促进以学生为中心的学习机会的一种手段，面向多样化学习者特征，允许学习者们通过玩耍、探索、实验、解决问题和来创造学习，并使他们能够应用知识进行设计过程，从而创造人工制品，[14]还允许学习者在创客空间中进行社会主题研究课程学习，以提供一种身临其境的体验，[15]这些体验对学习者来说是真实的和具有个人意义的。[16]

场馆跨学科主题学习创客化契合了学习者特点，改变了传统场馆学习可能较少关注学生的个性化需求的不足，鼓励学生根据自己的兴趣和能力选择项目和学习路径；过程更加非线性，鼓励合作、分享和多路径探索，成果不再是单一知识的积累和理解；环境更加动态和互动，鼓励学生进行实验、制作和交流。这与博物馆教育发展趋势相吻合，短期来讲可加强学习者的参与式体验，长期趋势则指向学习者创新能力的提高。[17]

（三）场馆跨学科主题学习创客化以依托博物馆为逻辑联结

创客运动一开始就是在创客集市、博物馆、图书馆等多种创客空间中发掘教育价值并得到认可，从而发展成了创客教育。[18] 博物馆作为非正式教育机构的突出代表，为跨学科主题学习提供了实际的、互动的学习环境，场馆跨学科主题学习创客化的特点是依托场馆的学习、自由选择、3ONs 学习（hands-on, minds-on, hearts-on）、合作学习，[19] 学习者与教育者的角色在其中的角色打破以往传统形象（见表 1）。

表 1　场馆跨学科主题学习创客化的特点

学习构成要素	场馆跨学科主题学习创客化特点	总　结
学习环境	◆ 基于“资源”的学习：与博物馆展品相关的学习 ◆ 综合学习，利用其空间的工具、材料、知识等，结合跨学科学习和具有实际性和情境性的任务	依托场馆的学习
	自由选择的学习：从学习者的好奇心出发，以学习者为中心，通过自我主导的学习	自由选择的学习
	◆ 体验学习（hands–on） ◆ 探索性学习、反思性学习（minds–on） ◆ 审美体验、人文关怀修养（hearts–on）	3ONs 学习
	以学习者为中心的合作与共享学习，与同龄人或家庭单位一起合作学习	合作学习
学习者	学习者中心：主导学习活动的学习者	自主型学习者
	反思学习：对学习内容和学习过程的反思	反思型学习者
教育者	指导者和促进者：不是单方面知识的传递者，而是学习的助手，而是共同学习的老师	促进型教育者
	反思型教授：反思学习主题、内容和自己的课堂运作的反思性实践者	反思型教育者

场馆跨学科主题学习创客化与参观博物馆时的“吸收”不同，儿童在创客空间的活动中更多地表现为“输出”，依托博物馆拥有的特殊环境，学习者可以自主、合作地进行与 3ONs 真实生活相关的创造学习活动，在该非正式教育的空间，学习者在创造什么的同时学习、沟通和共享，教育者提供适当的引导和支持。[20]

二、场馆跨学科主题学习创客化的实践现状

目前，有关场馆中创客教育的研究处于很少进行的初期阶段，与西方国

家相比，我国的相关教育还处于起步阶段。[21] 因此，虽然很难找到先行研究，但作为 Maker 教育的场所，我们将查看利用博物馆的代表性国内外案例：旧金山探索馆、匹兹堡儿童博物馆、上海科技馆。

（一）旧金山科学馆“The Tinkering Studio”研发实验室

旧金山科学馆设有“The Tinkering Studio”研发实验室，用于创客教育，[22] 通过科学、艺术、技术等多学科连接、学习者亲身体验的制作，使不同年龄段的学习者教育得以积极进行；“The Tinkering Studio”研发实验室经常邀请艺术家、科学家、教育工作者和各行各业的人共同开发创意、开展活动和学习新技术，是多方多学科的合作活动；在其博客上，可以看到正在探索的材料、活动和想法的幕后花絮，这个空间被当作虚拟画板，分享不成熟的想法和进行中的作品。该工作室为身临其境、活跃地、创造性地探索博物馆提供了支持，在此博物馆的访客可以慢下来。

学习者在创客教育场所可以打破学科的界限，使用各种材料、工具和技术，去探索科学现象，参与科学调查活动。创客教育讲求“playful”，即好玩，有趣地享受。学习者在创造过程中通过自己动手、与他人合作等形式丰富了自身体验，也习得了科学知识。提供“用手思考”的机会，以促进学习者构建意义和理解，在多样主题的基础上，如“动画”“因果关系”“计算修补”“电力和电路”“乐高修补”“光与影”“运动和机制”“结构和施工”“风能和空气”，还可以进一步拓展厨房、车库、教室和社区等，进行各种各样的活动。

（二）匹兹堡儿童博物馆“Making + Learning”研究计划

匹兹堡儿童博物馆以手工和互动为特色打造沉浸式艺术体验项目，进行了关于博物馆中围绕制作进行的学习类型的研究计划“Making + Learning”，首先确定通过制作发生的学习类型，其次在非正式学习研究和实践领域描述和交流这种创客学习，并进一步建议设计支持儿童和家庭参与这种学习。[23] 该研究立足于以往“workshops”“makeshop”等专用空间，在该创客空间内探索各种材料的材料实验室的创客教育，通过“真实的东西”制作、玩和设计，场馆提供各种方式，学习者可以探索、交织和重新利用这些方式来创造、学习和尝试新事物。

制造者教育以家庭、儿童、成人、教育者为对象，积极开展各种活动，利用动手操作组件，如木工、电路、缝纫和织造等纺织工艺、定格动画、拆解回收玩具、电气系统和小家电等进行探索、学习和尝试使用和创作（见图4）。通过“玩”真实的东西，在创客空间中使用真实的工具和材料，与他人共同努力，找到使用材料和工具的创造性方法，并学习新技能；强调专注于过程，学习和乐趣在于制作过程中的努力，而不一定是产品完成，在制作过程中学习；提倡尝试新事物，启发学习者采用新的方法来扩展在上次访问场馆中学到的知识并加深理解。

图 4　场馆内的创客制作

图源：匹兹堡儿童博物馆官网

（三）上海科技馆系列教育活动品牌

上海科技馆作为国内重要的科普教育基地，积极推动用教育活动推进学习的教育理念，致力于通过动手体验促进公众尤其是青少年的创新能力和科学素养。[24] 该馆通过精心设计和实施的“活动品牌”项目，不仅为学习者提供了丰富的实践机会，更在非正式学习领域中探索和推广创客教育的学习模式，涵盖了科学探究、技术操作和创新思维等多个方面。

通过在馆内设立专门的创客空间，上海科技馆为不同年龄段的儿童、家庭、成人和教育者提供了参与的平台。在这个空间内，学习者可以依据主题，自由地探索和动手操作，进行创作和实验。例如：“STEM 科技馆奇妙日”是基于上海科技馆展品的科学内涵、注重解决生活实践问题的 STEM 课程，鼓励学科间的交叉，培养学生的创新能力；“3D 打印创客课堂”是工业

4.0 时代的重要组成部分，把有趣的科学主题与 3D 打印相结合，让学生在寓教于乐的活动中培养设计、计算机操作等面向未来的能力。

从国内外代表性场馆的创客教育来分析（见表 2），博物馆内的创客教育注重提供和利用场馆知识、材料、工具等，打破单一学科化知识的禁锢，通过制作和探索解决问题，注重以过程为中心的课程运行，并且以学习者为中心，对象涵盖各个年龄阶段以及不同群体，在加深对科学和技术的理解同时，学习者能够在创客空间中与他人共同努力，学习新技能、新方法，增强了学习者的探究精神、创新能力、社交技巧和团队精神等非认知技能；通过科学家、艺术家等多领域专家的参与，为不同年龄段的人激活了真实生活和有关制作的创客教育项目，在“开源”的基础上注重馆校合作、线上线下资源结合，使得学习者在非学习、非场馆内也可以进行项目活动。

总体而言，海内外博物馆正在将博物馆与创客教育的相连接，依据场馆特点，在馆中进行创客教育，各种项目打破学科界限正在积极运行，并值得一提，这些项目又不局限于馆内，通过在线上公开、多方合作，又进一步得到普及。

表 2　国内外代表性场馆创客教育分析表

<table>
<tr><th colspan="2" rowspan="2">博物馆</th><th colspan="5">创客教育</th></tr>
<tr><th>对　象</th><th>学习重点</th><th>创客空间</th><th>项目安排</th><th>项目特征</th></tr>
<tr><td rowspan="2">国外</td><td>旧金山科学馆</td><td>面向所有年龄层的公众，包括儿童、青少年、成人和教育者</td><td>科学探究、技术操作、创新思维</td><td>专门的创客实验室和工作坊</td><td>定期的创客工作坊和科学展览互动</td><td rowspan="3">“以学习者为中心的学习”“依托已有资源的学习”“基于体验的学习”</td></tr>
<tr><td>匹兹堡儿童博物馆</td><td>主要面向儿童和家庭，鼓励家庭共同参与</td><td>儿童发展、家庭互动、教育参与</td><td>“workshops”“makeshop”等专用空间</td><td>家庭友好的制作活动和教育项目</td></tr>
<tr><td>国内</td><td>上海科技馆</td><td>面向所有年龄层的公众，包括儿童、青少年、成人和教育者</td><td>科学原理、技术技能、创新方法</td><td>课程、讲座、演示、比赛等</td><td>科学展览互动、主题工作坊、教育活动</td></tr>
</table>

三、场馆跨学科主题学习采取创客化的实践进路

作为为未来做准备的非正式教育，博物馆内的创客教育的实施不仅可以利用技术工具，还可以利用展品等多种资源，以学习者为中心，引进专业人员的指导，与各领域的人协作，并通过与现实生活相关的有趣活动相连接，使得学习者创造性地解决与实际生活相关的问题，为进一步培养创造性人才提供新方法。因此，博物馆中的创客教育不仅仅是对博物馆的展品访问，而是以过程为重点，创造、沟通和共享其过程和结果等，成为指向真实教育意义的教育方案。因此，博物馆要想超越单纯的创客空间，成为提供创客教育的新时代场所，需探索改进其实践进路。

（一）创造以学习者为中心的创客环境

创客的一个定义性特征是，它本质上是个人的；制作者在自我指导的项目中工作，[25]创客空间通常被视为高度协作的环境，通过灵活的结构促进自主性，学习者可以在其中追求自己的兴趣并增强自己的优势。[26]学习者个性化他们自己的工作，结合提供的工具、技术、资源，进而可以成为培养学生的自主性创造的成熟环境。研究人员也曾证实增加学习者自主性的好处是多方面的：增加对学习者自主性的支持，其动机、参与、发展、学习、表现和心理健康都有所提高。[27]

创造以学习者为中心的学习环境，鼓励学习者主动创造与沟通，并通过参与者之间的互动，进行合作学习与自主学习。为此，博物馆应在创客空间中配备多样化的工具、材料与工艺资源，使学习者能够以项目成员的身份，围绕真实问题与项目展开实践，不断迭代设计，并向更广阔的世界分享其创造成果与所学技能。

（二）依托并超越场馆固有资源

对于场馆而言配备专业昂贵的设备是困难而意义微小的，对工具使用方法的教育不是场馆教育的重点，而是要根据学习者的兴趣和好奇心，成为与超出设备使用方法的、与生活相关的、自主解决问题的学习空间。例如上海

科技馆“科学列车”依托科技馆展品，深挖其背后的科学内涵，设计相应的互动项目，在展厅内以“列车”流动的方式，带公众动手实验，体验科学现象，了解科学原理。

博物馆中陈列着大量反映现实生活问题的藏品，这为学习者提供了在富含深度主题的环境中学习的机会，相较于教室，它与现实生活环境的联系更为紧密。[28]然而，传统以收藏和展示功能为主的博物馆，常被学习者评价为“不好玩，只是单纯看展品，缺乏参与感和互动感，吸引力不足”。[29]实际上，博物馆丰富的文化资源、独特的情境资源及专业的教育者资源，是开展博物馆跨学科学习课程资源开发的根本保障。[30]场馆不能仅仅局限于提供展品、工具和各类资源，而是要充分挖掘和利用这些资源，将自身打造成与现实生活紧密相关的创作空间，要以符合各博物馆特色的展品和工具为基础，具备提供材料、传播知识及满足个性化需求的功能。

（三）开展以解决问题为中心的学习活动

创客教育的独特之处在于，能够引导个体去解决对其自身具有重要意义的问题。在这个过程中，往往涉及多元路径、多种思维模式及跨学科的学习方法等。与传统的教学和评估模式不同，创客活动可能不会产生一个单一的“正确”答案，却能够激发出多个问题解决方案。[31]学习者围绕问题解决的过程展开学习，深入探讨解决问题的多元路径。

为了解决与实际生活紧密相关的问题，场馆必须创设能够让学习者获得过程体验的认知和情感学习活动，通过参与式方法，有机整合“科学和人文知识”，并组织写作与共享学习活动。在这个过程中，可考虑采用有趣的游戏形式，融入审美体验，邀请艺术家、科学家等各领域专家共同参与解决问题。例如，在上海科技馆的“科学列车”项目中，学习者只需动手操作，便能近距离感受展品背后神奇的科学原理，还能与“科学列车员”一同探讨其中的科学奥秘，进而获得新技能。

四、结　论

为了促进真实学习的发生，博物馆积极推进跨学科主题学习，打造了创客空间，开展了创客教育。与传统正式教学不同，这种教育模式通过实践让学习者进行学习，通过共同参与设计使学习过程更具民主性，从而营造出良好的学习氛围从而引导学生按照自己的节奏进行学习，推动创造性活动的开展，实现资源共享，并积极参与博物馆收藏和展览相关材料、流程及想法的创作之中。[32] 创客教育以学习者为中心，作为一种适用性强的教育方式，它利用各种数字工具，创造、沟通并共享学习所需的内容，引导学习者主动学习，创造性地解决问题。[33] 从本质上来说，创客教育具有跨学科属性，因为人工制品的创造通常需要工程、数学、科学和技术等多学科、多方面的知识。

场馆跨学科主题学习的创客化，已成为现代教育的一种可行方案，博物馆和其他非学术空间正越来越多地对其进行尝试与实施。[34] 博物馆应致力于打造以学习者为中心，以场馆自身固有资源为基础并实现超越的创客教育空间，通过开展创造性解决问题的学习活动，促使学习者在跨学科的环境中主动探索与创新。

参考文献

[1] 教育部 . 关于印发义务教育课程方案和课程标准（2022 年版）的通知［EB/OL］.（2022-04-21）. https://www. gov. cn/zhengce/zhengceku/ 2022-04/21/content_5686535. htm.

[2] YE Peiqi，XU Xionghu. A Case Study of Interdisciplinary the Matic Learning Curriculum to Cultivate “4C” Skills［J］. Frontiers in Psychology，2023，14.

[3] 杨秋 . 探究 · 体验 · 拓新：博物馆教育范式的时代转向［J］. 中国博物馆，2015，32（01）：12-17.

[4] GLACKIN M A，KING H，COOK R，et al. Understanding Environmental Education in Secondary Schools in England: The Practitioners’ Perspective［R］.

King's College London，2018.

［5］BEHRENDT M，FRANKLIN T. A Review of Research on School Field Trips and Their Value in Education［J］. International Journal of Environmental & Science Education，2014，9（3）: 235–245.

［6］MARTIN L. The Promise of the Maker Movement for Education［J］. Journal of Pre–College Engineering Education Research（J–PEER），2015，5（1）: 30–39.

［7］LINDSTROM D，THOMPSON A D，SCHMIDT–CRAWFORD D A. The Maker Movement: Democratizing STEM Education and Empowering Learners to Shape Their World［J］. Journal of Digital Learning in Teacher Education，2017，33（3）: 89–90.

［8］SCOTT C. The futures of learning 3: What Kind of Pedagogies for the 21st Century?［EB/OL］.（2022–03–01）. http://repositorio. minedu. gob. pe/handle/123456789/3747.

［9］IVANITSKAYA L，CLARK D，MONTGOMERY G，et al. Interdisciplinary Learning: Process and Outcomes［J］. Innov High Educ，2002，27（2）: 95–111.

［10］鲍贤清 . 科技博物馆中的创客式学习［J］. 自然科学博物馆研究，2016，1（04）：61–67.

［11］中国国家博物馆 . 中国国家博物馆数据报告（2021 年度）［EB/OL］.（2022–06–15）. https://www. chnmuseum. cn/zx/gbxw/202206/t20220615_256393. shtml.

［12］KWAN A. Interpreting tools by imagining their uses［J］. Journal of Museum Education，2017，42（1）: 69–80.

［13］王婷 . 博物馆学习活动设计要素研究［J］. 中国民族博览，2021（12）：199–201.

［14］BLACKLEY S，HOWELL J. A STEM Narrative: 15 Years in the Making［J］. Australian Journal of Teacher Education，2015，40（7）：102–112.

［15］Barrow Media Center. Weaving Together Social Studies and Makerspace［EB/OL］.（2024–03–28）. https://expectmiraculous. com/2017/01/04/weaving–together–social–studies–and–makerspace/.

［16］WILLIS E M，TUCKER G R. Using Constructionism to Teach Constructivism: Modeling Hands–on Technology Integration in a Preservice Teacher Technology Course［J］. Journal of Computing in Teacher Education，2001，17（2）：4–7.

［17］鲍贤清，陈安琪 . 从 2015 新媒体联盟地平线报告解读博物馆教育趋势［J］. 科

学教育与博物馆，2015，1（05）：377–382.

[18] LINDBERG L, FIELDS D A, KAFAI Y B. STEAM Maker Education: Conceal/Reveal of Personal, Artistic, and Computational Dimensions in High School Student Projects [J]. Frontiers in Education，2020（5）：51.

[19] 강인애，박정영구성주의 박물관 교육프로그램 개발 및 운영을 위한 평가지표 개발연구 [J]. 열린교육연구，2014，22（1）：65–88.

[20] 鲍贤清 . 场馆中的学习环境设计 [J]. 远程教育杂志，2011，29（02）：84–88.

[21] 周静，冯锐，赵志靖 . 探客（Tinker）教育三议：本质特征、核心理念与实施路径 [J]. 远程教育杂志，2021，39（06）：39–47.

[22] Exploratorium. The Tinkering Studio [EB/OL].（2023–04）. https://www. exploratorium. edu/tinkering.

[23] Children’s Museum of Pittsburgh. Maker Education Research [EB/OL].（2024–07–20）. https://pittsburghkids. org/makerresearch/.

[24] 上海科技馆 . 上海科技馆公众网 [EB/OL].（2024–07–21）. https://www. sstm. org. cn/activeedu.

[25] COHEN J, JONES W M, SMITH S, CALANDRA B. Makification: Towards a Framework for Leveraging the Maker Movement in Formal Education [J]. Journal of Educational Multimedia and Hypermedia，2017，26（3）：217–229.

[26] MARTIN W B, YU J, WEI X, et al. Promoting Science, Technology, and Engineering Self–efficacy and Knowledge for All with an Autism Inclusion Maker Program [J]. Frontiers in Education，2020（5）.

[27] REEVE J. Why Teachers Adopt a Controlling Motivating Style toward Students and How They Can Become More Autonomy Supportive [J]. Educational Psychologist，2009，44（3）：159–175.

[28] MUJTABA T, LAWRENCE M, OLIVER M, et al. Learning and Engagement through Natural History Museums [J]. Studies in Science Education，2018，54（1）：41–67.

[29] 杨飒，王心宇 . 在博物馆学知识，解锁更多新花样 [N]. 光明日报，2022–05–17（013）.

[30] 杨俊丽，李广 . 基于跨学科学习的博物馆课程资源开发逻辑理路 [J]. 现代教育论丛，2022，（04）：25–33+109–110.

[31] KAFAI Y B，FIELDS D H，SEARLE K A. Electronic Textiles as Disruptive

Designs: Supporting and Challenging Maker Activities in Schools [J] . Harvard Educational Review，2014，84（4）：532–556.

[32] VUOPALA E, MEDRANO D G, ALJABALY M, et al. Implementing a Maker Culture in Elementary School–students' Perspectives [J] . Technology, Pedagogy and Education，2020，29（5）: 649–664.

[33] BEVAN B. The Promise and the Promises of Making in Science Education [EB/OL] .（2017–02–28）. http://www. tandfonline. com/loi/rsse20.

[34] CHEN Y L, MURTHI K, MARTIN W, et al. Experiences of Students, Teachers, and Parents Participating in an Inclusive, School-based Informal Engineering Education Program [J] . Journal of Autism and Developmental Disorders，2021.

作者简介

王梦琦，上海师范大学教育学院教育技术学硕士研究生，研究方向为博物馆学习和创客教育。

朱旭倩，上海师范大学教育学院教育技术学硕士研究生，研究方向为博物馆学习、STEM 教育。

鲍贤清，上海师范大学教育学院教育技术学副教授，研究方向为博物馆学习和 STEM 教育研究。

馆校合作新路径：E-STEAM 生态设施建造课程进校园的实施与评估模式探索

徐铭遥　左小珊　刘美丽　马　凯　明冠华

一、研究背景及意义

（一）馆校合作“请进来”策略的深化与挑战

2021 年，教育部与中国科协联合发布的《关于利用科普资源助推“双减”工作的通知》指出，要采取“请进来”和“走出去”的策略加强学校与科普教育基地的合作，开发高质量的科普课程。传统的馆校合作主要通过“走出去”的策略，虽然能够利用场馆的优质资源，但也存在场馆教育教学专业性不足、学校教师参与性不强等问题。[1] 相较之下，“请进来”策略更具潜力和优势，通过将科普教育基地的优质资源引入校园，如科普课程、讲座和展览等，能够高效整合外部资源并使其在校内得到充分利用。然而，如何构建一个科学有效的资源引进机制，确保外部资源的精准对接与高效转化，已成为当前馆校合作亟待解决的重要课题。这一挑战的解决不仅关系到科普资源的优化配置，更关乎馆校合作的长期发展与可持续性。

（二）E-STEAM视角下生态文明教育与科学教育的跨学科融合

近年来，我国对生态文明教育与科学教育的重视程度显著提升。2021 年，生态环境部等部门发布《“美丽中国，我是行动者”提升公民生态文明意识行动计划（2021—2025 年）》，将生态文明教育纳入国民教育体系。2023年，教育部等部门印发《关于加强新时代中小学科学教育工作的意见》，推动科学教育在“双减”中全面落地。2022 年，教育部颁发的《义务教育课程方案（2022年版）》进一步明确强调了跨学科教育的重要性和创新性。生态文明教育作为一种融合道德教育、生命教育及环境教育等多维度的综合性教育体系，展现出独特的跨学科特性，要求教育者将生态文明理念有机融入各学科教学中，促进知识、技能与价值观的深度融合，形成多维度、立体化的教育模式。[2]

E-STEAM是指以环境相关内容为主题，STEAM教育为核心，环境教育为载体，整合科学（Science）、技术（Technology）、工程（Engineering）、数学（Mathematics）及艺术（Arts）等各学科的创新教育，不仅强调跨学科知识的融合，更注重与现实世界中人类所面临的环境挑战相联系，旨在培养具备环境意识和行动力的未来公民。E-STEAM为科学教育与生态文明教育有机融合提供了新的视角与实践路径，促进了教育内容与社会需求的深度契合。

（三）中小学校园生态环境教育的现状与需求

中小学校园作为儿童学习、探索与实践的重要阵地，具备丰富的教育潜力。例如，许多学校利用校园内的农场、菜园等实践场所，构建了具有校本特色的劳动教育课程。通过走访调查，我们发现学校期望在传统的劳动种植活动外，结合科学、技术、工程、数学和艺术等领域的知识，实现跨学科的融合。此外，部分学校在面临场地资源限制时，如何在有限空间内创造出具有教育价值的生态环境，成为亟待解决的问题。

综上，鉴于当前馆校合作在科普教育中的重要作用及其面临的挑战，结合E-STEAM教育理念的独特优势，本研究旨在探索一种馆校合作的新模式，通过E-STEAM视角开发并实施生态设施建造课程。该模式将有效整合科普教育基地的优质教育资源与学校的教学需求，为学生提供更加丰富多样的学习体验，促进其科学素养和生态文明意识的提升。

二、E-STEAM生态设施建造课程的开发与设计

（一）课程开发背景

北京教学植物园隶属于北京市教委，是全国唯一一所专门为中小学生提

供教育、教学、科普活动服务的专类植物园，园区建有多个标本展示教学园区，拥有 2000 多种植物活体标本。依托这一得天独厚的条件，北京教学植物园在 E–STEAM 教育场景的构建及跨学科教师团队的整合方面进行了大胆的探索与实践，逐步形成了具有特色的生态设施建造课程，并取得了显著的教育成果。然而，如何将这些成功经验有效推广至学校，使更多学校和学生从中受益，是我们一直在思考与探索的问题。因此，我们精选了三项成熟且具教育意义的课程——昆虫旅馆、堆肥箱建造和雨水花园，将其推广至各合作学校。这些课程在原有基础上，针对不同学校的场地条件与学生的学习需求进行了深度优化与定制化设计。

（二）课程目标

生态设施建造课程旨在通过真实情境引导学生关注身边的环境问题，激发他们主动思考并积极探索解决方案，综合运用跨学科知识，通过亲身参与生态设施建造实践，提高动手实践、协作配合、解决复杂问题等能力，培育生态情感和环保意识。[3] 长期而言，学生愿意主动参与自然校园、家园的建设，主动营造健康的生态环境，进而培养科学素养和社会责任感。

本系列课程将 E–STEAM 教育理念与学科核心素养深度融合，制定了明确的教学目标，力求在多个维度上促进学生的全面发展，具体见表 1。

表 1　要素对应的学科内容

要　素	内　容
生态 / 环境（E）	关注校园及周边环境的现状，发现其中存在的问题，并思考如何通过生态营建活动来改善这些状况
科学（S）	运用科学知识分析环境问题的成因，解释解决环境问题所需技术的科学原理
技术（T）	学习并掌握绿色环保技术的实际操作方法，如堆肥制作等
工程（E）	根据图纸组装设施，选择合适的工具来辅助项目的实施
艺术（A）	运用色彩、形状、纹理等艺术元素美化装饰作品
数学（M）	通过数学计算，如植物间距、堆肥量和雨水花园容量，优化设计方案并解决实际问题

（三）课程内容

生态设施建造课程以真实环境中的生态问题为出发点，通过任务驱动的教学策略，使学生在实践中学习和应用跨学科知识。课程内容设计充分考虑了生态环境的实际需求和挑战，致力于让学生在解决实际问题的过程中获得深刻的生态认知和实践经验，具体见表 2。

表 2 生态设施建造课程内容

课程名称	真实情境	真实问题	驱动任务	方案实施
昆虫旅馆	城市绿化中单一化的生态景观无法为昆虫提供适宜的栖息地和食物来源，严重影响了昆虫种群的生存和繁衍	如何在城市环境中为昆虫提供合适的栖息场所，如何让人工环境拥有更多的自然生态价值？	建造昆虫旅馆，重新构建昆虫的生存空间	1. 了解昆虫旅馆建设要素 2. 小组合作完成设计图纸 3. 依据图纸进行外框架搭建及内部填充 4. 美化昆虫旅馆
建造堆肥箱	随着季节变换，校园内堆积的枯枝落叶既影响校园美观，又易生病虫害。食堂产生的厨余垃圾不仅占据大量空间，还会产生异味，增加环境压力，更是对资源的极大浪费	如何有效处理这些垃圾资源，实现资源的循环利用，减轻环境负担？	建造堆肥箱，将校园垃圾进行堆肥	1. 了解堆肥箱原理及构造特点 2. 利用工具组装堆肥箱 3. 装饰堆肥箱
雨水花园	暴雨时，校园常遭内涝困扰，影响师生出行，加重环境负担。此外，雨水携带地表污染物形成径流污染，威胁校园生态系统	如何利用雨水资源缓解校园内涝问题，提高校园空间品质？	设计雨水花园	1. 了解雨水收集原理与雨水花园知识 2. 为校园设计雨水花园图纸 3. 制作雨水花园生态缸模型

三、E-STEAM生态设施建造课程进校园的实施模式探索

作为全国中小学生研学教育基地，北京教学植物园不断探索和推进馆校合作，致力于加强与学校教育的交流与实践，成功开展了多次科普课程进校园活动。在这一过程中，我们形成了一套目标明确、内容充实、保障齐全的馆校合作模式，包括前期准备、课堂教学、课后跟进三个阶段，为进一步推广和深化生态文明及科学教育奠定了坚实的基础。

（一）前期准备

1.选择合作学校

鉴于生态设施建造课程的特殊性，北京教学植物园注重选择对生态教育有高度兴趣且具备可拓展教育空间的学校作为合作伙伴。在场地选择中，我们并未拘泥于现成的农场或菜园等固定空间，而是注重场地的灵活性和潜在的教育价值。只要场地具备基本的户外活动条件，如至少 10 平方米的开阔空间，就有可能通过精心规划和设计，将其转变为富有生态教育意义的实践基地。

2.签订合作协议

在前期准备阶段，馆校双方进行了充分的沟通与讨论，明确了合作目标、内容及具体需求等。基于这些讨论，双方制定了详细的合作协议，涵盖了课程内容、时间安排、活动场地等重要方面，为后续的合作奠定了坚实的基础。目前，北京教学植物园已与北京市育英学校、北京市第二实验小学、北京市海淀区民族小学等多所学校建立了合作关系。

3.其他准备工作

在教学材料上，教学植物园主要负责提供学习手册和课程材料包。学习手册涵盖活动介绍、操作指南、实施步骤、成果交流以及课后学习五个部分，学生可以通过自主阅读了解活动内容，并根据个人兴趣进一步探索。课程材料包则包含生态设施的基本结构、所需工具及自然填充物等，无须学校额外准备材料。

在人员配备上，植物园将有一名主讲教师负责课程讲授，一名辅助教师协助学生操作并提供安全指导。此外，还配备一名观察员，负责观察并记录学生在课堂中的表现。校方则需安排至少一名教师，负责核对学生人数、维持课堂秩序等工作，确保教学活动顺利进行。

教学植物园还需提前前往学校进行实地勘查，明确课程实施的区域，排除潜在的影响因素。校方则需安排专人负责对接，明确上课的时间、地点、参与人数及相关注意事项，以保证课程的顺利进行。

（二）课堂教学

以“昆虫旅馆”课程为例，教学流程分为四个环节：生态问题导入、旅馆制作、旅馆美化和“开业酬宾”。首先，学生通过真实情境感受到栖息地减少对昆虫生存的影响，并通过阅读手册思考如何设计适合昆虫居住的旅馆。接下来，学生先了解制作所需的材料和工具，明确小组成员分工，合作完成旅馆的建造。随后，学生通过装饰材料发挥创造力，美化自己的作品。最后，各小组为旅馆撰写“开业”寄语，并将完成的旅馆安置在校园的指定区域，合影留念，正式“开业”。通过这一系列环节，课程不仅提高了学生的动手实践与团结合作的能力，还增强了他们对生态环境保护的认识与责任感，形成了知识、技能与价值观的有机融合（见图 1）。

图 1　昆虫旅馆建造课程

（三）课后跟进

首先，课程结束后将向学生统一发放调查问卷，以评估学习成效并收集反馈意见。其次，我们会提供生态设施维护手册，校方需承担后续长期维护工作。同时，学生需定期对生态设施进行观察，例如记录昆虫旅馆的昆虫入住情况，并在手册上填写观察记录，通过扫码上传至植物园平台。最后，我们还将持续关注学校是否围绕生态设施开展后续的相关活动，并在需要时为校方提供技术支持与指导，确保生态设施的长期教育价值。

四、基于CIPP模型的课程评估模式探索

本研究基于 CIPP（Context, Input, Process, Product）评价模型，从背景、投入、实施和结果四个方面对课程进行综合评估，结合 STEM 评价指标体系构建原则，构建了基于馆校合作背景的 E–STEAM 视角下生态设施建造课程的评价指标体系，以评促建、以评促改。[4]

（一）评估指标（见表3）

表 3　课程评估指标

一级指标	二级指标	三级指标
背景评估	政策支持	相关政策及文件支持
	学校需求	校园环境利用、培养问题解决能力
	资源匹配度	生态设施建造课程与学校现有资源的匹配情况
	课程目标	清晰明确、体现跨学科性
投入评估	学校环境	生态环境、场地条件、软硬件设备
	课程资源	教学材料、经费预算、师资队伍、组织保障
	课程内容	关注环境问题、参与动手实践、培育生态情感
	课程方案	课程要素全面、明晰课程目标、梳理课程资源、提炼教育内容、明确实施路径、提供评价方式等
实施评估	课堂环境	氛围良好、师生互动
	课堂组织	课堂组织效率、教师培训、课程实施保障
	学生表现	学习兴趣、参与程度
结果评估	学生发展	生态认知、科学技能、生态情感
	学习成果	能够完成生态设施建造项目、美化校园
	目标达成	课程达到设定目标、学生生态意识及实践能力提升 课程对学校生态教育的整体影响
	长期影响	学生持续关注生态问题、将所学知识应用于实际生活 课程可持续性

（二）评估结果与问题分析

在背景评估中，课程得到广泛的政策支持，并与学校的教育需求和资源

状况高度契合。然而，不同学校在资源和需求上的差异，要求课程在推广过程中更加灵活，制定针对性强的实施方案。

投入评估结果表明，课程在资源配置和内容设计方面表现出较高的成熟度。然而，在资源分配上，部分学校的软硬件设施与课程要求尚有差距。此外，师资力量虽然得到了有效整合，但部分教师在专业背景上存在不足，需要进一步加强培训。

实施评估显示，课堂组织有序，教师的教学引导与学生的参与度均较高。然而，部分教师在组织课堂活动时，仍需在教学方法和策略上进行进一步优化，以确保各学科内容的平衡与深入理解。

结果评估表明，学生的生态意识、实践能力以及团队合作能力都有显著提升，生态设施建造项目的实施不仅达成了既定教学目标，还有效提升了校园的美化程度。然而，在长期影响方面，如何将学生在课程中学到的知识与技能持续应用于日常生活中，仍是课程可持续性发展的关键挑战之一。

四、总结与展望

（一）优化课程资源，提升校外科普教育基地功能

校外科普教育基地可以在已有成熟课程体系的基础上，进一步优化课程资源包，针对合作学校的资源特点和实际需求进行调整。通过强化与校内教师的联系，提供灵活的课程实施方案，以适应各类学校的具体需求，促进资源配置的因地制宜。

（二）引入优质资源，促进学校生态与科学教育发展

通过在校园中合理引入生态设施，如堆肥系统、雨水收集系统、屋顶绿化系统等，可结合校内的学科优势开发跨学科教学项目，使学生有机会接触真实的生态环境问题，能够利用相关的科学技术进行合作探究，提高处理复杂问题的能力，同时有利于形成鲜明的校园生态景观和本土化美育特色。

（三）强化馆校合作，推动综合教育效能提升

加强馆校合作，通过共同设计与实施项目课程，推动校内外资源的有效融合。通过持续的合作与交流，双方可以共同应对教育挑战，探索新的教育模式与方法。馆校合作的深入发展，将进一步提升教育效能，为生态文明与科学教育的广泛普及提供持续的动力和创新支持。

综上所述，E-STEAM 视角下的生态设施建造课程为学生提供了一个综合运用跨学科知识的实践平台，也为馆校合作提供了一个创新的实践模式，有效促进了生态文明及科学教育的普及和深化。本研究成果为科普教育基地如何将优质教育资源与学校教育需求进行有效整合提供了有益的指导，同时对中小学校开展生态文明与科学教育及相关教学实践具有重要的启示。

参考文献

［1］王鹏，明冠华．馆校合作背景下的课程开发实践研究：以“保护生物多样性，共建地球生命共同体”校内外联合研究课活动为例［G］// 新时代科普使命与担当：科普中国智库论坛暨第二十八届全国科普理论研讨会论文集．北京：中国科普研究所，2021.

［2］徐茜，龚正华．新时代中小学生态文明教育的实践路向［J］．中国德育，2023（23）：43–47.

［3］左小珊，明冠华，刘美丽，等．E-STEAM 视角下的校外教育活动实践探索：以儿童参与式蚯蚓塔营建活动为例［J］．中国校外教育，2023（S1）：63–65.

［4］刘晓敏，李刚．CIPP 视域下我国中小学校 STEM 教育实施评价体系构建研究［J］．教学研究，2024，47（03）：41–47+55.

作者简介

徐铭遥，北京教学植物园，初级教师，研究方向为科普教育。

左小珊，北京教学植物园，高级教师。

刘美丽，北京教学植物园，初级教师。

马凯，北京教学植物园，高级教师。

明冠华，北京教学植物园，高级教师，北京市学科带头人。

人工智能与大数据技术在馆校结合科学教育中的应用前景

岳 嫄

一、现状分析

随着数字技术的快速发展，全球教育领域正在经历深刻的变革，传统的教学模式逐渐向数字化、智能化转型。在这一过程中，馆校结合的教育模式因其能够整合图书馆和学校的优质资源，提供更加丰富的学习支持，而受到广泛关注。馆校结合不仅拓展了学生的知识获取渠道，还通过提供多样化的教育资源和服务，提升了学生的学习体验和教育质量。

在这一背景下，人工智能（Artificial Intelligence，AI）和大数据技术的应用变得愈发重要。这些技术为馆校结合模式注入了新的活力，使其在科学教育领域能够更好地应对现代教育需求。人工智能技术通过智能辅导系统、虚拟实验室等手段，打破了传统课堂教学的局限，为学生提供了个性化、互动性更强的学习体验。而大数据技术则通过对学生行为数据的深度分析，帮助教师精准把握学生的学习需求，实施有针对性的教学干预。这种以数据驱动的教学方式，极大地提高了教育资源的利用效率，推动了科学教育模式的深刻变革。[1]

全球范围内，多个国家和地区已经开始探索将人工智能与大数据技术应用于科学教育的实践。例如，中国、美国、新加坡等国家的高校和中小学，纷纷引入先进技术，打造智能化的教育环境。这不仅提升了教学效果，也为其他地区的教育创新提供了有益的参考和借鉴。

二、人工智能与大数据技术在科学教育中的应用

（一）提升教学质量

首先，人工智能技术通过智能测评系统能够快速、高效地批改学生作业，并根据批改结果生成个性化反馈，帮助教师更直观地了解学生的学习情况，从而制定更有针对性的教学方案。此外，大数据分析技术能够收集和分析大量教育相关数据，帮助教育机构深入认识教育领域的发展趋势及存在问题，为教育决策提供科学依据。通过这些技术，教学效果得以显著提高，学生的学习成果也更加明显。

（二）优化学习体验

人工智能和大数据技术在优化学生学习体验方面也发挥了重要作用。虚拟现实（Virtual Reality，VR）技术在教育中的应用，为学生创建了仿真的教学场景，增强了可视化教学的视觉效果，使学生能够在虚拟空间中自由探索，从而激发学习兴趣，促进学习效率的提高。此外，智能教学系统能够根据学生的面部表情、言语表情、知识反馈等因素，实现情感感知、预测和调节，进而对学生的情感状态做出积极干预。这些技术的应用，使得学生的学习体验更加丰富和个性化。[2]

（三）推动个性化教育

在个性化教育方面，人工智能和大数据技术的应用尤为突出。智能教学系统能够为每位学生提供一对一的专属教学服务，根据学生的学习进度、知识掌握程度等定制专属学习内容、学习计划和学习目标。此外，人工智能技术通过多元数据计算分析，对学生的知识水平、认知状态、情感变化进行精准识别，从而提供个性化指导与干预。这些技术的应用，使得个性化教育得以实现，学生能够根据自身需求进行学习，提升学习效果。

三、案例分析

（一）深圳市南山区第二实验学校的人工智能与大数据技术应用

深圳市南山区第二实验学校于 2022 年启动了一项结合人工智能与大数据技术的科学教育项目，以提升学生的科学学习体验和成绩。该项目的核心是智能辅导系统和数据分析平台，旨在为学生提供个性化的学习路径，并帮助教师优化教学计划。[3]

智能辅导系统通过分析学生的学习行为数据，为每位学生量身定制个性化学习方案。系统能够实时监控学生的学习进度、错误率以及学习习惯，根据这些数据生成有针对性的辅导建议。例如，当学生在某个知识点上反复出现错误时，系统会自动推送相关练习题，并提供详细的解题思路和技巧。学生可以通过这一系统随时进行自我测试和调整，逐步克服学习中的难点。

此外，学校还通过大数据平台收集和分析学生的学习数据，为教师提供详尽的教学分析报告。这些报告有助于教师更好地了解学生的学习情况，从而制定更具针对性的教学策略。例如，教师可以根据班级整体的学习数据调整教学进度，或为某些学生提供额外的辅导资源。

项目实施后，深圳市南山区第二实验学校的学生在科学课程中的平均成绩提升了 20%。此外，家长和教师的反馈也非常积极。家长认为智能辅导系统帮助孩子们在学习中变得更加自主和自信，而教师则认为大数据分析报告使他们能够更有针对性地进行教学，从而提高了教学效率。[4]

这一案例展示了人工智能与大数据技术在中国基础教育中的成功应用。通过结合先进技术，学校不仅提高了学生的学习成绩，还增强了学生的学习兴趣和自主学习能力，为中国教育的智能化转型提供了宝贵的实践经验。

（二）麻省理工学院科学学习中心

麻省理工学院科学学习中心（Science Learning Center，SLC）是一个集教学、研究和创新于一体的综合性学习平台，致力于利用最前沿的技术推动科学教育的变革。在馆校结合的背景下，SLC 积极探索人工智能与大数据技术的应用，为学生提供更加丰富、个性化和高效的学习体验。

SLC 开发出一套智能教学辅助系统，该系统能够监测学生在课堂上的参与度、理解程度以及解决问题的能力，并基于这些数据为教师生成个性化的教学指导方案。教师可以根据系统的建议调整教学策略，为学生提供更加精准的教学支持。

为了满足学生多样化的学习需求，SLC 引入了个性化学习路径规划工具，利用大数据技术分析学生的学习数据，包括兴趣爱好、能力水平和学习风格等，为每位学生量身定制适合他们的学习路径。学生可以根据自己的学习进度和兴趣，选择相应的课程内容和资源，从而实现自主学习的目标。同时，系统还会根据学生的学习情况实时调整学习路径，确保学生能够始终保持高效的学习状态。

另外，为了克服传统实验室资源有限、实验环境难以复制的难题，SLC 建立了虚拟实验室平台。该平台利用虚拟现实和增强现实（Augmented Reality，AR）技术，结合人工智能算法，模拟出逼真的实验环境和场景。学生可以在虚拟空间中进行科学实验，观察实验现象，验证科学理论。虚拟实验室不仅提高了实验的安全性和可重复性，还为学生提供了更多的实验机会和探索空间。通过虚拟实验室的学习，学生的科学实验能力和创新能力得到了显著提升。

SLC 还建立了一套完善的数据分析体系，用于评估教学质量和学生学习成效。系统能够实时收集和分析学生在学习平台上的行为数据，如学习时间、作业完成情况、考试成绩等。通过对这些数据的深入分析，教育管理者可以全面了解学生的学习状况和教学效果，为教育决策提供科学依据。同时，系统还能够为教师提供详尽的教学评估报告，帮助他们了解教学过程中的优点和不足，从而不断优化教学策略和方法。

（三）加州大学伯克利分校图书馆的人工智能学术资源推荐系统

2019 年，加州大学伯克利分校图书馆引入了一套基于人工智能的学术资源推荐系统，以应对学生日益增长的个性化学习需求。该系统利用机器学习算法，对学生的学习行为、历史借阅记录以及研究兴趣进行深入分析，自动推荐相关的书籍和学术论文。

这一系统的核心在于其自我学习能力，能够随着学生的学习进程和兴趣变化不断调整推荐内容。具体来说，系统首先会分析学生的课程表、已完成的作业以及研究主题，建立一个动态的兴趣模型。然后，根据这个模型，系统从图书馆的庞大数据库中筛选出与学生当前学习需求最相关的资源，并优先推荐。这不仅节省了学生在海量信息中筛选资料的时间，还极大地提高了研究的针对性和深度。

自该系统上线以来，伯克利分校的学生反馈非常积极。根据图书馆的调查数据，系统的引入使得学生的学习效率提高了约 30%。尤其是在撰写论文和进行研究时，学生能够更快地找到高质量的参考资料，从而将更多时间用于深入分析和创造性思考。此外，图书馆的资源利用率也显著提升，一些以往不常被借阅的学术资源因推荐系统的精准推荐而得到了更多的关注和使用。

这一案例展示了人工智能技术在提升科学教育资源利用效率方面的巨大潜力。通过精准推荐，学生能够更高效地利用图书馆资源，获取与自己研究方向高度相关的学术信息，从而提高整体的学习和研究质量。

（四）新加坡国立大学的教学创新中心

新加坡国立大学（NUS）的教学创新中心（Centre for Teaching and Learning，CTL）也积极探索人工智能与大数据技术在科学教育中的应用。该中心与多所学院和部门合作，共同开发了一系列基于 AI 的教育应用程序和工具。其中最具特色的是一款名为“NUS Learn”的智能学习平台。该平台利用大数据分析技术，对学生的学习数据进行深度挖掘和分析，以了解他们的学习习惯、兴趣偏好和困难点。然后，基于这些分析结果，NUS Learn 会为学生提供个性化的学习路径和资源推荐，帮助他们更有效地学习科学知识。

此外，CTL 还利用人工智能技术，对教师的教学过程进行实时监测和评估。其开发出一款名为“Teacher Insights”的教学分析工具，该工具能够自动识别教师在课堂上的教学行为和互动情况，并生成详细的教学分析报告。

这些报告不仅有助于教师了解自己的教学表现和不足之处，还为他们提供了改进教学方法和策略的依据。

四、未来发展与应用前景

尽管人工智能与大数据技术在科学教育中展现了广阔的应用前景，但其未来发展仍面临诸多挑战。

首先，随着技术的不断进步，教育工作者的技术素养将面临更高的要求。为了充分发挥这些技术的潜力，教师和教育管理者需要具备一定的技术背景，了解如何使用和解读人工智能和大数据工具。然而，当前的师资培训体系尚未完全跟上技术发展的步伐，许多教育工作者在技术使用上仍存在困惑和障碍。[5]

其次，如何在保护学生隐私的前提下有效利用大数据也是一个亟待解决的问题。大数据技术依赖于大量的学生行为数据，这些数据在分析和使用过程中涉及学生的个人信息和隐私保护问题。如果处理不当，可能会引发法律和伦理上的争议。因此，在未来的发展中，教育机构和技术开发者需要制定更加严格的数据保护政策，确保学生隐私在数据采集、存储和使用中的安全性。

此外，人工智能和大数据技术的普及应用还面临资金和技术资源的限制。对于一些资源相对匮乏的教育机构，尤其是中小学校而言，建设和维护这些技术系统可能需要较高的成本。如何降低技术成本，使其能够在更广泛的教育领域中得到应用，将是未来发展的一个重要方向。

尽管存在这些挑战，人工智能与大数据技术在馆校结合的科学教育中仍将扮演越来越重要的角色。未来，这些技术有望通过以下几个方面进一步推动科学教育的发展：

1、个性化学习路径的进一步优化：人工智能将能够更加精准地识别学生的学习风格、兴趣和能力，提供更加个性化的学习方案。随着技术的不断完善，学生的学习体验将更加贴合个人需求，教育效果也将显著提升。

2. 智能教育资源管理：大数据技术将帮助教育机构更有效地管理和分配

教育资源，提升资源利用率。通过分析学生的学习数据，教育管理者可以更合理地分配教学资源，优化课程设置，提高整体教育质量。

3. 教育公平的推进：随着技术的普及，更多的学校，特别是偏远和资源匮乏地区的学校，将能够获得先进的教育资源。这将有助于缩小教育差距，推动教育公平的发展。

4. 跨学科教育的融合：人工智能和大数据技术将促进不同学科之间的融合，推动跨学科的教育模式。这不仅有助于学生掌握多学科知识，还能培养他们的创新思维和问题解决能力。

然而，尽管这些技术展现出了诸多潜力，在实际应用过程中仍需谨慎应对一系列挑战。隐私保护问题在大数据应用中尤为重要，如何确保学生的个人信息安全并防止数据滥用，是教育工作者和技术开发者需要共同解决的难题。此外，技术资源的分配不均也是一个不可忽视的问题，对于资源较为有限的教育机构来说，如何在有限的条件下充分利用这些技术是未来发展的关键。

在未来的发展中，我们应当持续关注技术进步与教育需求之间的平衡，充分发挥人工智能与大数据技术的优势，克服应用中的挑战，不断探索更加安全、有效的应用模式。这不仅将为科学教育的持续创新提供有力支持，也将推动教育质量的全面提升，为学生的全面发展创造更加优质的学习环境。

参考文献

[1] 顾明远 . “人工智能 +” 时代的教育变革创新：顾明远先生对话讯飞教育技术研究院 [J]. 现代教育技术，2024，34（08）：5–12.

[2] 牟智佳，冯西雅，苏福根，等 . 大数据赋能数字教育监测评估：理念、模式与路径 [J]. 中国教育信息化，2024，30（06）：54–61.

[3] 苏华丽，吴珺悦，彭冠英，等 . 馆校结合提升青少年科学教育实践现状及发展策略探析：以广州青少年科技馆为例 [J]. 中国科技教育，2024，（02）：60–62.

[4] 穆加兴 . 馆校结合育人价值及其实践转化的个案研究 [D]. 上海：华东师范大学，2023.

[5] 侯的平，韩俊，管昕，等. 馆校结合科普育人模式的探索与实践：以创意机器人创新实践教育为例 [J]. 科技创新发展战略研究，2020，4（05）：40-45.

作者简介

岳嫄，白俄罗斯国立大学硕士研究生，研究方向为项目管理。

四步三阶：基于幼儿科学探究力发展的科学发现室建构与实施

种　瑞

一、三大误区：当前杭州市滨江区国信嘉园幼儿园科学发现室建设现状

党的二十大报告着力提出在教育“双减”中做好科学教育加法，《关于加强新时代中小学科学教育工作的意见》强调要着力通过实践来激发学生的兴趣。《3—6岁儿童学习与发展指南》提出，科学领域的目标是亲近自然、喜欢探究、在探究中认识周围事物。科学探究能力是指幼儿在实践中获取知识、探究现象的能力，是一种实践性强、综合性强的能力，它包括科学观察、实验、推理和解决问题的能力。科学发现室是为幼儿的科学发现和科学探究提供专门的空间和设施的场所，其探究的意义和价值非常明显。然而，对杭州市滨江区国信嘉园幼儿园（以下简称“嘉园”）科学发现室的现状调查显示，该场所存在目标性不足、科学性欠缺、指导随意性强等问题，直接导致科学发现室“幼儿探究”的核心属性弱化，具体表现在以下方面。

空间布置一步到位：走进嘉园科学发现室，室内展示着人体标本、天文望远镜、凸透镜、试管等专业精密设备及各类标本，空间布置整洁有序且富有科技感。然而，这里缺少了幼儿园特有的童趣元素，难以满足幼儿灵活多样、层次丰富的探究需求。

幼儿探究浅尝辄止：观察嘉园幼儿探究现场发现，很多幼儿进入科学发现室多是摆弄各种高大上设备，跟随教师的实验步骤进行操作，缺乏主动性思考，而且因为功能室有固定时间安排，多为一周一次，导致幼儿的探究兴趣逐渐减弱。

教师指导随意而行：嘉园开展活动时，多是带班教师独立指导幼儿，这

些老师自身缺乏系统的科学知识、科学思维和探究热情。如当幼儿发现一个有趣现象时，教师却缺乏对科学现象和原理的理解，导致目的性、逻辑性不足。

基于此，嘉园组建教研团队，对现有科学发现室进行现场观察、调研及讨论，从而梳理出具有园本特色的建构实践经验。

二、四步三阶：科学发现室建构与实施的具体实践

南师大学者张俊认为：科学发现室（以下简称科发室）是作为集体课堂教学之外给幼儿提供的一块自主探索和发现的空间。由此，嘉园科发室的设计和建设围绕“幼儿的科学探究能力”，形成了“四步三阶”的操作模式，进行科发室的建构与实施（见图 1）。

趣：做好“三趣”准备，引发幼儿探究兴趣的产生。

问：提供“三阶”问题，促进幼儿探究思维能力发展。

动：依托“三小”活动，提升促进幼儿探究操作能力。

评：借助“三 W”评价，帮助幼儿探究反思能力发展。

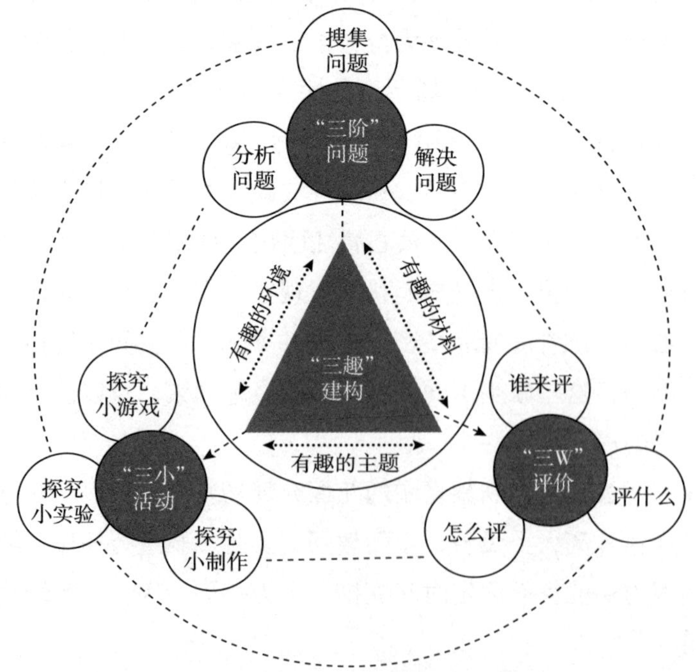

图 1　科学发现室“四步三阶”的操作模式

（一）做好三“趣”准备，激发幼儿探究的兴趣

1. 趣环境

重塑“一核四翼”功能空间。打破原有的科发室以“科学实验和科学活动”为目的的创设误区，创设多样化的探究环境，规划出“一核四翼”的空间布局（见表 1），主要分为探究区、拆卸区、操作区、材料区、创造区。探索区为核心区，其他区域都是基于该区域的延伸和补充，从而激发幼儿的深度探究。

表 1　科学发现室各区块功能定位

区块介绍	功能定位	区块介绍	功能定位
探究区	鼓励幼儿自主探索，丰富其科学体验，让他们通过猜测、实验、验证和交流等过程，感知并发现科学的奥秘	操作区	使幼儿初步尝试基础的科学小制作，进而了解制作的一般流程，丰富幼儿的科学经验，以便后期进行自主性操作
拆装区	鼓励幼儿动手拆装玩具、器械，帮助幼儿熟悉各种工具的结构，使其具备初步的动手操作的意识，打破思维僵化	材料区	既是幼儿的科学探究材料库，同时也可帮助幼儿通过电子媒介、科学绘本等拓展科学经验，了解更多与幼儿自己的探究有关的知识，支持幼儿的自主探究
创造区	侧重于鼓励幼儿自主运用习得的科学经验进行创造性探究		

这种空间布局打破了固有的环创中形式主义、一步到位的现状，为幼儿创设多样的探究环境，目的在于引发幼儿探索兴趣，丰富幼儿的探索活动，让科学发现室真正成为幼儿可触摸、可体验和可理解的一个立体空间。

2. 趣材料

把握两大材料投放原则。材料投放需要关注“可操作性”和“可探索性”两个原则，在我们的长期跟踪中发现，如果提供的材料能够引发幼儿反复操作的兴趣及能够让幼儿从中获得多方面体会，持续满足幼儿好奇心和兴趣，则能激发幼儿的兴趣。因此，嘉园教研团队在不同的区域设置并投放不同的材料，使其能发挥不同的功能价值。

3. 趣主题

基于园本课程生发主题。在主题的选择上，关注与课程建立联系，这样才能真正有效促进幼儿的发展，正如嘉园以自然课程为园本特色，因此，教研团队思考从自然界、生活中选择贴近幼儿生活学习经验的主题，如把自然界的风请到功能室，引导幼儿进行了一系列的风车、风力仪、风向标等探究；把自然界的水请到功能室，与教材中“水宝宝”主题结合，从而帮助幼儿进行主题教学后期的进一步探究（见表 2）。

表 2　现有科学发现室生成探究主题一览表

主题类型	设备或材料	探究价值
神奇的生命	动物类如自然界中常见的蜗牛、蚂蚁、蚯蚓、小蝌蚪、蚕宝宝、芦丁鸡等	观察动物的习性、生长过程，描述常见的现象并初步感知动物与人的关系
	植物类如幼儿收集的树枝、树叶、果子、种子等	描述自己观察到植物的异同、基本特征及季节变化
水宝宝	水流管道、温度计、旋转小花；沉浮实验材料；水的过滤材料，如不同材质纱布、水杯、沙土、石头等	感知水的特性，探究不同物体在水里的沉浮现象，初步了解水的循环原理等
风世界	悬浮风机、风向标、风力仪等测量风的设备，风扇、硬纸板、风车等产生风的装置	感知风的由来，探究不同等级的风对生活的作用
声磁乐园	自然界各种声音的音频、配声卡片、回声管、风铃、传声筒、纸杯、软管道、绳子等	倾听和感受各种声音并辨别声音的来源，感知声音和物质之间的关系，学会制造声音
	创想车道、形态各异的磁铁、别针、钥匙等材料、磁力积木、指南针等	通过不同材质探究磁铁的基本特性，开展基于磁力现象的小型实验，并藉由拆解指南针以剖析其内部工作原理
光电游戏	手电筒、拍拍灯、各种镜子（平面镜、哈哈镜、凹凸镜）、彩色透明纸、纸箱等	感知不同透镜的成像效果，了解光的传播现象并基于问题进行多种探究
	摩擦起电材料、电动玩具、简单的电路组装和实验材料、太阳能发电小车等	对生活中的电感兴趣，体验不同的发电材料，尝试进行小实验
有趣的力	天平、砝码、齿轮机械设备、小车及不同轨道、平衡船、气球、坡道、皮筋等	帮助幼儿感知力的大小、方向和作用，探索力的平衡、进行一些小实验等
科技体验	3D 打印笔、共鸣管、锁扣积木、星际迷航探索装置、AI 编程工具、自制船舶材料等	融合科学、技术、艺术等元素，提升幼儿的创造能力及探究能力

上表中主题既有教师创设主题也有幼儿自主生发，这样的组合既能满足大部分幼儿的兴趣，又能关注幼儿的个性化探究需求。

（二）设计“三阶”问题，提升幼儿探究的质量

原有幼儿实验探究中，通常存在幼儿探究目标不明确，探究过程机械化，重结论少反思的问题发生，从而使得探究质量不高。因此，教研组以“三阶”问题串为核心，通过搜集问题、分析问题与解决问题提升幼儿探究质量。

1.树形分解，搜集问题

利用思维导图，将幼儿零碎的问题梳理出完整结构，帮助幼儿理清探究问题的思路，并且基于思维导图（见图 2），对问题进行再分解，串联式设计探究活动，从而解决问题。下面以“小鸡孵化”探究问题串分解为例进行介绍。

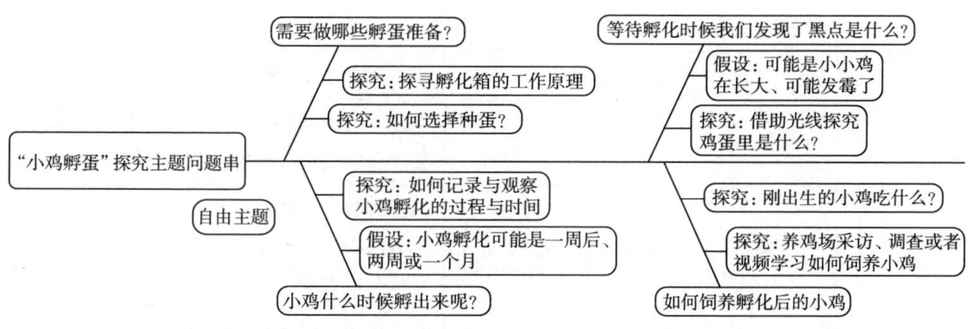

图 2　小鸡孵化问题串搜集图

问题串导图直观地展现出幼儿在学习过程中不断提出自身问题，并持续进行探究的情况。在这一过程中，教师更加关注幼儿的实验意识、提问意识，鼓励幼儿亲自动手实践，这样幼儿才能获得更深刻的理解。

2.过程对话，问题分析

在科发室内，教师需要与幼儿展开对话，才能帮助幼儿更好地剖析问题的关键所在。例如，引导幼儿观察正在孵化的种蛋，鼓励他们运用灯光照射、用手触摸、用眼睛观察等多种方式进行探索，并记录下自己的观察结

果。随后，引导幼儿将注意力聚焦在“种蛋内小鸡的变化”上，进而启发幼儿思考：在孵化过程中，蛋内的小鸡也在逐渐成长。在此基础上，教师进一步引导幼儿分析如何通过探究的方式解决这些问题。这一过程看似耗时，却为幼儿提供了探究与提问的机会，也给予幼儿充足的时间去分析问题并制订自己的探究计划。

3. 多维探究，解决问题

问题解决是该环节的核心，教师协同幼儿基于问题设计探究方案，鼓励幼儿提前记录自己的问题，并把自己想要了解的内容进行备注，以便于现场及时记录和访问。表 3 为教师做的幼儿在探索提升小鸡孵化质量的过程中的探究记录。

表 3　小鸡孵化基地探究记录

时　间	6 月 15 日	访问地	XX 孵化基地	联系人	XXX	记录人	XX
问题描述	我园幼儿在五月初进行小鸡孵化探究，操作流程系统规范，过程记录翔实，但是在小鸡孵化后我们发现，有些小鸡长得较慢，有些出现营养不良？大家非常疑惑是种蛋质量不好还是喂养的方式有问题？						
过程记录	探究过程			活动记录（照片、文字、记录单）			
	第一阶段：实地参观孵化室			鸡蛋经过无菌处理后才放入孵化箱，不仅关注温度还关注湿度，并且定期放水			
	第二阶段：专家聊孵化过程			用视频为幼儿介绍了不同时间小鸡孵化中注意事项，有些地方非常危险，这些是幼儿没有注意的			
	第三阶段：专家现场答疑			幼儿提出自己孵化中遇到的问题，并且将自己的孵化记录的数据给专家观看，专家帮助判断可能出现的问题			

通过多种方式的问题解答，幼儿的探究经验逐渐丰富，幼儿的探究质量也逐步提升。

（三）设计“三小”活动，促进幼儿动手操作能力发展

为了培养幼儿亲自动手、亲身操作的习惯意识，教师设计了科探小游戏、科探小实验、科探小制作三种形态的探究活动（见图 3）。

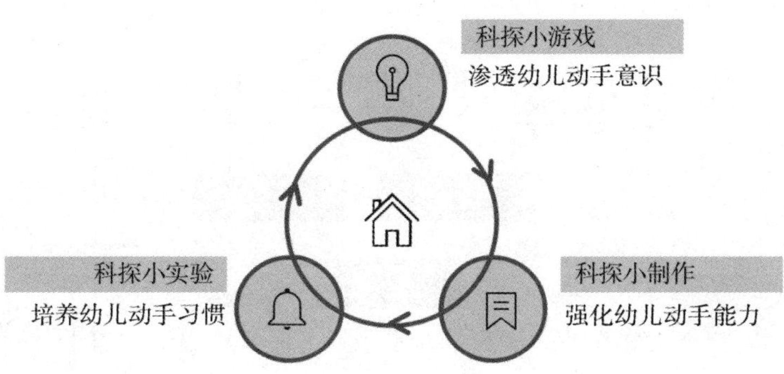

图 3 “三小”活动设计模式

1. **科探小游戏**

根据皮亚杰提出的“玩中学，学中玩”理念，在充满趣味的科探小游戏中，幼儿的感知觉、注意力以及思维等都处于积极活跃的状态。幼儿在玩要的过程中思考问题、解决问题，从而不断拓展自己的认知边界。

2. **科探小实验**

科探实验遵循“发现问题、动手操作、获得直接经验、培养动手习惯”的一般流程。在科发室，我们鼓励幼儿利用简单的工具、材料和仪器设备，亲自动手做实验。在实际操作过程中，幼儿能够获得直接经验，这有助于真正培养他们的探究能力，激发他们对科学的好奇心和探索欲。

3. **科探小制作**

科探小制作是一个更具深度和创造性的探究过程，主要包括“问题发现、研讨交流、设计制作、评价反思与改进”等环节。这一活动形式能够有效强化幼儿的动手能力。

（四）通过“三W”评价，促进幼儿探究和反思能力发展

在幼儿的科发室内，评价也是贯穿始终，这样就可以帮助教师、家长了解幼儿在功能室探究的深度与广度。以“科学成长日志”为评价工具，以“哇时刻”学习故事为评价核心，借助“三 W ”评价，即谁来评、评价什么、怎么评，来开展具有科学特色的评价活动（见图 4）。

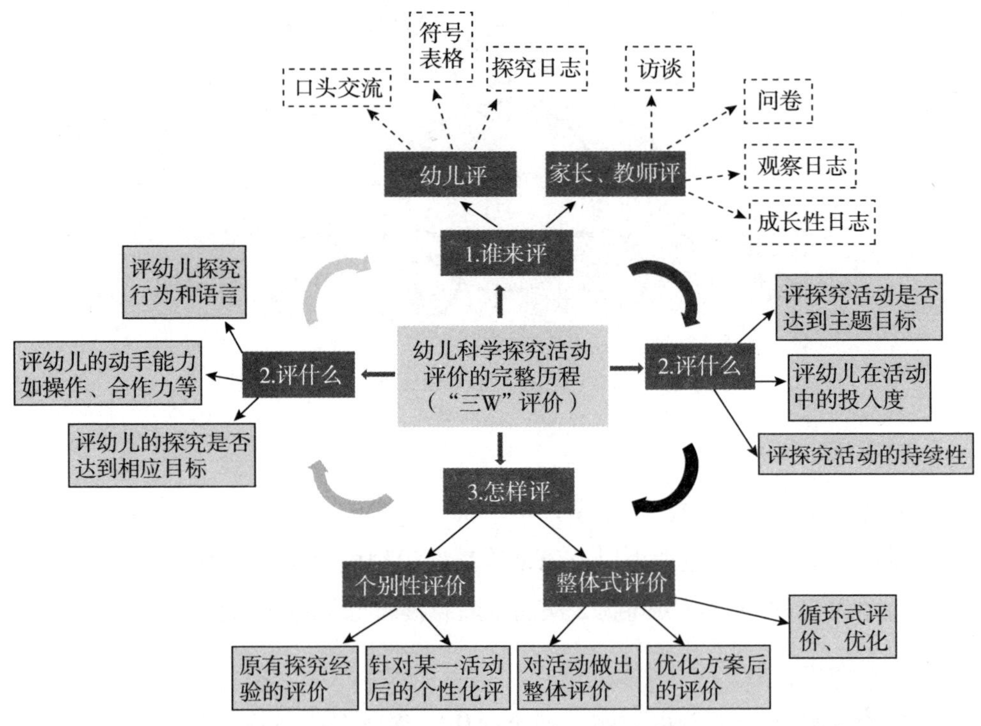

图4　幼儿在科发室探究活动评价的完整历程

1.谁来评

强调的是探究活动过程中评价的主体应该有哪些参与，通常我们认为是幼儿、教师及家长三方共同参与进行，不同的评价主体采取的评价工具不同，如幼儿更倾向于活动分享交流、符号表征、过程性日志，而成人更倾向于过程中观察与沟通中评价。

2.评什么

一方面是评幼儿，即关注其在活动中表现出的探究性品质，如操作灵敏度、探究兴趣、协作能力及创造性等几个维度反思幼儿在探究中行为及语言背后是否达到了探究目标；另一方面是评活动本身，即该探究活动是否达到预期目标、幼儿在活动中的持续性及投入度等。

3.怎么评

在探究活动中的评价是嵌入整个探究过程中的，既有质性评价也有量化评价，既有个别化评价也有整体性评价。通过对幼儿参与探究活动的评价，教师能够及时帮助幼儿调整探究方案，优化活动设计，保障幼儿探究活动高质量完成。

三、成效与思考

为了真正发挥科学发现室的功能价值，嘉园进行了一系列的实践活动，教研团队聚焦科发室的建构与实践进行园本化调整，经过初步探索，取得如下成效。

（一）有序：空间布置有计划

依据自身原本的特色及幼儿科学探究能力的发展水平，对原有空间区域进行了改造升级，摒弃以往以主题为核心的布置方式，转而从幼儿科学探究能力发展的维度来划分区域，将能够唤醒幼儿好奇心与探究兴趣的探究区作为核心区域，其他区域则分别围绕动手能力培养、实验论证开展及问题解决能力提升等方面进行设置。

（二）深度：幼儿探究有质量

教研团队以“四步三阶”的操作模式为依托，为幼儿提供了全方位的空间支持与活动支持。围绕幼儿的问题链，持续鼓励幼儿去探索问题的解决之道。为了确保幼儿探究活动的持续性，团队通过精心设计固定计划表和弹性预约表，为幼儿持续开展探究活动提供了时间上的有力保障。通过这些多样化的举措，幼儿的科学思维品质、动手操作能力得到了显著增强，提问能力也在不断提升，真正实现了高质量的探究学习。

（三）聚焦：教师专业有发展

教师在指导幼儿开展探究活动时，从最初只能看到幼儿的行为，逐渐发展到能够理解幼儿行为背后的意图，从难以跟上幼儿的思维节奏，到能够熟练引导幼儿进行探究，逐渐从控制者转变为幼儿行为的观察者、幼儿想法的解读者，教学目标从最初的模糊不清转变为聚焦于支持儿童发展，关注如何引导幼儿解决问题，寻找最佳探究路径，不断提升自身专业素养。

参考文献

[1] 中华人民共和国教育部 . 3—6 岁儿童学习与发展指南 [M] . 北京：北京师范大学出版社 . 2012.

[2] 张俊 . 幼儿园科学发现室之我见 [J] . 学前教育，2015（12）：20- 21.

[3] 虞永平 . 科学发现室与幼儿园课程 [J] . 幼儿教育，2010（03）：6–7.

[4] 虞永平 . 从物质环境中感知幼儿园课程文化 [J] . 教育导刊，2008（07）：4–6.

[5] 郑勇，陶三发，谭子刚 . 情境 · 探究 · 建构：课堂教学的最优化 [M] . 济南：山东教育出版社，2007.

作者简介

种瑞，就职于杭州市滨江区国信嘉园幼儿园，学前教育专业研究生，一级教师。

馆校结合科学教育服务青少年科学思维发展：必由之路、实践探析、培养策略

朱旭倩　王梦琦　鲍贤清

在全球科技创新和知识经济的大背景下，青少年作为引领未来科技革新与社会建设的关键力量，其科学思维的培养显得尤为重要。近年来，我国面向青少年的科学教育及科技创新人才的培养推出了一系列的政策和措施。国务院印发的《全民科学素质行动规划纲要（2021—2035年）》将“青少年科学素质提升行动”置于“十四五”时期五项提升行动的首位，彰显了青少年科学教育在推动全民科学素质提升上的基础地位，强调教育工作者在激发青少年好奇心、想象力，以及培养其科学兴趣和创新能力方面所肩负的重任，并呼吁建立校内外科学教育资源有效衔接机制，实施馆校合作，鼓励中小学充分利用科普场馆开展各类学习实践活动。[1]2023年5月，教育部等十八部门联合发布的《关于加强新时代中小学科学教育工作的意见》强调了中小学要提升科学教育质量、拓展科学实践活动、用好社会大课堂、加强师资队伍建设，引导青少年在探究实践中培养科学精神，提升科学思维。[2]科普场馆与学校的合作是正式学习中科学教育的延伸。科普场馆内丰富多彩的科学教育活动，可以激发青少年对科学的兴趣与热情，发展其科学思维，为学校教育提供支撑。同时，科普场馆的展教资源、开放式学习环境和多样化的学习方式，与学校教育形成互补，为学生提供学校教育中难以获得的亲身学习体验。因此，馆校结合下的科学教育对于充分发挥科普场馆的科学教育功能、推动全民科学素养的提高具有重要意义。

一、馆校结合下科学教育是促进青少年科学思维的必由之路

科学教育作为建设科技强国的重要内容和培养科技创新人才的基础，关乎国家的长远发展。其中，科学思维是科学教育的核心特点。[3][4]在科学技术日益进步的当下，科学思维在培养青少年作为负责任的公民去思考和行动中起着重要作用。科学思维是一种逻辑思维、实验探究、证据评估和辩证思维等技能综合运用的复合型思维，从科学的视角认识客观事物的本质属性、内在规律和相互关系，旨在帮助个体在面对问题时生成、检验和修改理论。[5][6][7]简单来说，科学思维是大脑对科学信息的加工处理。根据科学思维的发展阶段，可以将科学思维划分为模型建构、推理论证和创新思维等三个重要维度（见表 1）。[8][9][10]模型建构是科学家建立科学理论或解决科学问题的过程，对学生而言，模型建构的过程不仅是掌握科学知识的过程，还是科学探究和解决科学问题的基础。推理论证是科学思维的具体表现形式，以已有资料、实验数据和观察结果等数据为证据，运用演绎、归纳、推理等科学方法，结合正向和逆向推理，建立证据与解释之间的联系，经历科学家思考的过程，促进科学观念的建构。创新思维是科学思维发展的高阶层次，对学生科学思维的发展具有重大意义。科学思维可以帮助青少年掌握科学知识、加深科学理解，还能培养他们科学的程序性思维（见图 1）、创新和解决问题的能力。[11]

表 1　科学思维的构成要素

要　素	表征内容
模型建构	以经验事实为基础，对客观事物进行抽象和概括，进而建构模型；运用模型分析、解释现象和数据，描述系统的结构、关系及变化过程
推理论证	基于证据与逻辑，运用分析与综合、比较与分类、归纳与演绎、类比与推理、控制变量等科学方法，建立证据与解释之间的关系并提出合理见解
创新思维	基于证据提出疑问与猜测，从不同角度分析并批判性地思考问题，进而提出新颖而有价值的观点和解决问题的方法

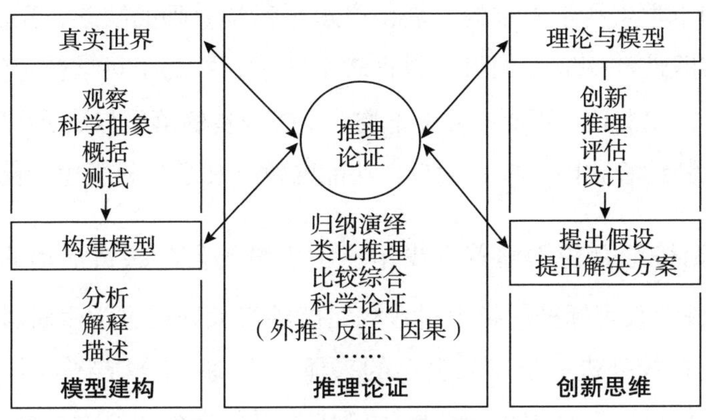

图 1　科学思维的形成路径

（一）学校科学教育对促进青少年科学思维的现状和局限

虽然科学教育随着时代发展、科技进步和教育发展发生了许多变化，但青少年科学思维的培养自始至终是科学教育的核心目标之一。[12]学校作为青少年学习的主要场所，在培养青少年科学思维方面起着重要作用。研究表明，探究式、启发式和问题导向式等教学策略能有效促进科学思维的发展。[13][14][15]此外，科学实验、游戏、教育戏剧等教学活动也能激发学生的兴趣，提高学生科学思维水平。[16][17][18]党的十八大以来，我国愈发重视学校科学教育，大力推广启发式、开放式和探究式教学模式，培养学生解决问题的能力和科学思维，全面提升科学教育质量。《义务教育科学课程标准（2022 年版）》强调“以探究实践为主要方式开展教学活动”，注重通过学生亲身参与科学探究，发展科学思维。[19]然而，当前我国学校科学教育仍面临着若干挑战：课程重心定位的浅层性，目前学校科学教育多侧重于科学知识的讲授，而对学生科学思维的培养相对不足；课程设置的不合理性，科学教育相关课程往往按照学科领域划分，忽略了科学知识的整体性和关联性，不利于学生形成系统的科学认知框架；模型建构精确度的欠缺，学生观察或自主构建模型，有益于提升科学思维，但是学校的实物模型不能完全表现出科学知识的细节特征，影响学生对科学知识的理解，同时粗放的建模过程与实事求是的科学思维相悖；[20]课时的有限性，导致学生往往无法在课程上进行充分的推理论证、创新创造，直接影响了学生对于科学问题的思考和解决，不利于学生科学思维的发展；高水平科学教师的缺乏，无法满足当前综合性、实践性和探究性的科学教育教学需求，制约了科学教育的创新与发展。[21][22] 再加上教学资源的分配不均、学校设备的落后与缺乏等因素，都在不同程度上制约着我国学校科学教育功能的发挥和学生科学思维能力的培养。

（二）馆校结合建构培养青少年科学思维的科学教育活动的意义指向

《国家科学教育标准》指出科普场馆能够极大地促进学生对科学的理解，并鼓励学生在校外进一步发展自己的兴趣。[23] 通过分析当前科学教育的发展趋势，我们可以发现馆校结合已逐渐成为提高青少年科学思维水平的科学教育新途径。馆校结合不是场馆教育与学校教育的简单叠加，而是二者教育理想的互补与协同合作，通过学校和社会的共同努力提高教育的效益，更好地培养青少年的科学思维。[24]

科普场馆拥有丰富的展教资源和先进的教育技术，能够有效弥补学校科学教育的不足，形成与学校教育功能互惠互利、互补共教的协同育人共同体，进而满足青少年学生科学思维发展的需要。学校教育基于教材开展教学，具有基础性、系统性和简约性等特点，在结构化课程中通过讲授式教学帮助学生掌握科学知识与技能，形成对科学的基本认识；科普场馆借助展览展品进行教学，将课本上抽象、晦涩难懂的知识以直观、生动和互动的形式呈现出来，学生通过现场参观、互动体验和实践探究等方式激发科学兴趣、启发科学思维、直接学习科学知识、主动掌握科学原理、感悟科学精神和科学思想，具有开放性、趣味性、活动性等特点。学校教育的结构化理论学习与科普场馆提供的体验式、探究式的互动学习相结合，建构有效促进青少年学生科学思维的科学教育活动。基于学生对科学的基本认识，依托科普场馆的实物情境，以问题驱动学生分析概括，抓住问题的关键因素，发现并归纳问题的共同特征，建构科学模型，科学探究并选择比较多样化的科学证据，推理论证揭示科学本质，同时鼓励学生阐明思维过程，大胆表达自己的猜想和质疑，发散思维并创造性地解决问题，进而在科学探究的过程中加深科学理解并促进科学概念的转变，提升科学思维水平。此外，馆校结合下的科学教育是区域科学教育和科普资源共建共享的体现。受限于各地区对科学教育的重视程度、教学理念与教学设施的不同，学生接受科学教育和发展科学思维的程度存在着地域间的差异，而科普场馆展教资源的出现让学生有机会接触到先进教育设施和教学内容，在很大程度上促进了教育公平。因此，学校教育与科普场馆教育二者的教育资源和教育功能具有互补性，科学知识的普及以及青少年科学思维的培养不仅是学校的目标，还需要加强与科普场馆的协同合作（见表 2）。

表 2 学校科学教育与科普场馆科学教育特征的对比[25]

教学要素	学校科学教育特征	科普场馆科学教育特征
教学载体	教材	展览展品
教学资源特点	基础性、系统性、简约性	开放性、趣味性、活动性
主要学习方式	基于教材的讲授式教学	基于实物的体验式学习
		基于实践的探究式学习
知识属性	来自教材的间接经验	来自展品的直接经验
学习特点	教师教、学生学	根据学习者的兴趣和需求自由开展学习
教育者	教师	辅导员、讲解员、专家学者……

“馆校合作”不仅可以促进区域教育资源的均衡发展，还为实现教育公平、全面提升科学教育质量和促进青少年科学思维发展提供了有力的支持。

二、以科学思维为指向的馆校结合科学教育活动的实践探析

国内科学教育研究仍处于起步阶段，如何开展馆校结合背景下的科学教育活动还有待进一步的探析。目前，我国开展馆校结合的科学教育活动，主要包括基于科普场馆资源设计的活动和基于学校课程设计的活动两种类型，但是多数馆校结合的方式还停留在组织学生和教师到科普场馆进行参观，仍处于馆校结合的表层。课程设计往往缺乏连贯性和系统性，不利于青少年学生科学思维的发展，因此，本文以伦敦自然历史博物馆、美国波士顿科学博物馆和上海自然博物馆的优秀馆校结合项目为案例进行梳理总结，旨在“由小及大”“由近及远”“由点及面”地为科普场馆与学校合作开展科学教育活动提供实践路径参考和经验借鉴，以期促进青少年科学思维的发展。

（一）伦敦自然历史博物馆的“城市自然”项目

伦敦自然历史博物馆（Natural History Museum, London）是世界领先的科学研究中心。为了应对当前的环境挑战与支持英国教育部可持续发展和气候变化战略，伦敦自然历史博物馆联合皇家园艺学会、皇家地理学会、曼彻斯特城市大学、英国生态与水文中心、国家生物多样性网络信托基金等机构，在教育部的资助下设计开发了“城市自然”（Urban Nature）项目，[26]旨在通过实地考察和监测，加深学生对城市生物多样性和环境变化的了解，激发学生对于周围自然环境的关心，并培养学生观察、数据收集和分析概括等能力、环保意识和科学思维。项目包括“探索：城市自然”[27]“社区科学项目：无意中听到的大自然”[28]和“青年咨询小组”[29]等。

以“探索：城市自然”项目为例，该项目面向英国各地学校的 9~14 岁青少年学生和教师，依托英国各地的博物馆采用多样化途径开展实施（见表 3），将学生和教师与当地环境联系起来，让他们成为当地城市自然和生物多样性方面的专家。项目包括户外动手工作坊、与课程相关的学习资源和教师培训，希望激励青少年更好地了解城市生物多样性和环境问题，培养青少年户外科学探究的实用技能，提升青少年的环境管理意识和科学思维。

表 3 “探索：城市自然”项目的实施路径

<table>
<tr><th>项目实施途径</th><th>具体路径</th><th>博物馆名称</th></tr>
<tr><td rowspan="2">现场参观</td><td>前往附近的博物馆参加项目活动</td><td>伦敦自然历史博物馆
皇家保护鸟类协会（与凯尔文格罗夫美术馆和博物馆合作）
纽卡斯尔大北方博物馆
威尔士国家博物馆
伯明翰博物馆
金利兹博物馆和画廊
沃拉顿厅（诺丁汉市博物馆和美术馆）</td></tr>
<tr><td>博物馆到校开展项目活动</td><td>赫特福德郡特林自然历史博物馆
北爱尔兰国家博物馆
多塞特博物馆
特伦特河畔斯托克博物馆
罗奇代尔触摸石
霍尼曼博物馆和花园</td></tr>
<tr><td rowspan="2">远程参与</td><td>资源</td><td>青少年工具包</td></tr>
<tr><td>比赛</td><td>CREST 奖、EcoSchools 挑战赛等</td></tr>
</table>

在户外动手工作坊中（见图2），城市自然的真实问题情境为学生提供了真实的感知，学生观察和记录城市中的生物，提出并分析科学问题，开展科学探究。学生在实践活动和真实数据的收集与分析过程中，追踪并监测身边的自然环境，增强证据意识和论证能力，基于归纳法、分析法、综合法等思维方法深入推理探究城市自然的内涵、作用和变化形式，构建全面的城市自然知识体系，并提出创造性的环境保护措施。在此过程中逐步提升学生的环境保护意识和科学思维能力。

图2　学生在户外动手工坊中观察并记录生物

项目提供的课程相关学习资源与英国国家课程的KS2和KS3以及苏格兰、威尔士和北爱尔兰的课程相关联，以支持教师开展与城市自然主题课程（见表4）相关的专题教学，促进青少年学生科学思维的发展。课程鼓励学生通过角色扮演、纸牌游戏、动手实践、讨论等形式参与科学探究，帮助学生将环境科学和生物学中的抽象概念与现实环境相联系，建立起直观的认知模型。例如，“碳循环”课程通过合作模拟并观察碳分子的运动，帮助学生理解碳元素在不同位置中的作用以及人类活动对于碳循环的影响，促使学生构建人类活动与地球生态系统间相互作用的复杂模型。借助科学建模，增强对科学本质的理解。此外，课程“户外探究工具”和“科学工作”单元还提供了多种方法和工具，帮助学生进行科学探究，鼓励学生提出问题、假设并设计实验、收集数据、评估证据、建立论据、制定解决城市环境问题的创造性方案，将理论知识应用于实际。同时，学生还可以在课堂上讨论他们的发现、交流意见并完善推理，加深对科学概念的理解，锻炼逻辑思维、批判思维和解决问题的能力，促进科学思维的发展。

表 4 “探索：城市自然”项目的课程目录

单元：城市栖息地		
起草城市自然法	自然世界与建筑环境之间的联系	栖息地丧失和破碎化
生命之网游戏	设计未来城市	健康土壤食谱
城市自然的大创意：龙穴		
单元：气候变化		
物种对气候变化的反应	入侵物种游戏	季节迹象 物候日历
碳循环	蛇与梯子游戏	测量树木中的碳
单元：污染		
杀虫剂游戏：游隼的命运	杀虫剂游戏：授粉者	污染侦探
污染计算器	雾霾棉花糖	颗粒物测试
单元：户外探究工具		
学生户外学习指南	探索卡：生态学	探索卡：实地考察
采样技术	户外装备清单	生物记录
提问活动	创建野外笔记本	
单元：科学工作		
科学问题标准	调查和改进问题	你最擅长的科学问题是什么？
创建研究计划书	假设故事	模仿游戏
课后反思活动		
单元：城市自然行动		
气候变化与心理健康：教师指南	气候变化与心理健康：课堂活动	

操作指南

步骤 1：制作一些分子模型

1. 三人一组，每组派一名成员为小组每位成员制作一个二氧化氮分子模型，用半根牙签将白色—绿色—白色的棉花糖按顺序连接起来。

2. 每组的第二名成员为小组每位成员制作一个氧分子模型用半根牙签连接两个白色棉花糖。

3. 每组的第三名成员为组内每为成员收集两个碳原子（粉色棉花糖）。

步骤 2：模拟雾霾的形成过程

为团队提供以下指导：

1. 将一个二氧化氮分子（白色—绿色—白色）放在汽车（玩具或图片）旁边。

2. 二氧化氮是汽车尾气中的一部分。

3. 将太阳（玩具或图片）放在二氧化氨模型的旁边。

4. 从二氧化氮中取出一个氧原子（白色）。现在你得到了一氧化氮（白色—绿色）和一个氧原子（粉色）。这就是二氧化氮在阳光下的变化。

5. 将一个氧分子（白色—白色）放置在一氧化氮和氧原子模型的旁边。

6. 将氧原子连接到氧分子上。这就是臭氧。地面臭氧对人体健康有害。

7. 将一些代表烟尘的碳原子（粉色）放在臭氧旁边。现在你就得到了雾霾两个主要成分的模型。

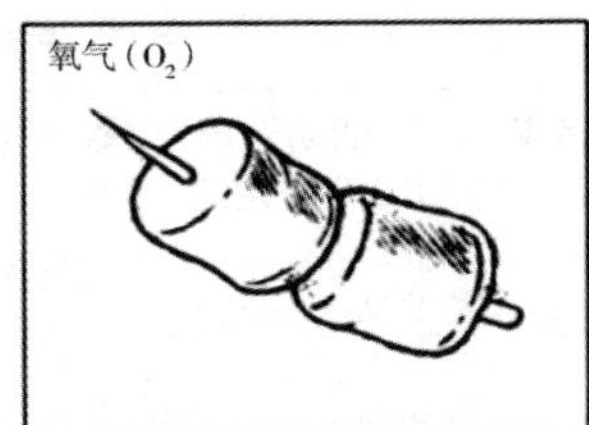

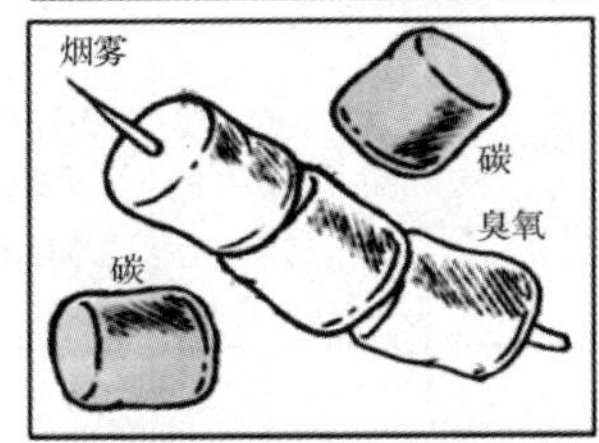

课堂讨论

1. 要求学生使用棉花糖模型制作一幅卡通画，并用自己的语言、绘画或照片描述地面臭氧和烟雾中的烟尘是如何形成的。

2. 让学生使用棉花糖模型向尚未学习本课内容的人解释晴天时地面上的臭氧是如何形成的。

3. 要求学生回答以下问题：

a. 通过这堂关于雾霾的课程，你学到了哪三件事？

b. 你对雾霾有什么不理解的吗？

c. 对于雾霾，你想向专家提什么问题？

图 3 “探索：城市自然”项目的课程教学资料截图

（二）美国波士顿科学博物馆的“工学启蒙”课程

波士顿科学博物馆（Museum of Science，Boston）作为世界上最大的科学中心之一，把激发每个人对科学的终身热爱作为使命。考虑到科学思维的重要性以及国家对于科学家和工程师的需求，博物馆的国家技术素养中心面向教育工作者和不同年龄段的学生设计并开发了一系列的“工学启蒙”（Engineering is Elementary，EiE）课程（见表 5）及配套资源。EiE 课程植根于社会文化理论，以研究为基础，以州和国家教育标准为依据，将工程、技术、数学、艺术、社会学等学科与科学相整合，鼓励学生在动手实践中学习并了解世界。

表 5　EiE 项目各课程的部分教学活动

课程名称	活动对象	教育标准	课程单元	科学主题
Wee Engineer	学龄前儿童	幼儿教育标准	噪声制造者	声音
			球迷	能量
			破坏球	力和运动
EiE for Kindergarten	幼儿园学生	CCSS ELA Math	独家新闻：设计垃圾收集器	人类对环境的影响
			分类处理：编程机器人进行回收	生物的需求
			升起屋顶：设计庇护所	能源、阳光
Engineering is Elementary	1~5 年级	NGSS	捕捉风：设计风车	天气
			大胆尝试：设计潜水器	漂浮与下沉
			显而易见的吸引力：设计磁悬浮系统	磁性
Engineering Adventures	3~5 年级	NGSS	好帮手：工程太空手套	材料特性
			点亮黑夜：电气工程挑战	电路
			改变现状：抗震建筑工程	自然灾害
Engineering Everywhere	6~8 年级	NGSS	去钓鱼：假肢尾巴	生物的需求
			从植物到塑料：生物塑料	人类对环境的影响
			疫情警报：大流行病的应对	细胞

EiE 课程通过以不同文化背景的儿童为主角的故事书向学生呈现工程问题，引导学生使用积木、木材、纸张等材料进行建模，将抽象概念具象化，并指导学生收集、分析数据，评估和迭代模型，促使学生尝试解决这些问题，同时鼓励学生跳出思维定式，勇于尝试新想法，提出创新性的解决方案，与同伴分享解决方案。在此过程中学生像工程师一样思考，逐步学会分析问题、解决问题，培养科学思维。[30]

此外，波士顿科学博物馆还与澳大利亚国家科技中心（Questacon）等教育机构合作，[31] 为来自澳大利亚多达 1000 所学校的 500 名小学教师提供 EiE 专业发展研讨会和资源包，帮助他们将项目引入课堂（见图 4），促使更多的学生接触和学习工程与科学知识。

图 4　学生参与 EiE 课程

（三）上海自然博物馆的馆校合作系列活动

上海自然博物馆是上海市重要的科普教育基地和公众社会文化交流平台。近年来，上海自然博物馆依托上海自然科技教育联盟，整合并共享 36 家成员单位的科普资源，构建“馆校 + X”战略合作模式，助力科学教育构建“大科普”格局。上海自然博物馆的馆校合作形式包括“自然博物馆进学校”“博老师研习会”“校本课程”“馆本课程”“青少年科学诠释者”和“学校定制”等系列活动。[32]

以“校本课程”活动为例，该活动邀请上海中小学一线教师合作开发并实施基于场馆的校本课程，吸引并促进学生在博物馆内开展深度的科学探究。例如，上海市普陀区沪太新村第一小学的科学教师在上海自然博物馆专家的指导下设计并开展“了解身边植物，关注生态环境”的校本课程。学生通过教师讲解和“给植物的叶涂色”“制作植物拓印作品”的体验活动，初步构建植物的基本知识框架；根据学习单上的任务，实地参观并合作完成对植物生存策略的探究，锻炼推理论证能力，培养团队合作意识和解决问题的能力。

此外，上海自然博物馆依托展览资源设计开发了“馆本课程”，对接课程标准和学校教学中存在的薄弱点，自主研发模块化、探究型课程方案，借此为学校教师提供场馆使用指南，以便其独立入馆开课，并鼓励学校教师结合教学需求二次研发。例如，上海自然博物馆最新开发的“自然美学课堂”

系列课程，通过科学探究、艺术品制作等活动，让学生近距离接触并观察自然界中的元素。在“矿石漫游记”课程中，学生需要运用简单类比的实验手段探索自然科学，了解自然界矿物和岩石的分类及其形成过程，在实践中构建知识体系，形成直观且深刻的学习体验。同时，学生需要发挥创意，设计并制作宝石或岩石作品，极大地激发了学生的想象力和创造力，在动手实践中体会科学与艺术的结合。[33]

通过分析国内外优秀馆校结合的科学教育活动案例（见表6），可以发现这些活动得到了政府的支持，以课程标准为研发依据，充分利用科普场馆的展教资源，以体验式学习和探究式学习为特色，以学习者为中心，面向不同学龄阶段的青少年开展科学探究。学习者基于问题情境，在模型建构、推理论证、创新创造的过程中，了解科学知识，掌握科学方法，感悟科学精神，内化科学思想，提升科学思维。此外，各科普场馆还不断努力建立可复制推广的馆校合作模式，确保提升青少年科学思维的优秀科学教育实践得到广泛传播与应用。

表6　国内外科普场馆馆校结合科学教育活动的分析

科普场馆		馆校合作项目	开展方式	参考标准	面向对象	学习重点	项目特征
国外	伦敦自然历史博物馆	城市自然——探索：城市自然	户外动手工作坊 校内外课程 教师培训	英国国家课程的KS2和KS3苏格兰、威尔士和北爱尔兰的相关课程	9~14岁的青少年	模型建构 推理论证 创新创造 科学探究	以学习者为中心的学习体验式学习探究式学习
国外	美国波士顿科学博物馆	EiE课程	校内课程 以教师为中心的研讨会 问答交流 双师课程	幼儿教育标准 CCSS ELA Math NGSS	学龄前至8年级学生	模型建构 推理论证 创新创造 科学探究 工程制作	
国内	上海自然博物馆	馆校合作系列活动	自然博物馆学校 博老师研习会 校本课程 馆本课程 青少年科学诠释者	中小学课程标准	幼儿园至高中学生	模型构建 推理论证 创新思维 科学探究	

总体而言，国内外科普场馆的馆校结合科学教育活动正在从广度向深度转型，依据课程标准和场馆的展教特色，在馆内外开展科学教育，通过科学探究提升青少年的科学思维，促进青少年对科学的终身学习。

三、馆校结合下科学思维的培养策略

馆校结合下的科学教育活动应依托科普场馆的展教资源，以科学思维的培养为导向，紧密对接中小学课程标准，聚焦核心概念，与学校科学教育差异化互补，进行设计与开发。青少年的科学思维可从情境创设、方法指导和合作交流三个路径进行培养。

（一）情境创设：建构模型，揭示科学概念

情境创设是激发学生兴趣、启迪学生思维的第一步。在设计活动之初，活动设计者需要根据知识特点，明确其中蕴含的模型类型（物理模型、数学模型和概念模型），依据模型类型与场馆资源，以学生为中心，创设能够引发学生共鸣的教学情境，引导学生解决实际问题。以美国波士顿科学博物馆的 EiE 课程为例，该课程围绕学生真正关心的问题展开，利用故事情境引出工程学挑战。通过呈现不同文化背景下儿童主角遇到的现实问题，鼓励学生使用积木、纸张等材料搭建模型，解决与他们产生共鸣的特定问题。在“走向另一边：设计桥梁”课程中，通过讲述“Javier 搭建桥梁”的故事，引导学生基于“力如何影响结构的稳定性和功能”的探究，搭建并测试桥梁结构模型，体验工程设计流程。这种以同龄人的故事为背景的教学情境可以有效激发学生的科学兴趣，培养其解决现实问题的能力和信心。

对于涉及空间结构、机械原理等直观性强的科学知识，如天体运行、分子结构等，教育工作者可以引导学生参观场馆内的展品，直接观察实物模型，甚至动手制作简易模型，如球棍模型、电路模型等，帮助学生直观感受并理解抽象概念，直接获得对模型的认识与经验。对于需要量化分析、逻辑推理的科学知识，如力学公式、加速度与合力及质量的关系等，教育工作者可以创设真实的问题情境，引发学生思考，激活先验知识，尝试建构知识结

构。对于复杂系统或过程的科学知识，如生态系统、水循环等，教育工作者可以借助场馆内的多媒体装置，刺激学生感官，引导学生抓住主要因素，忽略次要因素，帮助学生构建概念图、流程图等概念模型，梳理知识脉络，深化对概念间关系的理解。这意味着活动设计者需要全面了解科普场馆的展教资源，在发挥场馆内资源优势的基础上，积极探索馆外优秀的科普资源，并加以利用。

（二）方法指导：推理论证，探究科学本质

推理论证是科学思维的核心，而归纳演绎、类比推理、分析综合等科学方法的渗透有助于推理论证的发展，尤其是在科学概念中，科学方法的指导和训练可以促进学生对于科学概念的深刻领会。例如，综合法需要学生对事物的各个部分、各个层面和各个属性具有统一认识，以整体把握事物的本质和规律。借助综合法，可以帮助学生综合考虑物与物之间的关系，深化对科学本质的全面认知和理解。科学方法的运用将为学生科学思维的发展提供良好基础，因此教育人员在设计科学教育活动时，要有意识地选择适宜的科学方法，让学生经历推理论证，充分感知科学知识、科学现象，探究科学本质，让科学更加有趣，让学生更积极主动参加科学活动。在伦敦自然历史博物馆的“无意中听到的大自然”活动中，学生通过收集分析录音和观察昆虫，对“道路噪声影响昆虫的方式”作出假设，以基于证据的推理来论证观点，在同伴质疑和解释论证的过程中不断完善结论。

此外，在科学教育活动中，教师需要把话语权更多地交给学生。当学生遇到复杂问题时，教师可以根据实际情况对问题进行适当的分解或追加问题，引导学生产生怀疑，利用证据解释观点。同时，教师应鼓励学生与同伴互动交流，合理质疑他人的观点。

（三）合作交流：创新思维，促进科学发展

科学的发展离不开创新思维。创新思维是批判性思考、发散思维、创造性解决问题的重要基础。在科学探究中，学生要基于事实证据和推理论证对不同的观点和结论进行质疑和辨析、检验和改进，进而提出创造性的见解。

教师应营造轻松包容的学习氛围，鼓励学生在解决问题的过程中进行深度讨论，引导学生思维碰撞、对不同观点和研究成果进行辨析与思考，学会质疑和评价，促使学生从多角度审视问题，勇于提出想法并有效表达想法。这一过程不仅促进学生对科学知识的理解，更能提升学生的创新思维和科学思维，助力科学教育的持续发展。以 EiE 项目的“升起屋顶：设计庇护所”课程为例，学生在建造可以抵御阳光的庇护所后，进行小组讨论，获取改进庇护所的灵感，并运用工程知识改进设计。

此外，科普场馆应加强与国内外科学教育机构的交流合作，整合社会各界科普资源，打造以科普场馆为源头的科普资源共享平台，推动社会化科普生态的建设。同时，科普场馆应积极推进高质量科学教育活动的开发，让青少年在“做中学”的过程中积极参与科学探究，发展科学思维。例如，为了响应美国各地学校和教育组织的科学教育需求，美国波士顿科学博物馆针对 EiE 项目构建了全国传播模型，与互补性组织合作，为教育工作者提供专业培训，针对教育工作者的需求定制教学大纲，助力科学教育的普及与发展。

四、结　论

我们应将培育科学思维设定为关键目标，围绕模型建构、推理论证及创新思维展开科学探究活动，以助力学生深度理解科学概念，把握科学本质，进而熟练、灵活地运用科学方法。科学概念是培育学生科学思维的重要依托，我们要在科学概念教学中融入科学思维方法，使科学思维的培养得以切实有效地落实。

参考文献

[1] 国务院. 关于印发全民科学素质行动规划纲要（2021—2035 年）的通知［EB/OL］.（2021-06-03）［2024-06-06］. https://www.gov.cn/zhengce/zhengceku/2021-06/25/content_5620813.htm.

[2] 教育部等. 关于加强新时代中小学科学教育工作的意见［EB/OL］.（2023-

05–17）[2024–06–06]. https：//www.gov.cn/zhengce/zhengceku/202305/content_6883615.htm.

[3] KUHN D. Is Good Thinking Scientific Thinking? [M] //OLSON D R, TORRANCE N. Modes of thought: Explorations in Culture and Cognition. Cambridge: Cambridge University Press, 1996.

[4] KUHN D. What is Scientific Thinking and How Does it Develop? [M] //GOSWAMI U. The Wiley-Blackwell Handbook of Childhood Cognitive Development. 2nd ed. Hoboken, NJ: Wiley Blackwell, 2010.

[5] KOSLOWSKI B. Theory and Evidence: The Development of Scientific Reasoning [M]. Cambridge, MA: The MIT Press, 1996.

[6] KUHN D, FRANKLIN S. The Second Decade: What Develops（and How）[M] //DAMON W, LERNER R M, KUHN D, SIEGLER R S. Handbook of Child Psychology: Cognition, Perception, and Language. 6th ed. Hoboken, NJ：John Wiley & Sons, Inc., 2006.

[7] WILKENING F, SODIAN B. Scientific Reasoning in Young Children: Introduction [J]. Swiss Journal of Psychology, 2005, 64(3): 137–139.

[8] VÁZQUEZ-ALONSO Á, MANASSERO-MAS M A. Más allá de la Comprensión Científica: Educación Científica para Desarrollar el Pensamiento [J]. REEC: Revista Electrónica de Enseñanza de las Ciencias, 2018, 17(2): 309–336.

[9] ZIMMERMAN C, KLAHR D. Development of Scientific Thinking [M] //WIXTED J T. Stevens' Handbook of Experimental Psychology and Cognitive Neuroscience. Vol. 4. Hoboken, NJ: John Wiley & Sons, Inc., 2018.

[10] GARCÍA-CARMONA A. Scientific Thinking and Critical Thinking in Science Education [J]. Science and Education, 2023.

[11] KLAHR D, ZIMMERMAN C, MATLEN B J. Improving Students' Scientific Thinking [M] //DUNLOSKY J, RAWSON K A. The Cambridge Handbook of Cognition and Education. Cambridge: Cambridge University Press, 2019.

[12] 米广春 . 科学思维培养的实证研究 [D]. 上海：华东师范大学，2011.

[13] 赵国庆，熊雅雯，王晓玲 . 思维发展型课堂的概念、要素与设计 [J]. 中国电化教育，2018（07）：7–15.

[14] 胡卫平，郭习佩，季鑫，等 . 思维型科学探究教学的理论建构 [J]. 课程 · 教材 · 教法，2021，41（06）：123–129.

[15] ŞAŞMAZÖREN F, KARAPıNAR A, SARı K, DEMIRER T. The Effect of Using Scientific Scenarios in Teaching Socioscientific Issues in Science Course on Students' Logical Thinking Skills [J]. Journal of Theoretical Educational Science, 2022, 15(2): 420–452.

[16] SARICAM U, YILDIRIM M. The Effects of Digital Game-Based STEM Activities on Students' Interests in STEM Fields and Scientific Creativity: Minecraft Case [J]. International Journal of Technology in Education and Science, 2021, 5(2): 166–192.

[17] ASMORO S P, PRAYITNO B A. Empowering Scientific Thinking Skills of Students with Different Scientific Activity Types through Guided Inquiry [J]. International Journal of Instruction, 2021, 14(1): 947–962.

[18] 池夏冰，董蓓菲 . 教育戏剧融入科学教育的价值与实践路径 [N]. 天津师范大学学报（基础教育版），2024，25（04）：48–53.

[19] 中华人民共和国教育部 . 义务教育科学课程标准（2022 年版）[S]. 北京：北京师范大学出版社，2022.

[20] 夏瑶瑶 . 模型建构培养高中生物科学思维核心素养的研究 [J]. 高考，2024（22）：116–118.

[21] DWECK C S. Self-theories: Their Role in Motivation, Personality, and Development [M]. 1st ed. Hove: Psychology Press, 1999.

[22] OSBORNE J, SIMON S, COLLINS S. Attitudes towards Science: A Review of the Literature and Its Implications [J]. International Journal of Science Education, 2003, 25(9): 1049–1079.

[23] National Research Council. National Science Education Standards [M]. Washington, DC: The National Academies Press, 1996.

[24] 王教凯 . 为科学教育加法赋能 构建基础教育新生态 [EB/OL].（2023–06–27）. http：//www.moe.gov.cn/jyb_xwfb/moe_2082/2023/2023_zl08/202306/t20230627_1066039.html.

[25] 朱幼文 . 基于科学与工程实践的跨学科探究式学习：科技馆 STEM 教育相关重要概念的探讨 [J]. 自然科学博物馆研究，2017（1）：5–14.

[26] 自然历史博物馆 . 城市自然项目 [EB/OL].[2024–07–21]. https：//www.nhm.ac.uk/about-us/urban-nature-project.html.

[27] 自然历史博物馆 . 探索：城市自然 [EB/OL].[2024–07–21]. https：//www.

nhm.ac.uk/schools/explore-urban-nature.html.

[28] 自然历史博物馆. 无意中听到的大自然：关注你的街道[EB/OL]. [2024-07-21]. https：//www.nhm.ac.uk/take-part/monitor-and-encourage-nature/nature-overheard.html.

[29] 自然历史博物馆. 城市自然项目介绍：青年咨询小组[EB/OL]. [2024-07-21]. https：//www.nhm.ac.uk/about-us/urban-nature-project/introduction-to-the-youth-advisory-panel.html.

[30] CUNNINGHAM C M, LACHAPELLE C P, BRENNAN R T, et al. The Impact of Engineering Curriculum Design Principles on Elementary Students' Engineering and Science Learning[J]. Journal of Research in Science Teaching, 2020, 57(3): 423-453.

[31] 波士顿科学博物馆. Museum of Science, Boston and EiE Partner with Australia's National Science and Technology Centre Bringing Grades 1-5 Engineering Curricula to Australian Primary School Students[EB/OL]. (2019-12-12) [2024-07-21]. https：//www.prnewswire.com/news-releases/museum-of-science-boston-and-eie-partner-with-australias-national-science-and-technology-centre-bringing-grades-1-5-engineering-curricula-to-australian-primary-school-students-300974176.html.

[32] 上海自然博物馆. 馆校合作[EB/OL]. [2024-07-21]. https：//www.snhm.org.cn/jyhd/gxhz.htm.

[33] 上海科普网. 自然博物馆全新系列课程：自然美学课堂[EB/OL]. (2024-03-07) [2024-07-21]. https：//www.shkp.org.cn/articles/2024/03/wx469388.html.

作者简介

朱旭倩，上海师范大学教育学院教育技术学硕士研究生，研究方向为博物馆学习、STEM 教育。

王梦琦，上海师范大学教育学院教育技术学硕士研究生，研究方向为创客教育和博物馆学习。

鲍贤清，上海师范大学教育学院教育技术学副教授，研究方向为博物馆学习和 STEM 教育研究。

馆校结合助力科学课程的设计与实施

——以湖南省科技馆“探秘月有阴晴圆缺”为例

方　芳

为规范校外培训活动，提高校外培训质量，满足多样化的文化教育需求，促进青少年健康成长，教育部网站发布了《校外培训管理条例》（征求意见稿），湖南省教育厅等单位联合发布了《关于规范非学科类校外培训机构管理的通知》。文件的颁布不仅是校外培训机构的一次机遇，也是一个挑战，更是对校外培训机构提出了更高的要求。

科技馆作为一所具有科普教育传播功能的校外科普类基地，有着丰富的大型实体科技展品模型、科学实验课堂、科学表演剧场、特效影院、线上科普等科普资源。那么，如何充分发挥科普场馆资源的优势，借助丰富的展品资源，并根据学校科学课的课程标准设计相关的科学实验课，提供相应的材料包进行辅助教学，从而搭建科技辅导员和学校教师的交流平台，以此来提升学生的科学素养，是亟待我们思考和解决的问题。[1]

一、馆校结合课程的设计思路

（一）课程背景介绍

自古以来国人对月亮有着无限的遐想：“嫦娥奔月”“天狗食月”“明月几时有？把酒问青天。”“星汉灿烂，若出其里。”如今这些愿景正一步步变为现实，我国的探月之旅走过了怎样的道路？“嫦娥”们是怎样遨游太空的？未来我们还要怎样探索月球？

本课程依托2024年是中国实施探月工程20周年。从“嫦娥一号”到“嫦娥六号”，从初探月宫到详细勘察，从月面观测到月背探秘，从遥感观测到取样返回……在完成“绕、落、回”三步走规划的基础上，中国探月工程一步一个脚印，开启人类月球探测新篇章。在此大背景下，我们策划了关于“探秘月有阴晴圆缺”的系列科学课程。对依托展品资源的馆校结合课程设计做了进一步探讨。

（二）课程内容的设计

本课程基于湖南省科技馆A馆二楼太空探索展厅的展品“月相变化和日、月食”进行设计，对接《义务教育小学科学课程标准》中“月球是地球的卫星”和《义务教育初中科学课程标准》中“太空探索拓展了人类对宇宙的认知”等知识体系。内容设计是基于小学科学教程六年级下册《宇宙》篇章中的学习内容构建模型，观察实验现象。课程以体验式学习、项目式学习、情境教学和做中学为主要教学方法，以体验展品、辅导讲解、实验探究相结合的教学方式，通过模型演示结合多媒体展示为辅助教学技术手段，让学生了解“什么是月食现象”“月食的类型”“月食发生的过程”等主要的知识内容。同时学生在学习过程中，能掌握科学的学习方法，激发学习科学知识的兴趣，提高学生对科学的认知能力，形成用科学思维解决实际问题的良好习惯。

（三）课程形式的设计

本课程以探究式教学为基础，通过提出问题、动手操作、观察记录、解释反思、交流应用等环节，引导学生主动掌握知识并构建知识体系。教师在选定课程主题和参与课程的年级后，会以问题为中心设计教学内容。学生通过自主观察、独立思考及小组讨论等方式寻求答案。课程设计与实践过程以问题为导向，培养学生的自主学习能力、解决问题的能力。[2]

（四）教学目标与学情分析

本课程的教学对象是小学六年级学生，每次课程适宜的受众人数为20人。该年龄段的学生的求知欲和好奇心增强，了解地球、宇宙等基本知识，对太空探索具有一定的兴趣，这为本项课程的开展奠定了基础，基于该学段学生的认知水平和知识经验，学习内容由浅入深、循序渐进，学习形式从观察到探究，更好地激发该学段学生的学习动机。

在教学目标的体现上，主要包括以下几个方面。

科学观念方面要让学生学会运用三球仪模拟地球、月球和太阳的相对运动，知道月食产生的原因，了解月食是可以预报的。学习新月、上弦月、满月、下弦月四种月相，说明月相的变化情况。

科学思维方面要让学生能够在知识体系的基础上大胆猜想，运用分析、比较、综合的思维方法，建构或使用模型来解释月食这一现象。

探究实践方面要让学生能运用太阳系的简单模型，理解地球、月球和太阳等天体有规律的运动与相关的周期性自然现象之间的关系，具备收集信息、得出结论和交流分享能力，能借助动画演示或动手制作简单模型，模拟地球、月球和太阳的相互关系，解释相关自然现象的成因。

态度责任方面让学生能对太空探索知识的学习和实践具有初步的兴趣，了解常见的天文现象，关注我国探月工程的发展，领悟科学家敢于质疑、追求真理的科学精神，对太空探索具有好奇心，关注国内外在相关领域的进展，树立民族自信心，增强社会责任感。

二、馆校结合课程的实施过程

（一）教学活动设计思路

本项目设计的核心思想是想让学生对月球探索产生兴趣，合理运用探究式、体验式、项目式、问题式、情境式等教学方法，结合科技馆展出的科技展品，并利用场地优势设计教学活动环节，采取不同形式互相搭配，让课程展示更加多元化。

教学重点是让学生了解太阳、地球和月亮的位置变化，以及月食的形成过程。教学难点则是在实验探究过程中，与航天事业相结合，倡导学习科学方法、科学知识、提升科学素质的同时，传承科学精神和科学家精神，激发科学梦想，营造创新氛围。

（二）教学过程

1. 问题导入——启迪猜想，引发思考

教师活动：创设情境，通过“2024 年 5 月 3 日 17 时 27 分，“嫦娥六号”探测器发射任务取得圆满成功。中国由此开启世界首次月球背面采样返回之旅！”这一热点新闻，激发学生对月球产生兴趣，引导学生进行思考。

学生活动：在太空探索展厅里找到与月食现象有关的科技展品。

教师活动：在展品《月相变化和日、月食》的旁边，引导学生观察月亮、太阳、地球的位置变化会导致怎样的天文现象发生。

学生活动：体验展品，观看视频《科技馆里讲科学——展品来了之月相的变化》的演示内容。

教师活动：通过提问“什么是月食现象？”梳理简要的展品原理、实验现象及体验操作等内容，设计展品解说词。

学生活动：表达自己的猜测和想法。利用简单的物品设计制作出演示教具，并能在科技场馆内常设展厅开展相关展品的辅导讲解。

课程总结月食是由于太阳、地球、月球三者几乎在同一条直线上而产生的自然现象。

2. 实验探究——动手制作，验证结果

教师活动：基于学生对于月食的概念有了初步的了解，接下来通过一堂科学实验课“月食成因”，引导学生进一步探究月食形成的条件。

学生活动：思考“月食有几种类型？”“月食究竟是怎么发生的？”。

教师活动：引导学生来做个模拟月食形成的实验。准备好实验材料，如铅笔、彩笔、胶水、月相卡等。

学生活动：结合实验材料，动手制作，模拟月食形成的过程。

课程总结通过三球仪模型的演示，直观模拟自然界太阳、地球、月亮的运行轨道。让学生通过小组合作的方式进行实验探究，结合“月食成因”教学材料包验证猜想，培养学生的实验能力和空间想象能力。

3. 巩固应用——角色扮演，身临其境

教师们以清代女科学家王贞仪撰写的《月食解》为背景，创作了一部科普短剧，让学生沉浸式观看，了解古代科学家是如何研究天文现象的，致敬科学家们勇于探索、无私奉献的精神。

为了厘清月食与满月之间的关系，王贞仪在房梁上挂了一个水晶灯充作太阳，在地上放了一个圆桌充作地球，在圆桌旁放了一个大圆屏镜充作月亮。她反复调整三者的位置、角度，观察太阳、地球、月亮的位置与光照之间的关系，终于找出月食与满月之间的联系，并撰文《月食解》。为了纪念王贞仪对天文学做出的贡献，国际天文学联合会把 2000 年 2 月 8 日北京天文台施密特 CCD 小行星计划发现的一颗小行星命名为“Wangzhenyi”。除此之外，中国古代对月食现象做出科学解释的科学家还有东汉科学家张衡，他认为产生月食的原因是地球走到月亮的前面把太阳的光挡住了，“当日之冲，光常不合者，蔽于地也，是谓暗虚，在星则星微，遇月则月食”。[3]

学生活动：观看科普短剧，伴随问题，了解科学家们是如何通过自身的努力一步步收获研究成果的，并结合剧情自由讨论，分享自己的观点。激发学生向科学家们学习的动力。

4. 总结升华——知识拓展，提升价值

教师活动：结合本土资源开展科技馆与天文馆的合作，带领学生去到湖南师范大学天文馆、湖南浏阳市小河乡的星河天文台等主题场馆进行实地观摩学习，培养学生综合运用知识能力和团结协作的能力。

学生活动：通过参观考察，根据课程学习单的要求，完成相应的学习计划，了解更多关于探月工程的背景知识。

活动总结：中国的探月工程是利用航天器对月球进行的各种探测，又称“嫦娥工程”。5 月 3 日，“长征五号”遥八运载火箭托举“嫦娥六号”探测器，进入地月转移轨道，“嫦娥六号”正式开启“月背征途”和“挖宝之旅”。

2023 年 10 月 29 日凌晨，出现月偏食。

2024 年，两次月食发生时间分别是 3 月 25 日（半影月食）和 9 月 18 日

（月偏食）。[4]

目前中国载人月球探测任务正有序推进，计划在 2030 年前实现中国人首次登陆月球。中国人“上九天揽月”的梦想已经变得清晰而可触摸。

三、馆校结合课程的评估与反思

（一）课程实施情况

本课程作为新研发的科学课程，是我们在馆校结合课程开发方面的一次重要尝试。自课程实施以来，受到了学生、学校老师以及家长的一致好评。课程开展至今，已累计实施 8 次，共有 160 人次参与。在课程实施过程中，科学老师通过对学生的观察发现，有趣的实验现象能够很好地调动学生的积极性。学生们能够围绕课程主题展开讨论，并主动发表自己的见解。同时，本课程配套设计了学习手册，学生在课程学习过程中填写手册，其学习情况能在手册上得到有效反馈。课程结束后，我们向学生和学校老师发放了调查问卷，并对问卷结果进行了深入分析，以此探寻课程的优化方向。

（二）课程评价

在教学过程中情境代入的环节能较好地调动学生的参与积极性，学生能围绕月食变化进行提问并主动思考并发表意见。在实验探究环节中，学生的参与度很高，都能围绕问题展开交流和讨论，并按照教学任务完成实验。在认识环节，学生能认真聆听老师的介绍，并结合自己的知识经验进行分享，主动思考问题。

（三）教学反思

本课程对于月食观测的时间要求较高，课堂教学模型的演示及场馆内的教学资源条件有限，难以带学生融入自然去进行观测，未来可通过户外研学等形式开展。进一步完善教学条件，丰富教学内容，使课程更加可持续化。

四、结　语

馆校结合科学系列课程“探秘月有阴晴圆缺”是以热点大事件、中国探月工程为背景进行设计。采取展品体验、科学课堂、主题场馆参观考察、情景剧演绎等多种形式相结合实施。课程设计依托于科技馆的教育资源来展现，充分体现科技馆不同于学校教育的社会价值。今后还可以依托科普大篷车为载体去到农村中小学开展科学课堂进校园活动，促使本课程的影响更加深远，覆盖面更加广泛，受众人数更多。加强学校与科技馆的合作，将丰富的校外科普资源和现有的学校教育资源相结合来进行课程的开发。将科学融入生活，让学生享受趣味无穷的科普课程，感受科技与创新的美好，在发挥科技馆体系资源优势的同时服务于“双减”政策。

参考文献

[1] 傅丽 . 科技馆“馆校结合”项目的开发与实践：基于展项的科学课程设计 [C] // 无处不在的科学学习：第十二届馆校结合科学教育论坛论文集 . 北京：社会科学文献出版社，2020：67–74.

[2] 胡新菲 . 探究式教学在科技馆教育活动中的应用：以“光的幻影”馆校结合科学课程设计为例 [J] . 中国科技教育，2022，(03)：56–57.

[3] 苏者聪 . 中国历代才女 [M] . 郑州：河南人民出版社，1996.

作者简介

方芳，湖南省科学技术馆，研究方向为科学传播。

广西科技馆助力科学教师发展的实践与思考

——基于全视角学习理论的分析

黄星华　覃　伦

科学教育是培养创新人才、提高全民科学素质、增强国家科技竞争力的重要基础。2023 年，习近平总书记在中共中央政治局第三次集体学习时强调:“要在教育‘双减’中做好科学教育加法”。作为科学教育的主要践行者，科学教师培养已经成为科学教育发展至关重要的环节。2023 年，教育部等十八部门共同印发我国第一个系统部署科学教育的文件——《关于加强新时代中小学科学教育工作的意见》，将“科学教育教师规模持续扩大、素质和能力明显增强”列为主要发展目标之一。[1]《义务教育课程方案（2022 年版）》加强了科学课程对实践操作、实验探索及创新思维培育的重视程度，凸显了以素养为核心的教学目标，并倡导学科实践的育人方式变革及聚焦核心素养的培养理念。这一变革要求科学教师创新教学设计与提升实践教学能力，否则将难以有效承担教学任务。然而，现阶段，我国科学教师培养与专业发展却面临着严峻挑战。2021 年下半年，教育部教育指导委员会科学专委会在分析我国 13.1 万名小学科学教师数据的基础上，指出我国小学科学教师在队伍结构、职业素养和专业发展方面不容乐观。有学者指出，我国小学科学教师的一般教学法知识较好，学科教学法居中，实践型智慧最为薄弱，信息技术应用、跨学科与问题解决式教学以及探究教学等实践能力亟待提高。[2]科技馆作为重要的科普阵地，凭借其独特的资源、空间、活动、平台等优势，在助力科学教师专业发展方面开展了一系列富有成效的实践探索。科技馆助力科学教师专业发展的过程，本质上是推动教师个体与自我、社会、环境等多种因素相互作用的过程，这与全视角学习理论高度契合。运用全视角学习理论分析科技馆助力科学教师专业发展的具体实践，对科技馆科学有效地开展科学教师培养活动具有重要借鉴意义。

一、全视角学习理论与科技馆实践的深度融合

（一）全视角学习理论内涵

丹麦著名学者克努兹·伊列雷斯，对学习过程进行了深刻而多维度的剖析，他强调学习并非孤立或单一的行为，而是一个复杂且多面的过程。基于这一认识，他在继承并发展传统学习理论的基础上，创新性地提出了全视角学习理论。该理论通过“两个过程”与“三个维度”，全面解析了学习活动的本质。[3]首先，全视角学习理论指出学习包含两个过程：一是内在获得过程，这一过程聚焦于学习者的内在心智活动，如思考、记忆、想象等，通过这些活动，学习者逐步理解和掌握知识、技能或形成特定态度。二是外在互动过程，这一过程强调学习者与周围环境的紧密联系，包括物理、社会和文化等多个层面。学习者通过与环境的互动，获取并处理信息。其次，全视角学习理论提出了学习的三个维度：内容、动机与互动。内容维度聚焦于学习者对知识的吸收、对技能的掌握，以及对所学内容的深入理解和应用，回答了“我们学习了什么”的问题。动机维度则关注学习者的内心驱动力、情绪状态和意志信念，揭示了“是什么推动了学习的发生”的疑问。而互动维度则强调了学习者在学习环境中的互动与合作交流，探讨了学习环境如何影响学习成效，回答了“环境如何塑造我们的学习”的议题。

值得注意的是，学习的两个过程在大多数情况下是交织进行的。学习者在内在获得的过程中不断地与外部环境进行互动，同样，在互动的过程中，也在不断地获得新的知识和体验。这两个过程实质上是内容、动机和互动三个维度在个体与环境之间协同作用的结果。其中，内容和动机维度主要作用于学习者的内在获得过程，为学习过程提供了必要的知识技能基础和心理动力，而互动维度则贯穿于学习者与环境的整个互动过程之中。

（二）科技馆实践的全视角审视

《义务教育科学课程标准（2022年版）》明确提出学生核心素养发展的课程目标，要求从科学观念、科学思维、探究实践和态度责任四个方面来培养学生的核心素养。[4]新科学课程标准对于科学学习的目标不局限于知识和技能，而是要在实践中建构和发展知识与技能，并利用知识和技能去解决实际问题，发展学生适应未来社会需要的核心素养。教师在这个过程中要培养以探究实践为代表的素养（科学观念、科学思维、探究实践、态度责任）。科技馆针对新时代科学教育改革中强调的核心素养和学科实践两大内容而开展的科学教师培养实践，生动演绎了全视角学习理论。科技馆对科学教师的赋能过程，可精练为“获取”与“互动”两大过程。在“获取”过程，强调教师深化对科学教育内涵的理解，锤炼教学技能，而在“互动”过程，则强调教师与自我、同行及环境间的深度交流，通过实践中的互动体验，实现个人成长与能力提升。在科学教师培养中，科技馆主要是通过推动内容、动机和互动这三大维度发生交互作用，助力科学教师能力提升。一方面，科技馆通过丰富的科普资源、专业的培训课程，为教师提供高质量的学习内容，助力其深化专业知识、提升教学技能；另一方面，科技馆搭建起教师间、教师与专家间、教师与展品间，以及教师与学生间的互动桥梁，促进思想的碰撞与经验的分享，激发教师的创新思维与实践能力。同时，科技馆还注重激发教师的内在学习动机，通过探究式教学和项目式学习等方式，引导教师主动探索、积极实践，享受科学教育的乐趣与成就。

二、广西科技馆助力科学教师发展的实践分析

（一）案例聚焦：广西科技馆南宁市教师志愿者团活动

广西壮族自治区科学技术馆（简称广西科技馆）南宁市教师志愿者团由广西科技馆、南宁市教育局联合组建，团员由南宁市各中小学校经验丰富的科学教师组成。广西科技馆常年组织教师志愿者团利用节假日及寒暑假，以志愿服务的形式到广西科技馆青少年科学工作室开展活动，将知识的种子播

撒在青少年的心田，同时在实践中不断磨砺自我，实现教学相长。经过多年发展，广西科技馆教师志愿者团创新打造出了极具影响力的“科学列车”系列品牌活动。截至 2024 年 7 月，教师志愿者共为“科学列车”活动服务近 2000 场次，辐射广西青少年近 10 万人次。

1. 学习内容设计的多维升级：从被动接受到主动参与的知识传播之旅

秉承全视角学习理论“不将学习内容局限于知识与技能”的核心要义，广西科技馆深刻认识到科学教育不仅是知识的传递，更是能力与素养的培育。因此，在学习内容的设计上，广西科技馆大胆创新，构建了多维度、立体化的学习体系，鼓励志愿者教师从知识的被动“接受者”转变为积极“传播者”乃至创新“创造者”。

一是开展科普体验活动，通过“传播科普知识”促进自我成长。每次节假日前，广西科技馆青少年科学工作室策划整体时间规划和活动主题，教师志愿者结合自身情况报名参加活动。随后，广西科技馆科技辅导员和教师志愿者围绕活动主题，并紧密结合中小学课程特点，经多次讨论后确定内容丰富的假期活动安排。最后，由教师志愿者为参与活动的青少年开展科普体验活动课程授课。在授课过程中，通过与学生的互动、与同行的交流，志愿者教师们不断优化教学策略，提升教学技艺，实现了从“传播知识”到“促进自我成长”的华丽转身。

二是进行科普资源研发，通过“活动中发展和创造知识”实现自我提升。一直以来，广西科技馆青少年科学工作室依托科技馆在展品、器材、场地和科普资源上的优势，结合广西地域、资源和人文等特色，持续推进科普体验活动资源的集成和自主研发。活动中，广西科技馆组织教师志愿者共同研发了一系列适合在科学课堂和校外科普场所开展的科普活动资源包。这一过程中，教师志愿者不仅深度参与了科学探究和动手实验，更在资源包的研发中不断挑战自我、突破创新，实现了从“接受知识”到“发现和创造知识”的跨越式发展。

2. 学习动机的全方位激发：从外在驱动到内在生发的蜕变

全视角学习理论强调学习动机对学习结果的关键作用，认为只有与学习者兴趣、资质相匹配的学习任务，才能激发其内在动力。广西科技馆在活动策划中，充分考虑了志愿者教师的个体差异和学习需求，通过设计与志愿者教师能力相匹配的学习任务，满足不同层次志愿者教师的学习需求，让志愿者教师做适合自己的任务，并感受任务完成带来的成就感，成功激发了志愿者教师的内在学习动机。

一是关注学情，精心铺设渐进式成长路径。活动中发现，一些初次入团的教师，因缺乏经验，导致活动效果欠佳；一些教师因缺乏信心，参与活动积极性不高；部分有能力的教师，认为课程授课无法满足自身发展的需要。为此，活动设计了科学合理的渐进式成长路径（见图1）。活动开始，为初次参加活动的教师提供现有活动方案，帮助老师尽量熟悉和了解活动。接着，为教师提供担任助教的机会，让有经验的教师带着他们一起开展活动。在教师充分了解活动并积累一定经验后，就让其主导活动并担任主讲。最后，为有能力有想法的老师提供开发活动课程和资源包的机会。这种渐进式的成长路径，每一步都旨在帮助教师稳步成长、逐步提升，不仅增强了教师的自信心和参与感，也让他们在实践中不断发现自我价值、实现自我超越。

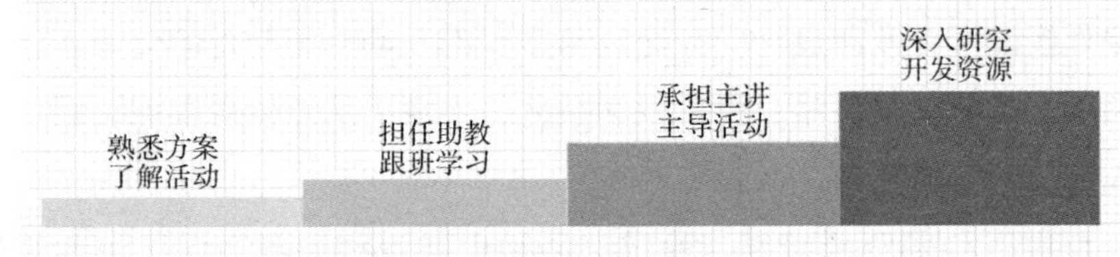

图1　志愿者教师渐进式成长路径

二是明确目标，推动培训实践成果转化。鉴于教师志愿者提出单纯的授课无法满足个人发展的需求，为了满足教师志愿者对个人发展的更高追求和对教学成果的渴望和认可，广西科技馆创新组织教师志愿者对已开展的科普体验活动进行筛选，经过反复实践完善，将具有创新性的优秀教案或活动方案进行汇编，出版了《青少年课外科技活动方案集锦》《广西科技馆教师志愿者团科普体验活动优秀方案集》《小学科学探究与拓展》等书籍。此外，广西科技馆组织教师志愿者团，并与南宁师范大学合作，依托青少年科学工作室为研发基地，结合中小学科学课程，开发适合校内外学生开展活动、适合校内外科技教师使用科学探究课程，并配套研发出100多种易操作、趣味性强、知识性丰富的科普资源包。其中，《磁与电》《再生纸》《浮与沉》《民族蜡染》等多套精品科普资源包不仅在广西全区科学工作室推广，还获中国科技馆等命名为“科普活动体验箱”，并纳入“中国流动科技馆”巡回展出的内容，向全国推广。这些成果不仅是对教师志愿者辛勤付出的最好回馈，也是对他们教学能力和创新精神的充分认可。在这一过程中教师们实现了从“要我做”到“我要做”的心理转变，真正成了科学教育领域的主动探索者和创新实践者。

（二）案例聚焦：广西中小学教师科学营活动

广西中小学教师科学营活动由广西科协、广西壮族自治区教育厅主办，广西科技馆具体组织实施。活动充分挖掘培训资源，利用科研院所、科普场馆等科学教育资源，大规模组织广西各地市基层中小学、校外活动场所、科普教育基地教师赴北京参加培训。每期活动为期一周，根据教师学科差异每期活动均设置不同学科分营活动。活动自2017年起已成功举办7期，惠及广西各地基层教师1112名，共开设了物理、化学、生物、小学、数学、信息技术（计算机）、科学教育（科技教育）等学科分营，为广西培育出一支理论水平扎实、教学业务过硬的科学教师队伍。

1.构建多元学习情境，促进全面发展

全视角学习理论认为，学习是个体内部知识结构和外部环境的互动过程，学习者与不同主体间的交往形成了不同的学习情境，不同学习情境下学习的内容和结果具有显著的差异。广西中小学教师科学营活动设置了专题授课、现场教学、名校观摩、总结交流等多个环节（如图2），为教师们打造了一个个以鲜活的体验互动为主要形式的真实情境。这些情境不仅丰富了学习内容，更激发了教师们的学习热情，促进了其在教学理念、科研能力、实践操作等多方面的全面提升。

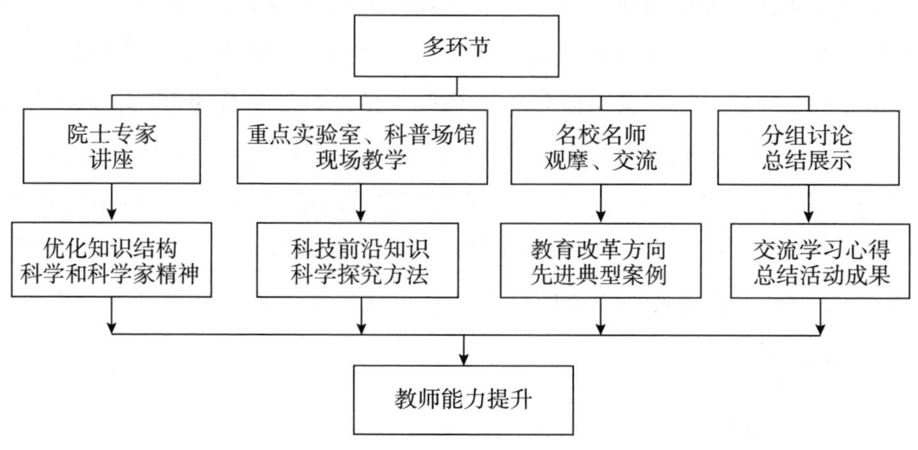

图 2　多环节培养模式

一是深化课堂学习情境，加强与院士专家的互动。活动特邀多位院士、科学家及科技工作者，为教师们带来了一场场前沿科技与跨学科知识的盛宴，授课内容不仅包含对应学科的科技前沿发展及在产业发展和社会生活中的作用，还涉及科学技术史、心理学等跨学科领域，并融入了科学家精神、爱国主义教育等内容。此外，活动还邀请多位科研和教育领域的顶尖人才与参加培训的教师进行交流互动。在这一学习情境中，与院士专家互动交流既促进了教师作为实践者对理论的吸收，也激发了教师们对科学的无限热爱与追求。

二是创新场馆、实验室学习情境，加强与社会间的互动。大量的重点实验室、科普场馆现场教学是广西中小学教师科学营活动的一大特色。活动组织教师走进中国科学院高科技院所、国家或省部级重点实验室、重大科技工程项目、创新实践基地等开展现场教学和实际操作。此外，还组织教师到中国科学院创新成果展、中国科学院物理研究所所史馆、中国科技馆、国家动物博物馆等各类科普场馆开展现场观摩。这种沉浸式的学习方式，极大地增强了教师们对科学前沿的关注度，同时，也为日后利用社会资源开展科学教育提供了宝贵的思路与经验。

三是强化交流学习情境，实现与同行群体的有效交往。活动引入北京的优质教育资源，邀请了多位北京市特级教师讲解科技创新活动的组织与实施方式方法，为教师解答教学实践难题，启发科技教育新理念，还组织教师深入北京市科技教育特色学校参观交流。每期活动都将学员分为不同小组，由各组长带领小组成员开展学习、交流，每天编写活动简报并于活动结束提交学习心得，反映活动情况及学习收获。此外，在结业小结上，各组轮流发言，展示学习成果及班级文化建设成效，探讨和分享开展科学教育活动的经验和心得。科学教师在这一学习情境中，分享经验、碰撞思想，形成了紧密的学习共同体，共同推动科学教育理念的更新与教学方法的创新。

2.深化社会多元融入，共筑教育生态

广西中小学教师科学营活动作为一种社会活动，其核心目标在于全面提升教师个体的学科实践水平，为此，广西科技馆增强社会各领域的参与度，编织了一张资源互补、优势共享的教育网络。通过深度挖掘并有效利用各领域优势，不仅为教师提供了在其他领域见习的机会，还促进了知识和情感体验的内化吸收，有效地锻炼了教师的学习意志力和综合素质。

一是构建多方联动、协同共进的组织体系。在活动筹备与执行层面，采取了大联合、大协作模式。活动由广西科协、广西壮族自治区教育厅主办，广西科技馆、广西青少年科技中心等单位承办。此外，还与中国科学院科学传播局、中国国际科技交流中心、北京市海淀区中科科学文化传播发展中心等单位和高等院校、科研院所建立了密切联系，实现了中国科学院优质科教资源的无缝对接与融入。这种跨地域、跨行业的联合协作，共同为活动提供强有力的支持与保障，不仅确保了活动的顺利进行，更实现了教育资源的优化配置与共享。

二是培训模式上的创新与拓展。与传统“请进来”的培训模式不同，广西中小学教师科学营采取了“走出去”的战略。活动让更多广西基层教师，特别是县级及以下地区的科学教师有机会走进北京的顶尖科学院所与科普场馆，与科学家、科技工作者面对面交流学习。这种创新的培训模式，不仅拓宽了教师们的视野，更激发了他们投身科学教育的热情与决心。同时，活动还注重实践场域的拓展，通过大量的“沉浸式”实地互动活动，让教师们亲身体验科学的魅力与力量。

三是学科内容上的探究性、实践性及跨学科性。探究实践是当下科学教育的主要方式，单纯地传授科学知识已然不适应新时代对科学教师的要求。因此，活动特别注重课程内容的探究性、实践性与跨学科性，精心设计了涵盖体验实操、经验分享、案例研讨等多元化课程模块。活动中，科学教育优秀教师以其创新实践的校本课程为蓝本，引领教师深入探讨科学素养教育的理论与实践；授课专家亲自指导学员动手开展科学实验，让理论与实践在动手操作中深度融合。此外，活动还特别关注知识的内在联系与跨学科融合，通过跨学科整合教学内容，培养教师们的综合思维能力和创新能力。

三、全视角学习理论下科技馆助力科学教师发展的策略探索

全视角学习理论为科技馆在科学教师成长道路上的角色定位与实践路径提供了宝贵的启示。

（一）内容筑基：构建科学教师成长的坚实平台

在全视角学习理论的指引下，内容维度聚焦于“学什么”的问题。鉴于《义务教育课程方案（2022 年版）》对探究式学习与创新体验的强调，科技馆在规划科学教师培养内容时，应紧密围绕科学教育的核心，构建一套既涵盖学科前沿知识，又融合探究式、项目式、体验式等先进教学方法的课程体系。这不仅要求内容更新迅速，紧跟科学发展的步伐，还需注重培养教师将理论知识转化为实践能力的技巧，鼓励教师深入探索，形成个性化的教学见解，从而激发学生的主动学习热情，拓宽其科学视野。

（二）动机引领：激发科学教师的内在学习驱动力

动机维度是全视角学习理论中的关键一环，它揭示了“什么推动学习发生”的问题。科技馆应深入洞察学校和科学教师的实际需求，通过构建与中小学校的紧密合作机制，精准对接教育一线的需求变化。同时，注重培养科学教师的职业认同感和使命感，将外在的职业要求内化为个人的学习动力。此外，还可以通过组织多样化的学习和竞赛活动，激发教师的竞争意识与进取精神，促使他们在不断挑战中提升自我，将学习成果转化为实际的教学成

效，实现个人与职业的双重成长。

（三）互动赋能：打造有利于科学教师成长的活力生态

互动维度是全视角学习理论中的核心要素，它强调了“环境如何塑造学习”。在科学教育体系的六大主体中，科技馆既能与科学教育资源的生产者——高校与科研机构、企业与社会组织、博物馆等主体联动合作，又直接面向科学教育资源的主要消费者——家庭、学校等主体。[5]科技馆以其丰富的展品资源和活动空间，已成为联动家、校、政、社、企，助力科学教育发展的枢纽，应充分利用其作为科学教育资源集散地的优势，构建一个开放、包容、互动的学习环境。通过加强与高校、科研机构、企业等多元主体的合作，为科学教师提供丰富的实践机会和交流平台。同时，鼓励教师之间的经验分享与合作教研，形成相互学习、共同进步的良好氛围。这种全方位的互动不仅有助于教师拓宽视野、更新观念，还能促进教学方法的创新与实践，为科学教育的可持续发展注入新的活力。

四、结　语

综上所述，全视角学习理论为科技馆助力科学教师发展提供了全新的视角和思路。通过以内容为基石、以动机为导向、以互动为核心的实施策略，科技馆能够有效促进科学教师的专业成长与能力提升。然而，如何进一步深化和落实这一理论在实践中的应用，仍需我们不断探索与努力。未来，我们期待结合我国科学教育的新趋势和新要求，持续深化理论研究与实践探索，推动形成更多具有创新性和可复制性的科技馆助力科学教师发展的新模式和新路径，共同推动科学教育的繁荣与发展。

参考文献

[1] 教育部等 18 部门. 关于加强新时代中小学科学教育工作的意见［EB/OL］.（2023-05-17）. https://www. gov. cn/zhengce/zhengceku/202305/content_6883615. htm.

［2］郑永和，李佳，吴军其，等．我国小学科学教师教学实践现状及影响机制：基于 31 个省（自治区、直辖市）的调研［J］．中国远程教育，2022（11）：46–57.

［3］［丹麦］克努兹·伊列雷斯．我们如何学习：全视角学习理论［M］．孙玫璐，译．北京：教育科学出版社，2014.

［4］严奕峰，丁杰．从“科学知识”到“科学观念”：理解科学课程标准核心素养目标的关键［J］中小学科学教育，2024（4）：49–57.

［5］郑永和，彭禹．科技馆助力科学教育高质量发展：框架设计与实施路径［J］．自然科学博物馆研究，2022，7（5）：10–17.

作者简介

黄星华，广西科技馆（广西青少年科技中心）馆长（主任），副研究馆员，研究方向为科技馆运营管理、科普教育、展览展品设计。

覃伦，广西科技馆（广西青少年科技中心）办公室主管，助理研究员，研究方向为科技教育、科普传播。

馆校结合背景下科技教师开展科学课程的实现途径

唐 叶 景仕通 曹 金

一、引 言

在当今社会，科学教育不仅是培育学生科学素养与创新能力的关键路径，更是推动社会进步与发展的重要动力。然而，传统科学教育常局限于课堂，与课外实践缺乏有效融合，致使学生的科学素养和实践能力难以得到全方位提升。因此，科技教师开发课内外科学课程就显得极为关键。科技教师作为科学教育的执行者，不仅承担着传授科学知识的重要任务，更肩负着培养学生科学探究能力、实践能力及创新思维的使命。为了更好地达成这一目标，科技教师需要积极开发课内外科学课程，把课堂上的科学知识与课外实践活动紧密结合，构建富有创新性和实践性的科学课程体系。

馆校结合已融入我国教育活动体系，成为校外教育的重要组成部分。除了能够实现资源整合与共享、增强学生实践体验与创新能力、提升教师科学素养与专业能力之外，馆校结合还能营造真实的学习情境，打破教学时间的束缚，促进家庭、学校和社会协同育人。

二、馆校结合科学教育的背景及意义

（一）馆校结合概念的界定

馆校结合是指综合性科技博物馆和学校在教育活动中，根据各自的目标采取相应的策略，协同组织的参观、体验、拓展等一系列活动，旨在培养和拓展青少年学生的创造性思维。馆校结合是非正式科学教育中的重要实现手段，能够促进校内外科学教育融合，提升科学教育质量水平。当前开展馆校结合活动的博物馆主要是科技类博物馆，本文以科技类博物馆作为研究对象，科技类博物馆是以科学技术为收藏、保护、研究、传播和陈列对象，对广大公众开放的非营利性常设机构，既包括科技馆（科学中心）之类的综合性科技博物馆，又包括自然博物馆、地质博物馆、天文馆等科学博物馆，还包括交通博物馆、航空博物馆、医药博物馆等专业性技术博物馆。[1]校指的是具有一定计划性和组织性，能够系统进行科学教育活动的学校。[2]馆校结合是深度合作的教育新形式，博物馆不是作为辅助者，而是教育活动的实施者和承担者。

（二）科技教师在馆校结合科学教育中的地位及作用

科技教师是点燃学生科学梦想的引路人，也是推动青少年科学教育迈向高质量发展的核心资源。科学课程设计是一个复杂而细致的过程，必须遵循一定的原则，并以扎实的教育理论作为根基。在馆校结合的背景下，科技教师需始终遵循以学生为中心、突出实践性、注重跨学科性等基本原则，同时引入相关教育理论，进行课内外科学课程设计。同时，还需与其他教育工作者密切协作，共同完成教学任务，开展科研项目，实现资源共享与优势互补。关注并支持科技教师职业能力的提升和可持续发展，同样是推动青少年科学教育高质量发展的关键所在。只有科技教师不断成长进步，才能为学生带来更优质的科学教育。

三、馆校结合背景下科学课程设计的策略及案例

截至 2023 年底，全国各省（自治区、直辖市）共建成达标科技馆 477 座，流动科技馆累计巡展 6207 站，覆盖全国 31 个省份的 1888 个县级行政区。[3]当前，国内开展馆校结合活动的科技类博物馆多为科技馆。笔者通过参加馆校结合科学教育论坛、工作坊以及参与科学教育相关课题组等方式，对全国知名科技场馆、科技馆基地校的校外课程实施情况展开调研，并与优秀的科技教师代表进行访谈交流，从而挖掘出有序开展科学课程的实施方式

与有效途径。因此，在本部分选取在馆校结合活动方面具有特色的典型科技类博物馆和学校进行阐述与分析。

（一）科技教师要发挥主观能动性，积极开发科普资源，实现课内外科学教育相融合

科技教师是集教学、科研与辅导于一身的综合性角色。他们不仅要具备扎实的科技知识与教学能力，还需拥有创新思维和跨学科教学能力，通过开发多样化的课程内容与教学方法，构建富有创新性和实践性的科学课程体系，全面提升学生的科学素养。例如，北京市东城区研修中心的科技教师从学校的角度出发，解读政策形势，对标国家课程，以课程化的方式对科普场馆资源进行开发，以此实现课内外科学教育的融合。该中心以“社会大课堂”为契机，打造了“蓝天工程”博览课，推进具有东城特色的“社会大课堂”建设。这套“蓝天工程”博览课教材（下文简称“蓝博教材”）涉及 13 个科学领域。教师们在对 13 个不同领域的科技类场馆进行调研后，开发出了包含 18 节课的课程单。课程单的开发采用了以下几种方式：第一，通过开发碎片化问题，暴露学生已知的知识短板，形成探究学习的认知，让学生在场馆学习时完成知识迁移与应用，进而巩固概念；第二，针对科学领域进行开发，使学习具有一定的深度，教师在各个展厅内开展相应的开发工作，以“源于生活，归于生活”的理念开发学习单；第三，针对一个大主题开发不同的学习单，培养学生在某一领域的兴趣；第四，在多个科学领域之间开发串联学习单，其过程分为“发现—探索—发现—揭秘—应用”，引导学生自主将学习内容串联起来；第五，进行实践化开发，注重培养学生的实践能力与学习能力，让学生在实践体验中了解原理，最后找出课程中的知识对应点。东城区研修中心旨在将“蓝博教材”作为理念范本，设计出多学科融会贯通的科学探究学习单，以便学校能够进行二次开发。这一实践体现了学校致力于校本课程多样化的决心，聚焦课堂教学，借助多样化的教学组织形式，将科学知识系统地传授给学生。学校积极推动各学科间的相互融合，最终达成在国家课程标准的框架下，对地方课程进行有效的资源化整合。

（二）科技教师应主动出击，挖掘校外资源，搭建长效合作平台

科技教师应充分利用校外科技馆的展品资源，将课堂搬到科技馆，激发学生的学习兴趣与探究欲望。同时，与场馆进行充分沟通，打造全方位满足学校需求的课程体系，针对不同年级学生开发具有科技馆特色的课程，使校外科技馆参观与学校的科学课“合而不同”，“合”在都对标教育部的课程标准和课程方案，以及学校科学教材；“不同”在科技馆的课程更聚焦于学生的兴趣和能力，对学校的教育内容起到补充作用，进一步激发学生对科学的探究兴趣。例如，北京八中作为中国科技馆的基地校之一，以培养学生对科学的热爱为基础，以提高学生可持续学习能力为保障，以打造创新人才成长摇篮为着眼点，借助科技场馆资源，为科学课程的创新开发提供条件与平台，推动科学课程落地实施，同时实现科技场馆创新教育的任务与效能。在搭建平台的过程中，北京八中从场馆活动、创新人才培养、校本课程开发、科技教师培训及科技活动进校园等五个方面入手，主动申请在科技场馆内开设长期性、跨学科的课程，同时选拔优秀学生开展项目式研究活动；邀请馆方辅导员和学校教师依托场馆教育新资源，共同完成课程开发；组织教师到馆培训；科技馆在重大活动时提供深度服务，开设科学实践课并送课到校。作为学校一方，北京八中在建立馆校结合长期合作机制，以及科学课程及课程教育效果的科学评价体系方面，成功搭建了师生科技创新教育、学习、展示与分享的平台，达成“课程活动化，活动课程化”的效果。此外，北京八中充分认识到场馆在展示内容上的丰富性、科学知识的前沿性及参与平台的开放性，在实践活动中为学生留出进一步思考与学习的空间，培养学生的社会责任感与生存能力。

（三）科技教师以学生素养提升为导向，实现自我教学能力跃升

科学教育的对象不仅包括学生，还涵盖教师。科技教师的水平在很大程度上影响着学生科学素质的提升空间，提高科技教师的水平，对于培养创新储备人才具有重要的推动作用。上海自然博物馆的博老师研习会是一个以教师为主要对象的师资培训课程，如今已成为上海科技馆馆校结合的特色活动。该研习会主要依托自然博物馆丰富的场馆资源，致力于提升科技教师运

用资源的能力和教学能力，探索可复制的创新馆校结合合作模式。随着社会对科学教育的重视程度不断提高，学校对学生开展探究学习的需求日益增长，设计学校教师与博物馆教师之间的合作学习项目显得尤为必要。上海自然博物馆积极开展博物馆教师研习会项目，主动联系学校教师，组织他们参观常设展区、体验馆本课程、与专家交流对话、共同探讨课程设计、参与实践课程并进行项目评估，搭建了良好的交流平台。这一方面提升了教师的专业能力，另一方面激发了学校与博物馆合作的积极性，为我国科学教育的发展提供了新思路和新经验。

综上所述，尽管各地场馆与学校的结合方式不尽相同，但许多学校和科技场馆都在积极探索适合自身发展的道路。学校不再局限于传统的封闭式教学思维，而是积极主动地打造课内外融合的教学模式，向外拓展寻求合作与资源整合，带领学生走进场馆，让他们感受科技在社会进步中的作用，认识科技在国家发展中的战略地位，引导学生关注科技新成就，激发他们参与科技活动的自觉性和积极性；科技场馆也结合自身实际情况，尽可能主动与学校合作，积极参与青少年科学教育活动，并取得了良好的效果。

四、对未来馆校结合课程发展的展望和建议

纵观馆校结合科学教育的发展历程，科技场馆的数量和规模呈现逐年快速增长的趋势，校内外合作也在朝着多元化的方向发展，为国家创新型人才成长提供了丰沃的土壤。在完成梳理馆校结合科学课程实施的成功案例后，我们提出符合国内科学课程发展的一些展望及建议，以期在未来能够帮助学校和科技场馆不断调整教育需求，谋求可持续性发展。

（一）课程设计向主题展览发展

未来的馆校结合校外课程活动，应紧密围绕科技馆的主题展和特展展开，做到与时俱进、因地制宜。我国地域辽阔，各地地理环境、地域资源、科技产品及历史文化各具特色，不同地区的场馆资源也各有优势。学校在开展科学教育时，需深入挖掘本地区的优势，在工业、农业、水文、人文等领

域探寻龙头产业，以及具有地区特色的优势科技场馆，然后结合学校科学课程，因地制宜地开发独具特色的展品和研学计划。在校外资源的挖掘过程中，除了开展常规性科普工作外，还应充分依托本地区的知名高校、企业、科研单位等部门开展形式多样的课程探究活动，建立长期稳定的馆校合作科学教育基地和科学探索营。通过多样化的馆校结合形式，向学生展示不同领域的前沿科技，拓宽学生的科学视野，提升学生的科学素养。

（二）构建科技教师与展教人员双向培训机制

打造馆校结合的双向教师培训活动模式，分别设立科技馆基地与科学学校基地。积极鼓励学校教师前往科技馆进行实习培训，同时安排科技馆教师到学校开展实习培训，并将实习表现纳入双方相关教师绩效考核体系。在这种模式下，学校教师能够深入了解科技馆展品，便于在教学中适时结合展品进行授课，丰富教学资源；科技馆教师则能切实掌握学生学情，从而更有针对性地开发馆本课程，最终实现双方教学能力的双向提升。

（三）推行科普场馆定制服务

科技馆在充分调研学校需求的基础上，精心设计一套馆校课程及配套的课程资源包，并提供后续评估服务，持续提升科技馆的核心竞争力，以优质课程吸引学校参与合作。后期还能依据学校需求灵活调整，提供定制服务，激发学校与科技馆建立长期合作的意愿，有效补充学校科学教育的短板。同时，科技馆也能借此提高资源利用率，打造特色品牌。

（四）推动地方科协引领区域部门大联动

区域各部门联动，即整合一定范围内能够辅助开展馆校结合活动的部门，进一步扩大馆校结合活动的受益面。依托《全民科学素质行动计划纲要实施方案（2021—2025 年）》文件精神，联动各政府部门与科技场馆，充分发挥桥梁和纽带作用，对标本地区学校课程教育，搭建科技活动平台，打造特色品牌。各地中小学在当地科协等主管部门的共同组织下，积极申报参与联动活动，最后由科技馆统一收集相关申报信息，组织活动开展与活动总结工作，这是一种极具推广价值的馆校结合新模式。

少年智则国智，少年强则国强。我们坚信，随着馆校结合活动的广泛开展，会有越来越多的青少年走进各类科技馆，亲身感受科学技术的魅力，激发对科学技术探究的浓厚兴趣，助力我国科技强国目标逐步实现。

参考文献

［1］“全国科普场馆发展研究”课题组．全国科普场馆发展研究报告［C］// 科技馆研究报告集（2006—2015）上册．北京：中国科学技术馆，2017：121-139.

［2］宋娴，孙阳．我国博物馆与学校合作的历史进程［J］．上海教育科研，2014（04）：44-47.

［3］中国公民科学素质抽样调查课题组．我国公民科学素质的发展现状：基于第十三次中国公民科学素质抽样调查的分析［J］．科普研究，2024，19（2）：5-12.

作者简介

唐叶，中国科协培训和人才服务中心助理研究员，研究方向为科技人才团结引领服务、青少年科学教育。

景仕通，中国科技馆展览教育部助理研究员，研究方向为青少年科学教育。

曹金，中国科普研究所助理研究员，研究方向为数字素养、科学素质、青少年科学教育。

馆校结合助力医学史学科发展研究

——医学史课程与博物馆结合双模式教学探索与实践

甄 橙

一、医学史课程的重要性

医学史是医学领域中的重要分支学科，医学史课程是医学教育中的重要组成部分。通过研究医学的历史，可以更好地理解医学的演进和发展，有助于培养医学生对医学发展的历史背景和社会文化背景的理解，但传统的教学模式往往侧重于课堂中理论知识的传授，忽略了课外对历史遗址文化内涵的深度挖掘。[1]学生对医学史的学习常常局限于课堂内的书本知识，缺乏亲身体验。此外，医学领域的不断发展和技术的不断更新，也使医学史课程需要与时俱进，以保持与现实世界的联系。[2]

为了应对这些挑战并丰富医学史课程的教学内容，本研究探索了医学史课程的创新性教学活动，增加了医学史课堂外实践教学，并重点以北京大学人民医院（以下简称“北大人民医院”）和伍连德的生平与贡献为中心，为学生提供了更深入的医学史学习体验。这项教学活动的设计涵盖了多个方面：从学生在医院的参观访问开始到与医生座谈；从学生之间的讨论到基于王吉民、伍连德合著《中国医史》的读书汇报；从教师点评到学生在课程学习结束后的心得体会交流。这种专业课程与博物馆结合的双模式教学，基于传统课堂教学和实地考察的有机结合，旨在提供更生动的学习体验，培养学生的综合素质，提高学生对医学史课程的深入理解。

二、医学史课程融合博物馆实践的教学设计

本课程采用与博物馆实践相结合的教学模式，旨在激发学生对医学史的兴趣，加深他们对医学史的理解，提升学生的科学素养。同时，让学生更加深刻地认识医学史与现实的关联，从而将所学知识应用于实际。[3]通过医学史课程结合博物馆实践的教学模式，学生不仅仅获得了知识，还培养了多种能力，如组织能力、人际交往能力、批判性思维能力和解决问题能力等。此外，参观博物馆的教学活动还加强了学生对医学史与现实关联的认识，使学生更好地理解医学史的重要性。[4]这也对医学史课程的教学效果产生了积极影响，使学生能够更好地在现实中应用他们所学的知识。

教师在课程设计中扮演了关键角色，不仅传授医学史知识，还引导学生将理论与实践相结合，从而深化学生对医学史现实意义的理解。医学史课程与博物馆实践结合的成功经验可以在更大的范围内推广，以提高医学史课程的教学质量，增强医学史与现实的联系，为探索医学教育方法提供新路径。

课程内容设计主要包括如下内容。

首先，在课程准备阶段，教师负责布置案头任务，指导学生进行博物馆的前期调研，如了解博物馆的历史、特色展品和展示内容、剖析可挖掘的医学文化精神等。这一过程要求教师具备丰富的医学史知识和对博物馆资源的熟悉度，以确保学生能够获得高质量的学习体验。

其次，在博物馆实践环节，教师与博物馆对接人员协调参观方式，确保学生能够顺利进行实地学习。教师还负责联系专业讲解人员，为学生提供现场指导，帮助他们更好地理解展品背后的历史和文化。此外，教师在学生制订出行计划、协调参观时间等组织活动中提供必要的指导，注重培养学生的组织能力和团队合作精神，强调遵守时间的重要性，进而强化学生的纪律意识。

最后，参观前授课教师联系博物馆专业老师讲解，参观时学生发现问题可以随时提问。参观活动结束后，每位同学都需要写出参观心得，教师组织学生分享参观心得，通过交流促进学生批判性思维和问题解决能力的发展。

教师的专业素养在此环节尤为重要，既需要引导学生深入思考医学史与现实的联系，又要启发学生将所学知识应用于现实生活中。

医学史课程与博物馆实践相结合的双模式教学最具特色之处是增加了医学史专业知识与博物馆展陈文物相融合的社会实践环节，即在课堂上学习医学史知识，在课堂外完成医学博物馆参观实践。授课形式的变化一方面改变了课程教学局限于课堂内的传统，另一方面由于中国已有的医学博物馆多建立在医学高校内，少量散在综合博物馆中，因此这样的授课方式可以整合优化校内校外的医学资源，增强了教学的鲜活性和感染力。医学博物馆里大量的文物、标本等实物资料能够激发学生的探索精神。同时，医学博物馆是传承中国传统医学文化和展现现代医学成就的重要窗口，通过了解医学文化和医学成就，可以使学生增强民族自尊心和自信心，强化民族自豪感。[5]

特别是，教师在本课程中不仅是知识的传递者，更是学生学习过程中的引导者和实践能力的培养者。他们的专业科学素养对于提高医学史课程的教学质量、增强学生对医学史重要性的认识以及激发学生的探索精神起着至关重要的作用。

三、医学史课程融合博物馆实践的教学活动

在已完成的医学史课程的实践环节中，教师组织学生参观了中国中医科学院的四座博物馆（中国医史博物馆、中国中医科学院院史馆、中国中医科学院针灸博物馆、中国中医科学院屠呦呦研究员工作室）、北京大学人民医院院史馆、北京泌尿内腔镜博物馆、北京大学人体解剖学博物馆、王老吉博物馆等医学博物馆。其中中国中医科学院的四座博物馆，体现了中国传统文化和医学文化的精髓，中国中医科学院针灸博物馆反映了中华优秀传统文化的传承。针灸疗法作为中国传统的治疗方式，有着悠久的历史和丰富的文化内涵。馆内保存现已确认的 11 种传世中国的古代铜人中的 7 种。此外，新中国成立后早期经穴模型 12 种、《铜人图经》的各种传本以及出土的 7 块宋碑《铜人图经》拓片、明正统重刻《铜人图经》拓本、以往被认为仅存于日本内阁文库的最早最佳明刊 3 卷本《铜人图经》等，这些文物具有非常重要

的历史价值，体现了中医针灸作为非物质文化遗产的原创性、传承性、活态流变性。[6]

图 1　参观中国中医科学院针灸博物馆

中国中医科学院院史博物馆，馆内展陈内容由展板、展柜、电子屏三部分构成。展板内容包括中国中医科学院发展简史、青蒿素研发专题、中西医结合救治新冠肺炎专题，共三个部分。中国中医科学院发展简史展板，以时间为序分为六个阶段，重点介绍了中国中医科学院发展的辉煌历程。其主要内容有：汇聚精英，开创大业；特殊时期，艰难发展；改革开放，全面恢复；科医教产，整体推进；体制改革，激发活力；传承精华，守正创新。青蒿素研发专题展板，以“伟大发明、巨大贡献”为题，展示了青蒿素的研发经过和屠呦呦研究员获得的各种奖励。中西医结合救治新冠肺炎专题展，以“抗击疫情不辱使命”为题，展示了在新冠疫情面前，中国中医科学院闻令而动、奋勇当先，为中医药全面介入、深度参与新冠肺炎疫情防控和患者救治工作做出的突出贡献。

图 2　参观中国中医科学院院史陈列馆

图 3　参观中国中医科学院院史陈列馆

中国中医科学院医史博物馆记录了中国传统医学文化和中国古代医学史的发展，展示了医学的演进和医学家的贡献。中国医史博物馆在普及大众知识、总结医疗经验、哺育科技人才中扮演着重要角色。馆内除了展出著名的医学图书、御制稿本、书画拓片、陶瓷玉器等藏品 3000 多件外，还系统、全面展现了中国医药学起源、形成、发展的历程与辉煌的成就。

图 4　参观中国中医科学院医史博物馆

中国中医科学院屠呦呦研究员工作室，如今被辟作博物馆，展示了屠呦呦研究员的生平以及科学探索的道路，反映了杰出医学家屠呦呦的科学探索和解决病痛的精神，彰显了“胸怀祖国、敢于担当，团结协作、传承创新，情系苍生、淡泊名利，增强自信、勇攀高峰”的青蒿素精神。这些博物馆为学生提供了丰富的学习资源，帮助他们更好地理解医学的传统和历史，以及医学家的伟大科学精神。

图 5　参观屠呦呦研究员工作室

位于北京大学第一医院内的北京内窥镜博物馆展示了从19世纪至今的内窥镜，反映出以满足病人需求为导向的内窥镜技术的发展历史。随着技术的不断进步，医疗仪器的发展从过去比较粗糙的器械，发展到如今的手术机器人，已经可以大幅度减小病人的创伤，提高了治疗效果。内窥镜博物馆对于医学生来说，是了解医学技术的演进和实际应用的绝佳机会，更重要的是了解到满足病人的需求是推动医学发展的原动力之一。

图6　参观北京泌尿内腔镜博物馆

北京大学医学部（简称北医）校园内的北京大学人体解剖学博物馆则反映了遗体捐献与医者的崇高精神。遗体捐献不仅推动了医学研究的进展，还提供了学习人体解剖学的宝贵资源，北医老校长胡传揆、马旭在去世后将遗体无偿捐献给学校，他们的遗体骨架被保留在解剖博物馆中，接受来访者的瞻仰。除了这两位老校长，北京大学人体解剖学博物馆还陈列了众多无言良师的标本，他们甘愿为中国医学教育和研究事业铺路架桥。学生参观解剖博物馆的同时，不仅了解了人体结构和解剖学知识，也能够感受到遗体捐献者的无私精神，有助于培养医学生的医德和人文情感，告诫每一位医学生珍重生命、敬畏生命的道理。

图 7　参观北京大学人体解剖学博物馆

四、医学博物馆案例教学融入医学史课堂

北京大学人民医院由伍连德、朱启钤等人主持建设，是中国近代以来第一所由中国人自主创建的现代化大型综合性医院。在中国近代医学史上，人民医院占据着举足轻重的地位，充分体现了中国近代早期医疗事业的发展水平。学生通过参观人民医院院史馆和医院长廊，不仅能深入了解民国早期医疗机构的创设过程，以及科学家们在艰苦条件下为推动中国现代医学发展所付出的努力，还能真切感受到伍连德等老一辈医学家崇高的医德医风。这一参观学习活动，对培养医学生的综合素质与伦理道德，具有不可忽视的重要意义。

图 8　参观北京大学人民医院院史展

北京大学人民医院的文化长廊设计精巧，光线明亮。不过，因其位置较为偏僻，很少有人经过，路过的大多是匆匆而行的医务人员。作为一家历史悠久的医院，借助展览让医务人员和公众了解院史，有助于彰显医院的人文精神。

为了提升博物馆实践学习的效果，参观结束后，学生除撰写参观报告外，还需深入研读王吉民、伍连德编著的《中国医史》一书。这部著作是中国医学史领域的重要典籍，全面阐述了西医传入中国以及在中国早期的发展历程，留存了大量珍贵史料，其中包括从教会和海关获取的第一手资料。总之，通过参观伍连德创建的北京大学人民医院院史馆和医院的文化长廊，结合课堂上对王吉民、伍连德怀着爱国之心撰写中国第一部英文版《中国医史》的学习，学生可以感悟他们获取史料的艰辛，培养挖掘、收集医学史料的意识，养成精读史料的习惯，激发爱国主义热情，从而达到良好的教学效果。

五、医学史课程与博物馆相结合的教学效果

（一）培养社会交往能力

在传统的医学史课程教学中，学生通常是被动的知识接受者，医学史课程与博物馆结合的双模式教学打破了这种壁垒。成功的医学史课外参观实践，需要学生具备组织能力和联系沟通的人际交往技能。通过将参观博物馆的实践学习纳入教学活动中，鼓励了学生的主动参与性，培养了学生的组织能力和人际交往技能。

在博物馆参观的筹备过程中，学生们学习了如何安排行程、联系医院相关人员、协商访问时间等，学会了如何在出现突发状况时及时处理突发情况。[7]这种实践锻炼不仅培养了学生的组织技能，还提高了他们的人际交往能力，以及应对突发事件的应急能力。

（二）提升论文写作与演讲能力

学术交流和问题研讨是医学史教育的核心之一。教学活动的一个关键目标是促进学生之间的学术交流。在博物馆参观和座谈过程中，学生与教师和医务人员互动，提出问题并进行深入的讨论。这种互动式教学不仅拓宽了学生的知识领域，还培养了学生的批判性思维和基于问题的学习能力。[8]此外，学生之间的互动也促进了团队合作的能力的培养。

现代医学教育不仅要求学生具备专业知识，还需要学生具备综合素质，如传播和沟通技能。因此，教学活动中鼓励学生自主参与。在参观过程中，学生会对重要的展陈文物、历史材料进行摄影记录，并选取最具有代表性的、最有文化传播价值的照片进行深入解读。此外，要求学生撰写心得，积极宣传医学史知识，其中包括文图写作和新媒体文章的创作，插入参观图片，撰写图片说明，真实反映学生的参观体验。在潜移默化之中，不仅提高了学生的写作能力，还培养了学生的历史分析能力和知识传播能力，使学生能够有效地利用新媒体技术传播医学史知识。此外，新媒体文章的创作与推广也鼓励了学生对现代传媒技术的应用。

（三）学习前辈树立献身医学志向

通过实地参观多座医学博物馆，使学生自觉地将所见所感与课堂上所听所学结合起来，将课堂内外的医学史知识融会贯通，内化于心。

例如：通过北京大学人民医院的参观活动，使学生能够更深入地体验伍连德、人民医院和北大医学校史相关的知识串联。通过参观医学博物馆的历史展览，让学生们深刻感受到医学史的重要性。这种实地体验有助于学生更好地理解医学史的背景和演变，[9]使医学史不再是抽象的概念，而是具体的历史事件和地点，鲜活的医学人物和事迹。

在博物馆参观结束后的课堂学习中，对王吉民、伍连德合著的《中国医史》进行讲解、讨论与交流，学生得以了解中央医院（今北京大学人民医院）的历史发展与演变，与实地参观形成对照，使学生亲身体会到自1911年辛亥革命以后，时局仍旧动荡，在这样的情况下，中国现代医学的发展从外籍传教士医生统领的局面，逐渐发展到由中国人自主建立本民族的医药卫生事业的格局。以伍连德博士为首的中国医学界有识之士，以及社会各界热心人士，从无到有地建立了中国本土的医学教育、医学组织和医学机构，成为激发学生们努力钻研医学知识的动力。

通过教学实践活动，学生对伍连德的生平和贡献有了更深刻的理解。从人民医院所展陈的资料、碑记、旧报纸杂志，《中国医史》中对人民医院建立、呈请颁布解剖规则、组建中华医学会等工作中，伍连德先生呕心沥血的事迹逐渐呈现出来，学生不仅了解了伍连德先生所处的历史背景，也明白了他在医学史上的重要地位，这种学习方式有助于学生更全面地了解医学前辈，树立向前辈学习、献身医学的决心。

（四）鼓励学生提出针对博物馆的建议

博物馆在保存和展示医学史的文物和资料方面扮演着重要的角色，因此教学实践活动也为学生提供了参与博物馆建设的机会。

学生参观医学博物馆后，须撰写一份记录参观历程并展望未来发展的报告，同时针对展览内容的丰富性、布局的合理性给出具体建议。这种实践活动不仅增强了学生的参与积极性，还推动他们深入探究医学史，思考如何将医学史知识呈现给公众，进而在无形中充分实现了医学史的社会价值。

（五）加强历史与现实的联系

双结合教学模式强调了医学史与现实的紧密关联。通过参观医学博物馆，结合学习医学历史知识，学生们深入地理解了医学史的重要性。他们了解到医学史如何与当今的医学实践和政策之间的联系，医学发展对医学史学科发展的促进作用，以及医学史的进展如何在医学领域中起到引导作用。这种联系有助于激发学生对医学史的兴趣，并使他们认识到医学史不仅仅是一门学科，更是对医学实践的指导。[10]

医学博物馆是一种特殊的文化载体，专业性较强的医学展品可以为学生提供丰富的文化体验。通过博物馆的展陈文化与学校的专业教育相结合，学校提供专业支持，博物馆提供文化教育，二者结合有助于提高学生的学习兴趣、拓宽知识面，提高综合素养。

医学史课程与博物馆结合的双模式教学，培养了学生的审美情趣和人文素养，使学生感受到医学文化的深厚底蕴，了解医学伦理和医德的精神，领会医学技术的进步，以及学习到科学研究的意义。[11]这种浸润不仅对学生的综合素质培养有益，也对医学院校的教育体系产生积极影响，顺应了时代的需求。[12]通过医学史与博物馆结合的双模式教学，将文化教育、专业教育和美育教育结合起来，使医学院校中的美育教育通过参观医学博物馆这一途径得到了加强，对于培养更具综合素质的医学专业人才也更具有现实意义。

六、医学史课程与博物馆结合双模式教学展望

医学史课程与博物馆参观活动的设计与实施，均经过精心的组织和策划，旨在激发学生对医学史的兴趣，加深他们的理解，进而提升学生的综合素养。通过采用课程与参观相结合的教学模式，学生不仅能够获取丰富的医学历史知识，还能培养组织能力、人际交往能力、问题解决能力及批判性思维能力。此外，这种教学模式还促使学生更加重视医学现实，让他们深刻认

识到医学史并非仅仅着眼于过去，更在于关注当下现实并预见未来发展。

希望这种将医学史课程与博物馆相结合的教学经验能够在更广泛的范围内推广，以此提升医学史课程的质量，强化医学史与现实的联系，为医学领域的未来发展贡献力量。医学史课程与博物馆结合的双模式教学是医学史领域的一次创新性探索，能够为未来的医学教育研究和教学实践提供宝贵的借鉴。

创新实践永无止境，医学史课程与博物馆结合的双模式教学需要持续深化，以应对新时代医学教育的需求与挑战。在博物馆参观和实地考察方面，应加强与现有博物馆及医疗机构的合作，同时积极推动医学博物馆的建设，为学生提供更多元化的参观体验。这有助于将抽象的医学史知识从久远的历史概念转化为生动鲜活的参观感受。医学史教育不应仅仅局限于知识的传授，更应注重培养学生的综合素质，拓宽他们理解医学的多元视角。

医学史课程与博物馆结合的双模式教学是推动医学史学科发展、促进医学博物馆建设的双赢路径。学生在课堂内学习理论知识，在课堂外参与参观实践，既能领略博物馆内的医学展示成果，又能发现医学博物馆存在的不足。这一方面深化了对医学史内容的学习，另一方面也为医学博物馆的发展建言献策。医学博物馆不仅提升了医学史的学科价值，其自身的发展建设也不断对医学史学科提出新的需求，二者之间形成了相互依存、相互促进的良性循环。

总之，馆校结合为医学史学科发展开辟了全新的思路。作为医学史的教育者和研究者，我将持续在馆校结合的道路上深入探索，不断改进教学方式与内容，提高医学史课程的教学质量，充分发挥医学史以史育人的教育功能，同时为推动我国医学博物馆事业的发展贡献医学史学者的力量。

（项目基金：国家社科基金冷门绝学研究专项学术团队项目“中国医学史视域下医药文化遗产资料挖掘整理研究”，项目号：22VJXT010）

参考文献

[1] 教育部．教育部发布会介绍《关于加快新时代研究生教育改革发展的意见》等有关情况［EB/OL］.（2020-09-23）. http://www.gov.cn/fuwu/2020-09/23/content_5546215.htm.

[2] 吴聘，秦婴逸，武胜勇，王睿．研究生医学统计学课程思政教学设计与评价［J］. 上海预防医学，2022，34（7）：719-723.

[3] 张大萍．在医学史的教学中培养学生的人文精神［J］. 卫生职业教育，2008（18）：37-38.

[4] 杨柳．新时代高校"美育思政"融合体系建设探索［J］. 才智，2023（30）：65-68.

[5] 程志航．新时代高校美育工作刍议［J］. 科教文汇，2023（18）：61-63.

[6] 梁文闻．中华优秀传统文化在高校美育中的价值与实现路径［J］. 济源职业技术学院学报，2023，22（03）：22-26.

[7] 梁利文．近代医学史思政课程资源开发利用困境与对策研究［J］. 卫生职业教育，2023，41（16）：18-20.

[8] 宋潇达．药物发现史本科课程开设探讨［J］. 药学教育，2019，35（02）：13-16+37.

[9] 邢烨，夏媛媛．学科协作与课程思政视域下的"医学史"教学［J］. 教育教学论坛，2023（19）：61-64.

[10] 申亚雪．医学人文视域下医学史的学科价值和发展路径探析［J］. 中国医学人文，2023，9（02）：11-14.

[11] 杨威，纪燚，金东英等．"医学史"课程思政教育的探索［J］. 教育教学论坛，2023（11）：89-92.

[12] 张文平，冯丽梅，梁飞．中医药自信教育背景下中国医学史课程思政的建设［J］. 中国中医药现代远程教育，2023，21（01）：155-157.

作者简介

甄橙：北京大学医学人文学院/北京大学医史学研究中心，教授、博士生导师，师从中国当代著名医史学家程之范先生。国家社科基金专项工程首席专家。英国伦敦大学学院（UCL）医学史研究中心、美国洛克菲勒档案中心（RAC）访问学者。

主要学术任职：现任中国民族医药学会医史文化分会副会长、中国社会史学会医疗社会史专业委员会副主任委员，中华医学会医史学分会常委、中国科技史学会医学史专业委员会常委、中国科学学与科技政策研究会科学文化专业委员会理事等职。《中华医史杂志》副总编辑、《生物学通报》编委、《中国卫生人才》杂志特聘专栏顾问、《中国医学人文》杂志编委。

主要研究方向：医学专门史、中西医学比较史、女性与医学的历史研究、医学博物馆文化研究等。

主要学术成果：开展医学人物研究，参加《老科学家学术成长资料采集工程》，完成张涤生、刘玉清、童坦君、程之范等多位老专家的学术传记研究；开展中国近现代医学学科史研究，主持整形外科史、医学放射影像史、护理学科史、临床神经病学史等多门学科史研究；开展慢性病相关历史研究，主持胰岛素历史、脑卒中历史等相关研究；开展医疗器械史研究；指导医学专题展览策划，医学博物馆专业文案策划。主持和参与国家级省部级科研项目30余项，出版著作70余部，发表中英学术论文及医学人文论文近350篇。多次接受中央电视台、北京电视台、香港凤凰卫视、首都科学讲堂等电视网络媒体的采访。积极研究和传播医学史，发挥医学史的社会文化功能。

馆校结合

——高校科协助力科学教育的分析与研究

马成轩　李伽辰　冯子宸

一、前言

高等学校作为教育创新与科学研究的核心阵地，承担着“科教兴国”及推动多方面协同发展的重要使命。作为中国科协体系的重要组成部分，高校科协既是科学技术领域的群众组织，也是连接和凝聚高校科技工作者的关键纽带。[1] 高校科协积极响应国家战略，不断创新组织形式，大力促进学术交流与合作，为高校科技工作者搭建广阔平台，给予有力支持，携手推动我国科技创新事业迈向新高度。

（一）高校科协的特性

高校科协的特性凸显于其作为原始创新的培育土壤和自主创新的坚实基石所拥有的独特优势。在高等院校中，高校科协具备广泛的学科覆盖范围，这使其成为促进我国科学技术进步与创新的中坚力量。虽然高校科协在学校中的地位与工会、共青团和妇联等社团组织具有一定相似性，但也存在显著差异，主要体现在以下几个方面。

1. 学科覆盖面广，科技工作者密集

高校科协与其他组织（如工会、共青团和妇联）相比，在学科覆盖面和科技工作者资源方面具有明显优势，在促进科技创新和人才培养方面能够发挥更加突出的作用，能够充分利用科技信息资源和网络力量，推动大学的教学与科研工作。科协能在相对独立的环境中运作，同时与其他部门和组织保

持紧密合作，这种独特的工作模式不仅提升了科协的灵活性，也为在复杂的高校环境中高效推进各项工作提供了保障。

2. 高校科协科普资源丰富，学术性强

高校科协的成员主要由科技工作者、学生及一些退休的科技人员组成。凭借对科技前沿的深入了解，他们在科普教育和科学传播中具有独特优势，能够将最新科研成果转化为生动的科普内容，向更广泛的受众传递科学知识。大学科技社团的活动更多聚焦于科学技术领域，能更好地传播科学研究成果和科学精神。一些大学充分利用自身的教育资源，联合科技馆和多元化博物馆等场所，开展丰富多彩的科普活动。这些活动不仅面向校园内的师生，也对社会大众开放，成为普及科学知识、全面提高国民科学素养的重要途径。

（二）高校科协的发展现状

在研究背景方面，多位学者的研究为探讨高校科协的发展提供了丰富视角，涵盖其起源、发展、演变，以及在中国科技体制中的作用与地位。从科技社团组织演变角度出发，剖析科技社团组织的历史变迁，可将高校科协的演变过程划分为三个明确的阶段：16 至 18 世纪，系统理论初步形成、科学理论体系逐渐完善；19 至 20 世纪，科学进入快速发展的黄金期，也是科技社团组织迅速壮大并发挥重要作用的阶段；20 世纪之后，科技社团迈入了一个全新的发展阶段。[2]

在高校科协的发展进程中，国家政策发挥了至关重要的推动作用。[3]《国家中长期科学和技术发展规划纲要（2006—2020 年）》明确指出，高校在国家创新体系里占据重要地位。该纲要鼓励高校在知识创新、技术进步、国防科技发展以及区域创新等方面发挥核心作用。《中国科协 2017 年高校科协建设工作要点》则为高校科协的发展方向提供了明确指引，提出扩大高校科协覆盖面的目标，号召全国半数以上相关高校建立科协组织，以增强高校科协的活力与影响力。

高校科协并非仅仅是一个学术交流平台，在社会服务、科技成果转化、科学普及及人才培养等诸多方面同样发挥着不可替代的作用：其一，搭建学术交流平台，助力科技成果的推广与应用；其二，通过开展社会服务，促进科技与社会的融合，积极组织科普活动，推动公众科学素养的提升。[4]在对高校科普社团建设的研究分析中，发现其中存在诸多问题。

研究发现，高校科协在内部管理和组织发展方面存在的认识不足、工作执行不力、发展不均衡等问题，极大地限制了其在科技创新体系中效能的充分发挥。[5]部分学者指出，高校科协应当拓展工作方式，提升组织效率，充分挖掘创新潜能，积极营造有利于科技创新的良好环境。[6]

二、研究目的与意义

科学教育对于增强学生的科学知识储备、培育创新思维及提升实践能力具有重要意义，其不仅关乎个人的全面发展，更是国家科技创新能力提升的关键要素。当前，针对高校科协在科学教育领域的策略研究尚显不足，缺乏系统的理论框架与切实可行的实践指导。本文旨在通过理论分析与实践案例相结合的方式，深入剖析高校科协在科学教育中的育人功能、实施策略及现存问题，并提出一系列能够有效强化其作用的针对性策略。

三、高校科协科学教育实践的案例分析

（一）案例选取原则与标准

为确保案例分析具备充分的代表性与实用性，本文在选取高校科协科学教育实践案例时，遵循了以下原则与标准。

1. 活动影响力

优先考虑那些在校内外产生广泛影响力的科协活动案例，尤其是在学术创新、科研成果转化及社会贡献等方面取得显著成就的案例。

2. 创新性

将活动的创新性作为关键考量标准，重点关注那些运用新技术、新平台、新机制推动科学教育和科研实践活动的高校科协案例。

3. 可持续性

优先选择已持续开展多年，并展现出良好发展潜力与可持续性的案例，这类案例能够为高校科协的长期发展提供更具参考价值的经验。

4. 多样性

确保案例出自不同地区、不同规模以及不同类型的高校，以此保证研究的全面性与广泛性。

（二）上海交通大学科协案例分析

1. 背景介绍

上海交通大学（以下简称“上交大”）科协始终秉持教育和科教兴国理念，积极动员并组织教师与科技工作者，大力推动科学教育的发展。上交大科协长期以来致力于科学教育的普及与深化，开展了一系列创新实验、学术活动以及社会服务项目，不仅促进了科技成果的转化与应用，还提升了学校的社会影响力和学术声誉。

2. 主要举措

（1）创新实验室的建立与运作。上交大科协在校内设立多个创新实验室，配备先进科研设备，为全校学生提供跨学科合作机会，并全面开放；鼓励理工科学生与非理工科学生协同合作，促使学生在实际操作中实现理论知识向实际应用的转化；定期邀请知名学者和行业专家莅临实验室指导，助力学生在科技创新领域的成长与实践。

（2）科技创意比赛与创新创业活动。上交大科协每年举办“交大科技创新大赛”，吸引众多不同专业学生参与。比赛不仅为学生提供创意展示平台，还给予专业创业指导，帮助学生将创意转化为可行商业项目。同时，与多家企业和风险投资公司合作，为优秀项目提供资金支持、市场推广及创业孵化服务，推动学生创新项目落地实施。

（3）社会服务与科技普及活动。上交大科协高度重视科技的社会普及，积极组织学生参与“科技进社区”“科技支教”等社会服务活动，展示并讲解最新科研成果，提升公众科学素养与科技兴趣。定期举办“开放实验室日”和“校园科技节”，邀请中小学生及社会公众参观校园、参与科技活动，进一步扩大科学教育的推广范围。

3. 成效与影响

（1）推动学生创新能力提升。通过创新实验室和科技创意比赛的开展，众多学生在参与过程中不仅提高了科学技术的实际操作能力，还积累了宝贵的团队合作经验和项目管理经验。部分学生团队借助比赛平台成功将科研成果转化为市场化产品，如在智能医疗、环保技术等领域的创新项目，在获得市场认可的同时，也为学生未来发展奠定了坚实基础。

（2）促进科技成果的社会应用。在科技普及和社会服务的推动下，学生科研成果在社会中得到广泛应用。例如，研究小组开发的智能家居系统，有效提高了社区老人生活的舒适度和安全性，广受好评。这些活动既提升了公众对科技的认知，也为学生科研成果的应用开辟了新路径。

（3）提升学校的社会影响力与声誉。上交大的社会影响力和知名度大幅提升，成功树立“科技创新”品牌，吸引了大量优秀学生，开展了众多科研项目。上交大科协与政府、企业等社会各界的紧密合作，为学校在科技创新和教育领域的持续发展注入新动力。

（三）浙江大学科协案例分析

1. 背景介绍

浙江大学（以下简称“浙大”）作为中国顶尖高校之一，在学术研究和人才培养方面成绩斐然，在推动科学教育和普及方面也贡献突出。浙大科协成立于 1980 年，是全国首批设立高校科协的单位之一，其宗旨是通过组织和协调校内外各类科技活动，培养师生的创新精神和科学素养，进而推动学校的科技创新和社会进步。

2. 主要举措

（1）科技竞赛和创新创业支持。浙大科协为鼓励学生参与各类科技竞赛，每年组织校内预选赛，并为优秀作品提供资金支持和专业指导。在组织“挑战杯”竞赛时，组建由不同学科教授和科研人员构成的指导团队，协助学生完善项目方案，提供实验条件和资源支持。同时，与各类企业和风险投资公司建立紧密联系，为有潜力的创新项目提供创业孵化支持。浙大科协设立的创新创业基金，已支持数十个学生创业项目，其中多个项目获得天使轮融资，成功进入市场。

（2）科学讲座和名家论坛。定期组织科学讲座和名家论坛，邀请国内外著名科学家、学者来校演讲，分享最新科研进展和前沿动态。讲座和论坛涵盖人工智能、生命科学、量子物理等多个学科领域。为方便学生学习，浙大科协与网络中心合作，将讲座内容录制并发布在学校官网等网络平台上，供师生随时浏览。

（3）科学普及和社会服务。每年组织“科普开放日”活动，向公众开放实验室、科研仪器等设施，让参观者体验科学实验，与科研人员互动。这些活动吸引了众多市民，尤其是中小学生，激发了他们对科学的浓厚兴趣。此外，还组织到农村偏远地区开展科普活动，为当地群众提供农业科技知识和环保技术，助力提高生产效率，改善生活条件。

（4）科研平台建设与支持。通过一系列校内外合作项目，建立浙大人工智能研究院、材料与工程研究院等一批高水平科研平台。积极推动跨学科合作研究，为不同学科科研人员搭建交流合作平台，鼓励开展新兴领域前沿研究。为促进科技成果转化，成立科技成果转移转化办公室，负责与企业对接科技成果产业化和知识产权保护工作，通过与企业和政府部门的紧密合作，提供从专利申请到商品化的全过程支持，大幅提高科研成果的实施效率。

3. **成效与影响**

（1）学生创新能力显著提升。在“挑战杯”全国大学生课外学术科技作品竞赛中，浙大科协充分展示了学生卓越的创新能力和科研水平。创新创业基金也为众多学生提供了关键资源支持，助力他们将创新想法转化为实际产品或服务。例如，浙大的科研团队在科协资助下，研发基于人工智能的精准医疗应用系统，获得国内外多项专利，并成功引入风险投资，实现校企合作项目的成功。

（2）学术氛围更加浓厚。定期举办的科学讲座、名家论坛等活动，邀请诺贝尔奖获得者、国内外著名学者等知名科学家分享最新科研动态。师生借此不仅能接触世界前沿科技，还能与科学家直接交流，极大地激发了学生的科研热情。在浓厚学术氛围的熏陶下，学生学业取得长足进步，学校科研实力和影响力也得以增强。

（3）科研成果转化率提高。在科研平台建设和支持方面的举措，对促进科技成果转化发挥了重要作用。浙大科协牵头的科研团队发明的新型环保材料成功实现产业化，建成生产线并取得良好经济效益。同时，与地方政府和企业密切合作，建立科技产业孵化基地，为科技成果转化提供全方位服务，使更多科研成果能够迅速转化为实际产品和服务。

（三）中国科学技术大学科协案例分析

1. 背景介绍

中国科学技术大学科学技术协会（以下简称“中科大科协”）是全国最早成立的高校科协之一，始终致力于团结广大师生和科研人员，积极推动科学普及与教育，通过组织学术讲座、科学竞赛、科研训练营等丰富多样的活动，在校内外有力地促进了科学教育的发展。此外，中科大科协与各类科研机构、企业及政府部门建立广泛合作关系，共同推进科学教育的普及与深化。

2. 主要举措

（1）高水平的学术讲座和论坛。自成立以来，中科大科协致力于通过高质量的学术讲座和论坛推动科普教育。邀请国内外知名科学家、学者、专家和行业学者来校讲学，使师生得以近距离接触科学前沿。其中，朱清时论坛是中国科大最具影响力的学术活动之一，也是传播科学思想的重要平台。该论坛邀请包括诺贝尔奖获得者杨振宁、李政道在内的科学界领军人物，以及中国科学院院士等嘉宾，就量子物理、材料和生命科学等前沿问题展开深入探讨。

（2）科学竞赛和科研训练营。积极组织和参加各类科技竞赛，激发学生科研兴趣和创新潜能。每年组织学生参加全国大学生创新创业大赛，要求学生提出创新方案，并通过实验和研究验证其可行性，有效提高学生科研能力，促进学科间的合作与交流。此外，经常与中国科学院等科研机构合作举办科学夏令营，让学生亲身体验科学研究全过程，包括项目设计、动手操作、数据分析等环节。

（3）科学普及与社会服务相结合。举办一系列“科普进社区”活动，以生动有趣的方式激发公众科学兴趣，用通俗易懂的语言向学生讲解光学、力学、生命科学等基本科学原理，并辅以实验演示，深入浅出地展示科学知识。这类活动不仅提升了公众科学素养，还激发了更多中小学生对科学的兴趣。

（4）与科研机构和企业的合作。与中国科学院等顶尖研究机构以及华为、阿里巴巴等科技公司合作，进一步拓展科学教育的广度和深度。联合举办中学生科学训练营，让青少年提前感受科学研究全过程，激发他们对科学的热情。

（5）推动多学科交叉研究与教育。成立一系列跨学科学术科研团队，鼓励物理、化学、生物等学科师生开展合作科研。这不仅促进了不同学科间的交流与融合，还拓宽了学生学术视野。通过跨领域合作，学生能够学习不同学科的思维方式，培养创新创造能力。

3.成效与影响

（1）学生科研能力和创新素质的提升。举办的各类学术讲座、科技竞赛和科研营等活动，极大地激发了学生的科研兴趣和创新潜能。学生在此过程中开阔了学术视野，积累了丰富科研经验，为今后的学习和职业生涯奠定了坚实基础。学生在全国大学生创新创业大赛等比赛中屡获重要奖项，充分彰显了中科大科协在提升大学生科学素质方面的卓越成效。

（2）科学普及对社会的广泛影响。组织开展的科学知识进中小学及社区活动，将晦涩的科学原理转化为通俗易懂的内容，并通过实验演示、互动问答等形式激发公众对科学的兴趣。参与活动的中小学生在接触科学课程后，对科学产生浓厚兴趣，不少人进而选择了与科学相关的研究方向或职业方向。

（3）促进高校与科研机构及企业的合作。与中国科学院、华为、阿里巴巴等知名科研机构和企业的合作，为学生提供了更多接触实际科研和产业需求的机会。相关项目的开展不仅为学生提供高质量实习和就业机会，还加速了学校科研成果向实践的转化，创造了良好的经济效益和社会效益。

（4）培育高素质科技人才。在中科大科协的系统性培养下，一批高素质科技人才脱颖而出。他们毕业后进入国内外顶尖科研机构、大学或企业，成为各领域的中坚力量。许多经科协培养的学生在全球著名科技公司如谷歌、微软等担任重要职务，或在中国科学院等顶尖科研机构从事前沿研究工作，为国家科技发展注入新鲜血液，提升了中科大的社会贡献度和影响力。

四、案例比较与综合分析

（一）各高校科协助力的共性与差异

1. 共　性

在各高校科学技术协会推动科学教育的实践中，科学教育在当代教育体系中的核心地位愈发凸显。高校科协纷纷采取有效举措，大力推广科学教育的普及与深化。通过建立实验室、创新工作室等实践平台，为学生提供充足的动手实践机会，使其在实践中探索求知、成长进步。同时，举办各类科技竞赛、讲座和座谈会，激发学生对科学的兴趣和创新思维。高校科技协会还积极开展与国际科技组织的交流合作，拓宽学生国际视野，使其能够从更广阔的视角把握科学发展趋势。学生参与国际科研项目和科学会议，得以接触最新科技成果，学习不同文化背景下的科学思想和方法。这种国际合作不仅提升了学生的综合素质，也显著提高了学校的国际知名度和影响力。

2. 差异性

各高校依据自身学科优势和区域特点，在科研专业选择上各有侧重。一些工科院校可能重点聚焦工程技术、人工智能等领域，而生物、医学类院校则更侧重于生命科学与医药卫生领域。在组织科学教育的方式上，各高校也不尽相同。有的采用科普讲座和研讨会形式，邀请专家、科学家与学生面对面交流；有的借助网络广播、虚拟现实等现代技术，打破时间和空间限制，扩大受众范围；还有一些高校科协组织科学竞赛、科技创新项目、实地考察等活动，以更生动有趣的方式激发学生对科学的兴趣。

不同高校科协在科学教育活动的受众群体上也存在差异。有的更侧重于中小学生，通过校园科普日、科普夏令营等活动，培养青少年科学素养；有的则面向社会公众，致力于提升全民科学素质。在资源整合与利用方面，各高校科协也各具特色，有的充分挖掘本校科研资源、师资力量和实验设施，为学生提供丰富实践机会，有的积极寻求与校外企业、科研机构或社会组织合作，共同开展科学教育活动，实现资源共享、优势互补。

五、加强高校科协在科学教育中发挥助力作用的策略

（一）优化资源配置，加大投入力度

政府和教育部门应加大对高校科协的支持力度，提供稳定的资金保障，以确保高校科协组织的各项活动能够顺利开展。在高校内部，进一步优化资源分配，为科协提供更为充足的办公空间、实验设备及人力资源，满足其开展科学教育工作的实际需求。此外，还可以积极拓展社会捐赠和企业赞助等多元化的资金筹集渠道，全方位支持高校科协的科学教育工作。

构建合理的激励机制，以激发科技工作者的积极性与创造力。比如：设立科普教育奖、科研创新奖等奖项，表彰和奖励表现优异的个人或团队；将教师参与科协工作的情况纳入教师评价体系，作为职称评定和晋升的重要参考依据，以此增强科协工作在教师个人职业发展路径中的重要性。

（二）推动产学研结合，促进科技成果转化

高校科协应积极推动产学研结合，促进科技成果转化应用。组织项目申报、产学研对接会等活动，为科研成果与市场需求之间搭建桥梁。同时，应与企业合作，建立科研、实习、就业基地，为学生提供更多的就业机会。促进科技成果的商业化运作，充分发挥科技成果的经济效益和社会效益。

六、未来高校科协在科学教育中的创新路径探索

（一）数字化与智能化转型，跨学科融合与协同创新

未来，高校科协应着重开展量化分析与实证研究，借助问卷调查、数据统计等手段，深入探究自身在科学教育中所发挥的作用。积极推进数字化转型，搭建线上科普平台、虚拟实验室以及智能教学系统，充分运用大数据与人工智能技术，为学生提供个性化学习体验，同时提升资源管理效率，优化科普工作成效。促进学科融合与协同创新，鼓励开展跨学科讨论与合作研究，培养学生的跨学科思维。强化与社区的合作，将科普教育延伸至社区层面，助力提升全民科学素质。

（二）对未来研究的建议

为进一步强化高校科协的科普工作，可采取以下举措：

加大资源整合力度，积极争取科研资源与经费，切实满足学生在科学领域的需求。

制定科学教育的长期规划与明确目标，精准确定工作重点与方向。

加强与科学家、专家的合作，邀请他们参与科学教育活动，为学生提供更多学习机会与实践指导。

建立科学教育评估机制，定期对活动效果进行评估与反馈，及时调整并改进工作。

加强高校科协之间的交流与合作，实现经验与资源共享，共同提升整体科学教育水平。

鼓励学生积极参与科学教育活动，通过提供奖励与荣誉等方式，充分激发他们的积极性与参与热情。

七、结　语

加强高校科技创新与绩效转化的有效结合，是推动产学研良性互动发展

的重要途径，这一合作模式有助于高校科技人员充分发挥自身作用。尽管本研究取得了一定的分析成果，但仍存在局限性与不足之处，所提出的策略与建议还需在实践中进一步验证与完善。相信通过各方的共同努力，高校科协必将在科普教育中发挥更为关键的作用，为科普教育事业作出更大贡献。展望未来，高校科协的教育工作拥有更为广阔的发展空间与美好前景。

参考文献

[1] 中国科协 . 2017 年高校科协建设工作要点［R］. 2017-04-18.

[2] 许红星，袁彤 . 论高校科协在科技创新中的地位与作用［J］. 武汉纺织大学学报，2003（3）：104-106.

[3] 胡文富 . 成都科技大学科协成立于 1959 年［J］. 学会，1990（1）：23.

[4] 柳会祥，李江华，马向阳 . 新时期高校科协的地位与作用［J］. 学会，2010（11）：44-47.

[5] 吴丹，曹桂华 . 高校科协发展困境分析及对策研究［J］. 学会，2009（9）：33-36.

[6] 程晓红，葛万锋 . 高校科协对促进科技发展的作用探析［J］. 合肥工业大学学报（社会科学版），2017（5）：47-50.

作者简介

马成轩，青岛科技馆展教辅导员，主要从事科技馆教育活动及青少年科普工作。

李伽辰，青岛科技馆展教辅导员，主要从事科技馆探究式教育活动辅导及研学实践工作。

冯子宸，青岛科技馆展教辅导员。

科技馆在中小学研学实践中发挥的作用研究

——以天津科技馆“科技探索营”为例

张　峥

一、研究背景

2016年，随着《关于推进中小学生研学旅行的意见》出台，教育部等11部门正式将研学旅行纳入中小学教育教学计划，近年来，国家各有关部门持续出台关于研学旅行的政策文件。国务院《全民科学素质行动规划纲要（2021—2035年）》——提出“青少年科学素质提升行动”:“建立校内外科学教育资源有效衔接机制，实施馆校合作行动，引导中小学充分利用科技馆、博物馆、科普教育基地等科普场所广泛开展各类学习实践活动”“鼓励和支持各行业各部门建立科普教育、研学等基地，提高科普服务能力”等。[1]在国家政策的指导下，各部门为研学教育发展提供了有力支持，其中科技研学更成了教育领域的新引擎。

二、研学实践活动的重要意义

（一）响应国家教育改革的必要行动

近年来，国家各有关部门持续出台关于研学的政策文件，各地教育部门积极响应，研学产业蓬勃兴起。2024年6月，天津市教委发布《天津市中小学生研学实践活动管理办法》，明确了“研学实践活动一般安排在小学四到六年级、初中一到二年级、高中一到二年级组织开展，每个年级每学年组织研学实践活动原则上不低于1次”。[2]作为学校教育、校外教育衔接的创新形式和综合实践育人的有效途径，研学不仅能让青少年开阔眼界、增长见识，通过研学实践与学校课堂的有机融合，有助于学生更好地理解和掌握书本知识，随着我国在中小学教育方面推进课程改革，研学实践活动也成了落实“双减”工作的一项具体举措，其中科技类研学活动通过激发科学兴趣，有力促进青少年科学素养与综合实践能力的提升，成为推动由应试教育向素质教育转型，提高教育教学质量的有力抓手。

（二）科技馆事业发展的有效路径

根据中国产业研究院《2023—2028 年研学旅行行业市场深度分析及发展策略研究报告》显示：研学旅行大体分为国防军事类、科普教育类、文化遗址类、科研机构类、文博院馆类、古村古镇类、民族艺术类、红色旅游类、综合实践类和青少年活动中心等 10 大类。其中占比最高的是科普教育类的研学旅行，占比高达 30.63%。以天津为例，科普场馆以展教活动为基础，结合自身优势与外部资源，纷纷推出各具特色的研学活动，其中科技馆具备的科学教育功能及其公益属性，使其成为当前热门的研学目的地，颇受师生与家长的青睐。以 2024 年“五一”假期为例，天津科技馆共接待公众 3.6 万人次，假期期间开展各类研学实践活动 65 场次；2024 年 7 月，天津科技馆共接待公众 11.3 万人次，以专题科普研学、特色科普活动、优质科普服务等方式聚焦做好教育“双减”中的科学教育“加法”，暑期内共推出科技探索营 10 期，津外研学路线 3 条，主题实践活动 100 余场，使广大公众，尤其是青少年在场馆参观中感受科学魅力，在实践体验中激发探索兴趣。研学实践的兴起为科技馆事业带来了新的发展机遇与挑战，其不仅仅是在提升青少年科学素质上展现了优势，在科普设施利用率、科普产业发展、科普人才队伍建设等方面也发挥了重要的促进作用，积极推进研学实践活动的开发与组织，无疑成了科技馆事业发展的新路径。

三、中小学研学实践活动的不足与思考

研学实践作为新时代育人方式的一种新形态，目前在快速推进过程中也

存在一些误区，作为一种教学新业态，研学产品应是课堂的延伸，其中研是基础，学是目的，游是载体，旨在让学生于游中研有所得、学有所获。而研学游之乱，正是乱于本末倒置、缺“研”少“学”，[3]而直接影响研学质量。

（一）缺乏实践课程依托

研学与观光游览的主要区别主要体现在：研学以研究为主要手段，以实践为主要形式，是一种融合理论学习和实践体验的综合性学习方式，实践作为研学的重要组成部分，缺少实践性，直接影响研学教育整体效果，但当前许多研学缺少实践性课程或活动的设计，导致学生无法有目的性地进行学习研究，形成缺“研”少“学”的现象。

（二）缺乏科教经验扶持

作为研学活动的策划者、执行者，研学团队尤其是带队的“研学导师”将直接决定研学的质量及效果，但目前教育界或者旅游界对研学导师的资质并没有统一的标准和规范的审查。[4]对于面向中小学开展的科技研学而言，研学团队是否具有教学经验的重要性更为显著，从业人员的良莠不齐，将导致研学活动难以达到预期的教育效果。

四、浅析科技馆开发组织研学实践活动的优势基础

科技馆除了囊括多学科领域的互动展项与经验丰富的科普队伍这两项优势基础外，多年的馆校合作经验与科技馆独有的教育特征也为研学实践活动的开发与组织发挥了极其重要的作用。

（一）与学校教育深度融合

2006年6月，中国科学技术协会、教育部、中央精神文明建设指导委员会办公室联合发布《关于开展“科技馆活动进校园”工作的通知》（科协发青字〔2006〕35号），这是我国国家部委发布的第一个关于馆校结合的正式文件。同年上海科技馆在上海市科委的统一部署下加入上海市教委的“二

期课改”工程，成为第一批试点单位，开展馆校结合的探索与实践。我国馆校结合活动往往紧密联系课程大纲，将博物馆科学资源与学校教学课程有机结合起来，既符合教育改革的趋势也满足当代社会需求。[5]天津科技馆在2019年至2024年共开展“进校园”活动300余次，签署馆校协议30余份，线上线下参与活动人数达10万人次，随着馆校协作的不断深入，在坚持“走出去”的同时积极深化“请进来”，联合学校教师开发各类科学课程，实现科技馆教育与学校课堂的深度融合，为中小学研学实践活动开展打下了坚实基础。

（二）教育特征的积极作用

从2006年起，中国科技馆研究员从教育学、传播学、博物馆学等角度研究了国际上科技馆展品的起源与发展过程、科技馆先驱们研发展品的动机、展品及教育的特点，于2013年提出：科技馆教育的基本特征是“通过模拟再现的科技实践，为观众营造探究式学习的情境，从而使其获得直接经验”。[6]如基于业内对科技馆展项特征的描述，科技馆教育则具有“科学性”“知识性”“趣味性”和“参与性”“互动性”“体验性”，而科技馆教育活动形式则可以“多样性”表述，一直以来，科技馆以其鲜明的教育特征，持续地为科技馆教育活动的开发与实施注入着创新活力。

根据《科技馆体系下科技馆教育活动模式理论与实践研究报告》，如将科技馆的教育活动按照活动形态分类，可分为展览辅导类教育活动（展品辅导、展览讲解、参观学习单等）、科普培训类教育活动（小实验、小制作等）；科学表演类教育活动（趣味科学实验表演、科普剧和其他科学表演）、对话交流类教育活动（科普类讲座、报告会、脱口秀、科学家与公众对话等）；科学游戏类教育活动（角色扮演游戏、竞技游戏等）、科技竞赛类教育活动（青少年科技创新大赛、机器人竞赛、发明竞赛等）、科技考察类教育活动（自然、环境野外考察与科研、工程、生产现场考察等）、综合活动类教育活动（冬/夏令营、“科技馆进校园”“科普日”等）。

科技馆展品辅导形式则分为：故事讲述型辅导、实验体验型辅导、实验演示型辅导、角色扮演型辅导、角色参与型辅导、游戏参与型辅导、戏剧表演型辅导、制作实验型辅导、器材辅助型辅导、媒体演示型辅导等。综上所述，丰富的科学展项及多样化的教育教学形式，为开发个性化研学实践活动提供了广阔的设计思路。[7]

五、多样化研学实践活动设计思路——以天津科技馆“科技探索营”为例

2021 年 9 月，为响应教育“双减”政策，天津科技馆推出综合性青少年科技活动品牌“科技探索营”，基于中小学生的身心特点和成才成长需要，科技探索营积极发挥科技馆独特的教育特征，将科技馆教育形式与学校课堂紧密结合，打造了科学探究实验、STEAM 实践课程、科学 & 艺术课程、沉浸式剧本闯关、创新能力挑战等活动形式，逐步建立形成物理、数学、化学、生物、天文、STEAM、探客等专题课程资源库，并通过运用“科学 +”的策划理念，与特色场馆、高校、科研院所、高新技术企业等基地开展共建合作，积极运用科普手段展现各领域的科学价值，探索“多元、多维、多方”的研学模式，设计独具特色的研学线路及配套的实践课程，至今已推出“探秘科技馆”“科技创新”“高校科教”“文化传承”“生态自然”“职业体验”等馆内外研学专题，致力于为青少年打造专业、全域的研学实践平台。

（一）运用科技馆STEAM教育理念，体现“研学”本质

科技馆作为从传统博物馆衍生发展而来的最为活跃的一个分支，其展览和活动的主题、内容及形式没有统一范式，加之近年来业界科技、文化和艺术融合的趋势愈发明显，科技馆已成为天然的 STEAM 教育场所，通过弥合多种学科（科学、技术、工程、数学、人文）之间的空隙，促成多学科间的交叉与融合。研学活动与传统学科课堂不同的是，研学活动不再聚焦于某一学科的程序性学习，而是采用“做中学”的实践学习方式，遵循在真实情境中解决问题的思路，鼓励学生跨学科整合和知识应用。[8]基于此，科技馆可积极运用以 STEAM 为核心的教育理念，实现深化研学教育内涵的目的，具体开发模式可参考如下两方面：

1. 基于科技馆展项设计的STEAM实践课程

在对展项进行现场研学之后，我们可以将学生直接观察到的展项现象和原理作为实践环节的核心主题，设计做中学、创客、探客等 STEAM 教育活动，旨在通过动手实践和创造过程，进一步激发学生的学习热情，深化他们对原理知识的理解，鼓励学生通过亲身体验来探索和学习，实现将研学过程中的收获转化为解决实际问题的能力，从而在现实世界中应用他们的知识和技能，使学生能够更好地理解学科之间的联系，发展出综合运用不同学科知识解决问题的能力。

2. 基于体现多领域价值的跨界融合型课程

跨界融合课程，由科技馆主导策划，是一种创新的跨领域教育模式，它超越了 STEAM 教育的跨学科理念。这种课程深入挖掘艺术、文化、体育和民俗等领域的科学精髓，将不同领域的知识、技能和价值观融为一体，通过运用科普教育的多种手段，揭示各领域中的科学价值，并借助多领域的丰富表现形式展现科学的魅力。课程鼓励学生在科学探索和多领域体验中自由穿梭，激励他们在实践中发现问题、分析问题，并运用所学知识创造性地解决问题。

跨界融合课程的设计，旨在满足研学对象的具体需求，以各类展览馆作为研学的平台，依托科技馆的丰富教育资源，开发与之相匹配的研学实践课程。例如，科技探索营推出的“科学 & 艺术”系列课程，通过与艺术类展览馆合作，打造如“光学与艺术”和“数学与艺术”等课程，这些课程旨在深入挖掘艺术作品中蕴含的科学内涵，引导学生在艺术创作的过程中探索和思考科学问题，同时在科学实验中寻求对艺术创作的科学性指导和实践创新。此外，“运动 & 科学”系列课程是结合不同的体育项目，开发以“探秘运动中的力学”为主题的物理实验课程，旨在带领青少年在参与运动项目的同时，探究背后的科学问题，从物理学的角度分析和解决问题，通过这类跨界视角的教学方法，可促进学生在不同领域的科学思考能力以及创新思维能力的培养。

（二）围绕场馆特色定制实践活动，满足个性化需求

对于研学而言，传统的讲解服务和浅尝辄止的游览方式已不足以满足深层次的学习需求，因此，为了确保研学活动能够触及其核心价值，我们首先需要根据科普场馆的特色亮点以及研学目标群体的具体需求，精心设计个性化研学活动，这一过程涉及以下几个关键步骤：

深入研究：对场馆的科技、文化、历史和艺术等方面进行深入研究和挖掘，以发现其独特价值和教育潜力。

实地考察：考察场馆的设施和资源，包括但不限于展览内容、教育设施，以及可用于开展活动的空间。

对标资源库：对标科技馆自身建立的课程活动资源库，查找适合场馆实施的课程活动方案。

专业设计：由专业的研学团队根据上述研究和考察结果，设计或配置出既体现场馆特色又具有实践教育意义的研学活动内容。

1. 沉浸式科学剧本闯关，打造创新型教育活动

在社会经济的发展和媒介技术的支持下人类迎来了沉浸传播时代，媒介形式不断更迭创新，“剧本杀”这一新的特殊娱乐形式也进入了大众视野。剧本杀游戏的流行开始于桌游领域，其本身具有的沉浸、悬疑、互动的特性符合沉浸传播时代的受众需求，受众群体逐渐扩大。[9]

以天津为例，李叔同纪念馆在夜晚开放“叔同之夜”沉浸式解谜夜游会，项目以李叔同先生的人生经历和文化贡献为背景编写游戏体验剧情线，并设置真人 NPC 互动任务，通过解谜线和任务线双线并行的方式，让游客在主题性游览中，了解李叔同先生的传奇一生。该项活动是天津市国有文旅系统中的首创性的场馆沉浸式活动。[10]科技馆丰富的展项资源与氛围布局，也为打造沉浸式实践活动提供了得天独厚的条件，基于这个特色优势，科技探索营基于丰富的课程资源，开发了科学剧本闯关活动，使学生在沉浸式的环境中参与科学探索和挑战活动，以提高学习兴趣及参与度，具体设计思路如下。

找准切入点：把握青少年的兴趣是活动成功的关键，在剧本开发中，我

们以《流浪地球》这样的流行科幻电影中的“硬核科技”元素为切入点，结合天津科技馆“飞天之梦”展厅的丰富资源，作为活动开发的基础。

资源的利用：依托展厅丰富的航空航天展品，并充分利用与展项配套的课程资源，设计包含科学实验、互动寻宝、科技制作等一系列通关任务。

专业剧情设计：通过撰写充满悬念和跌宕起伏的剧情，将科学知识与故事情节紧密结合，让学生在参与闯关活动时沉浸在科学探索的情境之中。

通过这些富有创意实践活动，为学生营造了一个充满乐趣和挑战的学习氛围，在这样的氛围中，学生们能够主动地进行探索并接受实践任务，帮助他们更好地掌握科学知识，通过深入了解我国在航天领域的辉煌成就，学生们的民族自豪感和对科学探索的热情得到了进一步的激发。

2.以“科学+N”的思路，打造多元化教育活动

在调研中发现，尽管许多科普教育基地拥有丰富的教育资源和深远的教育意义，但在公众中的知名度不高，尚未被广泛纳入研学的路线规划中，或在为学生提供实践课程和活动空间方面存在一定不足。为了解决这些问题，我们采取了积极的措施，与这类场馆开展合作，共同设计包括研学路线、实践课程和组织实施流程在内的研学活动方案，通过采用“科学 +N”的创新思路，将双方特色与研学教育活动紧密结合，打造多元且富有吸引力的研学活动。

例如“桥梁的秘密”主题研学实践活动的研学流程如下。

研学主题导入：利用相关展览馆的桥梁模型，带领学生了解天津各大桥梁的种类和建筑特点。

多元点位辅助：除了相关展览馆研学外，实地探访天津具有代表性的桥梁建筑，感受天津桥梁之美。

多样化实践活动：开展科学探究实验、桥梁主题科技制作及美术写生活动。

这类由多个场馆联合打造的研学教育活动，为学生搭建起一个多维度的学习平台，拓宽了学生的视野，让学生得以在广阔的知识体系中开展学习，有助于学生理解不同学科之间的联系与相互影响，促进知识的融会贯通。

（三）积极对标课程标准，推进馆校协同育人

《义务教育课程方案（2022年版）》在课程目标和课程内容方面做出了重要调整。在课程目标方面，以科学学科核心素养为维度确立课程目标，更加注重学生科学思维和探究实践能力的发展。在课程内容方面，从以物质科学领域、生命科学领域、地球与宇宙科学领域、技术与工程领域划分课程内容，转变为以物质的结构与性质、生命系统的构成层次、地球系统、技术工程与社会等十三个科学学科核心概念为主线，并首次增加四个跨学科概念，整合科学课程内容。同时，新课标在课程资源开发与利用原则中提到，要聚焦科学课程培养学生核心素养的需要，建议将校外学习与校内学习结合起来，因地制宜设立科学教育基地，补充校内科学教育资源的不足。

因此，科技馆作为中小学研学实践活动的重要阵地，在设计与实施研学实践课程时，可邀请学校教师依托展项资源开发研学课程，将科技馆资源与中小学相应学科的课程标准和教材中的知识点相结合，通过设计与实施以科技馆展厅为教学课堂，以展项资源为教学教具的课程活动，推动科学教育与多学科融合，实施探究式、项目式教学，帮助学生直观地理解课本知识和具体应用，激发学生进一步学习研究的欲望。

1.科技馆资源所对应的学科实践重点

如果将科技馆的展项依照学科进行分类，大致可以分为物理、数学、生物、地理等学科领域，与展项及常设教育活动紧密相关的学科课程标准重点可以概括为以下几个方面。

科学课标以“核心素养”为核心阐释课程目标，明确“科学观念、科学思维、探究实践、态度责任”4项核心素养内涵，并围绕这四大素养提出具体培养要求，即掌握科学知识、基本思维方法与科学方法，树立科学态度；物理课标将学科实践明确为“实验探究”与“跨学科实践”两大主题；数学课标明确了“综合与实践”的内涵，其教学实施主要包含主题活动和项目式学习两类形式；地理课标指出地理实践活动应包括“地理实验、社会调查、野外考察”三种形式；生物课标将“科学探究”列为学科标准的第一主题。

基于对上述课程标准的梳理与衔接，科技馆在研学实践活动中推动各学科知识的跨界融合与深化拓展，有效培养了学生在现实情境中运用综合知识解决问题的能力。

2. 开发探究式实践课程

自新课程标准发布以来，天津科技馆紧密聚焦“科学”“物理”“生物”“数学”等学科标准，进一步深化以“探究实践”为核心的研学课程设计，通过邀请学校教师，开发并实施探究型课程活动。“探究能力”作为科学学科素养之一，既是科学课程的学习内容，也是科学课程的学习过程，学生在探究的过程中主动提出问题、解决问题，使科学思维和实证研究能力得到培养和提升。探究实验课程的设计核心在于课程能够切实引导学生通过科学方法探索问题、收集数据并得出结论，为学生提供一个完整的科学探究体验，帮助他们发展科学思维和实践技能。天津科技馆“声名远扬”科学实验课程，以“实验探究”为核心，由天津师范大学、天津耀华中学等学校专家和教师联合打造，目前已在天津科技馆举办百余场教学活动。

3. 策划项目式学习活动

项目式学习以问题为驱动，使学生以小组为单位，在真实、多样、具有一定挑战性的情境中，综合应用多学科知识，借助多种资源、策略、方法解决情境中的问题。项目式学习提高了学习质量，通过让学生参与复杂的、新的问题解决过程，不断沟通，自我管理，促使学生应用所学到的知识和技能解决现实问题，促进了学生高阶思维的发展。同时，项目式学习克服了知识学习与思维实践的割裂状况，满足学生个性化学习需求，增加了学习者获得优质教育的机会。[11] 作为数学课程标准提出的项目式活动，目前应用在科技探索营的多日连续性营期活动中，“月球能源保卫战”是天津科技馆举办的一场标准的项目式活动，通过融合科学素养提升、能源知识普及，以及实践能力、团队协作精神的培养四个核心目标，经过三天的智慧碰撞与赛事活动，充分点燃了学生学科学的热情，从理论到实践再到任务挑战，每一个环节都为学生带来了不同寻常的学习乐趣。

六、未来展望——科技馆中小学研学实践的可持续发展策略

读万卷书，行万里路。随着中小学研学实践热度的持续攀升，对研学线路设计、课程提质、导师培养等方面提出了更高要求，基于此，科技馆如何发挥科学教育功能，在中小学研学实践中高质量发展，起到积极的引领示范作用，日益得到学界的重视。

（一）推动研学实践课程多样化发展

中小学研学实践的热潮激活了各类科普场馆的发展动力，而研学课程是展示研学水平的重要依据，科技馆在积极打造多样化教育活动，将优质研学教育资源普惠广大青少年的同时，也应积极推动研学实践课程资源库建设，从推动研学实践课程的多样化发展，满足不同学生的需求入手，包括开发更多与学生兴趣和学科知识相结合的课程。根据馆校合作经验与活动案例来看，研学课程如果由学校、研学基地（科普场馆）多方共建，学校老师作为课程实施的保障方，掌握课程建设上的主导权，能使研学实践更符合实际需求。同时，以实践推动核心素养的生成是教育课程教学改革的必由之路，推进研学实践课程开发不仅将促进研学教育良好发展，也将成为各学科教师落实课程改革的有力抓手。一方面科技馆可以将结合资源优势，持续开发和创新实践课程，通过推进自身科普品牌建设，助力研学资源供给，另一方面深化馆校合作，把握课程标准的实质和主要变化，切实把课标落实到研学实践课程活动开发中，探索建立跨学科的课程架构，多元化的课程模式，以探究实践为核心的课程体系，助力分龄化、多样化、系统化课程资源库建设，为研学发展提供核心动力。

（二）助力培养专业科普研学团队

建设专业化的科普研学团队，是为中小学提供优质研学服务、推动科普事业持续发展的必要条件。基于实践经验，科技馆应着重加强科普人才队伍建设，重点关注导师、课程和策划这三个核心要素，合理进行人才选拔与配置。通过鼓励科普人才投身研学事业，积极开展跨领域团队合作，大力开发

创新性研学教育活动，历练和打造一支集科研、教学、传播于一体的专业团队，为中小学研学提供全方位的支持和保障。针对研学导师培养的这一关键环节，可以与高校科教基地开展多维度合作，制订研学导师培养合作计划，依托科普阵地平台，为导师提供实践机会，帮助实现能力进阶，同时，建立一套完善的评价体系，以促进研学导师在专业知识、教学技能、创新思维、跨学科综合能力、团队管理和风险预防等方面的全面发展。通过以上积极措施，实现培养和输送具备专业资质的导师，为中小学研学实践活动不断注入新动能。

（三）携手多方构建中小学研学平台

以科普场馆、高校和科研院所为代表的研学实践基地拥有专业且丰厚的科教资源，科技馆可以积极与其建立研学活动衔接机制，联合设计、推广研学实践线路。虽然有不少场馆、高校资源独特、丰厚，但缺少适合青少年的实践活动或场地，尚不能打造成“研学基地”，还有一些科研实验室也因场地条件、制度等制约，尚不能向中小学群体开放。针对这类情况，科技馆可结合资源特点，找准科普发力点，协助场馆、高校开发相配套的研学课程。通过联合相关教育单位积极研讨制定研学基地建设指导方案，助力将“不对外的实验室”打造成符合中小学研学需求的示范基地，通过携手多方构建专业规范的研学实践平台，为中小学提供更加丰富和高质量的研学体验。

参考文献

［1］教育部等 11 部门 . 关于推进中小学生研学旅行的意见［EB/OL］.（2016-12-02）. http://www. moe. gov. cn/srcsite/A06/s3325/201612/t20161219_292354. html.

［2］天津市教委 . 关于印发天津市中小学生研学实践活动管理办法的通知［EB/OL］.（2024-05-31）. https://jy. tj. gov. cn/ZWGK_52172/zcwj/sjwwj/202405/t20240531_6639881. html.

［3］人民网 . 三评“研学游”之一：缺“研”少“学”有点乱［EB/OL］.（2024-07-24）. http://opinion. people. com. cn/n1/2024/0724/c1003-40284642. html.

[4] 万田户，廖淑婷，吴玲丽．中国研学旅行标准分析及构建策略［J］．四川轻化工大学学报（社会科学版），2021.6.

[5] 朱幼文．理念与思路的突破：从“馆校结合”到各类教育项目：“科普场馆科学教育项目展评/培育”带来的启示［J］．自然科学博物馆研究，2021，6（01）：42–52.

[6] 朱幼文．中国科技馆理念研究报告［C］// 科技馆研究报告集（2006–2015）上册．北京：中国科学技术馆，2017：20.

[7] 朱幼文．科技馆教育的基本属性与特征［C］// 第十六届中国科协年会：分 16 以科学发展的新视野，努力创新科技教育内容论坛论文集．北京：中国自然科学博物馆协会，2014：1–6.

[8] 方凌雁．略论研学旅行课程化进程的现实意义和实践路径［J］．教学月刊小学版（综合），2018（10）：3–6.

[9] 李伊然．沉浸传播视域下“剧本杀”模式的应用研究［D］．天津：天津师范大学，2022.

[10] 天津博物馆．夜逛津城新去处！“叔同之夜”沉浸式解谜夜游活动精彩亮相［EB/OL］.（2023–05–03）. https://www. sohu. com/a/672460709_620823.

[11] 胡红杏．项目式学习：培养学生核心素养的课堂教学活动［J］．兰州大学学报（社会科学版），2017，45（06）：165–172.

作者简介

张峥，天津科学技术馆馆员，研究方向为青少年科学教育。

馆校结合科学种植道地药材及有效成分分析

赵 茜

在贯彻落实习近平总书记关于在教育“双减”中做好科学教育加法的重要指示精神及18部门联合推出的《“十四五”中医药文化弘扬工程实施方案》指引下，[1][2]北京市少年宫作为校外教育的重要阵地，联合同仁堂药业，将中医药文化融入科学教育，创新馆校结合科学教育模式，探索社会力量助力科学教育加法的有效路径。本文旨在通过设计学生参与中药材种植加工过程，深化对北京道地药材和中医药文化的认知与理解，探索有效利用馆校结合模式和资源，开展社会实践，弘扬传统文化，建设中医药科学传播教育基地，促进中医药传承发展，促进中小学与科技场馆的常态合作，从而推动科学教育的高质量发展。

一、引　言

（一）北京道地药材发展历程及现状

自古以来，道地药材就是衡量药材品质与疗效的一条重要标准，即便在可以运用高科技深入分析药材化学成分并评估生物活性的今天，它的独特地位依然不可撼动。道地药材不仅代表着药材地理来源与生长环境的优越性，更蕴含着中医药理论与实践的千年智慧。因此，应当加强对道地药材的保护和研究，确保道地药材科学种植，确保药材品质及其有效成分释放与利用，让这一宝贵中医药资源得以更好地传承与发展。

北京地区自古以来就有着丰富的中药材资源，道地药材的种植和炮制历史悠久，素有“国药”“京药”之美誉。北京地区道地药材主要有北柴胡、黄芩、知母、半夏、北苍术、北沙参、丹参、防风、甘草、桔梗等。[3] 明清时期，道地药材种类增多，栽培技术、采收加工等也日趋成熟。同时，一些知名的中医药企业如同仁堂等，也开始在北京地区建立药材基地，推动道地药材的规模化种植和加工。经过长期的栽培和选育，逐渐形成了北京道地药材的独特品质和疗效。

（二）道地药材科学种植的意义

道地药材的种植与普通农作物不同，田间管理的规范化、标准化对于道地药材的有效成分利用至关重要。传统种植中存在过度使用化肥农药、栽培无序导致的原料质量不稳等问题，科学规范种植成为提升中药材品质与安全性的必由之路。[4] 科学种植技术是提高中药材质量和产量的关键，通过实验验证种植技术对药材有效成分的影响，为中药材的标准化种植提供科学依据。[5] 京郊中药材种植历史悠久，生态条件优越，依托强大农业科技，积极调整农业结构，扩大道地药材种植规模，力求通过科学种植管理，确保药材原料的稳定与优质，为“国药”“京药”美誉注入新活力，推动中医药行业向规范化、现代化的方向健康快速发展。[6]

（三）馆校合作资源单位的情况

同仁堂始创于 1669 年，拥有三百年历史。秉承“同修仁德，济世养生”的理念，坚持“炮制虽繁必不敢省人工，品味虽贵必不敢减物力”的古训，同仁堂积极建设道地药材种植实践基地，形成了独特的制药特色和企业文化，致力于传承中医药精髓，弘扬传统文化，促进中医药事业良性健康发展。

二、开展馆校结合道地药材科学种植活动设计

（一）设计依据

《义务教育科学课程标准（2022 年版）》的要求，科学教育应注重培养学生的科学探究能力、科学思维能力和解决实际问题的能力，特别强调了跨学科学习的重要性。[7] 为响应国家关于中医药传承、保护、传播与创新的号

召，结合中医药企业、博物馆等丰富的中医药文化资源，北京市少年宫与同仁堂药业联合开展馆校结合活动，设计紧扣当前中医药面临的标准化、品牌化、规模化及利用率提升等挑战，特别是针对道地药材资源的高效利用，组织学生深入田间地头，学习道地药材的生态习性、科学种植技术，同时引入现代科技手段，如智能监测、精准施肥等，提升种植效率与药材品质。了解中医药文化知识、制作工艺和流程，通过科学种植北京道地药材，提升青少年对中医药文化的认知，体验中医药文化的博大精深，同时促进中药材种植技术的提升和有效成分的深入研究。通过实践与教育的融合，加深学生对中医药文化的理解和认同，体会大国工匠精神，培养学生参与中医药产业标准化、品牌化建设的意识和能力，促进中医药文化的传承与创新，通过跨学科方式让学生在实践中探索中医药科学的奥秘，培养其综合素养和科学精神。

（二）教育目标

1. 理解道地药材的基本概念、生长环境要求及其独特价值，形成对中药材科学种植和药效成分的基本科学观念：认识到中药材在医药健康领域的重要性，以及科学种植对保证药材质量的关键作用。

2. 运用科学思维方法，如观察、比较、推理等，探究道地药材的生长规律和有效成分提取技术：通过实践操作，提高科学探究能力，学会提出问题、设计实验、收集证据、得出结论的科学探究流程。

3. 掌握一定的技术与工程实践能力，包括种植技术、采收技术、加工技术以及简单的设备操作与维护等：将所学理论知识应用于实际操作中，提高解决实际问题的能力。

4. 形成严谨的科学态度，尊重科学事实，敢于质疑和创新：认识到中药材种植与保护生态环境、促进健康发展的重要性，培养起对社会的责任感。

（三）活动基本情况及亮点

1. 参与对象及活动时间、地点

参与活动的对象为 12～14 岁青少年，4～5 人一组，每个周期 30 人左右。活动时长为一学年度。活动地点为同仁堂总部及教育基地、中医药博物馆、中药材种植基地、知嘛健康零号店、北京市少年宫生物组培实验室等。

2. 活动亮点

跨学科融合。通过真实和工作环境，以学生亲历的方式，将中医药传统文化与道地药材种植、有效成分分析，中药材精细加工等知识与物理、化学、生物、信息技术等多学科知识相融合，沉浸式了解中医药传统文化。互动性体验。通过亲手种植、采摘、切片、炮制等动手实践，与专家讲解、互动答疑、设计实验等形式相结合，强化中医药相关劳动实操技能，增强学生参与感和体验感。

科技应用展示。利用同仁堂药业的专业资源与北京市少年宫的教育平台，开展科学种植与有效成分分析活动，展示现代科技在中医药领域的最新应用，如智能制药设备、中药提取技术等，提升中药材质量，促进中医药事业的可持续发展。

（四）活动内容设计（见图1）

1. 启航仪式

明确活动意义、目的和日程安排。学员分组，破冰。创设活动情境。

2. 道地药材初体验

组织学生参观北京中医药大学博物馆及同仁堂中药材种植基地，通过实地观察和讲解，直观了解道地药材的生长环境和种植技术。

通过了解科学种植案例，分析不同种植条件对药材质量和药效的影响，增强学生对科学种植重要性的认识。

通过小组讨论或撰写观察报告，加深学生对道地药材科学观念的理解。

3. 科学种植有提取

设计种植实验，学生分组种植不同品种的道地药材，观察并记录其生长过程，比较不同条件下的生长差异。

学习中药材有效成分提取的基本方法，如溶剂提取、蒸馏等，并尝试进行简单的提取实验。

根据实验结果进行数据分析，撰写实验报告，培养科学探究能力和科学思维。

4.道地药材初加工

参与道地药材的种植、采收和加工过程，掌握相关技术和操作方法。

学习中药材加工设备的使用和维护，如烘干机、研磨机等，提高技术操作能力。

通过团队合作，完成从种植到加工的全过程，提升团队协作和项目管理能力。

5.总结提升再发展

尊重实验数据，勇于提出问题和改进意见，培养科学态度。

关注道地药材种植对生态环境的影响，讨论并提出可持续发展的种植策略。

参观中药材市场或药店，了解道地药材在医药健康领域的应用和市场需求，增强社会责任感。

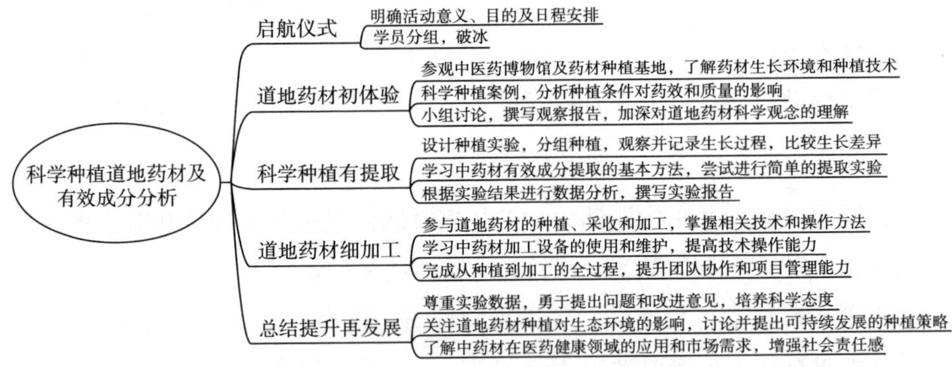

图 1　道地药材种植及有效成分分析设计思路

三、实施过程

本文选取科学种植道地药材过程，设计实验分析道地药材有效成分及道地药材精细加工的过程等活动开展的具体情况加以详细说明。

（一）道地药材初体验

学生参观中医药博物馆、同仁堂总部及教育基地。邀请同仁堂药业的专家讲解中医药基础理论、道地药材的特点及种植技术。了解中医药传统文化，识别常见中药材，了解其性味归经，功效用途。了解同仁堂药业历史沿革、企业文化、品牌故事，经典药方及珍贵文物。

参观同仁堂道地药材种植基地。了解道地药材的生长环境，学习药材种植技术，开展药材种植实践。学习科学种植案例，分析道地药材种植条件对中药材药效和质量的影响。

在专业人员的指导下，学生体验亲手种植道地药材，了解中药材的生长周期和养护方法。选择排水良好、疏松肥沃、土层深厚的夹沙土地，并进行深翻作业，清除杂草和土块，增加土壤疏松性和透气性。采用种子处理、扦插育苗和压条繁殖等方法，确保连翘等道地药材的成活率和生长质量。科学严格日常管理流程，包括浇水、施肥、除草、病虫害防治等，确保药材生长环境的优良。

设计制作观察记录本，学生记录中药材的生长变化，撰写种植日记。经过小组讨论，完成道地药材种植观察报告，加深对道地药材的理解和对中药材的科学观念。

（二）科学种植有提取

结合生物学知识，学生分组对中药材进行识别和分类实验，观察道地药材的微观结构。设计种植实验，学生分组种植不同品种的道地药材，观察其生长周期并记录其生长过程，比较不同条件下的生长差异。运用物理学、生物学知识，通过设定不同的光照、水分、土壤等条件，学生探究道地药材的最佳生长环境。

了解道地药材有效成分分析实验设计的基本原理和方法。学习中药材有效成分提取的基本方法，如溶剂提取、蒸馏等，并尝试进行简单的提取实验。在药材成熟期，学生采集不同种植条件下的中药材样品，利用现代分析技术（如高效液相色谱、气相色谱等），对采集药材样本中的有效成分进行定量分析。

根据实验结果进行数据分析，对比不同种植条件下的有效成分含量，分析种植技术对药材质量的影响。撰写实验报告，培养学生科学探究能力和科学思维。通过对比分析，发现采用科学种植技术的药材样品中有效成分含量显著高于传统种植方法，如黄芩中的黄芩苷含量有所提高。

（三）道地药材精细加工

学生参观同仁堂制药车间，了解传统制药工艺流程和现代制药设备。分组进行药材的清洗、切制、炮制等环节体验，结合化学知识探究制药过程中的科学原理。同时，进行中药提取实验，了解现代中药提取技术的应用。

学习中药材加工设备的使用和维护，如烘干机、研磨机等，提高技术操作能力。根据中药材的养生功效，设计并调配中药茶饮，结合生物和化学知识分析中药茶饮的药效。学习中药材的配伍原则，制作香囊，并利用色谱仪等仪器分析香囊中的香气成分，结合化学知识进行科学解释。在动手实践中感受中医药的魅力，通过团队合作，完成从种植到加工的全过程，提升团队协作和项目管理能力。

（四）总结提升再发展

通过关注道地药材科学种植过程，充分尊重实验数据结果，分析发现：科学种植技术通过优化土壤环境、提高种苗质量、加强日常管理等措施，显著提升了道地药材的生长速度和品质。适宜的海拔、气温、降雨等环境因子对药材有效成分的形成和积累具有重要影响。不同品种的药材在相同种植条件下，其有效成分含量也存在显著差异。通过参观中药材市场和药店，了解了中医药的市场需求和实际应用。经实践和讨论提出了道地药材的可持续发展种植策略，关注道地药材对当地经济及生态环境的影响，增强了社会责任感。

四、经验总结及建议

（一）馆校结合模式与科学探究活动有效实践

馆校结合科学教育模式通过联合开展科学种植道地药材及有效成分分析，实现了资源共享和优势互补，现已吸引如东直门中学、北京育才学校等多个区的几十所学校参与其中。学生不仅了解到中医药学的基本理论，学习中医对人体生理、病理的独特认识方式，还使学生深入理解中医药文化的科学内涵，掌握了科学探究的基本方法和技能，促进了中药材种植技术的提升和有效成分的深入研究。学生学会了用科学、全面的视角看待中医药文化中蕴含的整体思维与辩证思维，激发了学生对中医药科学的兴趣，培养了解决问题的能力，也为他们的终身学习和科学发展奠定了坚实的基础。

（二）跨学科主题学习与中医药文化深度融合

活动成功地实现学科整合，将物理、化学、生物、信息科技等多学科融于一体，融入中医药文化，通过跨学科实践活动让学生在学习中获得科学知识，培养科学精神。依托同仁堂深厚的中医药文化底蕴，设计了一系列以中医药为主题的科学教育活动，涵盖中医药的基本原理、中药材的分类及功效、药材种植、有效成分提取，药材炮制等方面。学生在感受中医药传统文化的博大精深和北京道地药材的贴近生活的同时，拓宽视野，在实践中学会多学科知识和技能，感受传统中医药文化的魅力。

（三）社会力量助力科学教育加法与个性化活动设计相结合

根据学生学段和身心发展特点，灵活定制课程体系，实现“一校一策”，更加贴近学生的实际需求，提高学习的针对性和有效性。进一步引入学生反馈机制，将课堂与实践相结合，不断调整和优化课程内容，确保课程的实用性和趣味性，增强学生体验感。学生在参观博物馆、同仁堂总部及教育基地和药材种植基地等实践过程中，亲身体验中医药文化的魅力。同时，利用虚拟现实和增强现实技术，模拟中药材的种植、炮制等过程，提高实践的安全性和便捷性。通过将中医药科学最新研究成果引入实践活动，促进教育与产业的深度融合，助力做好科学教育加法，搭建馆校结合的深入合作模式。

五、结　语

馆校结合科学种植道地药材及其有效成分分析科学教育实践活动的成功

开展，是北京市少年宫与同仁堂药业开展深度合作的有效尝试，是落实国家科学教育政策，促进社会力量助力科学教育发展的重要举措。实践证明，科学种植技术能够显著提升道地药材的有效成分含量和质量。未来应继续加强中药材的种植技术研究与推广应用，为中医药事业的可持续发展贡献力量。探索馆校结合建设科学教育基地的尝试还将以更加深入和密切的合作形式开展，为培养更多具有科学素养和创新能力的青少年贡献力量，探索科学教育新路径、新模式，共同推动科学教育的高质量发展。

参考文献

[1] 齐保良 . 教育部启动建设首批全国中小学科学教育实验校［J］. 湖北教育（科学课），2024，(02)：93.

[2]“十四五”中医药文化弘扬工程实施方案［J］. 中国现代中药，2023，25（05)：1164.

[3] 聂紫瑾，李琳，陈谦 . 北京地区药材种植的现状与建议［J］. 北京农业，2016，(06)：166–168.

[4] 高路 . 道地药材生境与生产适宜性评价：以北京为例［D］. 北京：北京师范大学，2009.

[5] 王静爱，高路，孟繁蕴，等 .“数字药匣”的理论构建与应用：以数字北京道地药材资源为例［C］// 全国第 9 届天然药物资源学术研讨会论文集 . 北京：中国自然资源学会，2011：93–102.

[6] 沈志凌 . 国药当自强：“地道药材种植与加工”专题论坛纪实［J］. 中国食品药品监管，2012，(06)：54–55.

[7] 王海英 . 辨析科学内涵理解科学教育：再学《义务教育科学课程标准（2022 年版）》感悟［J］. 湖北教育（科学课），2024，(04)：48–50.

作者简介

赵茜，北京市少年宫教师，研究方向为科学教育。

基于营地研学，浅析中小学生研学实践课程教学质量提升策略

——以厦门沧江研学营地“未来的我们”为例

朱朝冰

2018年，教育部办公厅印发了《教育部办公厅关于开展“全国中小学生研学实践教育基（营）地”推荐工作的通知》，将“中小学生研学旅行基地”进一步明确为中小学生“研学实践教育营地”（研学营地）和“研学实践教育基地”（研学基地）两个不同功能定位。[1]其中，研学营地主要指具有承担一定规模中小学生研学实践教育的活动组织、课程和线路研发、集中接待、协调服务等功能，能够为广大中小学生开展研学实践活动提供集中食宿和交通等服务的单位。

一、营地研学与研学课程

（一）厦门沧江研学营地介绍

为全面落实立德树人根本任务和“双减”工作要求，结合海沧区生物医药、集成电路、新能源新材料等主导战略性产业，由厦门市海沧区教育局、厦门国有资本运营有限公司合作运营的沧江研学营地正式对外开放。营地秉承教育初心，以“科学+”为定位，以海沧区域资源和厦门科技馆的独有优势为支撑。一方面打造“小小科学城”，满足中小学生研学实践教育活动需要；另一方面通过设置生命科学、信息技术等主题内容与实践活动，为区域产业提供展示平台，发挥“1+N”的联动布局效应。作为首个科学主题研学实践营地，厦门沧江研学营地设置有生活区、实验区、教学区、展览区等不

同区域，可一次性满足 500 人营地集体食宿；设置策划、教学培训、执行、运维等职能部门。通过对研学营地的功能设计与开发，有效地实现“实践育人”研学旅行目标。[2]

（二）营地研学的课程建设

教育部等 11 部门印发的《关于推进中小学生研学旅行的意见》（以下简称《意见》）对研学旅行的课程属性作出说明，“把研学旅行纳入我国学校教育教学计划，与综合实践活动课程统筹考虑，积极推进研学旅行与学校课程的有机融合”。[3] 研学旅行课程化是实现其常态化、规范化开设的必然路径。[4] 营地研学课程化作为一种新型综合实践活动课程，突出学生的主体地位，强调在实践中体验与感悟，通过变革课程建设和优化教学，成为培育学生全面发展的重要途径。

我国基于研学旅行的营地教育起步较晚，无论是研学营地建设的市场规模，还是营地的经营状况，都尚处于初步阶段，与国际水平存在较大差距。从传统旅游转型而来的研学营地，市场上的研学课程形式较为雷同。因此，需借助“资源 + 课程 + 服务”的营地研学产业链模式，提升核心竞争力。[5] 为达到研学服务标准，应以课程为主线，梳理研学与综合实践活动课程的关系，从课程化、课程设计、课程内容、课程管理、课程实施、课程评价等方面展开工作。具体而言，要对研学课程进行整合设计，在学习方式上，实现从游学到研学的转变；在课程资源上，从本土拓展到世界；在组织形式上，从学校细化到班级；在学科领域上，从单一走向多元。[6] 通过这些举措，使课程设计序列化、系统化，实现小学、初中、高中学段间课程的有效衔接。[7]

（三）营地研学课程实施

所谓“读万卷书，行万里路”，打破“学校到学校”“课堂到课堂”的封闭圈子，有助于为学生树立学、思、游、研相互促进的观念，不断拓展科学教育的边界，引导学生走出教室，在“行走的课堂”中感悟人生意义。

沧江研学营地秉持“乐学启智”的核心理念，创新性地将研学实践与科技、工业、人文等元素相融合，融入科学教育、劳动教育、职业教育等多种教育形式，开发出“未来的我们”“我们的生活圈”“科学超能力”等研学课程，切实让学生在研学实践活动中收获成长。本文探讨的“未来的我们”系列研学课程（见表1），以“探索”与“实践”为核心指引，深度融合科技空间与游学实践，在内容设置上涵盖深度参访和体验实践两大方向。课程延续“科学+”与“职业+”的特色模式，使学生的创新能力、创造能力和规划能力得以充分发挥。

表1 “未来的我们”部分课程介绍

序号	主题	研学内容	链接场地	面向群体	时长
1	电磁物理工程师	采用PBL（Project-Based Learning，项目制学习）的方式，带领学生了解电与磁的关系与性质，认识电磁铁这一物理概念，通过磁力科学实验进行磁力、磁场的科学探究，最终完成水位自动报警器	厦门科技馆、HZ（赫兹）行动特展	5~6年级	三日营
2	视力保卫战	通过参观中国动物展、走进高新科技企业实地参观镜片研发生产环节、制作光学望远镜、3D打印眼镜框等活动，让学员了解眼球与视力的关系，养成良好的用眼习惯	中国动物展、艾普光学科技（厦门）有限公司、厦门科技馆	4~6年级	三日营
3	海上气象探索	参观天语舟气象科技园、学习海上旗语操、参观厦门科技馆海洋展区、气象类型课程实验、DIY“风暴瓶”系列活动，为学员们揭开气候的神秘面纱	自然资源部第三海洋研究所、天语舟气象园	4~6年级	三日营
4	璀璨花都匠心之旅	学员将学习传统结构工程、进行穹顶搭建、了解非遗技艺、古法制作鱼灯，感受力学与结构的魅力。同时，学员们还将参与土灶烹饪，培养独立性与对烹饪的兴趣	东南花都	7~9年级	两日营
5	绿叶提取	学员将参观海峡两岸中医药馆，感受传统医学的精髓；亲手提取叶绿素，了解绿色植物的奥秘；制作中药香囊，拉近中医药与生活的距离，感受生命的魅力	海峡两岸中医药博物馆	1~3年级	一日营

续表

序　号	主　题	研学内容	链接场地	面向群体	时　长
6	发现历史文明	将带领学员走进寒江雪艺术馆，通过了解三星堆、红山、良渚等文化，眺望中华上下五千年的文脉兴盛，并动手制作珐琅艺术品，感受传统工艺的智慧魅力与艺术美感	寒江雪艺术馆	1~6 年级	一日营
7	汽车工程领航	将参观汽车工程文化馆，学习汽车的发展历程，近距离观察汽车的内部结构，探究其各部件的功能。此外，学员还将学习如何检查轮胎的安全性能，并亲自动手进行补胎实验，从而掌握汽车工程的基本知识和技能	厦门工学院文邦书院、正新汽车国际文化中心	4~6 年级、7~9 年级	一日营

营地所开展的研学课程突破了“课程即知识”这类狭隘的课程观。[8] 该课程具备研学旅行课程的重要特征——公益性，它并非少数学生的花式旅游，而是面向海沧区全体中小学生的教育形式。其根本目的在于立德树人、培养人才，这与以营利为根本目的的旅游机构有着本质区别。

二、营地研学课程实施的经验与问题

（一）营地研学课程实施的经验

统计沧江研学营地 2022—2024 年的问卷调查数据，其中公益研学满意度调查表超 5 万份，好评率高达 97%；公益研学留言表超 2000 份，好评率高达 98%；所开展的研学活动赢得了广大学生的喜爱和家长的支持，概括而言有以下经验可资借鉴。

1. 构建营地研学的安全保障体系

外出研学，家长担忧和学校担忧的第一个问题就是安全。学校、基地如何有效保障学生集体出行、活动的安全有序成为第一个重点。厦门沧江研学营地立足“以学生为本、以安全为先”的原则，充分结合研学活动、基地实际情况，制定各项安全措施。

制度措施：各项管理制度、常态化检查（宿舍、食堂、场馆、行李等）、培训制度。

行前安全措施：科学规划交通服务、特殊情况学生摸底排查（变应原、手术史、情绪状态、学生在校表现等）、行前培训（领队与导师）、说明会（轮转表会议、特殊学生情况、课程内容等）、学校宣讲。

行中保障措施：学生安全宣讲（安全小测、宿舍安全、外出宣讲）、值班制度（责任追究机制、定时查房）、机动人员制度（夜班查寝）。

行后保障措施：加强反馈、优化制度、投诉处理制度。

应急制度：场地预案、天气预案、课程预案。

2. 开展“导师—领航员”双引领模式

厦门沧江研学营地结合科学教育、体验式学习及青少年身心发展特点，创新性地提出以“导师—领航员”双引领模式开展研学课程。其中，导师团队由具备生态、物理、化学、数学等多学科背景的人员构成，其教学内容以课程核心要点为主，依据不同层次的教育需求和学生个性化发展需求，秉持“基于实物的体验 + 基于实践的探究”的研发思路，满足不同年段学生对于研学的需求。在研学领队方面，营地组建了一支由退伍军人、具有户外运动及教育教学等多学科背景和丰富履历的人员共同构成的领队队伍。研学领队摒弃了传统的军事化管理模式，采用“正面管教”“正向激励”等有效方法，深入了解学生心理，引导学生规范自身行为。在整个研学过程中，营地始终坚持“以人为本”的理念，关爱每一位学生。

3. 推动研学课程实施标准化建设

（1）课程设计标准化：对接课标。

（2）课程执行前标准化：磨课、教研、邀请名师论证指导。

（3）课程执行标准化：建立基本标准和相关制度，如《领队标准化手册》《总控标准化手册》《篝火晚会标准化手册》《助教标准化手册》《导师标准化手册》等，为开展研学活动提供全方位支持。同时，规范后勤管理流程、一日营及多日营行前准备流程等，避免执行过程中学生出现“习惯性行为”。

4. 聚焦素养落地，创新研学课程

在开展科学教育主题研学活动时，课程是核心载体。通过对比、分析“我们的生活圈”和“未来的我们”这两项活动的课程在不同情景下的渗透设计与执行过程（见表 2、3），可以发现研学课程从最初以教室授课为主，逐渐拓展为多元化的研学线路和场景，搭建起覆盖多学科知识的课程体系，从而能够精准对接并满足学生日益增长的个性化学习需求。学生在真实环境中学习，能够切实了解科学在各个领域的不同呈现形式与应用。根据学生对研学体验的反馈，情景感强、场景化和多样化的教学方式，有助于提升课程教学质量。

表 2　2023 年“我们的生活圈”课程介绍

主　题	活动概述	研学目标	学生活动	渗透设计
现代科技下的植物工厂	我们以无土栽培为主题，通过探访现代设施农业综合示范园，研究农作物的生长方式，以参观研究、考察记录、科学实验、总结分析等方法，全方位学习无土栽培的原理，并将实际运用，制作无土栽培装置	1. 了解无土栽培的方式、优势特点以及与传统栽培的区别 2. 探究无土栽培的植物如何吸收养分 3. 通过 Mind + 了解农业信息智能化	观察无土栽培农作物，了解无土栽培的常见方式和优点；学习无土栽培种植装置的工作原理 探究活动：探究植物如何“喝水”，了解植物吸收养分的方式；自制植物根茎切片标本，通过显微镜观察植物“喝水”的器官 实践活动：设计制作水培装置，学习虹吸原理，并种植水培植物；模拟农业人工智能化，监测土壤温湿度对于种植物的影响，并记录数据	以“互动课堂”“实验探究”“劳动体验”与“科创实践”等教育实践形式为主，涵盖不同学科领域。通过真实世界的生活主题，引发学生兴趣

表 3　2024 年“未来的我们”课程介绍

主　题	活动概述	研学目标	学生活动	渗透设计
启程，智能制造	学员将化身为“机械工程师”，从结构搭建和智能编程两大维度，近距离感受智能机械臂的运作过程；通过参观，体验智能制造为现代社会带来的创新与变革；自主设计并完成 3D 创意制作及机器人编程挑战	1. 了解智能制造的基本概念、关键技术和应用领域 2. 学习 3D 打印笔的使用，完成创意制作 3. 完成积木结构的搭建，使用图形化的编程工具进行程序编写，完成指定动作	1. 参观厦门科技馆的数学展厅与创造馆，学习智能生活的便利 2. 参观艾普光学科技，走进自动化生产车间，了解镜片的原料浇注、开模、镀膜等制作过程 探究活动：探究镜片奥秘；探究高精度的光学元件如何邂逅星空 实践活动：自主设计并完成 3D 打印创意制作及机器人编程挑战	课程设计包含深度参访和体验实践两大方向，将职业体验、职业启蒙融入研学课程，由浅入深、有序推进，培养学生的科学素养和思维

为进一步提升课程质量，在上海师范大学的鲍贤清教授团队的指导下，设计分段式螺旋上升一体化的研学实践课程体系，聚焦职业素养、工程素养、科学素养、艺术素养和人际关系及团队合作素养，对标中小学生课标的要求，以能力素养为导向，搭建学生研究探索的学习支架，切实促进素养落地。

在课程细节方面，与优质师资保持紧密合作，精心打磨课程以确保其科学性。例如，在“视力保卫战”研学线路中，与艾普光学科研团队共同打造光学类型课程；在“鲁班的工具箱”研学线路中，与集美大学邓华教授团队携手打造木工类型课程。通过充分借助内外部专业知识和丰富经验，为学生打造出更具实践意义的学习内容。

5.完善营地研学课程评价方法

沧江研学营地创建了积分兑换奖励机制、学生评价系统和教师留言机制。如通过积分激励机制，用研学评价来巩固研学成果。从小组活动、个人成果、教师评价、领队评价、宿舍情况等方面设计积分获取；设置团队排行榜、积分排行榜等各类实时排行榜作为研学成果评价依据，制定公开透明且指向“研”的落实的激励机制。同时逐步优化调查问卷形式，通过多元化的评价，填写出喜欢的环节、菜品、课程、老师等。让学生成为“参与者”，参与设计学生喜爱的菜谱、喜爱的研学主题等。而执行部门对问卷反馈情况进行落实督改，按月评选出最受欢迎老师、最喜爱课程以及最喜爱菜品等。

（二）营地研学课程中存在的问题

1.过度“劳役化”的教学过程

研学手册起到研学导读的作用，它将整个研学活动流程化、规范化。然而，在前期的研学活动调研中，我们发现学生对研学手册不够珍惜和重视。在使用手册时，往往只是机械地询问“翻开第几页，看第几道题，这题该怎么填”，等等。这表明，研学手册从原本期望引导学生自主学习，变成了以填写标准答案为导向，老师布置的任务转嫁到了学生身上，让学生产生“老师或者家长要我学”的感受，而非“我自己想学”。

同样，“劳役化”教学也体现在学生的探究和动手环节。整节课程过度强调完整的成果导向，学生没有足够时间去探索不同的探究结果，只能按照导师给定的模板操作，缺乏自主探究的空间和步骤。从执行反馈来看，课程设计的初衷并非从学生角度出发，而是为了图省事。

当研学课程设计和内容被“劳役化”时，对学生而言，研学活动就成了任务，使整个研学活动陷入被动局面。

2. 研学课程实施方式单一

《意见》提出：“学校要根据教育教学计划灵活安排研学旅行时间，一般安排在小学四到六年级、初中一到二年级、高中一到二年级，并根据学段特点和地域特色，逐步建立小学阶段以乡土乡情为主、初中阶段以县情市情为主、高中阶段以省情国情为主的研学旅行活动课程体系。”当前，营地研学课程主要采用讲授法与体验法相结合的教学方式，即便采用了 PBL 教学法，学生仍多处于被动听讲状态，自主学习和探究式学习难以成为课堂的常态。若不能将自然视作“课程”，单纯依赖 PPT 教学，便会使研学背离其原本的教育初衷。导师设置的探究问题存在难度过高、缺乏开放性等问题，与学生的认知水平脱节，不适合学生开展探究活动。

“为了完成任务的研学课程”，课程活动安排缺乏连贯性，教师引导力度不足，容易导致劳动体验或研学内容沦为走马观花般的休闲娱乐，无法实现预期的教育效果。

3. 营地研学课程设计过于“游戏化”

在当下的研学课程设计中，出于对诸多因素的考量，尤其是学生的接受程度，往往会设计相应环节，其中就包括“玩游戏”环节。“玩”理应成为学生对研学活动的第一印象与最大吸引力来源。然而，若游戏化程度过高，反而会让学生形成一种错误认知，即认为研学仅仅是玩游戏，以为综合素养的培养通过玩游戏就能实现。以玩游戏与劳动教育的融合为例，如何在确保学生既获得丰富体验的同时，又能让他们收获实际成果，是一个值得深入探讨的问题。劳动教育研学本身具有严肃性，过度重视“玩”的过程，容易误导学生，使其觉得劳动只是一件好玩的事。但当学生真正参与到劳动生产中时，会发现现实与游戏中的劳动大相径庭，这极有可能引发学生的逆反心理，进而无法实现劳动教育所期望达成的“以劳树德、以劳增智、以劳强体、以劳育美、以劳创新，促进学生德智体美劳全面发展”的综合育人功能。[9]

三、营地研学课程实施的优化策略

“研，是主动与深入的探索；学，是知识和技能的培养。研学实践教育是将两者结合，以体验探究的方式完成教育的过程。”

（一）激发学生的主观能动性，让研学不被“劳役化”

《研学旅行服务规范》中将“研学旅行”界定为：“以中小学生为主体对象，以集体旅行生活为载体，以提升学生素质为教学目的，依托旅游吸引物等社会资源，进行体验式教育和研究性学习的一种教育旅游活动。”[10]我们应借助研究性学习这一方式，促使学生走出校园，暂时离开传统课堂，为其提供开放且富有变化的课程体验。

研学旅行本质上是师生共同在经历与体验中探索新知识的教育过程。研学课程“时光小船匠”里，每个环节不再着重于密密麻麻地记录知识点，而是通过多种样式的 DIY“手账”研学手册来推进。学生不再完成单一作品，而是能够自主挑选多种材料，进行个性化设计与制作，这让教学告别强制的标准化流程，转变为充满趣味的创造性研学。同时，导师的角色也发生转变，既是引导者，也是学生设计方案过程中的辅助者，会依据课程内容为学生提供切实可行的建议，全力鼓励团队进行发散性设计，激发学生的主观能动性。

摒弃“劳役化”教学模式，不再让学生被动地获取知识，而是引导他们从积极有益的体验中发掘学习的乐趣，进而获得更为透彻、深刻的认知。

（二）融入“感官教学”，让课程更加丰富

“感官教学”这一概念源自捷克教育学家夸美纽斯的自然主义教育理论，也被称作感觉教育。其核心观点认为，知识的获取依赖“透过感官对

外界事物的认识而形成的印象和观念”，例如声音、味道、颜色、冷热、形状等。[11]

感知是人类获取外界信息的主要途径之一，人类感官所产生的感知和感觉是实现人与自然连接的最直接方式。当人受到五感的刺激并快速对外界做出反应时，开展自然教育能够使人们对知识的理解更加深刻、具体。[12]然而，在实际教育过程中，常面临无法将自然完全融入课程的困境。以“一粒米的旅行”课程为例（见表 4），该课程主要探究米的“前世今生”，由于无法深入田间，学生难以观察到水稻完整的生长形态，可能仅能接触到一株水稻。在这种情况下，如何引导学生真正了解水稻，如何帮助学生从对水稻的表层认识深入到对其内部细胞结构等知识的学习，教学过程就显得尤为关键。

表 4　感官教学方式

以“一粒米的旅行”课程为例

感官教学	流　程
看	水稻的外形、结构、颜色，稻谷的饱满度，认识水稻
闻	水稻的味道，分辨新稻和陈稻
摸	水稻叶、水稻秆的认识；了解叶子的光合作用以及水稻秆的中空结构
触	稻谷的饱满度、谷壳等
剥	认识稻穗、剥开谷壳，初识糙米
辩	去掉谷壳的米是不是日常生活中吃到的米
探	糙米与大米的区别，在外形、颜色、味道、口感、营养价值层面等方面探究

在外形、颜色、味道、触感等维度，存在着充分的探索空间。“感官教学”也就是从感官体验入手开展教学，能为学生带来独特的学习感受。学生能够从对事物的陌生，到逐渐认识，从仅仅知晓、见过，发展到深入了解并能自主总结。那么，如何进一步深化探究，提升教学内容的专业性呢？在与学生共同观察、触摸和探索的过程中，学生能够了解水稻的中空结构和生长习性，探究水稻根系对水分的吸收，进而延伸到水稻根系细胞的气腔，教师还可引导学生观察并绘制水稻根系的显微镜观察图。这样的课堂教学效果通俗易懂，教学过程循序渐进，并且符合向学生下达指令、引导其按步骤学习

的教学逻辑。

让学生在充分运用感官的过程中，学会用心掌控感官，实现身心合一。“用眼睛去分辨，用耳朵去倾听，用舌头去感受，用肌肤去触动，用心灵去感悟，从而解放大脑，激活身心，以最自然、最生活化的方式领悟至深的道理，探索宇宙万物的规律”，“感官教学”能够有效激发学生的主动性与能动性。[13]

（三）情境感创设，让学习自然发生

在研学旅行中，应致力于为学生营造真实、生动且有趣的学习情境，使学生基于自身兴趣爱好，在自然状态下有所触动、有所收获、有所启发。学习情境的创设，既体现在环境营造上，也体现在教师的引导之中。在研学过程中，良好的情境创设固然能为研学增色，但对于经验丰富的研学导师而言，正确引导学生、帮助学生树立研学主题意识、增强学生对研学活动的信任感，更为关键。

如何让学生的学习自然发生？如何保持学生的学习兴趣？又如何实现从教学主导到引导的转变？研学导师思路与观念的转变极为重要。从学生的体验和感受出发，尤其是从学生生成的问题入手，即当下教学中常用的 PBL 教学法，通过引导学生自主探究问题背后的本质，搭建学习支架，让学生获得解决问题的成就感。此外，研学活动应更加关注个体，询问学生个人感受以及作品完成情况。引导学生以个体、小组、团队等多种形式参与活动，达成“做中学，做中用”的目标。摒弃片面化和模式化的教学流程，采用设计活动、考察、访问、表演、制作、模仿、竞赛等多样化方式，让学生在活动中发现并发挥自身特长，积极参与并贡献力量，增强团队认同感和归属感，切实感受研学旅行带来的成长，推动学生角色的转变和学习方法的掌握。[14]

（四）加强课程环节的串联性，实现闭环学习

研学的体验与课程必须完整，形成一个闭环。在这个过程中，不仅要有思考、探究的环节，还得让学生看到研学成果，使他们因通过自身劳动、合作、探究等获取劳动成果而获得满足感。不能仅有体验，却缺少知识点的串

联，否则在研学教育中就会出现有劳无教的情况，让研学教育仅仅停留在体验层面。研学导师和研学领队通过紧密衔接各个环节，运用知识、游戏、故事等将每一环都紧扣，形成清晰的逻辑脉络，从而实现闭环式教学。

（五）玩中学，学中玩

如何开发学生喜爱“玩”的课程，又如何引导学生“玩”转知识？以消防主题一日营“临危不乱”中的“消防知识对对碰”为例，通过结合以火为主题的科学秀、消防剧场秀以及消防游戏的设计与执行，让学生在研学活动中乐此不疲，达到寓教于乐的目的。为了实现培养学生知识能力与素养的目标，研学导师需要对研学活动的课程设计、开发实施及场所选择等环节进行系统化思考和深入探索。通过精心设计的趣味游戏，以润物细无声的方式激发学生的学习兴趣，使其在符合天性的环境中获得成长。

聚焦科学本质，让研学旅行有章可循。在“玩”的过程中，如户外素质拓展等环节，学生能自然而然地融入研学氛围，打破对“游戏化”的固化思维。从破冰热身到团队协作，再到分享总结，引导学生综合运用视觉、听觉、触觉等多重感官体验，将所学知识融会贯通。这不仅提升了学生的团队协作能力，也锻炼了其思维能力和沟通技巧，真正实现了寓教于乐——让学生玩得有趣、玩得有意义、玩得有收获。正如我们强调学生在劳动中感受愉悦，这是因为他们将体力和智力倾注于劳动过程中，并从中获得成就感。正是这种自我付出创造了乐趣，使学生更注重创造的过程，最终达成“玩中学，学中玩”的教育目标。

“研学旅行本质上是教育领域的活动，首要目的是促进学生个体的全面发展。”[15]无论是学校的课堂学科课程，还是营地的综合实践研学课程，其根本目标都是通过系统组织“知识”与“经验”，促进学生全面发展。就当前研学旅行课程化实践而言，课程设计不仅要注重标准化的教学结构，更要着力提升教学质量。为实现这一目标，需要将研学旅行有机纳入学校教育教学计划，建立科学完善的评价体系，解决研学旅行与学校课程的有效衔接问题，这是未来需要持续关注和突破的方向。[16]

参考文献

［1］教育部办公厅 . 关于开展“全国中小学生研学实践教育基（营）地”推荐工作的通知［EB/OL］.（2018–06–07）. http://www.moe.gov.cn/srcsite/A06/s3321/201806/t20180615_340020.html.

［2］吴君宁 .“小小科学城”为科学教育做加法［N］. 厦门日报，2023–06–29（A02）.

［3］教育部等 11 部门 . 关于推进中小学生研学旅行的意见［EB/OL］.（2016–12–02）. http://www. moe. gov. cn/srcsite/A06/s3325/201612/t20161219_292354. html.

［4］殷世东，程静 . 中小学研学旅行课程化的价值意蕴与实践路径［J］. 课程・教材・教法，2018，38（04）：116–120+115.

［5］袁铜墙，孙伟斌 . 构建研学旅行营地运营模式的探索［J］. 当代旅游，2021，19（15）：53–54.

［6］周春梅 . 整合设计，让研学旅行课程更有深度：以太仓市实验小学研学旅行课程设计为例［J］. 江苏教育研究，2019（11）：28–30.

［7］吴静涛 . 中小学研学旅行课程化问题的成因及纾解［J］. 教学与管理，2019（24）：80–82.

［8］郭元祥，伍香平综合实践活动课程的理念［M］. 北京：高等教育出版社，2003.

［9］中华人民共和国教育部，共青团中央，全国少工委 . 教育部 共青团中央 全国少工委关于加强中小学劳动教育的意见［EB/OL］.（2015–07–24）. http://www. moe. gov. cn/srcsite/A06/s3325/201507/t20150731_197068. html.

［10］教育部等 11 部门 . 关于推进中小学生研学旅行的意见［EB/OL］.（2016–12–02）. http://www. moe. gov. cn/srcsite/A06/s3325/201612/t20161219_292354. html.

［11］肖静雅 . 蒙台梭利感觉教育重要性的再“升温”:《蒙台梭利幼儿教育科学方法》［J］. 才智，2019（03）：90–91.

［12］李郴媛 . 基于“五感”体验的宜章县骑田森林公园自然教育基地景观设计［D］. 长沙：中南林业科技大学，2022.

［13］陆庆祥，孙丽 . 研学旅行基地课程资源的开发之道［J］. 湖北理工学院学报（人文社会科学版），2019（5）：8–11.

［14］白晓龙 . 研学旅行要创设学习情境［J］. 山西教育（管理），2020（09）：22.

［15］武晓玮 . 国外研学旅行理论研究综述［J］. 湖北理工学院学报（人文社会科学版），2019（5）：12–17.

[16] 吴支奎，杨洁．研学旅行：培育学生核心素养的重要路径［J］．课程·教材·教法，2018，38（04）：126–130.

作者简介

朱朝冰，厦门好奇研学管理有限公司执行一部高级主管，主要从事科技馆教育、课程研发及研学活动执行等工作。

馆校合作视域下的中小学科学教师培训模式设计与评估

辛尤隆　王紫色

在教育、科技、人才一体化发展的今天，强教必先强师，加强教师队伍建设是建设教育强国最重要的基础工作。时值当下，我国连续颁布了《关于加强新时代中小学科学教育工作的意见》《关于推荐首批全国中小学科学教育实验区、实验校的通知》等科学教育相关的政策文件，科学教育迎来了“黄金时期”。区别于其他学科教学，科学教育重视跨学科和科学实践的特征使 STEM 教育、跨学科素养、校内外联动、与社会大课堂有机结合等方向得到越来越多的关注。教师是教育创新的实践者和教育改革的推动者，能够通过言传身教、传授知识，引导学生树立正确的世界观、人生观和价值观，培养学生的创新精神和实践能力，为学生的未来发展奠定了坚实的基础。因此，建设了强国之师，才能培养出科技人才。

一、中小学科学教师培训面临的挑战与机遇

（一）科学学科教师教育二元性

“学科教师教育”是国际教师教育学界相当长时间以来一直惯常使用的一个核心概念。我们基于对“学科”与“教师教育”这两个核心概念的理解，应当具有作为中小学教授“科目”的教师教育和师范院校培养与学科教师的学术教师教育的双重学科内涵。[1]但在我国，学科教师教育这个概念在国内教师教育研究中长期以来都未能得到充分讨论。朱旭东在 2023 年京师教育大会（珠海）中提出大学的学术学科不能等同于中小学的科目学科教师

教育，相互之间也不能替代。基础教育中的语文、数学等12门义务教育科目与高等教育的117个一级学科之间存在着不对等的状态。学科教师在高等教育阶段均需进入一个具体的学科学习，学科为教师的培养提供知识能力和伦理支持。

因此，科学学科教师教育同样存在二元性的问题。科学学科由于其跨学科的特点，因此应该对科学学科教师教育开展长期、持续、稳定的研究，重构科学教师教育体系，应从整体设计和协同发展思路出发，在已有体系基础上，实现治理体系、学术体系、职前培养体系和职后培训体系等四个子体系整体性高质量发展。立足科学教师专业化，借鉴历史经验，紧扣科学发展趋势，是重构科学教师教育体系的关键路径。[2]学科教师教育的二元性有助于更好发挥服务国家重大战略的价值，补齐旧有学科课程与教学论的短板，完善中小学教师的教研、科研与培训体系。[3]

（二）当前科学教师培训面临的挑战与机遇

教育部基础教育教学指导委员会科学教学专委会于2021年下半年组织了“全国小学科学教师队伍调查”。调研范围覆盖全国31个省（自治区、直辖市）和新疆生产建设兵团的13万小学科学教师，研究发现我国小学科学教师的队伍结构严重失衡，以兼任教师和文科背景占主流；知识与信念薄弱，信息技术应用等实践性智慧有待加强；专业发展羸弱，实验资源匮乏，缺乏精准化和专业化培训。[4]根据这13万小学科学教师的调查研究还发现，教学实践受到个人和学校的背景信息影响，同时专业知识和教学信念对教学实践有着显著促进作用，并可削弱对学校类型和专业类别的不利影响；教师培训对教学实践有着显著的促进作用，可以改善学校类型和地理地区等客观因素与专兼职和聘用方式等主观因素的不利影响。[5]而传统知识教学导向的教师培训仅能调节专业知识与教学实践的影响，尚未撼动教学信念和认识论信念对教学实践的促进作用，国际教师培训上重视探究式与跨学科的教师培训内容，[6]实验室、真实情景的跨学科实践培训对教师专业素养提升极为有效。[7]目前，在国际科学教师培训的典型模式中，“体验—实践—反思”是最为常见的教师培训模式。在学习过程中，教师有充足的时间和机会来设计和反思自己的教学方案，并与同行分享，获得反馈意见。在课堂实践之后，教师参加了“现场故事”集体分享活动，反思自己的收获和需要的帮助。[8]这些，给予我国中小学教师培训的设计以现实依据和经验参考。

二、设计中小学科学教师培训的理论基础

（一）整合式科学教学

关于科学教育应采用单一学科模式还是跨学科模式的讨论由来已久。当前，各国课程标准改革普遍强调学科间的有机联系。以美国为例，《K–12 科学教育框架》作为《新一代科学教育标准》的指导性文件，明确提出了一套系统化的整合方案，将科学、数学与工程学有机结合，使学生在真实情境中掌握科学、技术和数学领域的知识与技能。学者纳贡和柳认为，NGSS 标准应着重关注工程学与科学实践的整合，强调跨学科概念与学科核心概念的融合，为学生提供跨课程整合的学习机会。[9]当前，我国《义务教育科学课程标准（2022 年版）》同样强调跨学科整合，要求统筹安排跨学科主题学习与综合实践活动，注重情境式主题设计、真实问题解决及跨学科项目学习，这与国际科学教育发展趋势高度契合。

目前，许多教师在整合式科学教学方面的投入仍显不足。赫尔利指出，尽管多年来一直倡导课程整合的教学方式，但直至近十年，大学才逐步开设整合式课程。[10]为培养未来教师，教师教育项目理应采用课程整合的模式。如今，整合式课程在大学课程体系乃至学位设置中愈发普遍。[11]高燕等人通过实践研究发现，深度整合式教学是一种行之有效的教学方法。其核心在于通过转变学与教的方式，落实对学生核心素养的培育。这种教学模式以主题为引领，在教师的引导下，全面、全程整合多门课程内容、多种教学方式及多样教学评价，推动学生开展跨学科主题学习。[12]

（二）馆校协同育人理论

协同理论，也称协同学，由原联邦德国斯图加特大学教授、著名物理学家哈肯于 1974 年提出。协同理论把一切研究对象看成是由组元、部分或子

系统构成的系统，这些子系统彼此会通过物质、能量或者信息交换等方式相互作用。一个完整的系统，在特定条件下，子系统之间通过非线性的相互作用可以产生协同现象和相干效应，使系统成为具备某（几）种功能的组织性结构，从而达到新的有序状态。[13]

自从我国在1986年颁布的《中华人民共和国义务教育法》中第一次以法律形式明确“国家、社会、学校和家庭依法保障适龄儿童、少年接受义务教育的权利”后，家校社协同育人开始成为中小学教育前进的方向。[14]协同育人是指促进家庭教育、学校教育和社会教育三方协同合作，共同育人，实现学生的全面发展。其中，以科技馆为代表的社会科学教育和以中小学为代表的学校科学教育，在近些年得到了长足的发展。馆校协同育人模式是指以场馆资源系统与学校教学系统的协同运作为基础，通过发挥场馆和学校的各自优势，实现资源共享、互通有无，共同开展育人工作的模式。这种协同育人模式旨在提高人才培养质量，促进学生的全面发展和提升其综合素质。馆校协同育人作为一种新型教育治理结构，对于解决中小学生多元化的研学实践课程需求难以满足、课程供给侧与需求侧之间的失衡以及公办校外教育单位作用发挥不充分等现实难题，具有重要意义。[15]

三、馆校合作视域下中小学科学教师培训课程设计

为贯彻落实习近平总书记关于在教育“双减”中做好科学教育加法的指示精神，教育部办公厅、中国科学院办公厅、中国科协办公厅连续两年共同下发了《关于做好2023年下半年全国中小学教师科学素质提升培训工作的通知》《关于做好2024年全国中小学教师科学素质提升培训工作的通知》，国家越来越重视对科学教师的职后培训和专业发展，该培训工作被认为是科学教育界的“国培计划”。这为馆校合作教师培训提供了契机。其中，馆校合作中小学教师科学教育实践能力提升培训项目作为四大培训项目之一，是中小学教师科学素质提升培训工作的重要组成部分。

为了应对科学学科教师教育二元性的问题和教师培训面临的挑战与机遇，基于整合式科学教学以及馆校协同育人理论，馆校合作中小学教师科

学教育实践能力提升培训的培训模式设计迎来了挑战。培训目标应该设定为提升教师哪些方面的能力？设计怎样的培训课程与培训模式？如何评估教师培训的效果？这样的培训模式能在多大程度上影响教师在课堂上的思考和实践？研究团队带着这些问题进行了设计、实践与评估。

（一）培训目标

根据三方发文的培训通知文件，培训的总体目标设置为提升全国中小学教师科学素质。同时，基于“体验—实践—反思”培训模式的国际经验和当前教师培训较多采用“传统知识教学导向的教师培训”现状，科技馆作为重要的科普阵地之一，应当充分发挥科技馆科普资源和实践特色，用于提升科学教师科学实践能力与科技馆科普资源教学转化能力，推动校内外科学教育资源整合，助力科学教育高质量发展。因此，促进馆校协同育人和增强教师的实践能力，被认为是馆校合作教师培训的另外两大目标。

（二）培训模式

在提升教师科学素质、促进馆校协同育人、增强教师实践能力的三大目标下，培训采用工作坊模式作为特色培训方法，研发了“科技馆＋师范院校”的培训模式，以 1~2 名高校教育专家作为首席授课专家全程指导教师成长，并辅以 10 名科技馆科技辅导员作为课程实践助教进行相互交流，再邀请“科学家”“科技馆行业专家”“教育专家”“中小学专家”“科技馆科技辅导员”五大授课团队承担不同的授课角色贯穿培训始终，全面帮助教师探索科技前沿、熟悉科技馆科普资源、学习先进教育理念、获得优秀经验做法和探知馆校合作课程实例（见图 1）。如院士和总师分别就“中国空间站”和“核电站快堆”的发展和建设作主旨报告，让教师们深刻感受科技前沿。科技馆馆长就“现代科技馆体系助力科学教育加法”作主旨报告，让教师感受馆校协同育人的可能性与必要性。教育专家将“项目式教学”“实验教学”等先进跨学科学习和实践的教育理论传授给教师们，再以结合了先进教育理念的教研员及骨干教师的中小学优秀案例和科技辅导员的馆校合作课程优秀案例加以阐述，达到“授人以渔”的效果。

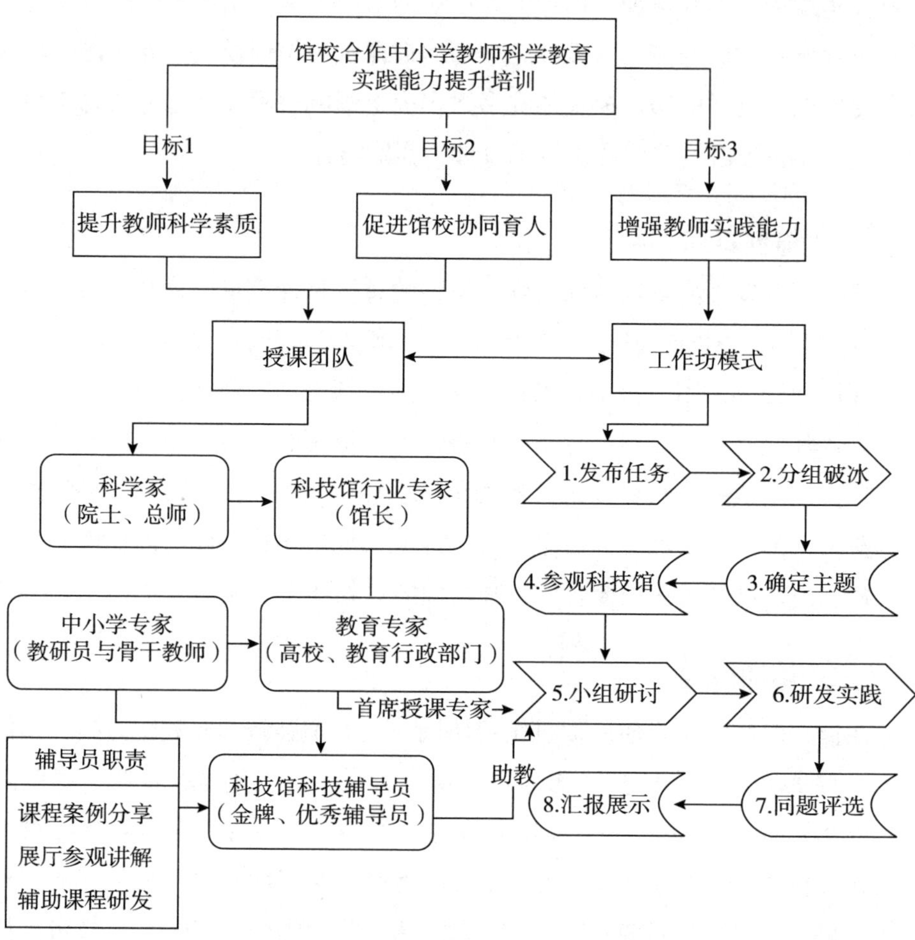

图 1　馆校合作中小学教师科学教育实践能力提升的培训模式

四、参训中小学科学教师的现状调查

研究样本选取了参加 2023 年和 2024 年中国科技馆“馆校合作中小学教师科学教育实践能力提升培训”的 264 位参训中小学教师数据，参训教师名单均由 32 个省级教育行政部门推荐，汇聚了各省骨干的科学类课程教师。通过收集问卷对基本信息、科学素质测试题、教师馆校合作现状、教师馆校协同育人的意愿四个方面进行现状调查。

（一）基本信息

在参训教师中，37% 是东部地区教师、24% 是中部地区教师，39% 是西部地区教师。其中，小学科学教师占比 55%，中学科学类课程教师占比 45%。其中，专职的科学类课程教师占比 58%，兼职科学类课程教师占比 42%。参训教师年龄主要集中在 30~40 岁，占比 41%。其次是 40~50 岁，占比 32%。50~60 岁占比 12%，20~30 岁占比 15%。

（二）科学素质测试题

从科学知识测试题的角度测试了科学教师对科技馆经典展项的熟知情况和对前沿科技的了解情况，分别抽测了“锥体上滚”“载人火箭发射”“机器人展厅”等知识问答测试题，平均准确率仅为 26.5%，其中对“锥体上滚”展品原理的准确率相对较高，为 34.5%。但在参加培训后，正确率分别升高至 85%、65% 和 98%。培训后教师对科技馆资源的熟悉程度和对科学前沿原理的理解有显著上升。

（三）教师馆校合作现状

没组织学生参观过科技馆的参训教师占比高达 56%，其次是一年参观一两次的占比 36%，多次（等于或大于 3 次）带领学生去科技馆参观的教师仅占 9%。其中安全问题、经费问题和人力问题是阻碍教师带领学生去科技馆的前三个主要原因。在带领学生参观科技馆的教师中，超过 80% 的教师明确知晓科技馆可以提供除了展览展品资源外的教育活动、研学活动等丰富科普资源，但仅有 19% 的教师曾经结合过科技馆科普资源研发过科学课程。虽然当前教师很少用科技馆科普资源研发课程，但展览展品资源、场馆活动资源和科技前沿资源是教师们熟知的科技馆科普资源前三位。

（四）教师馆校协同育人意愿

研究从馆校合作研发课程意愿、研发课程类型意愿、科技馆教师实践基地来访频次三个方面来测试教师的意愿程度。其中有 78% 的教师愿意使用科技馆的科普资源来丰富在校课程设计。相对于研发针对某个知识点的课程，72% 的教师愿意使用科技馆的科普资源开发跨学科主题课程。关于科技馆教师实践基地的来访频次，37% 的教师愿意时不时经常来，其次是一年来 3~5 次的教师占比 30%，而一年一两次的教师占比也近 30%。

五、馆校合作视域下中小学科学教师培训有效性评估

当前，我国对于教师培训项目的质量评价主要集中在参训教师的满意度调查、教师的态度变化等方面，需要有更多基于实证的方法来研究教师培训的效果。[5] 为了解科学教师当前现状和评估培训目标是否达到，培训模式是否符合教师期待，研究采用了词频分析法分别对教师是否提升了科学素质、理解了馆校协同育人和增强了教师实践能力三维度进行分析，具体分析了“概念理解的前测和后测”“研发教案”“培训心得体会”等高频词汇。

（一）对概念理解前测和后测的词频分析

问卷结果选取了 2023 年和 2024 年中国科技馆“馆校合作中小学教师科学教育实践能力提升培训”中以“基于科技馆科普资源的项目式课程开发”为主题的培训内容。表 1 对“项目式课程包含哪些关键要素？”进行问卷调查，培训前的问卷测试共回收问卷 177 份，培训后的问卷测试共回收问卷 207 份。

通过分析问卷结果可以发现前测中共有 19 名参训学员表示“不知道什么是项目式学习的核心要素”，而后测中已经没有回复“不知道”的参训学员。从最高频前 5 个词汇可以看出，培训前参训学员认为项目式课程中学生的“成果”最为重要，而培训后参训学员则认为“真实”问题情境的营造和解决更为重要，同时更加了解项目式学习课程设计的框架，更加认识到了“项目任务”是设计项目式课程的核心环节。

表 1　问卷题“项目式课程包含哪些关键要素？”前测和后测高频词汇及频数

排　序	前测高频词汇	频　数	后测高频词汇	频　数
1	成果展示	11	真实情境	13
2	项目目标	8	真实问题	11

续表

排　序	前测高频词汇	频　数	后测高频词汇	频　数
3	驱动性问题	5	项目目标	9
4	项目成果	5	驱动性问题	8
5	项目主题	5	项目任务	5

从“科技馆的哪些资源可用于开展科研课程？”这一问题的问卷数据来看，前测词频排名前5的词汇中，“不清楚”占比最高，其次是“展览展品”“实验器材”“学习”等，整体词汇分布较为集中。

对比前测，后测高频词呈现明显分散特征，这表明参训学员对科技馆科普资源的认知已更深入，并形成了个性化理解。此外，后测问卷中还出现了“5G展厅”“科技辅导员”等专业化词汇，进一步印证了学员对科技馆资源的认识得到深化。

表2　问卷题“科技馆的哪些资源可以用来开展科研课程？”前测和后测高频词汇及频数

排　序	前测高频词汇	频　次	后测高频词汇	频　次
1	不了解	36	展品资源	9
2	展览展品	29	科学课程	6
3	实验器材	26	制作课程	5
4	学生学习	16	5G	4
5	学习科学	16	科技辅导员	2

（二）参训教师研发教案的词频分析

选取了2024年中国科技馆“馆校合作中小学教师科学教育实践能力提升培训”第二期培训班，共计115名区域学科教研员、科学教师和科技辅导员共同参与了此次培训班，通过培训班，共研发了20个教学课程案例，因此样本选取了同一个培训班产出的20个教学案例，共分析了7万余字。

对教案词频中前30个高频词汇的分析结果（见表3）显示，这些词汇可划分为三个维度：课程内容、教学法、科学教育理念。课程内容方面，“机械臂”“应县木塔”“火箭”等高频词表明，参训学员所开发的课程具有跨学科和主题式特征，且与科技前沿动态及科技馆展厅展品密切相关。教学法方面，“成果展示”“任务一”“评价维度”“模型设计”等词汇反映出学员能够较好地把握项目式学习的核心概念与框架，体现在引导问题解决、设计实践环节、设置任务导向、构建过程性评价体系及注重学生作品展示等多个方面，说明学员已能初步运用以核心素养为导向的项目式教学法，并倡导学生通过动手实践解决实际问题。科学教育理念方面的高频词如“科技辅导员”“参观科技馆”等，说明参训教师已逐步拓展教学视野，不再局限于依赖校内资源开展教学；“团队合作”“实践”“探究”“科技文化”“社会责任感”等词汇的出现，表明他们注重在课程中融入符合新课标与新教材要求的科学教育理念。

表3 参训教师研发教案的高频词汇及频数

排 序	课程内容相关的高频词汇	频数（次）	教学法相关的高频词汇	频数（次）	科学教育理念相关高频词汇	频数（次）
1	机械臂	146	成果展示	27	实践	69
2	低碳生活	117	任务一	23	团队合作	46
3	应县木塔	52	任务二	23	探究	37
4	火箭	50	任务三	22	科学思维	25
5	榫卯结构	33	项目导引	20	创新思维	21
6	司南模型	19	项目背景	20	科技辅导员	16
7	碳足迹	12	项目对象	18	参观科技馆	15
8	天宫空间站	10	评价维度	17	问题解决	14
9	发电装置	9	项目时长	17	科技文化	9
10	自制乐器	8	模型设计	15	社会责任感	8

（三）参训教师的心得体会词频分析

选取了2024年中国科技馆“馆校合作中小学教师科学教育实践能力提升培训”第二期培训班的学员的心得体会作为样本，该培训班共研发了20个教学课程案例，评选了5个优秀教学案例，并分析了获得优秀课程案例的参训学员培训心得体会31篇，共计3万余字。

从出现频率最高的前10个词汇的数据来看（见表4），教师们的心得体会主要聚焦于“馆校合作”的可行性与必要性，以及对科技馆“科普资源”和“科技辅导员”认识的深化。他们充分肯定了专家授课和课程开发环节的成就，同时拓展了对“团队协作”“实践活动”“创新思维”“生态文明”等诸多科学教育理念的认知。由这些心得体会可以得出结论：此次培训不仅提升了参训学员的科学素质，深化了馆校协同育人的理念，在一定程度上增强了教师的实践能力。

表 4　参训教师心得体会的高频词汇及频数

排　序	心得体会中的高频词汇	词　频
1	馆校合作	42
2	科普资源	29
3	主旨报告	17
4	团队协作	16
5	科技辅导员	14
6	实践活动	14
7	创新思维	12
8	教育理念	12
9	促进生态文明	11
10	课程开发	11

六、结　论

馆校合作视域下的中小学科学教师培训模式以提升教师科学素质、促进馆校协同育人、增强教师实践能力为目标，以五大授课团队和工作坊模式为主体的“科技馆 + 师范院校”重课程实践培训得到了中小学教师们的积极响应和高度评价。

虽然参训专职科学教师比例仅为 58%，且其中 56% 的教师未曾带领学生参观过科技馆，但科技馆凭借其独特的科学教育场域优势，成功将教师的间接经验转化为直接经验。通过大科学家授课及参观科技馆展厅、课程研发实践工作坊等环节，教师对科学原理和核心概念的理解得到显著提升。问卷调查和心得体会从主客观角度均表明，教师的科学素质得到了明显提高。从问卷现状调查可以看出，培训后教师对馆校合作和科技馆科普资源的陌生感已完全消除，教案与心得体会中也多次提及对科技馆科普资源及辅导员在中小学科学教育中价值的认可，这将为未来馆校协同育人的发展奠定良好基础。课程实践工作坊模式为教师提供了将先进教学法与科技馆科普资源相结合的课程研发实践经验，这一成效在教师问卷调查、研发教案和心得体会中得到了充分体现。

当前教师培训领域需要更多的实证研究，以探索影响教师培训效果的关键因素，揭示在职教师从学习到实践转化的内在机制，从而为设计有效的教师培训提供理论依据。[6] 基于此次培训的良好效果，未来馆校合作科学教育培训将在持续性跟踪服务和课程研发迭代方面进一步深化，致力于打造中小学教师研修计划，为科技馆教师研修基地建设奠定坚实基础。

参考文献

[1] 朱旭东，罗仁杰．“学科教师教育”构建正当时［EB/OL］.（2023-10-10）. http://www. jyb. cn/rmtzgjsb/202310/t20231010_2111101437. html.

[2] 张军，朱旭东．重构科学教师教育体系［J］. 教育研究，2023，44（06）：27-35.

[3] 朱旭东，罗仁杰．论中国学科教师教育的二元性建构：价值、内涵与进路［J］. 北京师范大学学报（社会科学版），2024，（04）：26-38.

[4] 郑永和，杨宣洋，王晶莹，等．我国小学科学教师队伍现状、影响与建议：基于 31 个省份的大规模调研［J］. 华东师范大学学报（教育科学版），2023，41（04）：1-21.

[5] 田丽杰，李佳，姜春明，等．教师培训如何调节知识与信念对教学实践的影响：基于 31 个省（自治区、直辖市）小学科学教师调研［J］. 教师教育研究，2023，35（04）：50-57.

[6] 孙慧芳，李秀菊．国际科学教师培训的内容、模式与启示［J］. 科普研究，2024，19（03）：58-68+102-103.

[7] UCAR S. How do Pre-service Science Teachers’views on Science, Scientists, and Science Teaching Change over Time in a Science Teacher Training Program?［J］. Journal of Science Education & Technology，2012，21(2) : 255-266.

[8] DREWES A, HENDERSON J, MOUZA C. Professional Development Design Considerations in Climate Change Education: Teacher Enactment and Student Learning［J］. International Journal of Science Education, 2018, 40(1): 67-89.

[9] NARGUND-JOSHI V, LIU X. Understanding Meanings of Interdisciplinary Science Inquiry in an Era of Next Generation Science Standards [C] //A Paper Presented at the Annual Meeting of the National Association for Research in Science Teaching. Rio Grande, Puerto Rico, 2013.

[10] HURLEY M M. The Presence, Value, and Reasoning Behind Integrated Science and Mathematics Methods Courses [C] //A Paper Presented at the Annual Meeting of the National Association for Research in Science Teaching. Philadelphia, PA, 2003.

[11] BERLIN I, WHITE D R. From Silos to Symphony: Integrating Curricula to Prepare the P-12 Music Educator [J] . Journal of Education for Students Placed at Risk, 2012, 17(2): 256–277.

[12] 高燕 . 深度整合式教学：跨学科主题教学的校本探索 [J] . 上海教育科研，2023，(05)：66–72.

[13] 林晖 . 基于协同教学理论的馆校合作实践探索：以广州博物馆为例 [J] . 北京民俗论丛，2019 (00)：163–172.

[14] 庞晓东，齐欣，张磊等 . 我国家校社协同开展科学教育的现状及对策研究 [J] . 科普研究，2023，18 (04)：72–78.

[15] 于秀楠，徐昌 . 馆校社协同开发研学实践课程的机制和路径研究：以北京市东城区青少年科技馆为例 [J] . 科普研究，2023，18 (04)：79–86.

作者简介

辛尤隆，中国科学技术馆讲师，研究方向为科学教育、馆校合作教师培训。

王紫色，中国科学技术馆正高级工程师，研究方向为展览教育。

科普专业研究生联合培养的探索与实践

——以浙江省科技馆为例

叶　影　叶洋滨

一、科技馆与高校联合培养科普专业研究生背景和实践意义

2012年1月17日，时任国务委员刘延东在《全民科学素质行动计划纲要》实施工作汇报会上，做出“要积极探索在高校开设科普相关专业和课程，培养本科或研究生阶段的科普人才”的重要指示。[1] 2012年8月，教育部办公厅、中国科协办公厅联合印发《推进培养高层次科普专门人才试点工作方案》。[2]

在清华大学、北京航空航天大学、北京师范大学、华东师范大学、浙江大学、华中科技大学等6所高校开展首批科普专门人才培养试点工作，并纳入在职研究生和全日制硕士研究生的招生计划；同时确定了中国科技馆、上海科技馆、山东省科技馆、浙江省科技馆、湖北科技馆、武汉科技馆、广东科学中心这7家科技场馆作为试点场馆，配合试点高校的工作。为了加强专职科普队伍建设，国务院在2021年6月25日印发的《全民科学素质行动规划纲要（2021—2035年）》中提出，要建立高校科普人才培养联盟，加大高层次科普专门人才培养力度，推动设立科普专业。[3]

科普可以理解为科学普及，是一种教育形式和活动形式。科普专业的实践性很强，日常科普主要是采用各种深入浅出、寓教于乐的方式、让公众学习科学知识、推广科学技术、倡导科学方法、传播科学思想、弘扬科学精

神，让公众更好地理解科学，形成对科学理性的积极态度。在这样的背景下，馆校联合培养科普研究生，能充分发挥高校理论教学的优势和科技馆实习实践活动的优势，实现资源共享，能够充分调动高校、科技馆和学生的主观能动性，实现三者互利共赢。

一是在科学教育上。高校教师通常具备扎实的理论基础，而科技馆员工长期在一线面向青少年群体掌握着丰厚的实操经验与接地气的教学手段。双方的协作能够实现教师资源的优势互补，共同推进教学品质的提升。高等院校可以依据科技馆科普教学的独有属性，对课程内容进行相应调整，学生在科技馆开展实践课程，从事科普讲解、科普活动策划、科普展品设计等更加具有针对性的课程，加强操作能力与创新思维，实现理论与实际应用的深度结合，打造更加完备的课程架构。科技馆能引入更多科研资源与前沿科学知识，使科普教育更为丰富，提高科普教育的品质，拓宽科技馆的社会服务职能，更好地服务于公众，提升大众的科学素养。

二是在人才培养上。这种联合培养模式是对传统人才培养模式的革新，它更注重学生综合素质与实践技能的提升，有助于培育更多满足社会需求的高素质人才。通过参与科技馆的实习，学生可以深入了解和探究科技场馆的运营管理，帮助学生真正将理论知识运用于实践，提前适应职场生活，接触社会，对于培养研究生的专业信心，增强研究生的就业本领及提高研究生服务社会的能力有着极大的推动作用。科技馆与高校的合作，在教育尤其是科学与技术教育专业上具有天然优势，共同合作既能充分发挥双方优势，合理整合资源，利用这一合作平台同时又能弥补双方的“短板”和不足，尤其对于当下较为短缺的科普人才的培养有推动作用。馆校联合培养研究生能够帮助学生灵活运用学校理论知识来设计解决实际问题，重点培养学生的科技创新能力和实践应用能力，结合科技馆的科普资源优势和高校的专业研究深度，培养既具备扎实理论基础又熟悉实际应用的高素质人才，满足社会对复合型人才要求的全新教育模式。

二、科普专业研究生联合培养现状和经验——以浙江省科技馆为例

（一）研究生联合培养基地建设概况

浙江省科技馆于2013年正式成为浙江大学科普专业研究生的校外实习实践基地，与浙大联合开展相关对口专业的联合培养。在11年的探索与实践中，馆校双方发挥自身优势，共建研究生联合培养基地，厘清联合培养专业硕士研究生中的难点，提升高层次创新人才培养成效。以“融合育人”为主线，以“思政融入”为引领、以“专业融入”为主体、以“师资融入”为基石、以“管理融入”为保障，围绕联合培养的模式积极开展实践。经过十年的探索，双方的联合培养坚持以学生的就业需求为导向、以实践能力培养为重点，产教融合、馆校合作，将专业性和职业性进行科学融合，将理论和实践相结合，积极提升了科普研究生的培养质量，也积累了一定的教学经验，推动了馆校的协同发展。

从科技馆角度来看，实施联合培养机制能够全方位地彰显科技场馆在科普教育、科技创新驱动、学术研讨交流以及高层次人才培养等多个维度上的独特优势。科技馆作为科普教育的前沿阵地，其丰富的展品资源和专业的讲解团队为联合培养人才提供了坚实的基础。科技馆经常举办各类科普讲座、研讨会等活动，为研究生提供了一个与业界专家、学者面对面交流的平台。这不仅拓宽了学生的学术视野，还促进了不同学科之间的交叉融合，为培养复合型人才奠定了坚实的基础。通过联合培养，学生能够在实践中深化对科学原理的理解。这一模式不仅帮助学生更快地适应并融入实习岗位，显著提升了教育实践的质量与效果，还借助研究生的专业知识与技能，推动双方共同开发出一系列创新性强、吸引力足的科普活动项目。同时，该模式也在一定程度上有效缓解了科技馆面临的高水平科普人才短缺问题。

从高等院校角度来看，科普专业在我国尚属新兴学科，其发展历程较短，尚未形成广泛的社会认知与热度，仍处于初步探索的初级阶段。在这一

背景下专业教师队伍中经验丰富的专家型人才稀缺，教学内容在聚焦性与针对性方面存在明显不足，难以精准地聚焦于科普这一核心领域。对于已开设的科普专业课程而言，其内容体系普遍侧重于理论教学与学术研究，而实践类课程的比重则相对偏低。在课程设计上，缺乏对于案例分析的深度剖析与项目实操的实战演练，导致课程内容与科普行业的实际需求关联度不高，学生在科普实践方面的经验积累显得尤为不足。这种现状不仅削弱了学生对于科普行业的认知与兴趣，更在一定程度上限制了学生实践能力的提升，使得现有的教学内容与指导方式难以满足科普专业人才培养的实际需求。将科技馆与高等院校深度融合，共同承担研究生的培育任务，此举不仅能够有效促进双方理论素养与实践能力的同步提升，还能显著提高人才培养的协同效率。

通过深化馆校合作机制，可以高质量地推动“馆”与“校”之间的双向赋能进程，确保科技馆在连接高校人才培养成果与社会人才需求之间发挥至关重要的作用。科技馆与高等教育机构的人才培养合作模式可以是多样化的。通过合作研究、共建实验室、共享资源等方式，科技馆与高校之间建立了紧密的合作关系，为研究生们提供了更为广阔的实践学习场景，也使得科技馆得以不断更新其技术设备和研究方法，保持其领先地位。同时，科技馆与高校的合作也带来了新的思维和观点，为科技馆的发展注入了新的活力。这种良性互动不仅促进了科普教育的普及和科学研究的深入，也使得科技馆成为一个充满创新和活力的场所，更好地将科普教育资源转化为社会生产力，丰富了研究生的实践学习场景，为他们提供了更为广阔的探索平台，满足社会对专业技能和创新能力的需求。这不仅有助于推动社会的发展和进步，促进了科普教育与科学研究的良性互动，也为个人提供了更多的发展机会和空间，最终实现了教育资源与社会需求的精准匹配与高效转化。

（二）研究生联合培养基地建设的经验做法

一是提前摸底，双向选择。目前浙江省科技馆推出了展览教育部、科学院、科普活动部、青少部、编辑部五个业务部室提供实习岗位，针对性地对进入部门的研究生进行实践指导，定制教学方案。为更好地服务学生，提前掌握研究生专业背景、实习需求、毕业设计方向和意向实习岗位，同时向实习生展示科技馆行业发展历程、单位文化、品牌活动、岗位职责等，帮助研究生们尽快了解岗位工作。结合研究生本科专业、个人意愿、毕业设计方向和部门职责，充分沟通，精准匹配对应的研究生开展实习。在充分尊重学生实习意向的基础上，灵活调整，在实习安排上以培养具有一定的科普讲解能力、科学课程开发与授课能力、科学实验开发与表演能力和项目策划管理能力的高素质复合型人才为目标，推动双方共育人才、共研课题、共享资源、共谋发展。学生进入的实习部门见表 1。

表 1　2022 级科学与技术教育专业硕士研究生实习部门分配

本科专业	毕业设计方向	想要参与实习的部门（第一志愿）	最终进入的实习部门
教育技术	教师环境素养影响因素	科普活动部	科普活动部
科学教育	网络探究环境下支持的初中科学教育	科学院	科学院
食品科学	试错学习和无差错学习的教学效果研究	科普活动部	科学院
软件工程	高阶思维的智能评价	科普活动部	科普活动部
国际经济与贸易	幼儿教师视角下的户外教育	科学院	科学院
应用物理学	研学旅行	科学院	科学院
应用物理学	促进学生迁移能力发展的作业设计	科普活动部	青少部
高分子材料与工程	教师教学效能感与探究教学法	科学院	编辑部
食品科学	项目式教学中学生参与评价	科普活动部	科普活动部
土地资源管理	融入科学写作的天文科普活动设计与实施	科普活动部	展览教育部
科学教育	小学科学项目化学学习教学支架设计	青少年工作部	展览教育部
化学	中小学教师和学生对社会性科学议题的看法	科学院	青少部
教育技术	场馆天文科普游戏设计与应用研究	展览教育部	展览教育部
俄语语言文学	俄罗斯教育	编辑部	编辑部

在表 2 中，7 位学生的实习意向部门与最终的实习部门相匹配，7 位学生的实习意向部门进行了调整，但是均为科普一线的实习岗位。学生实习部门需求和实际提供岗位不能完全匹配的原因是多种多样的，由于项目进度、人员配置或部门实际工作需求等原因，无法提供足够的实习岗位。为了更有效地利用资源和优化实习效果，根据学生能力与岗位匹配程度将学生的实习意向进行调整。而所有学生进入的均为一线科普岗位的原因是，一线岗位对于学生的实践能力和科普传播技能的培养可能更为关键，因此优先考虑将这些学生分配到这些岗位。

二是优选导师，重视实践。浙江馆特别配备了部门实习指导教师，制定了详尽的实习计划方案，实习任务与科学与技术教育方向密切相关，针对学生专业需求开展了多场业务技能提升培训，各部门还针对岗位职责设计了活动策划、课堂观摩、教案研发、展厅辅导、剧本编写、课程助教、科普讲解、青少年科技竞赛辅导等实习环节，提供场景丰富、资源密集的实习实践场景。导师和学生共同组织开展综合实践活动和研究性学习，联合开发特色课程以及优质科技体验项目，通过实践让学生的科普辅导能力和业务能力得以迅速提升，有助于学生加强对本专业的认识，帮助他们了解科技馆的科普方向和优势作用，积极地与自己的专业背景及研究方向相结合，有助于今后专业的学习和项目研究。根据实习安排和学生上交的实习总结，见表 2。

表 2　科技馆各部门研究生承担的主要实习任务和个人收获

实习部门	实习内容	实习收获
青少部	暑期各类青少年科技教育活动的筹备与实施	学习到了在中小学校以外开展大型科学教育活动的方法，也锻炼了公文写作、活动策划、沟通管理等能力
科学院	担任暑期夏令营、周末公益课助教老师，参与课程设计、课程优化和实施	锻炼了教学能力、沟通能力、组织能力、应变能力，也提高了自身教学技能和沟通技巧
科普活动部	承担科学展览、科学教育活动和场馆活动宣传	理解和熟悉科普活动的策划、组织和执行流程，提高自身教育活动研发能力
展览教育部	辅助和试讲科技馆展厅科学课程；提供科技馆参观导览服务活动	学习在一线服务和接待公众的技巧，提升了基于展品开展小课堂的能力

续表

实习部门	实习内容	实习收获
编辑部	科普类文章审稿、参与拍摄科普活动、发布抖音视频	掌握编辑审稿等实用性技能，深入了解了科普类文字编辑工作的严谨性、专业性和细致性

从图表3可以分析得出，所有的实习岗位都与科学教育、科普活动相关，在个人收获上，实习期间，研究生都可以接触到科技馆中的各类展品和资源，学习如何设计、策划和实施科普活动，这些实践操作有助于他们将抽象的理论知识转化为具体的实践能力。同时，通过与观众的直接互动，研究生可以培养出色的沟通技巧，学会如何根据不同群体的特点进行有效的科普传播，这对于提高科普活动的吸引力和互动性至关重要。不论是何实习岗位，研究生都需要进行团队协作，需要与来自不同领域的科技馆同事共同合作，这不仅锻炼了他们的团队协作能力，同时让他们深刻认识到了科普工作的重要性，增强了作为科普传播者的责任感与使命感。

三是协同发展，双向赋能。定期开展教师交流互派活动，科技馆职工可免费参加浙江大学开展的科普教育课程讲座、培训等活动。研究生在一个月的实习期结束并报备获得同意后，还能依据自身学习需求，继续参与浙江省科技馆策划推出的科学传播活动。鼓励学生在科技馆的特定科技领域与高校不同学科之间进行交叉学习，以此促进知识的多元融合，培养创新思维。由科技馆馆领导担任科普专业研究生的毕业论文答辩委员会主席，全程指导学生毕业设计，充分利用场馆的人力、物力资源，提供全方位的专业指导，助力学生保质保量完成毕业设计和毕业实习。利用高校科学营、英才计划、青少年科技创新大赛、科技馆小达人、科学有观等品牌活动和赛事，充分为高校研究生培养和科技创新提供助力；推出“浙大研究生的科学小课堂”等活动品牌，鼓励研究生基于场馆展品展项策划项目式教案，面向观众进行教学，对观众进行调研观察，做好案例分析研究等。

目前，浙大研究生在指导老师的辅助下，经过试讲、磨课，独立面向展厅观众策划完成了周末公益课、科学手工坊、展厅科学课等教育活动16课次，并且有针对性地结合实习岗位和实习内容，设计了详细的问卷调查、现场观察和深度访谈计划，直接面向参观科技馆的公众进行数据采集，面向科技馆辅导员进行交流访谈和跟踪观察，获得一手真实数据和信息，这些原始数据不仅为学生提供了坚实的实证基础，还极大地促进了课题研究思路的拓展和方法的创新，从而有效推进了课题研究的进程。

（三）科技馆与高校联合培养研究生的思路与对策

1.建立高校与科技馆稳定的联合培养关系，明确职责，合作共赢

馆校双方应加强沟通交流，签署共建协议，打造研究生联合培养基地，建立稳定的联合培养模式，打造科研实训基地，提供先进的科研设备和实验环境，为培养高水平研究人才，提供场景丰富、资源密集的实习实践场景，支持学生开展科研项目和实践活动。建立信息共享机制，向高校开放科技馆的科普资源、科研成果及行业动态，实现科技文献、数据库等资源的互通有无；建立科研资源共享机制，高校的科研设施与科技馆的科普展览空间互相免费开放，实现设施资源的互补与高效利用，促进双方资源的有效整合与利用；建立研究生管理共享机制，建立和完善研究生报考、招录、课程教学、培养环节、实习实践、后勤保障、就业指导、日常管理等一系列配套制度和规范流程，约束规范馆校各方的行为和职责，制定研究生管理办法，制定基地学习和实践的管理方案。通过科普课程共建、科研项目共申、创新课题共研等渠道和方式，确保联合培养工作顺利开展。通过理论与实践相结合的方式促进馆校产学研协同，构建新时代研究生培养体系。

2.设计围绕科普专业背景的实习实践课程，面向需求，加强实践

联合培养研究生课程设置应以学生的实际需求和职业规划为导向，提升学生在人才市场上的竞争力，充分利用科技馆自身的软件、硬件优势，以综合素养和应用知识与能力的提高为核心，提供多样化的具有科技馆特色的培训课程。将专业性和职业性进行科学融合，针对高校研究生的专业，制定符合实际的培养制度。课程体系的设计要促进研究生的培养进程，尤其是要设计具有场馆特色的，将理论与现场实践相结合的实践课程。根据科技馆自身的教育活动特色与研究生的毕业设计方向，共同设计跨学科、实践性强的课程模块，如“科技馆科学传播活动的策划与实践”“跨学科场景式项目设计

与实施”等。引入案例分析教学，提高课程的实用性、实践性和指导性，利用科技馆丰富的科普活动和展览案例开展教学，增强学生的问题解决能力和实践操作能力。教学形式可以更加灵活多样，采取专家讲座、课程观摩、场馆调研、项目开发、活动实践、课题研究等多种教学方式。通过参与科技馆的实习，深入了解和探究科技场馆的运营管理、科普活动品牌的策划实施等内容，帮助学生真正将理论知识运用于实践，切实提高科普素养，提升专业能力，对于培养研究生的专业信心，增强研究生的就业能力及提高研究生服务社会的能力有着极大的推动作用。

3.落实严格科学的校内校外双导师责任制，优选导师，优势互补

要积极推动学校和场馆双导师制度的构建，馆校双方共同组建和遴选导师团队，实现多维度、多层次科普人才培养，表彰和奖励教学成果显著的导师，真正做到以教学促科研，科研带教学。定期组织高校导师与科技馆专家进行学术交流与培训，提升双方的指导能力和合作水平，馆方和校方的导师队伍的组建，能够让研究生在学术研究与科普实践两方面都得到专业指导。要对导师进行岗前培训，明确导师职责，让科技馆导师充分熟知高校管理模式和学生培养要求，让高校导师能充分借用科技馆的平台资源，更好开展具有实践指导意义的课程。导师团队，既是一个工作团队，又是一个科研团队，也是一个教学团队，同时服务于科技馆和高校。这种双导师制度可以让馆校双方共享教育培训资源，科技馆可以从学校获得最新教学动态和教研进展，获得高校的学术研究支持，设计出更加完备的服务青少年科学素质提升的校外科学课程，学校也能够获得科技馆的展品更新情况、活动动态和技术、场地支持，把一些课程搬到科技馆来开展，和毕业设计、就业需求紧密结合，最终达到优势互补的效果。

4.建立完善系统的馆校联合培养评价机制，定期回访，综合评估

馆校联合培养基地需要建立考核评价制度，监督反馈机制，对合作项目进行定期评估，根据评估结果调整合作方向与重点，以评促改，以评促建，评建结合，确保合作成效的持续提升。一是对馆方、校方联合培养研究生的课程质量和实习方案进行评价，并建立一套科学合理、兼顾教学与科研

的课程质量评估体系。尤其是对于科技馆而言，如果对于校外的培养基地缺少有效的培养评价和约束、监督机制，难以在实际层面上深入按照联合培养的要求系统性地开展工作。[4]二是要对研究生自身学习成效、实践成果进行评价，设立奖惩措施。构建包括学术成果、科普贡献、团队协作等多维度的研究生评价体系，全面评价学生的综合素质。根据研究生入驻联合培养基地的工作天数、任务完成质量、实习总结等考核要素的要求，为研究生提供餐饮、交通等奖励性补助，提供课题项目等学术性奖励。完成馆内的实习实践工作后，要积极与校方保持定期对接联系，进行跟踪反馈，对评估的结果进行整改和优化，将工作重点放在保证研究生在掌握理论知识的情况下，同时能够让学生掌握丰富的实践经验，促进研究生的全面发展。通过定期评价、反馈与改进机制，及时了解馆校合作过程中的问题与不足，不断优化联合培养的模式与策略。

四、结　语

总之，馆校联合培养模式需要充分利用高校的理论优势、学术研究优势和场馆的实践优势和公众资源，以行业岗位需求为导向，形成产教融合、馆校密切合作、校内理论学习与校外应用实践有效衔接的科普专业学位研究生联合培养模式。目前，这种培养模式仍处于探索实践阶段，需要建立完善的监督和评价机制，加强合作的持续性、管理的规范性，进一步创新培养模式，激发合作双方的积极性和主动性，拓展专业学位研究生实践的广度和深度，提高研究生培养质量。通过建立完善系统的馆校联合培养评价机制，积极探索新的合作模式与机制，不断拓展合作的广度与深度，为科技馆与高校的合作提供有力保障和支持。

参考文献

[1] 杨岚 . 关于提高新疆科技辅导员素质的思考［J］. 报刊荟萃，2017（02）：119.

[2] 任福君，尹霖 . 科技传播与普及实践［M］. 北京：中国科学技术出版社，2018.

[3] 袁梦飞，周建中.关于新时代科普人才队伍建设的研究与思考[J].科普研究，2021，16(6):(18–24).
[4] 邓艳，吴蒙.全日制工程硕士专业学位联合培养质量保障制度研究[J].黑龙江高教研究，2014(10)：134–136.

作者简介

叶影，浙江省科技馆副馆长，副研究馆员，研究方向为科普活动开发。

叶洋滨，浙江省院士专家服务中心，副研究馆员，研究方向为科普人才培养。

馆校结合助力科学教育实验区的实践与探索

——以吉林省科技馆和长春市朝阳区教育局合作为例

马晓健

科学教育是人才强国的基础性支撑，近几年国家对科学教育的重视达到了前所未有的新高度。2021 年 12 月，教育部办公厅、中国科协办公厅联合印发《关于利用科普资源助推“双减”工作的通知》，2023 年 5 月，教育部等 18 部门联合印发《关于加强新时代中小学科学教育工作的意见》，这些政策的出台让校外科普资源能够更深、更广地参与科学教育。2023 年 12 月，为了在课程资源开发、教师队伍建设、教学方式变革、教育评价改革、场所场景构建、社会力量整合等重点领域和关键环节进行先行先试，破解难点堵点，探索科学教育实施有效途径和人才培养创新模式，构建大中小学段纵向贯通、校内校外横向联动的发展格局，形成一批可复制可推广的典型经验和制度创新成果，教育部拟在全国范围内建设一批中小学科学教育实验区、实验校。

一、现代科技馆体系助力科学教育实验区高质量发展

科技馆是以普及科学知识、弘扬科学精神、传播科学思想和科学方法为理念，以科学教育为主要功能，通过举办科普展览、开展科技培训、组织科普活动等形式，打造展、教、育多维结合公益性科普教育机构，随着我国科技馆行业的蓬勃发展，科技馆在青少年科学教育中发挥着越来越重要的作用。截至 2023 年 10 月，全国达标实体科技馆建成 446 座；流动科技馆覆盖全国 29 个省份 1888 个县级行政区，平均每个县服务 3 次；科普大篷车累

计行驶里程约 5512.8 万公里，相当于绕地球 1375 圈；农村中学科技馆建成 1174 所；数字科技馆网站资源总量达 18.34TB，数字化转型稳步推进。[1]

教育部办公厅《关于推荐首批全国中小学科学教育实验区、实验校的通知》中强调要整合高校、科研院所、科技场馆（指依托专门建设的科技展厅与相关展品面向中小学生提供科学实践教育服务的公共场所）等的优质教育资源，建设区域性科学教育基地（或科学教育中心、联合创新中心等），在课后、节假日、寒暑假免费向中小学生开放，引导学生进课题、进项目、进团队、进实验室，为不同禀赋的学生提供发展空间，加强大学和高中在人才培养方面的衔接，形成科技创新后备人才培养的特色路径。现代科技馆体系的发展，为新时代科学教育的全面开展提供了更多实施路径，也使得馆校结合成为助力科学教育实验区、实验校创建的重要方法和途径。

二、吉林省科技馆馆校结合助力科学教育实验区的实践与探索

吉林省科技馆于 2016 年 6 月正式开馆，2018 年开始探索实施馆校结合项目。多年来，吉林省科技馆利用资源优势，通过馆校结合项目积极与各区域教育局在依托展品设计课程、开展科学教师培训、共同举办科技竞赛等内容进行了深度合作。特别是与长春市朝阳区教育局的合作，在合作模式、合作的深度、广度等方面做了很多的探索，产生了示范带动作用。2024 年年初，教育部办公厅发布《教育部办公厅关于全国中小学科学教育实验区、实验校名单的公示》，以长春市朝阳区为例，其中，在创建过程中，吉林省科技馆在与长春市朝阳区教育局在多年合作的基础上，双方继续共同发力，按照创建要求，结合双方优势特点，开展了卓有成效的工作。

（一）共建课程体系，为学生提供连续性、进阶性的科学教育学习辅助内容

课程结合是馆校结合的核心，现阶段小学科学课的课程内容相对缺乏科学探索与科学实践两个重要内容。围绕教育部实验区的创建要求，与学校共

建课程体系，为学生按学段提供可持续的教育内容是双方的重要探索内容之一。经过两年的设计研发，吉林省科技馆的馆内科学教师和朝阳区校内一线科学教师共同开发了《科技馆里的科学世界》系列课程。课程以全面提高学生的科学素养为宗旨，以培养学生的创新精神和实践能力为重点，以促进学生转变学习方式（变被动接受式学习为主动探究式学习）为突破口，以纸质读本和教学资源包立体形式呈现，全面对标小学科学新课标，可作为现阶段科学大纲课程的补充、拓展与提升，定位于小学科学拓展课程和校本课程的应用。

课程流程包含“聚焦”“猜想”“探索”“相约科技馆”“资料卡”等几个基础环节。以“聚焦”作为引入部分，借助科学小实验、魔术快闪、情景故事等形式，激发学生的好奇心，进而引发学生“猜想”。接着在“探索”环节，引导学生利用所提供的“资源包”进行探究实践，并做好学习记录。“相约科技馆”环节旨在将课程所学原理与科技馆内的展品、教育活动相衔接，把探索得出的结论类比应用到解决实际问题的场景中。此外，在章节末尾专门设计了“资料卡”，重点展现科学家事迹，用科学家的精神激励学生进行科学探究。通过理论与实践相结合的方式，加强青少年科技创新教育，着重培养学生的探究精神。

2021—2024 年，这套课程在长春市朝阳区的三所学校开展试点，共覆盖 72 个班级，惠及近 3000 名学生。课程利用校本课程和课后服务时间段进行开展，形成了连续学习机制。在这一过程中，科技馆的科学教师携带教具走进学校课堂，与学校科学教师共同备课、协同授课。在校授课 3~5 节后，安排学生统一前往科技馆，或者在节假日带着问题前往科技馆，即采用“3+1 课程模式”，实现馆校结合的双向奔赴。

（二）深化“双师教育”，以教师培训为抓手，不断加强科学教师队伍建设

教育部基础教育教学指导委员会科学教育专委会于 2021 年下半年组织了覆盖全国 31 个省份的大规模调研，结果发现：我国小学科学教师队伍结构严重失衡，专业发展羸弱，实验资源匮乏，缺乏精准化和专业化培训。[2]

科学教育实验区创建的重要基础是实施队伍的能力，针对这一情况，现阶段馆校结合的重点要放在师资结合和教师培训上，学校的科学教师在完成教育任务的前提下，可以利用科技馆师资资源进行探究性教育和拓展性教育，科技馆的科技辅导员对课程内容把握不够精准，但是在利用科技馆进行探究和启迪的教育方法上有很大优势，双师结合可以对科学教育产生很大推动。与此同时，科学教师的培训也需要常态化、制度化地实施和开展，针对馆校结合需要给科学教师和科技馆辅导员之间搭建更多交流平台，重点应在“基于科技馆科普资源的项目式课程开发”，依据“缺什么、训什么”的原则精心安排，着重突出新时代科学教育的内涵，以师资集合和教师培训促进科技馆科普资源融入中小学科学教育课程体系。

吉林省科技馆与朝阳区教育局深化“双师共建”模式，选派培训了30人的科技馆教师团队，入校与科学教师结对，共同研讨、备课、授课，精准把握教学内容，不断提高教学质量。同时，制订寒暑假教师培训计划，建议签约校逐步配足、配齐科学教师，建立馆校结合项目组，通过师资结合不断深化馆校结合，加强科学教师队伍建设。

2018年开始，双方每年定期开展科技辅导员专项能力培训，每年的9月份面向全区科学教师和科技辅导员发布通知，在吉林省科技馆进行为期3天的理论与实践培训，6年来，共有900余人次参加培训，为多元化提升科学教师水平提供了新模式、新思路。同时，在2023年、2024年吉林省科技馆连续承办由中国科学技术馆主办的“馆校合作中小学教师科学教育实践能力提升培训”项目，线上同步向朝阳区各中小学进行直播，进一步增强了教师们整合校内外科学教育资源、设计跨学科主题学习活动及实施综合实践课程的能力，对于提高中小学科学教育教师队伍素质，提升科学教育质量，实现教师科学素养向高水平发展产生了积极影响。

在科学教育实验区创建的过程中，以教师培训为抓手，搭建平台，让更多优质的场馆资源走进课堂、走进学校，也让科学教师更好地了解和使用科技馆资源，共同助推科学教育的高质量发展。以强化校内、馆内师资为关键发力点，吉林省科技馆也将持续与朝阳区教育局加大在科学教师培训上的投入，承办好科学教师和科技辅导员能力提升培训，同时不断帮扶区域内签约试点学校，做好“双师教育”，做好教师能力提升保障。[3]

（三）形成常态化科教融合协同育人机制，拓宽馆校结合服务内容

2024年3月，吉林省科协、长春市科协、长春市教育局共同签订了《“科教融合”助力新时代长春青少年科学教育发展合作框架协议》，协议为馆校结合提供了政策性支持，打通了学校与科技馆全方位合作的壁垒，本次省级科技馆与区域中心城市教育局在科学教育方面全面深度合作在全国范围内尚属首次，开辟了馆校结合的全新局面。通过政策保障，为馆校结合全面推广提供了基础，区域内科技馆青少年科学教育活动的数量由少到多，水平由低到高、学校需求由冷变热，科技馆教育实现了场馆与学校的深度结合。[4]吉林省科技馆与长春市朝阳区教育局逐步增强馆校共建进行科学学习的质量，逐年增加合作示范校的数量，目前全区共有12所学校进行试点工作。通过与共建校共同开展科学课程、科学节、全国科技馆联合行动等主题科普活动，把科技馆的科普剧、科学实验表演、科普大篷车、流动科技馆等项目与学校的科学教育有效融合，高质量实现“馆”与“校”的双向赋能。

2017年以来，吉林省科技馆与朝阳区教育局先后开展了科普大篷车走基层、全国科技馆联合行动、科普专家进校园等各类科学教育活动，拓宽了馆校结合的服务内容，助力科学教育发展。2021年，中国空间站“天宫课堂”吉林站分课堂在朝阳区的馆校结合示范校解放大路小学开展活动；2023年，全国科技馆联合行动“美丽中国”主题活动专家相继在朝阳区朝阳实验小学、艳春小学开展科普讲座，把科技馆行业的各种优质科学教育资源引入学校，建立长效合作机制，打通合作渠道，为馆校结合提质升级提供保障。2023年，《中国教育报》专栏对吉林省科技馆与朝阳区教育局的合作进行了报道，给予了高度评价。将最前沿的科技知识普及给学生，学生们近距离感受科技的发展和进步，将书本中、课堂上学到的知识在实践体验中印证和升华，同时能接触到书本中所没有的知识，科技视野得以拓展，科技兴趣得以培养，双方在馆校结合的实践探索方面已迈出了坚实的一步。

（四）注重共建效果，建立多元化科学教育评价机制

馆校结合进行科学教育的目标是培养学生的核心素养，而非单纯培养知识与技能。所以在进行考核评价时，不应该过于看重学生习得知识的多少或分数的高低，而应特别关注学生参与的态度、解决问题的能力和创造能力，关注学习的过程和方法，关注交流与合作，关注动手实践以及所获得的经验、教训。因此，要采用形成性评价的方式，重视对教育过程中的评价，使评价成为学生学会实践和反思、发现自我、欣赏他人的过程。同时，强调评价的激励性，鼓励学生发挥自己的个性特长，施展自己的才能，努力形成激励广大学生积极进取、勇于创新的氛围。[5] 吉林省科技馆在对试点学校的学生学期末评价中，采用了书面材料的评价与对学生的口头报告相结合，课内作品完成、展示和创新内容相结合；教师评价与学生的自评、互评相结合；小组评价与组内学生互评相结合等多种评价模式，并坚持在每学期结束组织科技竞赛或科技作品项目，通过建立多元化的评价机制对学校的考核机制进行补充，强化科学教育实施效果。例如，吉林省科技馆与长春市朝阳区教育局每年固定举办“阳光杯”科技创新大赛，已经持续了 8 年，参赛学生达到 4000 人次，通过竞赛机制为学生的科学教育水平展示提供了平台；与馆校结合示范校联合举办科学教育资源包征集大赛，已成功举办了两届，收集科技作品 300 多件，这些活动内容为具有科技特长、有创新创造能力的学生提供了展示机会，注重科学教育的内在要求，为馆校结合科学教育的评价提供了更多内容。

三、结　论

中共中央总书记习近平在中共中央政治局第三次集体学习时强调要在教育“双减”中做好科学教育加法，激发青少年好奇心、想象力、探求欲，培育具备科学家潜质、愿意献身科学研究事业的青少年群体。在科学教育实验区、实验校创建的关键时期，科技馆行业应发挥优势，与教育部门通力合作，通过馆校结合为科学教育做加法提供了更多的实现路径。

馆校结合让科技馆的资源得到充分利用，科技馆科技教师的教育实施能

力显著提升，实现科技馆科教融合的良性可持续发展。同时，馆校结合能够为学校拓展科学教育学习内容、提升教师科学素养、解决科学课教学实践不足、场景不够等方面提供支持。吉林省科技馆与朝阳区教育局馆校结合实施七年以来，紧跟科学教育新形势，不断汲取先进馆的经验，开创了“双师共建”“3+1 馆校课程模式”等一些创新做法，取得了一定成绩，但也存在很多不足和亟待改善之处。比如在与教育机制结合的灵活性、实施人员的激励机制、推广过程中不同层面学校的适应性等方面仍需要找到新的解决思路。吉林省科技馆与长春市朝阳区教育局在科学教育实验区建设中的合作探索，旨在为科技馆与学校协同推进科学教育提供有益参考，相信通过馆校之间的紧密合作与共同努力，科学教育的宏伟目标必将早日实现。

参考文献

[1] 钱岩 . 现代科技馆体系：让科普与人民群众“零距离”[N]. 光明日报，2023-12-31（06）.

[2] 郑永和，杨宣洋等 . 我国小学科学教师队伍现状、影响与建议：基于 31 个省份的大规模调研 [N]. 华东师范大学学报（科学教育版），2023-04.

[3] 王殿军 . 科学教师专业发展及队伍建设的可行路径 [J]. 中国基础教育，2023（2）：26-28.

[4] 朱幼文 .“馆校结合”中的两个“三位一体”：科技博物馆“馆校结合”基本策略与项目设计思路分析 [J]. 中国博物馆，2018（4）：91-98.

[5] 郝朝阳 . 馆校深度融合 博物馆课程这么开 [N]. 现代教育报，2020-11-5.

作者简介

马晓健，吉林省科技馆副馆长，研究方向为科技管理。

实践共同体视域下馆校合作对学生科学能力提升的研究

——以中国农业博物馆《悯食记》科普剧为例

赵靓　陈旭　张硕

当今时代，科学技术作为推动社会进步与发展的引擎，其重要性日益凸显。青少年作为国家的未来与希望，其科学素养与创新能力的培养直接关系到国家竞争力的提升和社会可持续发展的能力。在此背景下，构建高效、多元的教育体系，特别是加强学校与科技馆、博物馆等社会教育机构的馆校合作，成为提升青少年科学能力、激发科学兴趣、培养创新精神的重要途径。馆校合作政策是近年来教育领域的一项重要举措，旨在通过资源共享、活动共办、课程共研等方式，将场馆丰富的教育资源引入学校课堂，同时将学校的教育需求延伸至场馆，实现教育内容与形式的创新融合。

一、研究背景

（一）政策支持

2020 年 10 月，教育部、国家文物局联合印发《关于利用博物馆资源开展中小学教育教学的意见》，推动建立馆校长效合作机制，促进博物馆教育资源与学校教育的有效衔接。2021 年，教育部印发《中华优秀传统文化进中小学课程教材指南》和《革命传统进中小学课程教材指南》，明确将文化遗产、博物馆体验式学习纳入相关教育要求。同年，国务院印发《全民科学素质行动规划纲要（2021—2035 年）》，将青少年科学素质提升放在 5 项提升行动的首位。2023 年 5 月，教育部等 18 部门联合印发的《关于加强新时代中小学科学教育工作的意见》提出，通过 3~5 年努力，大中小学及家校社协同育人机制明显健全，科学教育质量明显提高，中小学生科学素质明显提升。国家出台的关于馆校合作的重要政策，体现了对发挥博物馆在中小学校外教育中作用的关注，是深入实施馆校协同育人的重要探索，也是“世界百年未有之大变局”持续深化时代背景下的必然选择。

（二）多方实践

2024 年国际博物馆日中国主会场活动开幕式上，国家文物局发布 2023 年我国博物馆事业发展最新数据，全国已备案的博物馆达 6833 家，举办陈列展览 4 万余个，组织教育活动 38 万余场，接待观众 12.9 亿人次，创历史新高。博物馆已成为我国公共文化服务的重要提供者，也是开阔中小学生视野，学习文化知识，提高综合素养的重要阵地。

为顺应新形势，满足新需求，全国各地博物馆纷纷开展多种形式的馆校合作，取得了良好成效。总体来看，馆校合作的模式主要可以分为三种：第一种是提供者与接收者模式，如博物馆科普进校园、进社区等，博物馆作为科普知识的提供者将基于馆藏资源的课程带进中小学课堂，或者学校组织中小学生实地参观博物馆，获取相关知识，这是目前比较普遍的合作方式。第二种为一方主导的互动合作模式，馆校双方在前期进行充分沟通需求，中小学生前往博物馆参加社教活动，或科普工作者基于教育规律和大纲设计研学课程。如江西省博物馆着力打造第二课堂，拓宽知识渠道，策划推出一系列丰富多彩的社会教育活动，推出“三点半博物馆”课后服务体系，为孩子们开启丰富多彩的第二课堂。[1]第三种是有第三方参与的合作模式，旨在基于多主体协同，实现高质量馆校合作。与前两种模式相比，这类模式互动性更强，形式更灵活，效果更好。如山西省临汾市博物馆与临汾市市教育局联合开展实验课程研究探索，结合临汾博物馆现有资源，运用数字化技术打造《最早中国》互动课堂。

在现有关于馆校合作的研究中，大多聚焦于通过分析案例来总结经验，缺乏馆校合作对提升青少年科学能力的实证研究。因此，本文以实践共同体理论为分析框架，结合质性研究方法，探究提升科学能力的提升路径和效果，即馆校合作活动如何提升青少年科学能力和提升青少年的科学能力具体包含哪些方面，以期为馆校合作高质量发展提供新的视角和思路。

二、合作策略：构建馆校合作实践共同体

实践共同体概念最早由美国的莱芙和温格（1991）在《情境学习：合法的边缘性参与》中提出，强调人、活动和世界之间的一系列关系。1991 年，布朗和杜吉德在他们共同发表的《组织化学习与实践共同体走向工作、学习和创新的统一》一书中首次将实践共同体的概念应用于商业组织中，成为组织管理中的一个重要问题。在 1998 年，温格界定了一个更加明确的实践共同体概念："我们相互学习，随着时间发展，这种集体的学习产生了实践——它既反映了我们合作事业的追求，又反映了因此产生的社会关系。所以，这种实践是在共享事业的追求中创造的共同体属性。因此，有理由把这种共同体称之为实践共同体。"2002 年，温格、麦克德莫特和斯奈德出版了《培育实践共同体》，在该书中没有明确对"实践共同体"的界定，更注重的是从理论建构转向实践运用的视角。[2]

实践共同体理论认为学习是一种社会合作参与的活动，在该理论中，实践共同体中具有三个彼此相关的结构因素，分别是：共同参与（mutual engagement）、共有的事业（joint enterprise）、共享的知识库（shared repertoire）。具体而言，共同参与是指共同体成员在空间和时间上有充分的交集，并产生整体与部分的依存关系；共有的事业是指共同体成员为了共有的目标形成整体，是共同参与的基础和前提；共享的知识库是指共同体成员为创造共同的事业生产的教育知识、公共资源、实践经验等。[3] 这三个结构因素与馆校合作的教育模式非常契合，这为我们重新认识馆校合作提供了新的视角和实践方向。

就本文而言，我们可以把馆校合作实践共同体描述为：博物馆和学校由于共同的教育目标而非正式地连接在一起的群体——能够在真实或创设的教学场域中，相互沟通交流，创造共享的知识成果，进而促进合作的教育效果。在共同体中，校方的主要角色和责任是提供体系化课程的标准支撑，同

时带动学生家长作为合作的志愿者献计献策；馆方的主要角色和责任是开放特色教育空间，提供互动探究的实物和真实情境，双方通过参观讲解、送课进校、开展科普活动等形式形成紧密联结。

三、实证研究

（一）中国农业博物馆馆校合作模式

科学教育更重要的是激发科学兴趣，培养科学素养与探究精神，校内的科学教育让孩子建构起基础的思维能力，校外实践能让孩子学以致用，由此点燃孩子的科技梦想，培养兴趣、发展志趣。以此为出发点，中国农业博物馆与 H 小学馆校合作，推出科普剧社教活动，双向赋能提升学生核心素养。

本次社教活动以科普剧排练与展演、送课进校园、博物馆参观、主题特色讲解等多项体验式、互动式、探究式的学习实践活动为主要内容，帮助青少年学习农业科学知识，激发科学学习的兴趣。

具体分为两部分，一是科普剧表演。由中国农业博物馆带领学校学生共同构思创作，邀请业内专家研究员进行内容指导、戏曲专业老师进行艺术指导。排练每周在 H 小学开展一次，为期半年，共计开展 15 次，并定期在线上平台宣传。同时，配套了其他科普活动，例如，让学生前往中国农业博物馆参观，更加直观地感受数千年积淀的农耕文明，并开设小麦的种植科普课程，系统学习小麦种植、收获、加工等知识。

（二）研究问题与研究方法

为考察馆校合作对青少年科学能力的提升路径和提升效果，本文以参与科普剧主题活动的师生为研究对象，采用质性研究的方法进行分析。

1. 资料收集

在资料收集方面，主要通过半结构式访谈（访谈提纲详见本文附录）、实地观察等方式收集资料。分别对 H 小学 6 名教师、2 名戏曲专业指导教师和 7 名参与科普剧活动的小学生共 15 人进行一对一访谈，并将语音转录成文字，共 9 万余字。

2. **资料分析**

本研究基于实践共同体理论，着重关注实践学习环境的设计、构建，实践主体的参与行为和结果。将转录好的文字资料导入质性研究软件 Nvivo 11PLUS，进行深入分析。

具体分析过程如下：首先，反复阅读 15 份转录文本；其次，找出被访者所述的故事中蕴含的共同主题；最后，再次阅读文本，将某些多次出现、并具有共同意义的词语或内容进行编码，这些词语或内容所代表的不同主题就是本研究需要回应的问题答案。例如，在 15 份文本中，一共有 27 处反映了被访者对沟通交流的重视。因此，我们使用“建立广泛的交流平台”这个主题作为一个码号，当文本涉及这个主题时，就会被编入该码号。

（三）讨论与分析

通过质性研究方法，将文本中具有相同内涵的词条进行分类和统计，并结合实践共同体理论，以提升科学能力作为共同的事业，从共同体的空间构建、共同体的时间维系、信任和共享技艺库三个角度对词条进行提炼（见表 1），总结出六项提升青少年科学能力的实施路径：一是创设农业生产实践的平台；二是建立广泛的交流平台；三是开展定期、高质量的科普剧排练；四是提升馆校合作的认可度；五是馆校合作要向纵深发展；六是对馆校合作成果展开评价。

表 1　馆校合作实践共同体提升青少年科学能力路径的编码表

部分相对应的访谈资料	开放式编码 / 词频	轴心式编码	选择式编码
“我们这个剧本创造了一个小孩探索粮食从播种、中耕管理再到收获的故事，让孩子们懂得珍惜粮食。” “让学生们去扮演小麦、石磨，通过拟人化的方式让他们更有沉浸感。” “只在电视上见过种田，这是第一次自己去种。”	表演农具 /5 体验农事活动 /2	创设农业生产实践的平台	共同体的空间构建

续表

部分相对应的访谈资料	开放式编码 / 词频	轴心式编码	选择式编码
“每次看剧本我都有很多想法，但是不知道是不是对的。” “我对表演兴趣不太大，但我觉得写剧本还挺有意思的。” “能和其他同学一起还挺好的，如果是我自己可能就不想去了。”	写剧本 /4 表达欲 /2	建立广泛的交流平台	共同体的空间构建
“每周我们都要进行排练，我特别期待周五的排练。” “每节课前，博物馆社教老师都会和戏剧老师进行沟通，提前做好课程规划，课程内容都经过馆校双方确认与打磨。”	每周五排练 /10 课程规划 /6	开展定期、高质量的科普剧排练	共同体的时间维系
“我经常回家和我妈妈聊聊学校排练的事情，跟她讲了农具如石磨、镰刀。她说大家可以试试手工制作一些演出道具，我觉得这个主意很好，就告诉了戏剧老师。” “我们家每天晚饭都会讨论科普剧的事情，特别有意思。”	家委会 /1 家长志愿者 /4 家庭分享 /6	提升馆校合作认可度	
“之前去农博参与过很多活动，同学们都记得去参观、体验缫丝等。” “我可能已经去过五六次农博参观啦。” “农博离我们学校比较近，过去也比较方便，学生们也特别愿意去。”	长期合作 /3 常去参观 /2	馆校合作向纵深发展	信任和共享技艺库
“我非常期待能在舞台上为大家汇报展示。” “最想看的就是这部剧最后演出来的样子。”	展示表演 /3	对馆校合作成果展开评价	

1. 实践共同体的空间构建

实践共同体的空间构建是指营造共同体成员之间互动的物理空间，即博物馆与学生之间开展共同实践的场域。

（1）“提供现实中种地的生活情境”，创设农业生产实践平台。创设一个真实的农业生产生活场景，是构建实践共同体的前提条件。本次戏剧以小麦生产加工和粮食安全为背景，让学生在整个学习和排练过程中，都能沉浸式地参与农业生产实践。为了让学生更好地融入真实情境，中国农业博物馆还配套开展了作物种植等农事体验活动。学生走进田间地头，亲自参与耕地整地、播种、培土等农事活动，学习使用镰刀、耧车、石磨等传统农具，以此弥补农业生产经验的不足，并搭建一个与博物馆资源共同实践的平台。

（2）“剧本研读与排练创作”，建立广泛的交流平台。实践共同体成员之间的充分交流、共同实践是共同体有效存在的必要条件。科普剧创作前期，主要由博物馆专家与社教工作者进行活动策划与剧本框架的搭建，待初具规模后，与戏剧学校老师进行交流，丰富每部分情节的表演形式。在每次排练结束后，会给学生发放下周的剧本片段，学生会根据剧本内容查阅资料，补充扩展知识。在每次排练前，设置了半小时的剧本交流环节，学生和学生之间、学生和老师之间会针对剧本内容、查阅的资料、排练创作等内容展开交流，激发学生的表达欲望，增强学生的沟通表达能力。班主任刘老师表示：“有个孩子开始了自己的文学创作，写了满满 10 页 A4 纸的作文。”

2. **实践共同体的时间维系**

在实践共同体中，保证青少年定期参与交互活动的时长，是开展共同实践的重要保障。

（1）“每周五下午两小时的排练时间”，具有价值的线性时间，其价值体现在能够开展定期且高质量的科普剧排练活动。排练时间分为三个部分：首先，将学生分为两组，每组配备一名戏剧老师带教，老师带领学生模仿动物、植物、静物，帮助学生释放潜能、解放天性；其次，进行剧本内容学习与动作练习，学生在老师的引导下回顾上节课所学内容，随后排练新内容，主要采用分组进行和动作示范的方式，由两名老师分别带组，一方面是调动更多学生参与学习，另一方面是通过观看对方表演来分析自身存在的问题；最后，在每次下课前，两组分别进行 5 分钟左右的汇报展示，学习对方组同学的优点，同时发现对方组表演存在的问题并提出改进建议，例如有的同学指出镰刀使用动作不规范、表演时不够专注等。学生在实践共同体中投入的时间不断增加，使其能够熟练掌握表演技能、掌握相关农学知识，同时促进实践共同体形成知识、技术等共享的技艺库。

（2）“家长作为志愿者建言献策”，提升对馆校合作的认可度。在科普剧排练过程中，我们积极寻求家长参与，构建博物馆—学校—家庭的三级联动机制。一名学生提道:“我经常回家和妈妈聊学校排练的事情,向她介绍农具如石磨、镰刀等知识。她建议大家可以尝试手工制作一些演出道具,我觉得这个主意很好,就告诉了戏剧老师。”家长以志愿者的身份参与其中,不仅成为科普剧排练的“观众”,还为馆校合作建言献策。这种合作模式加强了家校间的沟通,显著提升了对馆校合作的认可度。

3.信任与共享技艺库

在馆校合作共同实践过程中,博物馆教育者与学生、学校教师建立了深厚的信任关系。

(1)“博物馆与学校彼此信任、双向奔赴”,馆校合作模式的广度与深度。这种信任关系推动了本次馆校合作向纵深发展。一位学校教师表示:“博物馆在提出这项合作时,我充分相信农博馆的权威性与专业性。”从“广度”来看,科普剧及其他活动形成了纵向衔接的课程体系。例如,小麦的种植与收获与科学课、数学课等学科内容相互关联,体现了馆校合作的连续性和贯通性。从“深度”来看,中国农业博物馆与H小学的馆校合作已持续十年。双方致力于建立馆校协同育人的长效机制,促进教育资源和教育策略的深度融通。

(2)“在博物馆节庆活动汇报展演”,对馆校合作成果的评价。科普剧排练完成后,在中国农业博物馆的节庆活动中进行了线下展演。同时,制作了15分钟的科普剧作品及展演视频,并通过社交媒体进行线上同步宣传。未来,还计划在博物馆、学校、社区等地举办汇报展演。一位学生说:“我可太期待在博物馆舞台上为大家汇报展示啦!”参与馆校合作的教师也对合作过程和成果展示充满热情,表示:“我们非常感谢农博馆提供这样一个展示的大舞台,这是农业博物馆独有的舞台。”

四、共同的事业:提高青少年科学能力

青少年的科学能力是指青少年能运用基本的科学方法处理实际问题、参与公共事务的能力,科学能力是科学素质的综合体现。[4]很多早期教育研究都表明,幼儿园和小学阶段是实施科学启蒙教育的最佳时期,在这段时期,

通过适时、适度的教育引导，可以培养青少年的科学兴趣和科学能力。[5] 2021年，国务院印发《全民科学素质行动规划纲要（2021—2035）》，文件中明确："公民具备科学素质是指崇尚科学精神，树立科学思想，掌握基本科学方法，了解必要科技知识。"因此，本研究将科学能力从这四个维度进行阐释，分析馆校实践共同体对青少年科学能力的提升（见图1）。

图1　馆校实践共同体对青少年科学能力的提升

（一）以情景创设为载体，构建知识体系

在馆校合作实践共同体中，校方结合课标要求和教材内容，列出与校内课程相关的科学知识点；博物馆通过创设真实的情境，帮助学生拉近科学知识与日常生活的距离，在实践中构建知识体系。结合本次活动案例，博物馆通过创设农业生产实践的真实情景，将学习空间从教室转变为农田和排练室，极大地激发了学习兴趣和学习动机。学生在剧本研读、角色扮演、即兴演练、戏曲演唱的过程中不断整合碎片化的知识，将小麦种植、农具使用、农业现代化等抽象的农业概念转化为学生的主体经验，逐步构建起对农业科学的认知。

（二）以平台搭建为契机，培养科学方法

在中小学课标中，科学方法强调的主要指"一般科学方法"，可分为"获取信息的方法"和"处理信息的方法"，"获取信息的方法"包括观察法和调查法，"处理信息的方法"是指将获取的经验材料信息进行归纳、总结、抽象得到科学概念或者科学规律的方法，主要包括比较法、分析综合法、抽象概括法、类比法等。在本案例中，馆校合作实践共同体为学生们搭建了一

个交流合作的平台，学生围绕剧本内容开展调查研究，他们在农学专业老师的协助下进入田间地头观察作物的生长状态，逐渐接触到了关于水、空气、土壤的科学概念，并在每次排练前分享学习成果，激发了学生们持续观察和思考的科学求知思维。

（三）以时间为维系，开拓科学思想

科学思想的形成并非一朝一夕，这种长期性与本次活动的开展模式正相契合。本次活动每周开展一次，为期半年，在这样一个长期学习的教育环境中，馆校合作实践共同体为学生们搭建了一个学习阶梯。虽然对于小学五年级的学生而言，很难取得一些学术性成果，但是学生在学习中的态度已经发生了明显转变。访谈中，和学生们接触最多的班主任提到，很多学生从一开始对农业完全不了解到现在主动去看一些农业类的书籍，有的同学从一开始不参与讨论到主动收集资料提出观点和问题，还有几位同学已经把农业科学研究作为自己今后的专业选择方向，这些都为逐步开拓科学思想奠定了基础。

（四）以共享技艺培养科学精神

培养具有科学精神的青少年是馆校合作的主要目标，也是建设教育强国的核心和建设科技强国的关键。科学精神是人类认识客观世界、追求真理的基本遵循，是推动创新的原动力。本案例中的科学精神主要指实践和探索的科学精神，学生以博物馆的资源为基础，通过独立学习、查阅资料、交流分享、教师引导等方式，不断形成新的行为方式、经历和态度，随之再运用到下一次的实践过程中。比如有的同学通过参观博物馆对石磨产生了浓厚的兴趣，因此将石磨通过拟人的方式加入科普剧中，为了营造更好的表演效果进而再通过查阅资料的方式探究石磨的工作原理和劳动智慧，在实践和探索中不断加深对石磨的了解，形成最终的舞台表演。

五、启示与未来展望

中国农业博物馆与 H 小学的馆校合作，投入了充分的人力、物力和经

费，并尝试引入多样化的社会教育资源，不仅完成了《悯食记》系列展演活动，还探索出提升青少年科学能力的实践路径，显著提升了青少年科学能力，取得了较为丰硕的成果和较好的反响。因此，馆校合作有必要借鉴中国农业博物馆与 H 小学的经验，保持开放，形成“博物馆—学校—家庭”的馆校合作实践共同体，积极与外界支持力量进行资源、信息等的对接，多方共同构建合作平台，形成可持续运转、不断自我更新的馆校合作模式。

中国农业博物馆与 H 小学馆校合作案例还存在一些不足与局限，未来，一是建立有自身特色的馆校合作实践理论体系，构建可持续、可扩展的馆校合作模式；二是建立新的综合素质评价体系，将馆校合作开发的实践内容加入综合素质评价当中；三是希望有更多的社会力量加入，带动馆方与校方不断改进教育项目的开发、设计与实施，为馆校合作注入新的活力，形成共同育人的良好局面。

参考文献

[1] 闫伊乔 . 打造第二课堂 拓宽知识渠道 [N]. 人民日报 . 2024-02-16（05）.

[2][3] 李茂荣 . 实践共同体概念的转化与反思：基于文本的分析 [J]. 教育学术月刊，2015,（07）：27-34.

[4] 叶松庆 . 当代城乡青少年科学素质的比较研究 [J]. 当代青年研究，2009,（05）：38-42+56.

[5] 李铸衡，王海，欧阳美子 . 面向科学素质培养的科学阅读内涵及要素解析 [J]. 当代教育科学，2019,（11）：35-40.

作者简介

赵靓，中国农业博物馆助理研究员，研究方向为博物馆社会教育。

陈旭，中国农业博物馆研究实习员，研究方向为博物馆社会教育。

张硕，中国农业博物馆助理研究员，研究方向为博物馆社会教育。

附 录

1. 与7名学生的访谈提纲

（1）你喜欢参与科普剧这个活动吗？

（2）你对戏剧情节中哪些因素印象深刻？比如语言、服装、肢体动作。

（3）以科普剧的形式介绍粮食的由来，对你了解农业知识有帮助吗？

（4）通过几次排练，当你吃饭时，你会和家人朋友讲起粮食的故事吗？

（5）参加科普剧排练，你觉得自己收获了什么呢？

（6）活动中戏剧表演、老师讲解表演、教师讲座、沉浸式参观博物馆特色展览、教师启发和引导，哪个让你觉得最有意思，为什么呢？

（7）你对后续活动的开展有什么期待吗？

2. 与H小学班主任教师的访谈提纲

（1）现在博物馆教育活动内容、形式非常丰富，那么作为学校而言，科普剧与其他教育活动相比，特点、优势在哪里？为什么？

（2）怎么看待农业与戏曲的关系？怎么看待二者的融合？

（3）科普剧能从哪些方面促进学校教育？

（4）排练过程中，您观察到或者遇到什么困难吗？

（5）怎样评价本次博物馆、小学、中国戏曲学院的“跨界合作”？

（6）您觉得博物馆、小学与国戏在本次活动中分别承担的角色和作用是什么？

（7）经过几个月的排练，您认为孩子发生的最大变化是什么？希望可以举例说明。

（8）从学校教师角度，您觉得博物馆还可以做哪些服务呢？

3. 与戏曲专业老师的访谈提纲

（1）您认为儿童科普剧的最大特点和优势是什么？

（2）在您的课程中，最常用的科普戏剧方法是什么？

（3）经过几个月的排练，您认为孩子发生的最大变化是什么？希望可以举例。

（4）您认为发生变化（变化不明显）的原因是什么？老师在其中发挥了什么作用？

（5）怎样评价本次博物馆、小学、中国戏曲学院的“跨界合作”？

（6）您觉得博物馆、小学与国戏在本次活动中分别承担的角色和作用是什么？

（7）馆校合作科普剧是一个比较创新的尝试，您觉得博物馆在其中的优势是什么？

（8）为什么让学生扮演石磨等农具呢？

（9）怎么看待农业与戏曲的关系？怎么看待二者的融合？

大学科学教育赋能拔尖创新人才培养

——基于约翰·霍普金斯大学天才青年中心的考察

张鸣轩

在中国式教育现代化与发展新质生产力的时代背景下，教育部等18部门印发《关于加强新时代中小学科学教育工作的意见》，意见指出要用好社会大课堂，鼓励高校和科研院所主动对接中小学，引领科学教育发展。[1]此后，教育部办公厅颁布了《关于推荐首批全国中小学科学教育实验区、实验校的通知》，进一步提出要整合高校、科研院所、科技场馆等科学组织的优势资源，为不同禀赋的学生提供发展空间，加强大学和高中在人才培养方面的衔接，形成科技创新后备人才培养的特色路径。[2]目前，我国高等教育出现对基础教育的科学教育带动不足、[3]对科学拔尖人才培养的关注不够、尚未形成科学拔尖创新人才培养贯通式生态[4]等一系列问题，亟待通过科学教育改革加以解决。放眼世界，已经有一些国家对于科学拔尖人才的大学行动进行了较为深入的实践，我国科学教育可以充分发挥经验借鉴和后发优势，在中国化、本土化的经验镜鉴中探寻大学科学教育赋能拔尖创新人才培养的中国道路。

约翰·霍普金斯大学2024年QS世界大学排名第28，U.S. News美国大学排名第九。作为美国第一所研究型大学，在医学、物理学、化学、生理学等自然科学领域共计获得24次诺贝尔奖。在这种学术氛围的陶冶下，大约有三分之二的本科生在学校内从事研究工作，自1979年以来每年凭借深厚的学术底蕴，排名美国联邦研发资金支持的前列。以其浓厚的学术氛围与丰赡的教育资源，1979年约翰·霍普金斯大学的心理学家朱利安·斯坦利（Julian Stanley）创立天才青年中心（The Johns Hopkins Center for Talented

Youth，CTY），旨在为 K–12 的资优生提供有挑战性的学习机会，将大学的科学教育优势延展至基础教育领域中，为塑造卓越的拔尖创新人才奠定组织基础。因此，本研究以 CTY 为研究对象，梳理国外大学科学教育赋能拔尖创新人才培养的典型举措，为我国科学教育发展提供经验镜鉴。

一、科学课程的“两线式”学习

为了满足 K–12 年龄段不同类型天才少年的需要，CTY 开设了线上在线教学与线下暑期学校授课并行的“两线式”学习形式，用以推动资优生的个性化发展与系统性塑造，为拔尖科学创新人才的培养确立了现实路径。

（一）暑期学校课程：梯度进阶的大中小学一体化课程

20 世纪 70 年代，朱利安·斯坦利依托约翰·霍普金斯大学平台开发了快节奏科学课程，取得了良好的课程成效。因此，她将这种课程形式于 1980 年迁移至 CTY 的住宿项目中，并在时间长河中结合大学助力与青少年发展实际需求，渐次充盈课程类目，逐步发展成为当前 CTY 的暑期学校课程。[5] 目前，CTY 的暑期学校课程呈现出“三等级四类目”的课程特点，CTY 通过大学的顶层设计，将课程等级分为初级（Emerging）、CTY 级（CTY–level）和 CTY 高阶（Advanced CTY–level）。课程类目分为探索取样器（Discovery Sampler）、青年学生项目（Young Students Program）、学术探索（Academic Explorations）与深入研究（Intensive Studies），由此建构了 CTY 暑期学校的课程体系。

CTY 依据大学对于学科类型的划分，在以数学、生物医学、计算机科学为代表的科学学科领域进行顶层设计，开发了逐步进阶的大中小学一体化课程体系。其中，一阶课程主要为小学生智力水平的学生开设，发展学科基本知识与基础技能。二阶课程主要为中学生智力水平较高的学生开设，旨在培养学生学科素养。三阶课程则聚焦学生未来学科专业发展，更加深入地挖掘学科的本质内涵与学科前沿。因此，课程能够很好地覆盖不同阶段学生的学科认知诉求，谋求阶梯式学科知识与素养发展，为细粒度培养科学拔尖人才提供课程保障。

1.**数学课程**

数学素养是指通过数学学习形成数学思想，培养数学思维能力，运用数学知识和方法解决实际问题所获得的素质和修养。[6]逻辑推理能力作为数学科学素养的一类重要能力，被 CTY 关注并设置了相对应的课程。

在一阶课程中，CTY 开设了夏日侦探（Summer Sleuths）综合课程，旨在发展 5~6 年级儿童的语言艺术、数学、科学和工程能力。在数学层面，课程聚焦于发展小学生的归纳和演绎推理能力，关注归纳和演绎推理的基本定义、基础证明、识别模式与生活应用，发展小学生的基础数理逻辑。

在二阶课程中，悖论和无限（Paradoxes and Infinities）课程深化了数学抽象性与逻辑性的程度，强调对于数学悖论的探讨和分析，通过对于芝诺悖论、无穷大悖论等数学难题的探讨与数理论证，学习无穷级数和极限的概念，提高问题解决的思维洞察力，促进逻辑推理的细腻化发展。

在三阶课程中，CTY 设置了更为接近高等数学的数理逻辑（Mathematical Logic）课程，课程更加关注数学逻辑推理的核心概念以及形式符号语言中开发逻辑系统的技术，通过参数形式的有效性证明、逻辑系统的元逻辑推理以及模拟证明等手段，培养像数学家一样分析问题、解决问题的逻辑推理能力，泛化于科学领域的实践探究中。

在数学科学课程中，CTY 通过支架式进阶教学策略，提升学生数学素养，促进学生的数学学习进阶。学者对 218 名 CTY 学生进行研究，发现梯度化的教学安排推动了 CTY 学生的认知发展水平与学习成就，[7]通过切合资优生最近发展区的教学和有挑战性的数学学习任务，使资优生不必再囿于已经掌握的知识或材料，而是探索新知、提升思维，并在考试合格后实现数学课程的进阶，进一步深化数学思维能力、数学知识与方法的发展。

2.**生物医学课程**

生物医学是约翰·霍普金斯大学的传统优势学科，在全球医学和公共卫生领域享有高权威性、高知名度与学术独立性，是 CTY 开展生物医学课程得天独厚的优势所在。[8]

在一阶课程中，CTY 设置了理解人类（On Being Human）综合课程，在科学教育中着力发展解剖学和生理学的学科基础，强调了解人体组织层次及其结构功能、阐释正常与非正常人体运行机制以及科学解剖技能与工具的学习，为生物医学的进一步学习奠定基础。

在二阶课程中，解剖学和生理学（Anatomy and Physiology）课程进一步发展了医学生理学的要素与实践取向，课程内容除了涵盖细胞和组织两大生理学核心概念外，更泛化于人体的免疫、外皮、骨骼、肌肉、神经、内分泌、心血管、淋巴、呼吸、消化、排泄和生殖等系统，通过解剖胎猪，进一步强化学生对于人体复杂性与生物医学的深刻认识。

在三阶课程中，CTY 结合了大学学科的命名法，将课程命名为生物医学科学概论（Introduction to the Biomedical Sciences），旨在使学生利用基本的生物和化学概念探索正常人体功能背后的复杂解剖和生理机制，深入了解代谢与生化作用的机制，掌握组织学、解剖学、生物化学、生理学的实验技术，形成对生物医学科学知识的批判性认识，达成与大学研究者相似的思维方式并掌握与之相匹配的生物医学实践技术。

在生物医学课程中，以大学提供的高阶思维为导向的课程可以加速资优生的发展，实现科学学习的非线性进阶。CTY 基于教师讲授、学生讨论、实验操作、课后自习的学习过程，推动了资优生认知水平的发展，其认知水平甚至超越了大 3~4 岁的精英学生。[9] 这是由于 CTY 建立基于能力分组而非年龄分组的学习机制，通过高速度、有难度的生物医学学习材料，让有能力的学生突破当前认知阶段的束缚，以多样化的学习形式、精品化的学习内容加速资优生的科学认知建构，实现资优生生物医学学习的非线性进阶，促进学生在生物医学等科学专业领域超前发展。

3. 计算机科学课程

数字素养与技能是数字社会公民学习工作生活应具备的数字获取、制作、使用、评价、交互、分享、创新、安全保障、伦理道德等一系列素质与能力的集合。提升全民数字素养与技能，是顺应数字时代要求，提升国民素质、促进人的全面发展的战略任务，也是弥合数字鸿沟、促进共同富裕的关键举措。[10]计算机科学素养作为数字素养的重要组成部分，被CTY关注并建构了相应的学科课程体系。

在一阶课程中，CTY开设了机器人技术概论（Introduction to Robotics）课程，强调对于计算机科学概念中算法、程序控制流和布尔运算符的学习，并以知识为基础，通过对于简单机械和运动的具身认知，掌握电气工程与现代编程的基本原理。

在二阶课程中，CTY将关注点从知识转向了实践方法，设置了编程基础（Foundations of Programming）课程。课程聚焦于计算机编程方法的学习，包括Java、C++或Python的语法与基本命令，并在这些知识的基础上延伸学习其他编程概念，通过编码、调试代码、情境化问题等有挑战性的问题解决，熟悉计算机科学专业领域软件开发标准，了解高级编程语言的基本逻辑。

在三阶课程中，数据结构和算法（Data Structures and Algorithms）课程开始真正地进入计算机科学实践场域中。课程着眼于在编程语言中设计、分析和实现算法以及数组、列表、堆栈、队列、树和集合等数据结构的学习，以便将抽象的想法付诸现实实践，通过分析编码和数据建模实现高效编程决策与问题解决。

在计算机科学课程中，CTY为学生设计了差异化的学习进阶路径。尽管CTY的学生通过人才识别证实了他们在计算机科学领域的出色表现。[11]然而，与数学、生物学不同，学生相对缺乏对于计算机科学的概念框架。因此，CTY基于“三阶段”的课程等级，基于学生既往的先前概念，针对计算机学习的程序技术入门、编程水平提升或计算机项目设计等异质性需求，提出适切于不同资优生的差异化进阶路径，实现学生计算机科学水平的学习进阶。

4.课程述评

早在2012年，美国国家研究委员会就颁布了《K–12科学教育框架：实践、共通概念及核心概念》，指出了科学教育的体系建构与学习进阶的重要性。[12]学者普遍认为，学习进阶的起点是“学生入学时的（前）概念和推理”，而学习进阶的终点是“对毕业生成就的社会预期、学科发展预期或满足更高水平教育的准入要求”。[13][14] CTY 的大中小学一体化课程（见图 1）恰如其分地契合了这种学习进阶的要求，依托大学科学教育顶层设计优势，将大学所需掌握的数学、生物医学、计算机科学等科学知识和技能反哺进入三阶课程中，并结合学生不同学段的科学素养要求，依次递减进入二阶课程、一阶课程中，以支架式进阶、非线性进阶和差异化进阶为路径，达成大中小学一体化的贯通科学培养目标。此外，基于科学建构主义课程观所提出的课程内容“少而精”的基本观点，[15] CTY 科学课程提出了该理论视角下的实践方案，即通过大学学科宏观视角，回眸基础教育所必需的核心概念、共通概念，使学生掌握科学思想、科学论证过程与科学方法，推动拔尖科学创新人才的系统化发展。

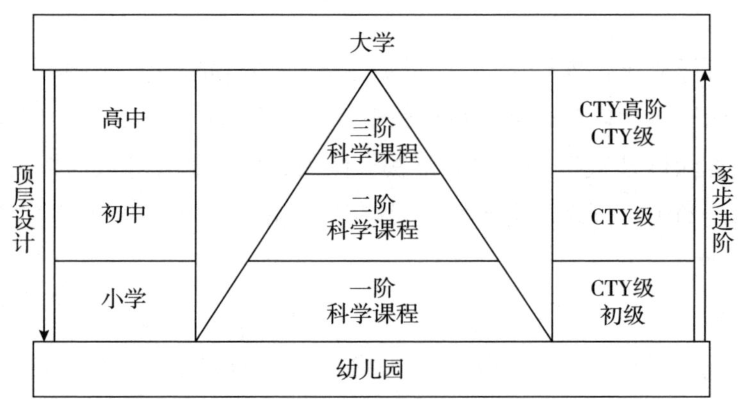

图 1　大中小学一体化的 CTY 暑期学校科学课程

（二）在线课程：个性化发展的多元课程

相对于暑期学校主要以学科发展一体化的逻辑形式组织课程，在线课程则倾向于以学生的主体性为基本依据，背靠大学提供的多元化在线学习资源，构建符合学生个性化发展的科学课程体系。

1. 跨学科课程

自 20 世纪 70 年代以美国 STS 课程为代表的跨学科课程发轫以来，跨学科课程就打破了传统学科边界，纾解了知识中心的问题，以其科学核心素养的培育和科学教育与人文关怀的融合，成为国际科学教育改革的理论动向。自此之后，以 STS、HPS、STEM、STEAM 等课程为代表的跨学科课程成了国际科学教育领域不可分割的重要组成部分。[16] 在 CTY 的在线课程中，设置了波动市场的数学（The Mathematics of Volatile Markets）、体育运动中的统计推理（Statistical Reasoning in Sports）和艺术与科学的相遇：文学（Art Meets Science: Literature）等跨学科课程。课程通过每周 4~6 小时的在线学习，依靠数学与经济学、体育学与统计学、艺术与科学等学科之间的交叉融汇，综合运用多种学科的知识与方法，提出问题解决的可行性方案，以此发展学生科学认知素养、科学思辨性思维以及问题解决能力。因此，CTY 凭借大学学科雄厚实力与课程资源，拓展了科学教育外延，促进学生跨学科综合素养的提升，推动学生一般性能力发展。

2. **先修性课程**

大学先修课程（Advanced Placement Courses，AP）是在高中阶段开设的、达到大学学术标准与学业水平的课程，供高中生选修。[17] 基于大学理事会与 AP 考试的各个学科标准，CTY 设置了 AP 统计学、AP 微积分、AP 物理学、AP 化学、AP 生物学、AP 计算机科学等门类的 AP 级课程，为 9 年级及以上的有志于科学专业的拔尖人才提供课程支持。课程主要以每周 8~10 小时的涵盖观看视频讲座、阅读相关材料、模拟实验练习、课后作业练习以及仿真 AP 考试的形式进行，辅之以每周 1 小时一对一的教师在线指导与复习课程，共进行 6 个月的学习。该课程旨在为高中学段的资优生提供大学课程的先修机会，掌握大学科学的基础概念，为学生在某一科学专业领域的长足发展奠定专业基础。例如，17 岁的 David 在 AP 微积分考试中获得了满分成绩，成为世界上仅有的两名学生之一。[18] 这得益于 CTY“自主学习—交流提问—反馈改进”的结构化途径，使学生能够在教师的帮助下自由自在地追求所热爱的学科，从而支持学生取得卓越的学术成就。此外，除传统科学先修课程外，CTY 还开设了“荣誉”（Honor）系列课程，旨在为 K–12 的资优生提供高速度、高难度且适用于不同学段的先修课程，为解决中小学资优生“吃不饱”的问题贡献高校力量。

3. 情境化课程

科学学习目标的多维性既派生了科学素养的多重愿景，也随之产生了多样化的科学能力要求。[19]科学实践能够有机地整合科学能力的各个方面，通过学习一种在社会背景下相互联结的思维方式体系，达成多元化的科学学习目标。[20]情境化课程作为科学实践的一种具象形式，是承载科学多重愿景的有力举措。基于此，CTY 开设了过山车和轨道：游乐园物理学（Coasters and Corkscrews: Amusement Park Physics）、使用 JavaScript 进行交互式网页设计（Interactive Web Design with JavaScript）、诊断：成为医生（Diagnosis: Be the Doctor）和工程设计（Engineering Design）等情境化课程。基于大学对于科学能力要求的宏观视域，课程强调面向真实性情境，通过模拟科学领域的“真问题”，促使学生掌握所学学科的社会信息处理视角，以情境线索编码、解释情境线索、优化情境反应、实施情境反应为过程，[21]采用独立完成情境任务或与他人合作的方法，解决实践过程中出现的非结构性问题，锻炼学生问题解决能力、人际交往能力以及一系列与应用场景有关的默会知识与能力，为以后进入科学研究或科学实践领域奠定扎实基础。

4. 课程形式

基于在线学习学生的多元化诉求以及学生的学习个性倾向和知识学习倾向，CTY 定制了四种不同类型学生的个性化学习形式（见图 2），包括“i 人型”单独节奏（Individually Paced）课程、“e 人型”社团（Clubs）课程、“ie 人型”直播（LIVE）课程、“ei 人型”基于会话（Session-Based）课程。“i 人型”课程适合享受独立制订自己学习计划、有较强时间管理能力的学生，他们能够依靠自己的个性特点，以更高的灵活性、更快的速度加速他们的学习，在教师适当节奏的指导下依照自己的步伐进行课程学习。“e 人型”课程适合与同学进行某一专题研究的学生，通过教师指导下的每周会议和异步论坛讨论，在交流与思考讨论中碰撞思想，给予学生合作学习与互动的机会，实现科学知识的增进。“ie 人型”课程则适合既具有独立性，又想接受一定时长教师指导的学生，除了独立研究和学习外，课程还安排同学与教师参加实时在线课程并进行讨论，通过话题激发学生的好奇心与想象力，并享受与人沟通和分享想法的乐趣。在“ei 人型”课程中，来自世界各地的同学之间可以通过虚拟会议或论坛的形式对所学知识和技能进行交流讨论，实现学习发展的互为支架和知识疑难的朋辈答疑。在此之后，通过独立学习和课程作业强化对所学知识技能的认识，实现科学素养的深化发展。

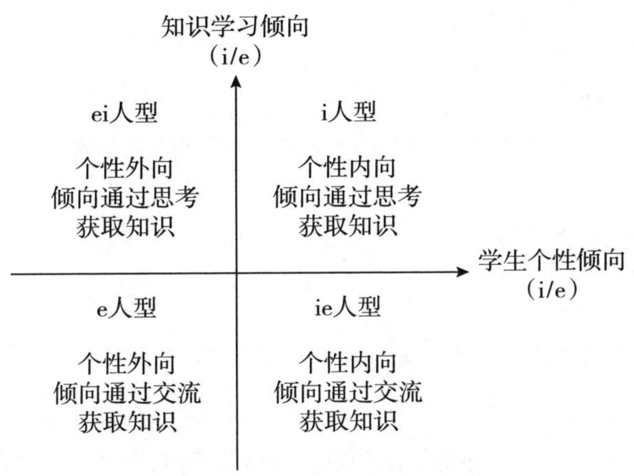

图 2　CTY 的科学课程学习形式

5. **课程述评**

无论是跨学科课程、选修性课程、情境化课程，还是四种不同类型的课程组织形式，CTY 的课程内核是以学生的个性化诉求为基本考量，满足不同类型学生的科学学习愿望。对于想要发展自身一般性能力的学生，可以修学 CTY 的跨学科课程，通过对于多个学科的了解、整合与运用，推动学生综合能力的发展。对于想要超前发展科学素养的学生，先修性课程为其提供了适切的课程资源，提供了符合学生最近发展区状况的学习机会。对于怀有“为天下苍生”抱负的学生，CTY 设置了情境化课程，为学生模拟现实科学问题解决、发展学生实践能力提供了有力抓手。同时，课程形式的多样化也体现了以学生为中心的 CTY 行动，CTY 基于高等院校心理学的研究优势，对于具有不同个性学习特点和知识学习特点的学生，顺应了学生的发展特征，设置了“二象限”式的课程形式体系，为更好地促进学生科学发展提供了高校智慧。此外，课程中采取了学生自主学习与教师辅导相结合的学习形式，让学生在实践过程中进行自我学习、自我发展、自我完善，充分调动学生学习能动性，实现科学学习的自主化。

二、学习过程的“散点式”保障

如果说 CTY 的科学课程是拔尖创新人才科学学习的“主战场”，那么 CTY 的学习过程保障就是科学学习的“补给站”，为科学资优生提供一站式、全流程的心理资源、学术资源与物质保障，助力拔尖创新人才的科学教育。

（一）心理健康支持

科学天才儿童基于对自身的高度期望，会对自我产生较高的情绪压力，会显著影响少年儿童的发展前景。CTY 重视天才少年儿童的心理健康，早在 20 世纪 90 年代就出现了专门针对 CTY 儿童的教育心理学研究。研究聚焦学生的身心因素特征，在系列研究中根据儿童的完美主义倾向将学生分类为非完美主义者、健康的完美主义者和功能失调的完美主义者，以期培养兼具高水平认知能力与良好身心状况的资优生。[22] 健康的完美主义者能够在学术生活的各个方面都游刃有余，具备良好的沟通协作能力、问题解决能力和心理抗压能力，而非完美主义者、功能失调主义者是由于在学习过程中的“摆烂”和“避败”，亟待心理支持，引导他们建设良好的身心状况。[23] 因此，CTY 开展了多样化的机构行动，为学生身心健康发展提供帮助与支持。CTY 开设了面向家长和教育工作者的博客（Bright Now Blog for Parents and Educators），将科学教育融入家庭并通过科普文章的形式进行普及，为拔尖科学创新人才创设合理优质的家庭环境。与此目标相一致，面向家长和教育工作者的播客（Bright Now Podcast for Parents and Educators）则是通过专题故事的形式，将科学人才培养环境的要素进行传播与普及，实现家庭育人环境的优化。此外，CTY 还建立了家长 Facebook 群组，旨在深化家庭与家庭、家庭与 CTY 之间的联结，为家庭提供科学育人资源的同时，交流家庭教育经验与方法。这些活动都旨在增强家长与学校之间的互动，通过大量的联络与沟通，实现家校共同促进学生心理健康发展，形成良好的协同育人合力。

（二）学术资源支持

学术资源支持关乎学生的学习效果，是影响学生科学素养发展的重要因素。CTY 除了开展学术课程外，还采取了学术资源支持的方式作为课程的补充，实现对科学创新人才的培育。在课程材料方面，除了学生必备的钢笔、笔记本、文件夹等基本学习用具外，其他的所有学习材料将由 CTY 提供，包括提供课程的样本阅读（Sample Reading）书目等文本性阅读资料，为科学人才培养提供学术材料支持。CTY 不仅为学生提供物质学术资源支持，还基于大学的宏观科学视野与专家审查，为学生提供推荐阅读的信息资源支持。CTY 根据学生的年龄不同，设置了符合身心发展规律的初级读者（Beginning Readers）、小读者（Young Readers）、高级读者（Advanced Readers）、年轻成人读者（Young Adult Readers）四种不同层次的科学阅读书目，促进科学认知的非正式学习，推动学生的科学兴趣发展。在线资源是 CTY 学术资源支持的又一举措，通过 CTY 的在线知识库或举办的免费在线活动，学生可以从中找寻常见科学问题的答案并提高科学视域、培养科学高阶思维，进而不断提高科学素养。

（三）物质资源支持

美国前总统托马斯·杰斐逊曾说：“大自然在富人和穷人中播种天才，但如果不去寻找和培养，这些天才就会无用和灭亡。”因此，CTY 的固有使命就是使所有有资格的儿童参加 CTY 课程，而不用忌惮经济的拮据。CTY 不仅依托大学与基金会合作，面向资源匮乏和经济处境不利的学生提供资金帮助，不断增加经济弱势儿童的奖金额度，而且关注美国代表性不足的群体，着眼于非裔美国人、拉丁裔和美洲印第安人以及农村地区学生等群体，为他们提供进入 CTY 学习的奖学金，从 1998 年至 2005 年，使代表性不足群体资优生的 CTY 参与率从 1% 提升至 12%，促进了资优教育的机会公平。[24] 具体而言，CTY 在外部与高盛基金会（Goldman Sachs Foundation）、杰拉尔丁·道奇基金会（Geraldine R. Dodge Foundation）等基金会和其他志同道合的慷慨捐助者合作。同时，CTY 机构自身也成立基金会，寻求社会给予科学创新人才的捐助。基金会下设 CTY 影响力基金（CTY Impact Fund）、奖学支持基金（Scholarship Support）、校友奖学基金（Alumni Scholarship Fund）、CTY 学者项目支持基金（CTY Scholars Program Support），为处于不利地位的学生提供不同层次的经济援助，成就学生的科学创新梦想。

三、科学教育的“多元式”参与

科学教育的广度和深度决定了仅凭有限力量进行教育独木难支，在科学资优生异质性、多态性的科学学习需求导向下，CTY 设置了多元化的师资队伍、管理人员、科学课程选择，助力资优生科学素养专精化发展。

（一）来源广泛的师资队伍

为了适应资优生对多样化、个性化的科学课程与学习支持的诉求，CTY 基于约翰·霍普金斯大学的信息渠道，聘请了来自世界各地城市和大学的教师，包括来自公立和私立学校的中小学科学教师、大学科学教师、具有科学学科背景的研究生与优秀本科生以及在职科学专业人士。这些 CTY 教师基于自身的能力素养与学科优势，可以分别胜任科学学科导师、CTY 项目助理、CTY 住宿助理等工作，有利于分别面向小学、初中、高中等不同学段的学生提供多样化视角、教授科学高通路概念。例如，CTY 课程学生 Kayla 分享了来源广泛的师资队伍对她的助益：“CTY 拥有来自全国各地的教师，这些教师不仅在高中拥有丰富的教学经验，而且在大学教学领域也有建树。得益于这些优秀教师的指导，我的学业取得了长足进步。”同时，CTY 的住宿助理除了为学生提供必需的居住支持外，还需要热爱与年轻人一同工作，始终确保学生能够在课程内外充分运用科学学习经验，将科学学习弥散至生活场域，为学生的科学学习提供学术上的帮助和生活上的保障。

（二）背景多元的管理人员

CTY 的现任领导具有丰富的资优学生培育经验，在他们就职于 CTY 前，分别在 CTY 资优教育创新中心、约翰·霍普金斯大学、北卡罗来纳州科学院与数学学院、卡内基梅隆大学、阿巴拉契亚州立大学、凯斯西储大学、克利夫兰诊所、社会组织等机构担任高级研究主任、学术院长、K–12 全球招生管理团队领导、大学行政部门领导以及大学教授等职务，在 K–12 科学教育课程设计、科学资优人才招生、CTY 科学课程营销等领域具有丰富的管理经验，能够转化为科学教育的有效教学环境，促进科学教育拔尖人才的培养。此外，除了正式的管理人员外，CTY 还设有顾问委员会，囊括了 CTY 校友、CTY 合伙人、学生家长、志愿者、教育部退休人员、大学教授、企业高管等多层次的利益攸关方，为科学人才的管理建言献策，提供科学教育的隐性支持。

（三）多样选择的科学课程

CTY 组织学生进行科学课程学习时，并非仅仅依托于约翰 · 霍普金斯大学的科学优势资源对资优生进行科学教育，而是借助了多所大学的科学教育发挥优势，联动多所大学开设科学课程，为学生的科学学习提供多样化的课程选择。具体而言，2024 年 CTY 的科学课程设置了约翰 · 霍普金斯大学、罗杰 · 威廉姆斯大学、洛约拉 · 玛丽蒙特大学、迪金森学院、斯基德莫尔学院、乌尔西努斯学院、吉尔曼学校、米尔曼学校、施派尔学校、加州大学圣克鲁斯分校等大中小学站点，为科学课程学习提供协同支持。例如，CTY 开设的化学与社会（Chemistry in Society）课程，就可以选择洛约拉 · 玛丽蒙特大学、迪金森学院和斯基德莫尔学院三所大学开设的课程，学生可以根据自身发展需要与价值取向，选择贴合自身条件的科学学习路径，提供了多样选择的科学课程。

四、经验借鉴与本土行动

传统的比较教育学研究常常受到依附理论的影响，由于经济层面人力资源的差距而产生教育方面的“赋魅”心理，表现为理念的照搬与经验的照搬。[25] 事实上，教育，包括科学教育，在进行经验借鉴时应考察本国国情，发展一条具有后发优势、本国特色的教育道路。基于这一理念，本研究对 CTY 的科学教育经验进行批判性借鉴并尝试提出科学教育的本土方案。

（一）基于大学科学教育顶层设计，设置大中小学一体化的科学课程

CTY 依托约翰·霍普金斯大学的科学教育优势，设置了大中小学一体化的科学教育课程。课程依靠自上而下的大学科学宏观视野与关键能力索引，进行了逐步进阶式的课程组织设计，为科学拔尖人才的梯度进阶式培养提供了创新方案。我国科学教育中应试导向的育人模式、学段间育人协同能力不足的现象阻碍了大中小学一体化的科学教育建设，高等院校应充分发挥科学学科优势，确立以能力与科学素养为指引的科学教育目标，合理划分层次化的各学段能力标准，形成学段间衔接的科学课程体系，以科学能力为导向组织课程教学，实现拔尖创新人才科学素养的逐步提升。

（二）完善数字化科学开放平台，打造多元化、个性化的科学金课

CTY 除了暑期学校作为科学人才培养的主阵地以外，远程教育作为超越时空的学习纽带，是满足科学创新人才多元化、个性化科学学习需求的数字化选择。我国目前已经设立科学教育数字化平台，包括国家中小学智慧教育平台、全国青少年科技创新服务云平台等数字化平台，但课程内容较多关注科学基础知识、科学案例普及，缺乏科普与科学的融通以及科学课程的纵深式发展。因此，我国科教平台应在高等院校的指导下，基于不同层次和类型学生的个性化需求，打造既符合学生兴趣需求，又能培养科学教育必备能力素养的科学金课，以实现科学拔尖创新人才的培养。

（三）倡导多元主体参与，确保科学性、民主性的科学教育决策

多元主体参与是 CTY 科学教育的又一亮点。CTY 在领导层中纳入了具有研究单位、高校、企业等单位工作经历的教师。同时，在决策层也纳入了 CTY 校友、CTY 合伙人、家长、教育行政部门人员、教育企业工作者、志愿者等多主体的成员，为 CTY 的科学课程开展、科学课程营销等提供建议与意见。在开放科学、公众参与科学成为科学教育主流趋势的当下，我国大学相关机构在开展科学教育本土行动时，不仅应考虑专家学者等科学专业人士的意见，也应将中小学一线教师、校长、家长、学生、教培工作者等多主

体的利益攸关方的诉求与建议纳入考量范围中，以分层式社会多元化的社会经验推动科学教育走向科学、走向民主、走向多元、走向精准。

（四）通过大学多样化资源帮扶，提供多维度、适切化的科学教育支持

CTY 基于大学的资源、资金支持，设置了多样化的资源支持，包括学生心理支持、学术资源支持、奖学金支持等方面，助力面向资优生的科学教育。我国科学教育应在吸取 CTY 做法的基础上，进一步提供更为完善的科学教育支持。高等院校可以依托大学的心理咨询中心、心理学院等机构，为科学拔尖人才提供心理帮助，提供消解“完美主义问题”的有效措施。在学术资源上，基于大学图书馆馆藏和资金优势等向科学拔尖人才借阅、赠送适合学生阅读的科学图书，增进科学人才的兴趣与智识。在奖学金支持上，着力向贫困地区、乡村地区等居于处境不利地位并具有突出科学才能的学生设立奖学金，资助这些学生进一步进行科学学习、从事科学研究，助力学生铸就科学梦想。此外，CTY 仅是基于资优生进行科学教育，培养的是“窄化”含义的拔尖创新人才，[26] 教育的广谱性有待提升。我国在科学教育中不仅要面向传统定义下的科学天赋突出的资优生进行高通路的科学支持，也应面向具有创新潜质的“潜在资优生”进行科学教育支持，实现拔尖创新人才基数的提升和类型的多元化，深化大学塑造拔尖创新人才的教育内涵。

（五）整合大学科学教育优势资源，形成科学教育协同合力

在 CTY 的科学教育实践中，联合了多所大中小学设立科学课程，实现了学生的科学“学自由”。我国大学也可以在 CTY 的基础上进行优化，实施符合我国具体国情的大学科学教育赋能拔尖创新人才培养的举措。在科学课程组织向度，可以联动在某一科学学科、不同专业领域具有优势的大学，设置前后衔接的“序列式”科学课程，发挥所有参与大学的学科优势，实现科学拔尖创新人才的细粒度培养。在课程选择方面，可以借鉴 CTY 的实践举措，联合多所大学开展同一科学课程，为学生提供多样化的科学课程选择。在信息资源向度，可以推动大学建立健全科学教育沟通机制，交流大学科学

教育赋能中小学科学教育发展的有益经验，实现信息资源的沟通交互，形成共促科学教育发展的育人合力。

参考文献

［1］教育部等 18 部门 . 关于加强新时代中小学科学教育工作的意见［EB/OL］.（2023–05–17）［2024–07–30］.https://www.gov.cn/zhengce/zhengceku/202305/content_6883615.htm.

［2］教育部办公厅 . 关于推荐首批全国中小学科学教育实验区、实验校的通知［EB/OL］.（2023–12–11）［2024–07–30］.https://www.gov.cn/zhengce/zhengceku/202312/content_6922189.htm.

［3］［27］郑永和，杨宣洋，苏洵 . 大科学教育新格局：学段一体化建构与实施路径［J］. 远程教育杂志，2024，42（02）：20–25.

［4］郑永和，苏洵，谢涌，等 . 全面落实做好科学教育加法构建大科学教育新格局［J］. 人民教育，2023，（19）：12–16.

［5］［25］BARNETT L B, ELIZABETH ALBERT M, BRODY L E. The Center for Talented Youth Talent Search and Academic Programs［J］. High Ability Studies, 2005, 16（1）: 27–40.

［6］朱传喜 . 努力提高大学生的数学素养［J］. 数学教育学报，2014，23（06）：14–16.

［7］MILLS C J, ABLARD K E, LYNCH S J. Academically Talented Students' preparation for Advanced–level Coursework after Individually–paced Precalculus Class［J］. Journal for the Education of the Gifted, 1992, 16（1）: 3–17.

［8］冯志刚，任晓亚，张雪，等 . 突发公共事件下的数据集成平台建设：对约翰·霍普金斯大学新冠肺炎仪表盘的调研与启示［J］. 情报理论与实践，2020，43（11）：1–7.

［9］LYNCH S J. Fast–paced Science for the Academically Talented: Issues of Age and Competence［J］. Science Education, 1990.

［10］中央网络安全和信息化委员会办公室 . 提升全民数字素养与技能行动纲要［EB/OL］.（2021–11–05）［2024–07–30］.https://www.cac.gov.cn/2021–11/05/c_1637708867754305.htm.

［11］BARNETT L B, DURDEN W G. Education Patterns of Academically Talented Youth

［J］. Gifted Child Quarterly, 1993, 37（4）: 161–168.
［12］［13］刘晟，刘恩山.学习进阶：关注学生认知发展和生活经验［J］.教育学报，2012，8（02）：81–87.
［14］郭玉英，姚建欣，张静.整合与发展：科学课程中概念体系的建构及其学习进阶［J］.课程·教材·教法，2013，33（02）：44–49.
［15］丁邦平.建构主义与面向21世纪的科学教育改革［J］.比较教育研究，2001（08）：6–10.
［16］李学书.STEAM跨学科课程：整合理念、模式构建及问题反思［J］.全球教育展望，2019，48（10）：59–72.
［17］任长松.追求卓越：美国高中AP课程述评：兼谈近年来美国高中教育质量的提高［J］.课程.教材.教法，2007（12）：81–86.
［18］KATY B, MARIA, B. CTY Student Achieves Perfect Score on AP Calculus BC Exam［EB/OL］.（2022–11–17）［2024–10–16］.https://cty.jhu.edu/who-we-are/news-events/articles/cty-student-achieves-perfect-score-ap-calculus-bc-exam.
［19］郑永和，周丹华，王晶莹.科学教育的本质内涵、核心问题与路径方法［J］.中国远程教育，2023，43（09）：1–9+27.
［20］SHOUSE AW, SCHWEINGRUBER HA, DUSCHL RA. Taking Science to School: Learning and Teaching Science in Grades K–8［M］. Washington DC: National Academies Press, 2007: 34–38.
［21］PETKUS J. The Theoretical Roots of Gifted and Talented Youth Education Programs: The CTY Case Example［J］. Journal of Gifted Education and Creativity, 2022, 9（3）: 299–311.
［22］PARKER W D, STUMPF H. An Examination of the Multidimensional Perfectionism Scale with a Sample of Academically Talented Children［J］. Journal of Psychoeducational Assessment, 1995, 13（4）: 372–383.
［23］PARKER W D. An Empirical Typology of Perfectionism in Academically Talented Children［J］. American Educational Research Journal, 1997, 34（3）: 545–562.
［24］YBARRA L. Beyond National Borders: The Johns Hopkins University Center for Talented Youth Reaching Out to Gifted Children from throughout the World［J］. High Ability Studies, 2005, 16（1）: 15–26.
［25］MCLEAN M. Educational Dependency: A Critique［J］. Compare: A Journal of

Comparative and International Education, 1983, 13（1）: 25–42.
［26］刘承波，虞宁宁 . 何谓拔尖创新人才？需要重新定义［N］. 中国科学报，2024–06–18（3）.

作者简介

张鸣轩，首都师范大学教育学院硕士研究生，研究方向为科学教育、高等教育。

科技史融入初中跨学科主题学习：场馆资源的开发与利用研究

——以“跟着郑和去航海”为例

周　磊

随着《全民科学素质行动规划纲要（2021—2035）》的深入实施，青少年科学素质的培养日益受到重视。在新一轮的义务教育课程改革中，《义务教育课程方案（2022 年版）》明确提出了跨学科主题学习的要求，这成了改革的亮点之一，初中阶段作为学生科学素养形成的关键时期，跨学科主题学习成为提升学生综合素质的重要途径。科技史作为连接过去与未来的桥梁，不仅能够帮助学生理解科学技术的发展历程，还能激发他们对科学的兴趣和探索精神。2020 年 9 月 30 日，教育部、国家文物局联合印发了《关于利用博物馆资源开展中小学教育教学的意见》，该文件强调要精心设计博物馆教育内容，研究开发自然类、历史类、科技类等系列活动课程。[1] 本文以“跟着郑和去航海”为例，探讨如何通过场馆资源的开发与利用，将科技史融入初中跨学科主题学习。

一、科技史融入跨学科主题学习的意义

（一）增强学生对科技史的理解

科技史是人类文明进步的重要记录，它蕴含着丰富的科学思想、技术发明和创新精神。将科技史融入跨学科主题学习，有助于学生全面了解科学技术的发展历程，理解科学与社会、文化、经济等方面的相互关系，从而增强他们的科学素养和历史意识。

（二）促进学生综合素质的提升

跨学科主题学习强调知识的整合与应用，其设计思路、情境素材和教学策略应聚焦发展学生解决问题的能力，并秉持综合性、实践性、多样性、探究性、可操作性的原则。[2]通过科技史的学习，学生可以将不同学科的知识融会贯通，形成更加完整的知识体系。同时，科技史中的创新精神和探索精神能够激发学生的求知欲和创新意识，促进他们综合素质的提升。

（三）激发学生的科学兴趣和探索精神

科技史中的许多发明和发现都缘于人类对未知世界的探索精神。通过科技史的学习，学生可以感受到科学探索的魅力，激发他们对科学的兴趣和探索精神。这种兴趣和探索精神将伴随学生一生，成为他们不断追求知识和进步的动力。

二、当前初中科技史教育的困境

当前初中科技史教育面临着多个方面的困境，主要体现在以下几点。

（一）教育资源不足

教辅资料缺乏：有关科技史教育的教辅资料相对匮乏，部分教师只能依靠有限的参考书和教案进行教学，这使得科技史教育的深度和广度受到限制。同时，为了配合课程改革和减轻学生负担，教育主管部门对教辅资料的限制也进一步加剧了这一问题。

实验设施和资源短缺：科技史教育往往需要借助实验和实践活动来增强学生的理解和体验，但许多学校存在实验设施老化、资源匮乏的问题，这限制了科技史教育的实践环节，影响了教学效果。

（二）师资力量薄弱

专业教师不足：具有科技史专业知识和实践经验的教师相对缺乏，这使得科技史教育难以得到专业、系统的实施。部分教师对科技史的理解不够深入，难以有效引导学生探究科技发展的历程和规律。

教师培训不足：针对科技史教师的专业培训相对滞后，教师缺乏持续学习和提升的机会，这影响了教师的专业成长和教学效果。

（三）教育理念和方法滞后

传统教育理念影响：部分学校和教师仍受传统教育理念的影响，注重知识的传授而忽视学生实践能力和创新能力的培养。这种理念在科技史教育中尤为明显，导致学生难以真正理解和体验科技发展的历程和意义。

教学方法单一：科技史教育的教学方法相对单一，主要以讲授为主，缺乏互动性和实践性。这使得学生在学习过程中难以保持兴趣和积极性，影响了学习效果。

（四）评价体系不完善

过度强调分数：当前的教育评价体系仍过度强调分数和升学率，忽视了对学生综合素质和个性化发展的评价。这导致科技史教育在评价方面难以得到应有的重视和支持。

缺乏多元化评价：科技史教育需要多元化的评价体系来全面评估学生的知识掌握、实践能力、创新思维等方面的发展情况。然而，当前的评价体系仍较为单一，难以满足这一需求。

（五）社会认知度不高

地位边缘化：相对于其他学科而言，科技史教育的学科地位较为边缘化，难以得到社会和学校的足够重视和支持。这使得科技史教育在资源配置、师资建设等方面面临诸多困难。

家长和学生认知偏差：部分家长和学生认为科技史教育不是学科中的主要内容，对其重视程度不够。这种认知偏差进一步加剧了科技史教育的困境。

针对以上困境，需要采取一系列措施来加以改进和完善。例如，加强科技史教育资源的建设和投入、提升教师的专业素质和创新能力、创新教育理念和方法、完善教育评价体系以及提高社会认知度等。通过这些措施的实施，可以逐步解决当前初中科技史教育面临的困境，推动科技史教育的健康发展。

三、场馆资源的开发与利用策略

由于内容丰富、形式多样、覆盖面广、可操作性强，博物馆资源越来越多地进入了学校教育的视野，越来越多的学校与博物馆建立了紧密的合作关系，如 2024 年 8 月，上海科技馆举办了 2024 年上海市中小学科学教师科创教育能力提升专项培训、上海中国航海博物馆面向各学科教师举办了“博老师研习会”等，这种合作具有开放性、主题性、对象性、课程相关的系统性、以实物为基础的多样性等特征，旨在通过馆校间的资源共享、互相支持，共同推进学生的跨学科学习。[3]

（一）馆校合作的特点（见图1）

馆校合作是指社会文化教育场馆（如博物馆、图书馆、科技馆等）与学校之间建立的一种合作模式。这种合作旨在通过资源共享、互相支持，共同推进学生的跨学科主题学习。

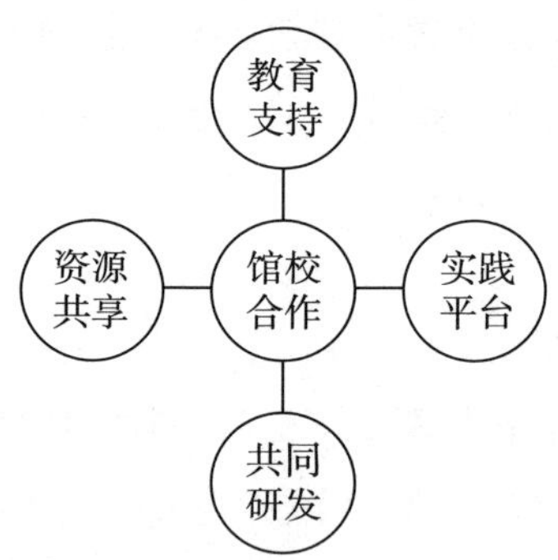

图 1　馆校合作特点

1. 资源共享

馆校合作通过共享文献资源、空间资源、设备资源、专家资源、活动资源等，形成一个系统、优质、高效的综合资源库。这为学生提供了更丰富、更广阔的学习材料和实践机会，有助于学生在跨学科主题学习中进行深入探究。

2. **教育支持**

场馆为学校提供教育支持，包括联合开展各类培训活动、提供功能补偿等。这有助于提升教师的专业素养，增强指导学生进行跨学科学习的能力。

3. **实践平台**

馆校合作为学生提供了一个真实的、实践性的学习环境。学生既可以在这些场馆中进行实地考察、学习和实践，也可以将相关资源搬到校内开展相关主题学习和活动，从而将课堂知识与现实生活相结合，提升跨学科主题学习的效果。

4. **共同研发**

馆校双方可以共同研发跨学科主题学习的课程和教材，结合双方的专业优势和资源，为学生提供更具创新性和实用性的学习内容。

（二）场馆资源的选择与整合

在场馆资源的开发与利用过程中，首先要根据已生成的跨学科主题的需要选择合适的场馆资源（跨学科主题生成路径如图 2 所示）。以“跟着郑和去航海”为例，可以选择与航海、历史、科技相关的博物馆、科技馆、纪念馆等作为学习资源。同时，要对这些场馆资源进行整合，形成具有系统性、连贯性的学习资源体系，以便更好地服务于跨学科主题学习。其中，笔者所在学校与上海中国航海博物馆、上海科技馆达成了紧密的馆校合作关系，对于资源的选取和应用具有较大优势。

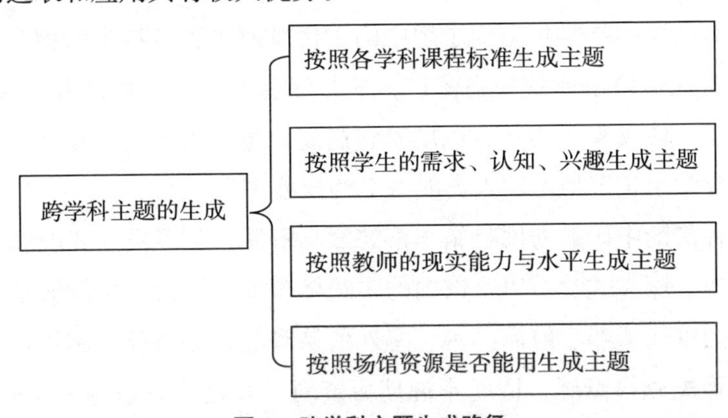

图 2　跨学科主题生成路径

（三）实地参观与互动体验

实地参观是场馆资源利用的重要方式之一。通过组织学生参观相关场馆，学生可以直观地感受到科技史的魅力。在参观过程中，可以设置互动体验环节，如模拟航海、航海工具操作、科技发明展示等，让学生在互动中加深对科技史的理解和记忆。

（四）课程设计与实施

课程设计与实施是场馆资源利用的关键环节。在“跟着郑和去航海”这一跨学科主题学习中，可以设计涵盖历史、地理、物理、科技等多学科知识的课程内容。通过课堂讲授、小组讨论、案例分析等多种教学方式，引导学生全面深入地了解郑和航海的背景、过程、意义以及相关的科技发明和创新精神。同时，可以结合场馆资源的特点和优势，设计具有实践性和探究性的学习任务和活动，让学生在完成任务和活动中提升综合素质和能力。

四、“跟着郑和去航海”案例研究

（一）案例背景

“郑和下西洋”是中国古代航海事业的巅峰，也是帆船时代的最高峰，它不仅展示了中国古代航海技术的先进性和海洋文化的丰富性，还促进了中国与亚非国家的经济文化交流。将“跟着郑和去航海”作为跨学科主题学习的案例，有助于引导学生全面了解中国古代航海史和科技史的相关知识，是学生了解古代航海事业的一扇窗户。本课程遵循《义务教育历史课程标准》的相关理念，体现育人为本，以培养和提高学生的历史素养和跨学科素养为宗旨，引导学生正确地考察人类航海史的发展进程。

本课程借助中国航海博物馆丰富的藏品资源，创设浸入式的场景，通过自主、合作、探究式学习以及馆内的实践体验项目，让学生能够全面、客观地认识中国古代造船、航海技术、海外贸易等的相关情况，感受郑和的人格魅力，增强民族自豪感，同时掌握搜集资料、观察、分析的基本研究方法，提升探究推理的能力。

（二）资源选择

在选择博物馆资源时，可以优先考虑与郑和航海相关的博物馆、科技馆等。例如，可以组织学生参观中国航海博物馆、上海科技馆等相关场馆。这些场馆不仅拥有丰富的展品和资料，还能够提供生动形象的展示和互动体验环节。同时，要对这些场馆资源进行整合和优化配置，形成具有系统性、连贯性的学习资源体系。

“跟着郑和去航海”选取了中国航海博物馆的教学资源有：航海历史馆大明混一图、郑和下西洋展区、福船、中海博自行研发的“绿眉毛”船模等，如图 3 所示。

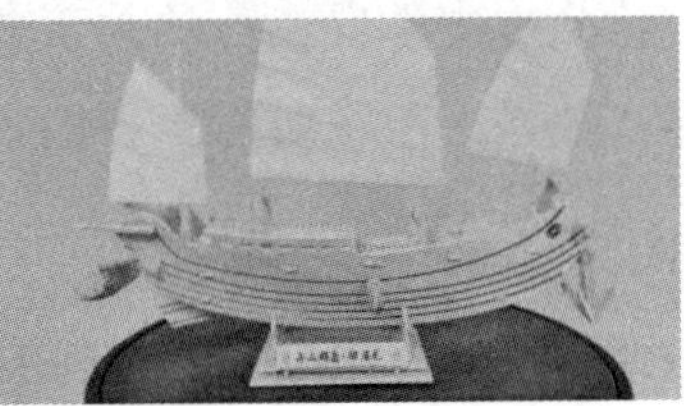

图 3　中国航海博物馆相关资源

（三）课程设计与实施

1.课程内容设计

课程内容设计应涵盖历史、地理、物理、科技等多学科知识。具体来说，可以包括以下几个方面：

历史背景：介绍郑和航海的时代背景、目的和意义以及中国古代航海技术的发展历程。

地理知识：分析郑和航海的航线、途经国家和地区以及这些地区的地理特点和文化特色。

物理知识：讲解航海过程中涉及的物理原理如风向、潮汐、地磁场等以及相关的科技发明如罗盘、海图等。

科技发明：展示郑和航海时期以及之后的中国古代科技发明和创新成果如火药、造纸术等并探讨它们对航海事业的影响。

根据博物馆展览的特点，整个教学过程可分为参观前、参观中、参观后等阶段，具体如下：

参观前：

环节 1：通过史料了解郑和以及皇帝选派他的原因。

环节 2：了解明朝“西洋”的范围以及郑和船队到达的主要西洋国家。

配套活动：在所给郑和七次下西洋航海路线图上用彩笔分别描摹郑和船队七次航行的路线。

环节 3：分析史学界流行的关于郑和“下西洋”目的的四种说法。

环节 4：郑和下西洋所需具备的条件。

参观中：

通过了解馆内展出的实物史料和文献史料了解中国古代造船技术、航海技术的成就及海外贸易的相关情况，并同步填写学习单，如图 4 所示。

馆内参观，并完成下列问题。

1、从郑和第_____次下西洋开始，长颈鹿以麒麟之名作为贡品或交易物种被运送到中国。

A.第一次　B.第三次　C.第四次　D.第五次

2、现存斯里兰卡科伦坡博物馆的布施锡兰山佛寺碑是郑和船队第_____次下西洋时所立。

A.第二次　B.第三次　C.第四次　D.第七次

3、郑和能有如此壮举，当时有哪些造船和航海技术上的准备？（选填字母）

造船技术：______________________________

航海技术：______________________________

A 硬帆　B 计程仪　C 底尖上阔、首昂艉高的船型结构　D 测深仪　E 针路簿　F 升降舵　G 巨锚　H 榫接铁钉综合技术　I 旋转橹　J 牵星板　K 水密隔舱　L 海图　M 磁罗盘　N 开孔舵

4、郑和船队可能带去了哪些货物又带回了哪些货物？（选填字母）

郑和船队带去的货物	
郑和船队带回的货物	

A 铜钱　B 雨伞　C 香料　D 丝绸　E 胡椒　F 瓷器　G 铁器　H 珍珠宝石　I 珍奇动物　J 药材　K 黄金　L 茶叶　M 漆器　N 樟脑　O 麝香　P 燕窝　Q 象牙　R 印花布　S 犀牛角　T 贵重木材

图 4 “跟着郑和去航海”学习单

“跟着郑和去航海”学习单活动 1：参观航海历史馆“大明混一图”“郑和展区”；活动 2：参观“福船”。

参观后：

环节 1：小组讨论学习单内容。教师进一步讲解中国古代造船技术、航海技术等方面的成就。

环节 2：结合学习单第四题分析并总结郑和下西洋海外贸易的特点。

环节 3：比较郑和与 15 世纪西方航海家的航海活动，了解亚非各国保存的纪念郑和的文物和古迹，总结郑和下西洋的意义。

动手操作："绿眉毛"船模制作

"绿眉毛"帆船是中国古代四大船型（广船、福船、浙船、沙船）之一浙船的典型代表，其年代可上溯到宋代，有 800 年以上的历史，是明代郑和下西洋船队中的一种优良船型。通过船模制作，更能直观了解中国古代发明的水密隔舱、船尾舵、纵帆、龙骨结构等造船技术，凸显了中国古代造船技术的辉煌成就，并且有力地推动了中国和世界的造船与航海活动。

2. 教学方式与活动设计

在教学方式和活动设计方面，可以采用多种教学策略和活动形式来激发学生的学习兴趣和积极性：

课堂讲授与讨论：通过教师讲授和学生讨论相结合的方式引导学生了解郑和航海的相关知识。

实地考察与互动体验：组织学生参观相关场馆进行实地考察并在场馆内设置互动体验环节如模拟航海、航海工具操作等。

小组合作与探究学习：将学生分成小组分配不同的探究任务如分析郑和航海的航线特点、探讨科技发明对航海事业的影响等通过小组合作完成探究任务并展示成果。

科技制作与展示：鼓励学生利用所学知识进行科技制作如制作古船模型、简易罗盘、绘制航海路线图等并在课堂上进行展示和交流。

（四）实施效果与反思

课后对学生进行了学习评价，该评价表旨在全面评估学生在跨学科主题学习中的理解和应用能力，以及他们的创新思维和实践技能（见表 1）。教师可以根据学生的具体表现和学习目标进行评分和反馈。

表 1 “跟着郑和去航海”学习评价表

学生姓名：________ 评估日期：________ 总评：______/100

一、科技史知识（20 分）

1. 郑和航海使用的航海技术：[ ] 5 分 [ ] 4 分 [ ] 3 分 [ ] 2 分 [ ] 1 分
   包括罗盘、天文导航、海图等。
2. 船只设计和建造技术：[ ] 5 分 [ ] 4 分 [ ] 3 分 [ ] 2 分 [ ] 1 分
   宝船、福船等船型的特点和建造工艺。
3. 航海仪器和工具：[ ] 5 分 [ ] 4 分 [ ] 3 分 [ ] 2 分 [ ] 1 分
   如六分仪、航海钟、星盘等。
4. 航海中的科学实验和观察：[ ] 5 分 [ ] 4 分 [ ] 3 分 [ ] 2 分 [ ] 1 分
   如气象观测、海洋生物研究等。

二、历史知识（20 分）

1. 郑和航海的历史背景：[ ] 5 分 [ ] 4 分 [ ] 3 分 [ ] 2 分 [ ] 1 分
   明朝的政治、经济和文化环境。
2. 郑和航海的目的和影响：[ ] 5 分 [ ] 4 分 [ ] 3 分 [ ] 2 分 [ ] 1 分
   包括外交、贸易、文化交流等。
3. 与其他航海家的比较：[ ] 5 分 [ ] 4 分 [ ] 3 分 [ ] 2 分 [ ] 1 分
   如哥伦布、达•伽马等。

三、地理知识（20 分）

1. 郑和航行的地理路线：[ ] 5 分 [ ] 4 分 [ ] 3 分 [ ] 2 分 [ ] 1 分
   包括主要停靠点和地理特征。
2. 航海中的地理发现：[ ] 5 分 [ ] 4 分 [ ] 3 分 [ ] 2 分 [ ] 1 分
   新发现的岛屿、海峡等。
3. 航海中的环境适应：[ ] 5 分 [ ] 4 分 [ ] 3 分 [ ] 2 分 [ ] 1 分
   如气候、海洋条件等。

四、数学知识（20 分）

1. 航海中的数学应用：[ ] 5 分 [ ] 4 分 [ ] 3 分 [ ] 2 分 [ ] 1 分
   如导航计算、货物统计等。
2. 航海图的比例尺和测量：[ ] 5 分 [ ] 4 分 [ ] 3 分 [ ] 2 分 [ ] 1 分
3. 航海数据的记录和分析：[ ] 5 分 [ ] 4 分 [ ] 3 分 [ ] 2 分 [ ] 1 分

五、文化知识（20 分）

1. 郑和航海中的文化交流：[ ] 5 分 [ ] 4 分 [ ] 3 分 [ ] 2 分 [ ] 1 分
   包括语言、宗教、艺术等。
2. 航海中的文化影响：[ ] 5 分 [ ] 4 分 [ ] 3 分 [ ] 2 分 [ ] 1 分
   如对当地文化的影响和接受。

六、实践与创新（20 分）

1. 模拟航海计划的撰写与执行：[ ] 5 分 [ ] 4 分 [ ] 3 分 [ ] 2 分 [ ] 1 分
2. 航海主题的创新项目或实验：[ ] 5 分 [ ] 4 分 [ ] 3 分 [ ] 2 分 [ ] 1 分
3. 团队合作与问题解决能力：[ ] 5 分 [ ] 4 分 [ ] 3 分 [ ] 2 分 [ ] 1 分
4. 跨学科知识应用与整合：[ ] 5 分 [ ] 4 分 [ ] 3 分 [ ] 2 分 [ ] 1 分

备注/反馈：
教师评语：__________
学生自评：__________

通过“跟着郑和去航海”这一跨学科主题学习的实施，学生不仅在知识上得到了拓展和提升，还在综合素质和能力上得到了锻炼和提高。具体来说实施效果主要表现在以下几个方面：

知识拓展与深化：学生对郑和航海史和科技史有了更加全面深入的了

解，并且掌握了相关的历史、地理、物理和科技知识。

综合素质提升：学生在实地考察、互动体验、小组合作等环节中锻炼了观察力、思考力、合作能力和创新能力等综合素质。

学习兴趣激发：科技史的学习激发了学生对科学的兴趣和探索精神，学生更加关注科学技术的发展和应用。课后，有 17 名学生（男生 9 人，女生 8 人）接受了问卷调查，调查结果显示百分之百的学生对本课程表示喜欢，如图 5 所示。

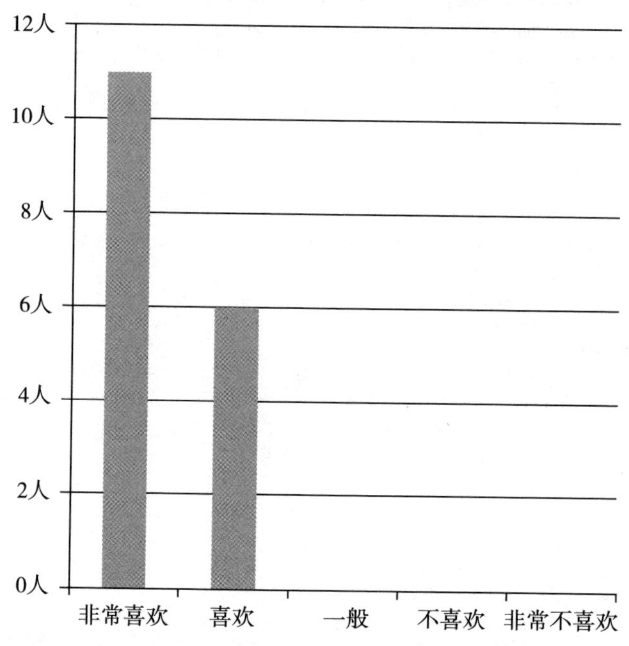

图 5　学生满意度调查

同时，在问卷中，学生的一些主观表述也显示了在实施过程中存在一些问题和不足。如部分学生认为对跨学科知识的整合能力有待提高、场馆资源的利用不够充分，以及对跨学科学习的环境提出了更高要求等，见表 2 所示。针对这些问题和不足我们需要在今后的教学实践中不断探索和改进，以进一步提高跨学科主题学习的效果和质量。

表 2　课后学生参与感受

学生 1	很喜欢，课程有趣
学生 2	老师、志愿者非常友好，我很喜欢
学生 3	就很好
学生 4	就很好
学生 5	好，很好，非常好。下次多做点船模
学生 6	老师讲得很好
学生 7	好
学生 8	收获良多，老师十分平易近人，十分喜欢这样的活动，希望可以多举办些这样的活动
学生 9	挺好的，希望下次能够继续努力
学生 10	今天我们的老师给我们介绍了航海的历史和郑和的故事，给我们增加了许多关于海洋的知识，也使我对海洋更感兴趣
学生 11	课程的时间长但不枯燥，主讲老师的讲课非常吸引人，让我们听得十分入神，讲解员老师带我们了解了郑和
学生 12	课程内容丰富，环环相扣
学生 13	非常好，希望做船模的时间可以长一点
学生 14	好
学生 15	非常满意
学生 16	教室里有点太热了

五、结　论

通过将科技史融入初中跨学科主题学习中，并注意到丰富的博物馆资源的重要性，将其引入跨学科主题学习中，不仅促进了学生综合素质的提升，还激发了学生对科学的兴趣和探索精神。以“跟着郑和去航海”为例，本文详细阐述了科技史融入跨学科主题学习的实践路径与成效并总结了实施过程中的经验和教训。未来，我们将继续深化对跨学科主题学习的研究和实践，开发更为丰富多元的博物馆资源，并且将不断探索更加有效的教学策略和活动形式，以期更好地服务于学生的全面发展。同时我们也期待更多的教育工作者和博物馆研究者能够关注和支持跨学科主题学习，共同推动青少年科学素质的提升和社会的发展进步。

参考文献

［1］中华人民共和国教育部．国家文物局 教育部 关于加强文教结合、完善博物馆青少年教育功能的指导意见［EB/OL］．（2015-09-15）．http://www. moe. gov. cn/jyb_xxgk/moe_1777/moe_1779/201509/t20150915_208161. html.

［2］王乐．馆校合作的理论与实践［M］．北京：科学出版社，2018.

［3］任亚娜．跨学科主题学习：内涵、特征与设计［J］教育进展，2023，13（6）：3489-3495.

作者简介

周磊，上海市坦直中学历史教师，中国博物馆协会会员，研究方向为跨学科教学。

基于科技馆展教资源开展仿生学教育探索

——以青岛科技馆仿生学展厅和课程为例

乌　拉

科学教育是保障教育、科技、人才“三位一体”融合发展、推动实现第二个百年奋斗目标的重要基础，科学教育优质资源供给则是科学教育高质量发展的有力支撑。为了在教育“双减”中做好科学教育加法，让科学教育主阵地真正成为拔尖创新人才培养、科技创新成果孵化的高地，实现科学教育高质量发展，就要不断优化科学教育资源整体布局，为发展新质生产力注入强劲动能。习近平总书记强调，需在实施教育“双减”政策的同时注重科学教育的加法效应，以激发青少年的好奇心、想象力及探索欲望，致力于培养具有科学家潜质且愿意投身于科学研究事业的青少年群体。聚焦满足教育“双减”需求，用好科技馆的优质科普资源，是助力提升青少年科学素养的重要课题。

近年来，为深入贯彻党中央决策部署，切实在教育“双减”中做好科学教育加法，提升中小学生科学素质，培养一大批具备科学家潜质、愿意奉献科学研究事业的青少年群体，青岛科技馆不断探索馆校结合协同育人的路径和模式，助力“双减”落地落实，为学校教育提供多样的内容扩展，将基于实物、科技馆情境的教学理念和项目化、问题导向的跨学科学习方式融入科普教育中。

青岛科技馆作为科普教育基地，以中小学生为目标群体开展了一系列的科普教育活动，并得到了社会各界的高度评价。本文以青岛科技馆展教资源为主题，以仿生学内容为主线，开展场景式、体验式科学实践活动，从而让学生完成从学习知识到应用知识的转变，在面向小学的科普教育中有重要的意义。

一、学校科学教育的局限性

建设科技强国需要培养具有科学家潜质的青少年群体。2022 年 9 月，中共中央办公厅、国务院办公厅印发《关于新时代进一步加强科学技术普及工作的意见》，强调学校应加强科学教育，提升师生科学素质，积极开展科普活动。小学阶段设有综合科学课，中学阶段则分科设置多门课程，涵盖广泛的科学知识。然而，学科教育并不等同于科学教育，分科课程对培养科学思维的作用有限。当前学校科学教育存在以下问题：一是传统教学重知识灌输，轻科学思维培养，导致有潜质的学生缺乏独立思考能力，科学教育应教会学生如何观察和寻找答案，而非直接告知结论；二是理论与实践脱节，课程教学既要重视理论，也要注重培养学生的观察能力和动手实践能力；三是单一学科教学过强，交叉学科和综合教育不足，科学教育应及时融入新知识，如 AI 技术和 ChatGPT 等，以打破学生的思维禁锢。科学教育的核心在于培养学生的好奇心、想象力、科学精神和创新意识，需要通过跨学科、多学科融合的探究性课程来实现，而这正是当前学校科学教育所欠缺的。

二、科技场馆科学教育的特点

科技馆是面向公众的重要教育平台，主要致力于普及科技知识、弘扬科学精神等。随着国家对科技教育的日益重视，科技馆作为科技教育的核心场所，举办了越来越多的活动。青少年是这些活动的主要参与群体，所以科技馆的展览教育活动应当围绕青少年的特点精心设计。科技馆通过丰富多样、生动形象的科技展品，向公众展示科学技术的原理及其实际应用。这些展品能够刺激参观者的感官，激发他们的兴趣、思维和想象力，从而达到教育目的。现代科技馆秉持“动手与动脑并重”的理念，重点提升参观者的学习能力和创造能力。科技馆运用声、光、电等动态技术以及先进手段，营造出身临其境的感觉，让人们感受到科学的魅力，接受生动直观的教育。

科学教育活动强调实践探究，学生通过亲身参与实验、观察、调查等活动，发现问题，激发好奇心和求知欲。这样既可以增加学生对知识的理解和记忆，又能培养他们独立思考和解决问题的能力。科技教育活动鼓励学生发挥创造性，提出问题、构思方案、进行实验验证并改进，从而锻炼他们的创新意识和创造力，培养创新人才。科学教育活动不仅是一种教育手段，更是一种趣味活动，通过实验、游戏等形式，让学生在轻松的氛围中探究知识，增加对科学的兴趣、热情和好奇心。其次，科学教育活动注重学生之间的合作交流，通过小组讨论、合作实验等方式，可以培养学生的团队意识和沟通能力，提高他们的综合素质。而且，科学教育活动涉及多个领域的知识和技能，例如在环保主题活动中，学生不仅需要了解环境污染的原因和危害，还需要了解环保法律法规、环保技术等方面的知识，让学生全面掌握并应用这些知识。

三、仿生学的起源和概念

人类为了弥补自身生理结构和体能的缺陷，发明了许多工具。在历经产业革命进入大机器文明时代后，人们却依然觉得生物体设计合理、制作精巧、运转灵活且功能多样，远非仅有几百年历史的机器文明所能比拟。于是，人类开始向包括自身在内的生物学习、模仿，在此背景下，仿生学应运而生。[1]仿生是对自然资源在方法论意义上的有效利用，虽源远流长且贯穿人类科学技术领域发明发现史，但正式成为独立学科较晚，通常认为20世纪60年代美国空军航空局在俄亥俄州空军基地召开的仿生学会议提出“Bionics”一词并被我国译为“仿生学”，其定义为“一门科学，它专注于模仿自然生物系统的原理、结构或功能，以设计、构建或优化人工技术系统”，或者表述为“仿生学是研究如何使人工技术系统具备或模仿自然生物系统的特征、行为或机制的科学”。

四、青岛科技馆仿生学展厅布设

（一）海豚与声呐仿生学

在（钝吻）海豚追踪猎物、捕食者和障碍物时采用的回声定位面前，最好的军用声呐技术也都黯然失色。这些海洋哺乳动物通过喷水孔发出咔嗒声，可以发现100米以外几厘米宽的物体，这就好比在足球场上发现一粒核桃仁一样。声呐是一种利用声波进行探测和定位的技术。海豚就是这个技术的得天独厚的使用者。它们能够发出高频声波，在水下进行导航、捕食和交流。海豚发出的声波会撞击到水下的物体，然后反射回来。通过接收和分析这些反射声波，海豚可以轻松地判断出物体的位置、大小和形状。这种技术对于它们在深海中生活至关重要（见图1）。

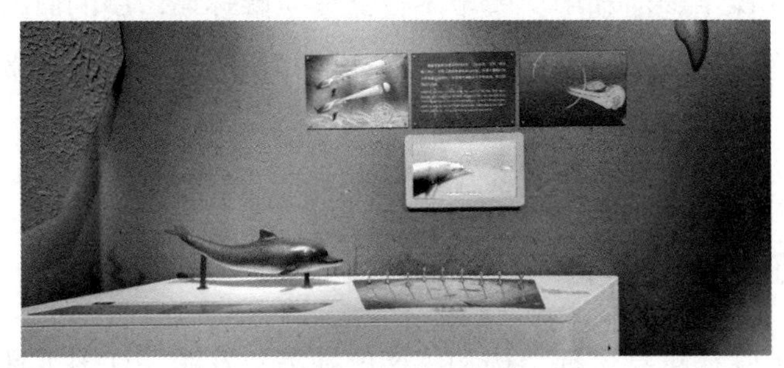

图1　海豚与声呐仿生学

（二）壳类结构和仿生建筑物

贝类作为与人类生活紧密相连的无脊椎动物类群，在衣、食、住、行等多个方面都与人类息息相关。为了保护其柔软的身体和内脏，贝类精心构建了各式各样的“居所”，这一生存智慧也为人类建筑带来了启示，引导人们创造出多样而奇妙的建筑样式。贝类在构建自己的“房子”时，需要付出大量的时间和精力。而且，并非“房子”越大、越厚重就越好。实际上，在有限的材料和能量条件下，贝类巧妙地采用了“薄壳结构”。这种结构不仅曲度均匀、质地轻巧，还非常耐压，符合特定的力学原理。在生物界中，除了贝壳外，蛋壳、龟壳以及人类的头盖骨等也都展现了这种精妙的“薄壳结构”，为设计师和建筑师提供了丰富的设计灵感。

其中，扇贝可能是贝类中的“最佳建筑灵感源泉”。扇贝壳虽然不厚，但却相当坚固，大多呈拱形，具有一定的跨度和容积。这些独特的结构特点被人类巧妙地转化为“用料少、跨度大、空间广、坚固耐用”的设计理念，并广泛应用于建筑领域（见图 2）。

图 2　壳类结构与仿生建筑物

（三）鱼鳔与潜水艇

鱼鳔能辅助鱼在水中的升降，当鱼下潜时，鱼鳔收缩，空间变小，气压变大，以抵消水压的作用。当鱼上浮时，水压变小，鱼鳔放松，空间变大，气压变小。鱼体内的鳔，在肌肉控制下能收缩或膨胀。收缩时鱼鳔体积变小，其内气体被排出，水的浮力变小，鱼就沉入水中，反之亦然。受此启发，人们给潜艇也安装了类似鱼鳔的舱体——主压载水舱，通过注水、排水实现潜艇的下潜上浮（见图 3）。

图 3　鱼鳔与潜水艇

（四）仿生机器鱼

作为占领地球表面面积约 71% 的海洋中经过百万年选择和进化结果的

鱼类，它能够进行快速、高效、敏捷的游泳运动。鱼类包含超过 2.8 万个物种，展现出多样的形态和结构特征，它们在水中移动时表现出卓越的效率、速度、机动性和隐蔽性，远超人类目前制造的水下机器人。尤为引人注目的是，鱼类在高速和高机动性游泳时，并不会产生可追踪的尾流结构。在仿生学框架内，利用生物启发的方法来模拟鱼的生物特征和运动能力设计仿生鱼，继承了鱼类诸多优点，这使得它们可以进行长时间、大范围、工况较复杂的水下作业；能应对海洋生物考察、海底勘探、海底救生等对机动性要求高的场景。[2] 研究仿生机器鱼（见图 4），必然是水下机器人未来发展的方向。

图 4　仿生机器鱼

五、仿生学教学探索与实践

（一）仿生学课程开展思路

时至今日，通过与各学科交叉，仿生学已有机融入军事、机械、建筑、环境、材料、能源、医学和经管等诸多领域。仿生学也为科技发展提供了新的机遇与突破口。我国科学家大量仿生相关原创成果荣登《自然》《科学》等顶级刊物，同时冠名“仿生”的技术和产品亦如雨后春笋般不断更新迭代。得益于其自带的交叉性、科学性、趣味性和创造性，仿生学的“通识育人”潜力近年来逐渐被发掘。通过关注奇妙的自然现象并探索其背后的机理，仿生学能够激发学生的兴趣，开阔他们的眼界，活跃他们的思维。同时，基于需求导向、由形入神的仿生设计案例学习，可以启迪学生在思考问题和解决问题时举一反三，甚至一通百通，从而提升源头创新潜能，实现全方位育人的目标。

基于上述考虑，我们开设了仿生系列课程，供对仿生现象、原理及设计感兴趣的学生学习和实践。在“以学生成长为中心”的教学理念指导下，课程通过模块化设计主题教学内容，将趣味科普与科技前沿相结合，深入挖掘并融入仿生主题元素，通过多措并举和创新教学实施模式，凸显仿生类跨学科通识课“全方位育人”的优势，推动馆校结合的高质量仿生学综合教育，如图 5 所示。

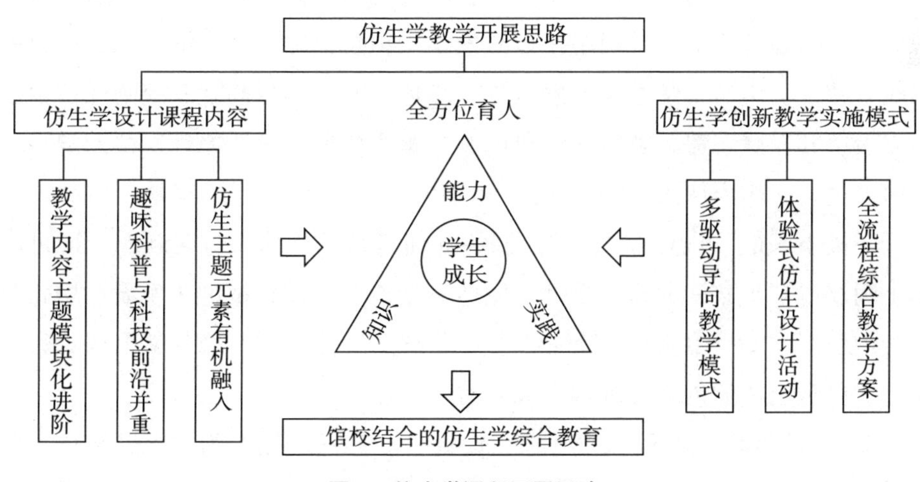

图 5　仿生学课程开展思路

（二）仿生学主题模块化教学内容

为克服仿生类课程普遍存在的系统性不足、知识碎片化、内容偏浅薄等问题，以“现象—原理—设计—应用”为逻辑线索，梳理并制定出符合不同学生特点、具有跨学科通识育人特色的主题模块化教学大纲（如图 6 所示），涵盖仿生基础、仿生设计、仿生应用三大篇章及下属章节，形成一脉相承、层层递进的有机整体。

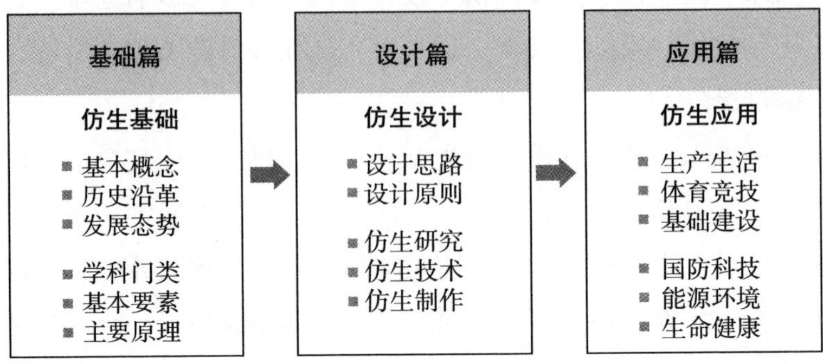

图 6　主题模块化进阶

在“基础篇”通过生动的图片、有趣的视频等方式列举大自然诸多奇异现象和万物独特之美与独门绝技，激发学生窥生灵之百态、解天地之奥秘的本能兴趣，引出仿生学基本概念。进一步地，站在学科高度系统阐述仿生学历史沿革和发展态势，解析其学科门类、基本要素、主要原理，帮助学生认知由零化整，体悟从浅入深。

在接下来的“设计篇”，重点回答如何进行仿生这一进阶问题。通过向学生阐述以“观察—分析—设计—制造—评价”为流程链的仿生设计思路和“主动仿生”“绿色仿生”“最优仿生”等仿生设计原则，培养学生从观察到模仿、再到创造的创新思维和实践能力。

在“应用篇”，课程以“需求—设计—产品—应用”为线索，将仿生学基础理论和仿生设计原理与具体应用领域密切联系起来，分门别类开设生产生活、体育竞技、基础建设、国防科技、能源环境和生命健康等应用型子主题板块，以照顾不同年龄学生的知识架构与学习兴趣，最大程度激发其内生学习动力并引起课堂共鸣，促使学生自主好学，学有所获，学有所用，为今后基于仿生思路解决实际问题打下基础。[3]

（三）多驱动导向式教学

在教学实施过程中，为持续激发学生学习热情，全面提升其核心素质，探索了以“问题 · 需求 · 应用”共驱动导向式教学模式，如图 7 所示。

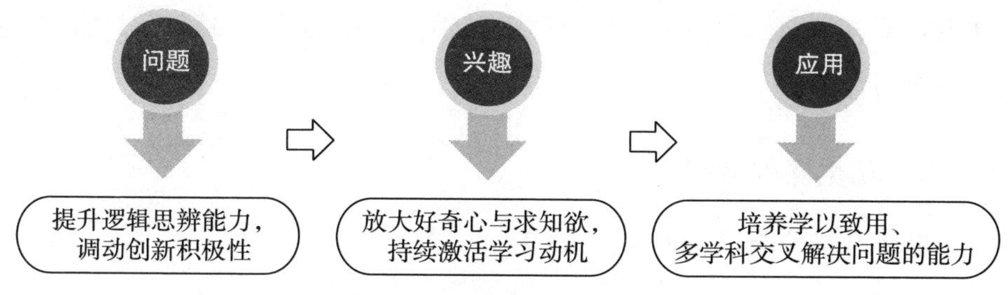

图 7　多驱动导向式教学

在介绍智能仿生与创新应用实例时，课程以自然现象、仿生原理与实际应用三者关系为切入点，通过层层递进的问题串开展问题导向式教学。例如，在海豚与声呐仿生学教学中，提出以下问题：为什么海豚被称为“天生的杀手”？海豚探路是否依赖视觉？引导学生归纳总结海豚的生物学特征与仿生学原理。为激发学生兴趣，课程结合奇妙的自然现象，以图文、视频及实物等方式辅助教学，唤起学生探索自然的兴趣，为问题导向式教学奠定情感基础。在贝壳仿生学教学中，通过展示贝壳标本及其形态特征，辅以视频讲解，帮助学生深入理解自然生物的奇妙奥秘。在此基础上，课程进一步引导学生学习仿生学原理，探索仿生学与实际应用的关系，培养学生学以致用的能力，以及多学科交叉解决问题的能力。

（四）体验式仿生设计活动

秉持“以学生为中心”的通识育人理念，在施教过程中，依据学生当前知识水平和认知规律，围绕仿生设计与应用主题，针对性穿插了趣味性、探究式情境互动实践——体验式仿生设计活动，让学生当课堂的主人。典型的设计活动基于“匹配卡”游戏实施，寓教于乐，要点如下：向学生发放随机打乱的“灵感卡”和“产品卡”两种类型的卡片若干张，并要求学生分组协作，在规定时间内完成灵感卡与产品卡两相匹配。其中，灵感卡正面以图片展示某种自然现象或生物体（如海豚），背面附以简短文字介绍所关注的特征；产品卡则在正面印制某特定应用领域的产品或物品图片（如“仿生机器鱼”），同样在背面附加功能性描述说明。有效地调动小组成员的协作讨论热情，激发创新发散思维，培养综合思辨能力。营造轻松融洽的实践学习氛围，同时观察、记录学生表现并用于评价和改进。活动最后，结合各组匹配结果和课堂知识点进行点评、解析，引导学生自我反思，加深其对创新仿生设计的学习体验。

（五）仿生课程案例

1.海豚与声呐教学案例（见表1）

表 1　海豚与声呐仿生学教学案例

主题模块化	多驱动导向式	方　式
课程导入（基础）	海豚为什么被称为“天生的杀手”（问题）	播放视频
探究海豚探路的奥秘（基础）	海豚探路不是依靠视觉（兴趣）	海豚头部结构图解
模仿海豚声呐（基础）	用嘴巴和耳朵配合捕捉小鱼（兴趣）	游戏方式
海豚探路与仿生物品（设计）	回声定位原理（兴趣）	探究发明声呐、B 超诊断仪、雷达等的不同之处
仿生物品工作原理（应用）	画出声呐、B 超诊断仪和雷达的工作原理示意图。（应用）	绘制原理示意图
拓展活动	自然界中其他利用超声波的生物还有谁?	蝙蝠利用超声波与回声定位捕捉猎物

海豚与声呐是仿生学课程中的一个典型案例，科学家从海豚在海里游动和捕食的行为中得到启发，发明了声呐。在课程中模拟海豚游动和捕食的游戏，了解海豚游动的躲避障碍物和捕食的过程。通过仿生学的工作原理，了解海豚探路的原理以及声呐、B 超、雷达的工作原理。

2.贝壳仿生建筑教学案例（见表2）

表 2　贝壳仿生学教学案例

主题模块化	多驱动导向式	方　式
建筑发展起源（基础）	建筑元素有哪些（问题）	贝壳建筑视频
建筑元素搭建（设计）	解密特殊建筑元素（兴趣）	搭建体验
认识仿生建筑（应用）	了解螺旋对称之美（应用）	仿生建筑设计，制作贝壳城堡

贝类是无脊椎动物中较贴近人类生活的类群，与我们的衣、食、住、行密切相关。贝类为了保护柔软的身体和内脏，给自己盖了各式各样的“房

子”，人类也从中得到启发，运用贝类的生存智慧创造出样式各异的奇妙建筑。在课程中，从建筑发展起源导入教学，认识建筑元素，从而有一定的建筑概念，再探索贝壳与建筑物的联系，通过搭建体验将仿生学应用到实践中，学以致用，用以促学。

3. **鱼鳔与潜水艇仿生教学案例**（见表3）

表 3 鱼鳔和潜水艇仿生学教学案例

主题模块化	多驱动导向式	方 式
漂浮的乒乓球（基础）	你能把球取出来吗（问题）	实验
沉浮实验（基础）	什么东西可以浮在水上（兴趣）	瓶子的沉浮、螺丝钉的沉浮、橡皮泥的沉浮
潜水艇的秘密（设计）	自制潜水艇（应用）	手工组装
潜水艇与仿生学（应用）	鱼类通过改变鱼鳔中的气体实现上浮下沉（应用）	潜水艇的上浮与下沉模仿了鱼类的浮沉原理；潜水艇的外壳模仿了海豚皮肤的特殊结构

在生活中，孩子们经常看到鱼儿在水中自由游动，对此习以为常，便不去思考其中的道理。然而，当把这一生动情景带入课堂时，立刻吸引了孩子们的注意力，新奇有趣的感觉激发学生提出了问题。本课程案例围绕鱼展开，引导学生通过思考、观察、分析等方式，了解鱼儿能在水中自在游动的原理。单纯的说教是枯燥的，教师通过实际操作，让孩子们充分参与其中，再通过恰当的引导和讨论交流，帮助学生理解其中的原理。最后，通过制作潜水艇，拓展学生对仿生学在真实场景中应用的实践。

4. **仿生机器鱼教学案例**（见表4）

表 4 机器鱼仿生学教学案例

主题模块化	多驱动导向式	方 式
激发课程兴趣（基础）	从仿生学起源到感受仿生机器人（问题）	仿生机器人的操控和学习
理论和实践相结合（基础）	PBL 仿生学课程（兴趣）	仿生鱼外观设计、激光切割技术的应用、3D 建模软件
动手与动脑相结合（基础）	设计鱼形理解原理（兴趣）	3D 软件建模进阶、仿生鱼外形定板、了解偏心轮机构的原理

续表

主题模块化	多驱动导向式	方　式
编程工具，解决实际问题（设计）	学习和认识嵌入式系统（兴趣）	了解流水灯模块，自主完成彩灯程序的编写，实际运用图形化编程解决问题
学习设计思维的工作流程和原理（设计）	构思自己的想法，在实践中了解设计思维的意义（兴趣）	学习电子学基础、完成仿生鱼基础运动程序的编写、了解典型传感器的工作原理和流程
完美做成仿生鱼（应用）	遥控器的工作原理（应用）	学习遥控方式和遥控器种类、根据不同鱼类的特点，绘制和制作鱼鳍，并完成鱼鳍的安装和试验、继续优化程序，使仿生机器鱼运行更加合理流畅

理论与实践相辅相成，二者缺一不可。本案例中，学生实地观察海洋生物体征，有针对性地收集海洋生物相关资料，了解生物生命活动的规律，结合动力学、运动学知识展开科学探究活动。通过观察、延伸、提问等形式，探究仿生鱼的设计原理。该案例充分体现了机器人技术、人工智能技术在科学教育中的重要作用，提高了学生综合应用科学知识的能力。

六、馆校结合背景下科普教育活动的新发展

“双减”政策对素质教育影响深远，馆校结合成为青少年教育新途径。它将场馆教育与学校教育互补，形成高效教育合力。科技馆应结合自身优势，突出需求导向，打造馆校结合共赢模式。科技馆具有包容性和开放性，开辟课堂教育新领域，通过先进设备和技术实现知识无缝对接，为培养学生创新能力和激发智慧提供广阔空间，体现学习空间价值。“双减”政策下，学生有更多空闲时间进入科技馆探索科学奥秘。馆校合作提供丰富科学资源，发挥教育补给作用，学生能在科技馆形成知识体系。这种合作拓展了教育领域的深度与广度，使教育触及社会的方方面面。

科技馆是社会系统中的重要教育场所，具备强大教育能力。管理者和工作人员应将科技馆与学校教育理念相结合，完善多元化教育职能，体现深刻教育价值。科技馆辅导员可作为广义教育者，为学生提供校外知识和经验，引导学生探索科学资源。学生亲近科技馆，与科技“对话”、与历史“交

流”，将社会教育力量转化为学习进步动力。

七、结　论

综上所述，在当前国家重视科技教育、致力于提升中小学生科学素质的背景下，以青岛科技馆展教资源为基础的仿生学教学为例，深入思考了如何开展仿生学教育的探索。主要从以下几个方面展开：第一，梳理仿生学课程开展的思路；第二，构建仿生学主题模块化教学内容；第三，推行多驱动导向式教学；第四，开展体验式仿生设计活动等创新教学模式，引导学生思自然万物之妙，享仿生设计之趣，培养跨学科科学视野，增强源头创新意识。同时，在馆校结合教育的背景下，科技馆拓宽了教育领域的广度和深度，实现了课程资源的多样化和实践性，以社会力量助推素质教育。科学是一个充满未知和探索的领域，它鼓励孩子们敢于提出问题、尝试新事物、寻求新的解决方案。在科学教育的过程中，孩子们通过参与实验、观察现象、发现规律，能够激发他们的好奇心和探究欲望。他们学会从不同角度思考问题，提出新的假设和观点，这种创造性的思维方式对于他们的未来发展至关重要。

参考文献

［1］李兴春 . 仿生学与生仿学［J］. 教育视界，2024，(Z2)：65-70.

［2］李家君，郝永平，刘丽红，等 . 一种基于多自由度鱼尾的仿生机器鱼设计［J］. 机械工程与自动化，2024，(03)：92-94.

［3］田丽梅，赵杰，商延赓，等 .“新工科”背景下“仿生设计学”课程建设的思考［J］. 创新创业理论研究与实践，2022，5(13)：10-12+53.

作者简介

乌拉，青岛科技馆展教辅导员，主要从事科普讲解、教育活动策划与执行工作。

博物馆如何做好科学教育“加法”

——以中国铁道博物馆“走进火车的世界”为例

吴　千

一、科学教育“加法”的重要性

为了培养一支未来能够攻坚克难的科技人才后备队伍，习近平总书记提出：“要在教育‘双减’中做好科学教育加法，激发青少年好奇心、想象力、探求欲，培育具备科学家潜质、愿意献身科学研究事业的青少年群体。”[1]这一重要论述既是学校教育、家庭教育、社会教育的重要内容，也是国家发展的战略需要。博物馆作为社会科学教育的重要机构，需要承担起应有的责任。

二、博物馆的科学教育要“加”出特色

（一）博物馆的科学教育研究要基于场馆展品的科学特色

博物馆历来承担着传播科学、普及科学，提高公众科学文化素质的重要责任。其显著优势就是拥有众多主题展品及其相关教育资源。展品是博物馆展出的基础，是实物，往往蕴含着丰富的科学信息，能够直观地展示学科知识，将复杂的科学概念以准确、有效且有趣的方式传达给青少年，而且代表了某一特定历史时期的文化发展，比单纯的文字或讲解更能引起青少年的兴趣和好奇心，提高学习的理解力和记忆力，增强学习的效果。

博物馆的专业人员所擅长的也是基于展品内容的讲解与宣传。通过这种

实物展品，青少年还可以进行实际操作，如实验、模拟等，使学习变得更加生动有趣，提高学习的主动性和积极性。

博物馆还可以利用自己丰富的展品和多样化的展示手段，举办基于展品的教育活动，营造出适于青少年进行科学学习的教育情境，引导青少年通过参与展品的互动，主动学习和积极思考。

（二）博物馆的科学教育研究要注重跨学科学习

在快速变化的现实世界中，对问题的解决往往涉及多个学科领域，这就需要培养青少年综合运用多种学科知识解决实际问题的能力。[2]

博物馆自身具有跨学科、跨领域的特性，丰富的展品资源和独特的教育情境资源，为青少年的跨学科学习提供了丰富的素材和实践的场所。馆藏展品不仅以实物的形态直观展示着相关的科学知识，还是具有科学性、历史性，甚至民族性等文化内涵的实物，体现着多种学科的知识和精神。这就需要我们在科学教育中，基于展品，帮助青少年从多个学科的角度去理解展品的科学内涵，相关的科学态度和科学精神，及其所蕴含的历史的、文化的、艺术的信息等。

通过整合并利用这些现场资源，博物馆能够创造出更具吸引力和教育价值的学习环境，让青少年参与模拟真实的科学研究和社会实践，为他们提供更加直观、全面、深入的学习体验，有助于他们将学习到的理论知识应用于真实的、不同的情境中，培养解决问题的能力、创新能力和综合科学素养。

（三）博物馆的科学教育要注重弘扬科学家精神

科学家精神是科技工作者在长期的科学实践中积累的宝贵财富，[3]对于推动科技进步，培养科技后备人才，提高国家竞争力具有重要意义。尤其在当今各种信息文化如此发达的情况下，弘扬科学家精神就显得尤为重要。博物馆利用自己独特的平台弘扬科学家精神，既是国家、社会和公民对接受科学文化熏陶、提升科学文化素质的期待，也是博物馆行业发展和特性所衍生出的重要社会责任。

就博物馆自身展品来说，至少能表达三层含义：一是所展示出的相关科学知识和科学信息；二是当时科研人员在获得这些科学知识和信息过程中所需要的背景知识，在研究过程中所经历的故事、所付出的艰辛、所体现出的科学态度和科学精神等；三是展品所涉及的科学概念和科学知识对于人类认识自然和人与自然的关系等方面的影响。

同时，博物馆还可以通过对相关领域科学家学术成长资料的收藏、保存、研究、展示、开发利用等，系统把握这些资料的独特价值，对科学家事迹背后的历史规律、精神气质等内容深入挖掘，展示丰满的科学家形象和丰富的科学家故事，呈现科学家群体爱国、创新，求实、奉献的精神本质，以及科学家取得科研成就背后蕴含的科学精神、科学思想和科学方法，弘扬科学家精神，激励青少年一代对科学的热情和追求。

三、博物馆的科学教育要“加”出质量

为了更好地适应国家和社会发展的要求，中国铁道博物馆结合自身条件和定位，基于自己的主题特色，确定了帮助 8~14 岁青少年了解我国铁道历史和机车、高铁知识的研学课程开发方向，确立了帮助青少年了解相关知识，构建相关知识网络，培养科学兴趣和意识，提高综合科学素养的目标，进而提高社会公众对我国铁道事业的发展历史和机车、高铁科学技术的了解，使社会大众对我国高铁事业的发展充满信心。

（一）科学教育课程体系的构建要体现科学性和学具应用性

科学教育课程的科学性不仅体现在所包含知识的科学性上，也体现在其课程体系本身是否遵从了青少年的认知发展规律；其学具应用性则体现在通过对这一课程体系的学习，青少年是否达到了学习的目的，即提高了综合科学素养。

中国铁道博物馆开发的“走进火车的世界”展览，从铁道知识本身的科学性体系和我国铁道事业发展的历史出发，在主题内容方面，围绕展品来讲述历史和科学知识，以帮助青少年构建铁道主题知识的完整结构。在表现形式方面，该研学课程集以正式出版的科普图书、研学手册、实验模型、视频

微课于一体，以“火车里的世界”为线索，进行数次奇妙的时光穿越，从馆藏、展品、展项及与火车相关的科学原理出发，辅以解构、求知、实践、总结的综合性学习过程，以项目式教学法为引，引导青少年通过阅读探索及动手拼装，学习并了解火车的各类知识与科学内涵，启迪科学思维。

（二）科学教育课程要以项目式学习为理念设计课程结构

项目式学习是一种科学的、富有创新性和实践性的教学方法，其核心理念在于通过对真实问题的解决过程，全面提升学生的知识水平和综合能力。相较于传统教学，项目式学习更加注重学生的主动参与和实践经验的积累，从而为未来的全面发展奠定坚实基础。

在研发“走进火车的世界”科学教育课程的过程中，针对各个子项目活动设定主要任务和目标、教学重难点、教学场地与教学准备、时间安排和详细的教学过程。在“探秘蒸汽机车”探究活动中，以真实的、孩子们感兴趣的关于铁道的问题为线索，引导孩子们通过研学实践、模型制作和阅读科普图书来学习相关知识，并解决这些问题，为他们实践能力和科学素养的提升提供发展平台。

“走进火车的世界”之“探秘蒸汽机车”科学教育课程设计方案：

第一阶段：展厅知识竞赛（10 分钟）

阶段目标：带领学生回顾在参观展品的过程中所学到的知识

第二阶段：了解火车的发展历史，引入课程（5 分钟）

阶段目标：了解火车的发展历程

第三阶段：制作蒸汽机车模型（60 分钟）

阶段目标：模拟蒸汽机车走行部运行过程，并探究热能如何转化为动能。

活动（1）认识蒸汽机车的结构

活动（2）学生实操活动：组装蒸汽机车模型

实操步骤：固定发条机、组装底盘主结构→安装车轮→组装气缸→安装

气缸与连杆→组装驾驶室→安装驾驶室与锅炉→运行测试→蒸汽火车大比拼→美观设计

活动（3）教师演示实验：蒸汽机车的“肺”——滑阀

第四阶段：总结与分享（10~15 分钟）

阶段目标：课程总结与分享。

第五阶段：课外实践（2 分钟）

阶段目标：增强课程探究的连续性。

（三）课程中的科学教育活动需具备体验渐进式特点

一套具有完善体系的科学教育课程，其科学教育活动必定是基于相关主题的知识体系，在遵循教育规律和青少年认知发展规律的基础上，具备体验渐进式的特点。这套课程中所设计的科学教育活动在遵从这些规律的基础上设置层层递进的学习关卡，即能够区别各种机车的认知关卡—可以成功制作蒸汽机车模型的实践关卡—建构铁路基本知识网络的建构关卡，循序渐进地引导学生们由易到难、由点到面地构建关于铁路的整体知识网络。

在具体的研学活动中，科技辅导员首先带领青少年从我国铁路发展的起始——0 号机车开始，直观地学习关于机车的基础知识，如各种机车的类型，即蒸汽机车、内燃机车和电力机车、动车组，了解这几种机车的基本结构、功能及各部分的运行原理。在完成这一活动内容后，辅导员会以问题的形式来确保孩子们通过这一关，如机车是什么、机车分为哪几种、分别是以什么为动力来源的等。

在青少年具备了关于机车的这些基础知识后，科技辅导员将会带领孩子们努力通过实践操作关卡从机车到动车组，从普通铁轨到高架桥，由点到面地全面建构关于铁道和机车的知识网络，帮助孩子们建构起关于铁道知识的整体框架。从本质上来说，以上科学教育活动设计的体验渐进式特点主要体现在了活动内容的逐步深化和学生能力的逐渐提升上，并在活动中培养了学生客观、严谨、求实的科学态度。

（四）科学教育课程的应用要适合应用场景

科学教育课程的设计与实施需要紧密结合青少年的实际应用场景，并通过多样化的教学手段和实践活动，培养学生的科学兴趣、科学思维和科学实践能力。

场馆内应用是这套课程设计之初的应有之义，也是最有效的应用场景。在展馆内，这一系列的科学教育活动都可以在合适的场景内得到充分、直观、有效的实施。青少年在博物馆内直接面对实物展品，在科技辅导员的指导下可以更好地进行沉浸式学习和体验式学习，达到深刻理解科学知识和科学技术的目的。

除了馆内的现场研学外，科学教育课程还应充分与学校进行馆校合作，一是可以作为学校的课后服务课程进行教学，二是可以作为学校开展科技节活动的材料，并在完成模型制作后参与比赛或评比。在这个过程中，博物馆可帮助学校培训科学教师。同时也应鼓励家庭教育中的亲子共读、亲子活动，让博物馆的科学教育在家庭教育中发挥更大的作用。

图 1 是中国铁道博物馆《火车的世界》科学教育课程测试调查结果，可见其成效。

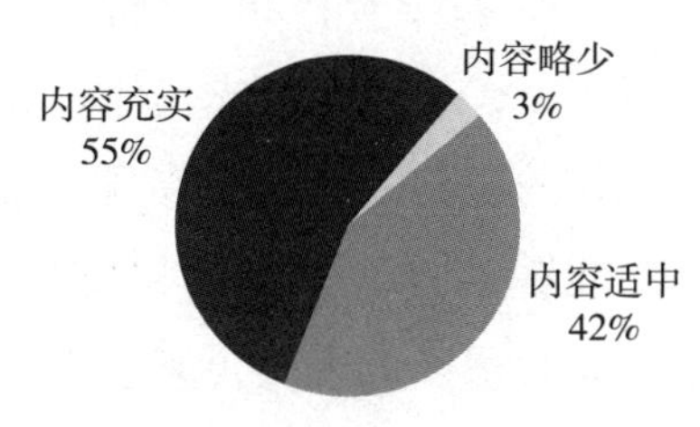

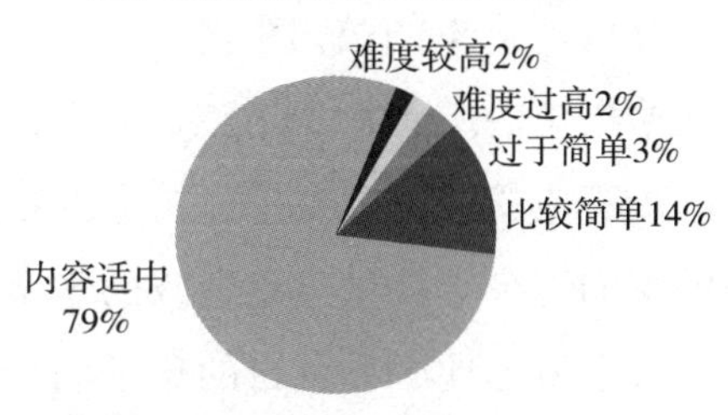

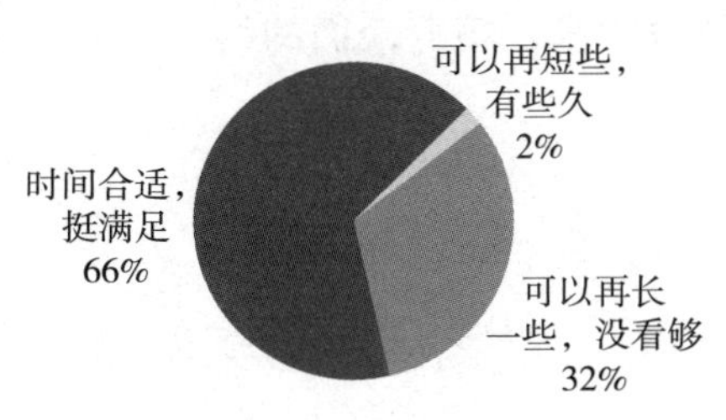

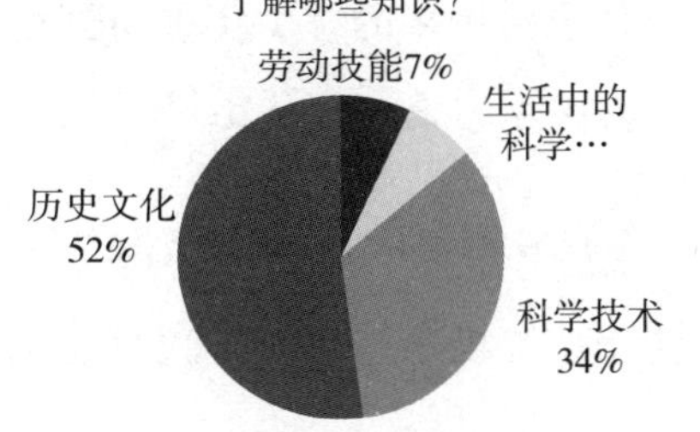

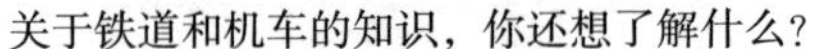

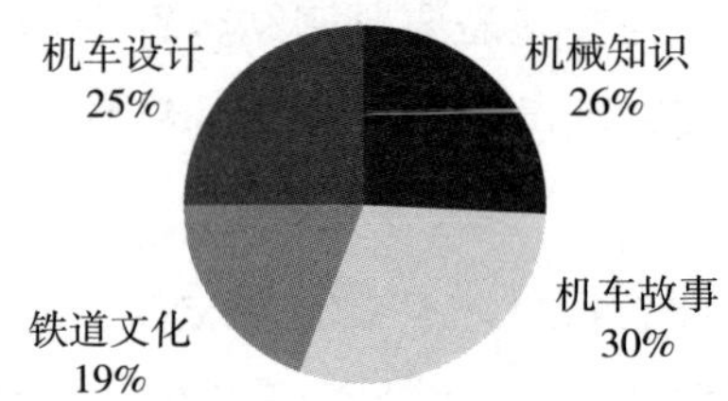

图 1 中国铁道博物馆《火车的世界》科学教育课程测试调查

四、博物馆科学教育要“加”大范围

（一）延伸公益事业、扩大成果影响力

社会公益性是博物馆本身具备的重要属性，对青少年进行相关主题的科学教育则是时代和社会的发展赋予的责任和意义。博物馆开展的针对青少年的科学教育，旨在培养孩子们的科学兴趣和责任感，促进教育的公平。这就要求博物馆将科学教育作为一项公益事业扩大到更大的范围，让更多的孩子接受更专业的科学教育。具体可采取以下策略。

开放博物馆的馆内资源，将其中的科普图书、教学资料和视频教程等，赠送给进馆的所有青少年免费使用；主动拓宽渠道，争取政府或其他公益组织的政策支持或资金支持，扩大博物馆科学教育的影响力和服务范围，为经济困难的青少年提供奖学金或助学金，使他们能够参加博物馆的科学教育项目；对于偏远地区和乡村的孩子们，博物馆也需要积极走出去，为这些孩子提供免费的参加科学教育的机会，或者是将可以在家学习的出版成果送到他们手中，使他们可以在家就可以参与科学学习。通过这些措施，扩大自己的影响力，吸引更多的青少年参与到科学教育中来，培养他们的科学素养和责任感，为国家后备科技队伍培养人才。

（二）多场景应用场馆资源

博物馆等场馆进行科学教育的优势在于，可以依托馆内的实物展品，通过创造多样化的展览环境，[4]如增加互动展或者利用多媒体展示无法现场体验的科学现象，面向青少年们开展多角度的沉浸式教育、体验式教育，使他们对展品所展示出的科学知识、蕴含的相关科学家的科学态度和科学精神有更好的体验。

博物馆里的专业人员要善于与青少年互动，准确、科学、高效地用他们喜欢的方式将展品中所蕴含的科学知识与精神进行传递。设置实验区或实践区，为青少年做相关主题的科学实验提供真实的设备和材料，在专业人员的指导下进行科学实验，无论是博物馆里的展厅研学，还是在实践区的动手操作，或是在阅览区进行的科普阅读，都有效应用了馆内的多种场景，提高青少年的研学效果。博物馆还可以定期邀请研究相关主题的科学家和研究人员举办公开讲座和研讨会，分享最新的科研成果和研究趋势，并为青少年提供与科学家面对面探讨问题的机会。通过这种多场景应用，博物馆可以为青少年提供丰富多元的学习体验，满足他们的学习需求，增强教育的趣味性和有效性。

（三）馆校合作双向流通

在新时代的背景下，博物馆要积极制定“请进来，走出去”的发展策略，主动寻求馆校合作，扩大科学教育的覆盖面和影响力。

在“走出去”的策略中，博物馆可与学校共同制定长期的合作计划，将自己的课程资源和教育资源纳入学校的科学教育计划之中，与学校共享展览和课程资源，让学生在熟悉的环境中接触科学知识；帮助学校培训科学教师掌握最新的科学知识和方法，与学校形成长效的合作机制，共同创造一个互补的科学教育环境；参与学校的课后服务，帮助学校组织科技节活动，在向青少年普及科技知识的同时，发现并培养对相关科学主题有更多兴趣的孩子，为他们提供更多的学习机会。博物馆还可以通过巡展和讲座，直接与学生互动，使科学教育更加贴近学生的日常学习。

在“请进来”的策略中，博物馆则须主动将自己打造成为校外实践基地或学生的“第二课堂”，让学生走进博物馆，不仅满足学生亲身体验科学知识的需要，还使得学生可以在课堂之外继续探索科学知识。博物馆可按与学校的合作计划，开设专门针对学生的互动展览，如利用触摸屏等，为他们提供沉浸式的体验。开放科学实验室，让学生们能够在专业人员的指导下进行科学实验和实践活动，帮助学生在课外继续进行探究性学习。定期举办科学营活动，为青少年提供一个可以集中学习科学知识和实践的环境，学生可由此深入了解某一特定的科学领域，培养团队合作和解决问题的能力。

通过这种“请进来，走出去”的策略，博物馆与学校建立起双向互动流通的模式，不仅能为学生们提供更多的科学学习机会和资源，还能够激发他们对科学的浓厚兴趣和探索精神。

（四）与教育机构合作，多平台拓展

为了扩大科学教育的普及范围，提高博物馆的影响力，吸引更多的青少年走进博物馆进行沉浸式、体验式的学习，[5]博物馆还需与教育机构进行合作，拓展实施科学教育的平台。

博物馆可在互惠互利的原则下与商业机构建立长期合作的伙伴关系，共同制定科学教育活动的目标和计划。双方可共同开发基于展馆展品的研学课程，如合作研发出版包括科普书籍、教学视频、研学活动等在内的研学课程，并利用教育机构的渠道进行推广，以扩大影响力。博物馆亲自参与研发的基于馆内教育资源的研学课程，可以保证孩子们的研学活动避免走马观花、一带而过的现象。同时，商业机构拥有的专业的研学导师，也可以弥补博物馆自身人力资源不足的情况。

此外，博物馆还可与高科技的商业机构合作，利用 AI 等先进科学技术开发科普教育在线课程，打造沉浸式的科学教育直播场景，让青少年沉浸式的“云体验”馆藏展品，并由馆里专业人员在线解答有关科学知识的问题，使科学教育可以惠及更多的青少年。

参考文献

[1] 倪闽景. 面向全体青少年的科技创新人才培养［J］. 全球教育展望，2023（11）：11–15.

[2] 陈月新."三新"领航：苏科版义务教育信息科技七年级教材分析[J].江苏教育研究，2024（4）：56-62.
[3] 沈海云，朱莉娜，王海媛，邱丽娟，邵松雪.浸润式课程思政在物理化学实验中的设计与实践[J].大学化学，2022（3）：44-49.
[4] 刘兆阳.以"科技自立自强"为中心的科技政策演进路径研究[J].传媒观察，2023（3）：23-27.
[5] 许文勇，邱爱金，高博.主流媒体短视频中的科学家形象建构分析："中国科学家"抖音号的创新实践研究[J]，传媒观察，2023（3）：78-82

作者简介

吴千，中国铁道博物馆东郊展馆副馆长，研究方向为博物馆公共服务与社会教育。

基于《科学》新课标的中小学地学科普课程开发与实践研究

——以中国地质大学（武汉）地学科普实践为例

闫亚丽　刘福江　林伟华　郭　艳

科学作为人类追求真理的伟大事业，其普及工作则是推动这一事业持续发展的坚实基石。习近平总书记曾明确指出：“科技创新、科学普及是实现创新发展的两翼，要把科学普及放在与科技创新同等重要的位置。没有全民科学素质普遍提高，就难以建立起宏大的高素质创新大军，难以实现科技成果快速转化”。[1] 在提升全民科学素质的过程中，青少年发挥着至关重要的作用，他们的科学素质直接关系到国家未来的科技发展和创新能力，对社会经济发展和科技进步具有重要的推动作用。自“双减”政策实施以来，学校教育已不再是单纯的“加减”运算，每一个“加”与“减”的决策，都蕴含着对教育本质与目标的重新审视与定位。在现今的时代背景下，面向中小学生开展科学教育有怎样的意义，科学教育如何在“双减”中做加法、科普资源如何助力科学教育，是我们需要积极思考和研讨的课题。

一、当前科普课程开发现状

为有效提升中小学学生的科学素养，我国各地区各部门高度重视科普工作，出版了一系列科普读物，开展了众多种类多样的科普活动，鼓励科研人员投入科普研究和创作工作中。但是科普课程开发与实践依然面临挑战，科普课程相关研究较少，尤其是基于国家科技前沿和发展战略的科普案例。已有研究多聚焦小学科普校本课程、科技馆与博物馆课程开发，以及部分学科和非学科的课程设计。[2]跨学科和项目化学习是当前科普课程设计和实施的主流趋势，部分研究者采用 STEAM 理念进行科普课程开发，将科普课程分为科普课堂和实验课堂。[3]当前科普课程主要存在以下问题：一是缺乏优质的、系统性的科普课程和类型多样的实践，难以满足青少年对于科普活动的要求。[4]二是地学科普内容与中小学学生核心素养培养目标的融合程度不高。[5]较少有针对中小学学生核心素养培养目标进行精心组织的科普内容，科普实践的效果不佳。[6]三是科普课程定位不明确，内容缺乏时代性，与传统课程脱钩。

因此，当前亟须一套基于青少年核心素养培养目标，能满足青少年对实践性、多样性、趣味性、互动性为一体要求的地学科普系列活动。中国地质大学（武汉）科普教育实践团队依托校内优质资源，以提高青少年科学素养为目标，构建出基于核心素养的地学科普实践课程体系，开展了一系列室内外科普实践示范活动。本文以此为例，探究中小学科普课程开发与实施的基本路径，以期为中小学和同类教育机构提供可借鉴的模式和策略，共同推动科普资源在基础教育中的有效应用。

二、中小学地学科普课程设计原则

（一）基于核心素养和新课程标准构建课程体系

地学科普课程体系既涉及课程目标、内容等静态要素的设计与组织，又涉及课程实施、评价等方面的动态过程，从层次构成角度来看，包括主题设置、科普内容的课程结构、教材体系等内容。核心素养包括关乎人与自我、人与社会、人与知识三个方面总体要求的总框架和六项指标的内容。[7]为将核心素养各指标与地学科普课程深度融合，需将核心素养的各项指标及其细化内容嵌入地学科普课程的目标、内容、结构、实施及评价之中。此过程需深入剖析地学科普课程特点、青少年的认知水平及课程实施的现实条件，以确保核心素养的各项指标能够全面且深入地融入地学科普课程体系。同时，《义务教育科学课程标准（2022 年版）》对课程的性质、目标、内容及实施方式均提出了具体且明确的要求。[8]地学科普课程设计要紧密贴合新课程标准的指导思想，充分考虑课程标准中有关课程的性质、理念、思路、科学知识目标、探究目标、态度目标、实施建议和地球与宇宙科学领域的课程内容要求。

（二）基于中小学学生学习和心理特征进行课程设计

建构主义学习理论强调学习并非单一的知识灌输过程，而是学生个体基于其丰富的生活经验、独特的知识背景及固有的认知架构，对外部信息进行主动筛选、整合与再构造的复杂心理过程。[9]因此，在课程规划与设计时，必须秉持以学生为中心的教育理念，尊重学生的已有知识体系与生活经验。此外，皮亚杰的认知发展理论为我们提供了儿童认知成长阶段的系统框架，明确指出不同年龄段的儿童在感知、记忆、思维等方面展现出不同的发展特征与规律。这些阶段性的认知特点对教育教学的实施效果具有显著的制约与导向作用，要求课程开发者在设计课程时必须充分考虑并顺应儿童的认知发展规律，以更加科学、合理的方式促进其认知能力的全面提升。[10]

（三）基于当地地学资源和地学科普课程特点开发课程

地学科普课程的开发应注重乡土性，充分发掘并利用当地的地学资源，基于其自然环境和地质构造等独特条件，选取具有代表性和教育意义的地学现象与基地作为课程开发的基石。这样不仅经济适用且有可操作性，而且将知识学习与实际操作紧密结合，促进学生深入理解地学原理，并熟练掌握相关技能。[11]

安全性在地学科普课程的开发中也不容忽视。由于地学实践活动往往涉及潜在的危险因素，在设计课程时必须制定详尽的安全规范，明确学生在实践活动中的安全要求与注意事项。在选择实践场所时，需精心规划路线，确保研究地点的安全性。同时，选取的地学实践内容也应充分考虑安全问题，既要保障学生的安全，也要避免对自然环境造成破坏。[12]

三、中国地质大学（武汉）地学科普课程实例分析

我校地学科普项目积极响应国家科普政策，基于《中国学生发展核心素养》和义务教育课程标准，选择了地质学、地理学、环境科学、生态学和大

气科学五个学科主题，涵盖岩石、化石、矿物等十个子主题，并根据不同实践环节需求，配备了教师教具套件、学生学具套件和课程实践书籍等材料。最终形成了一套包括课程大纲、教案、讲义以及配套的教具和学具的完整的科普实践课程体系（见图1）。

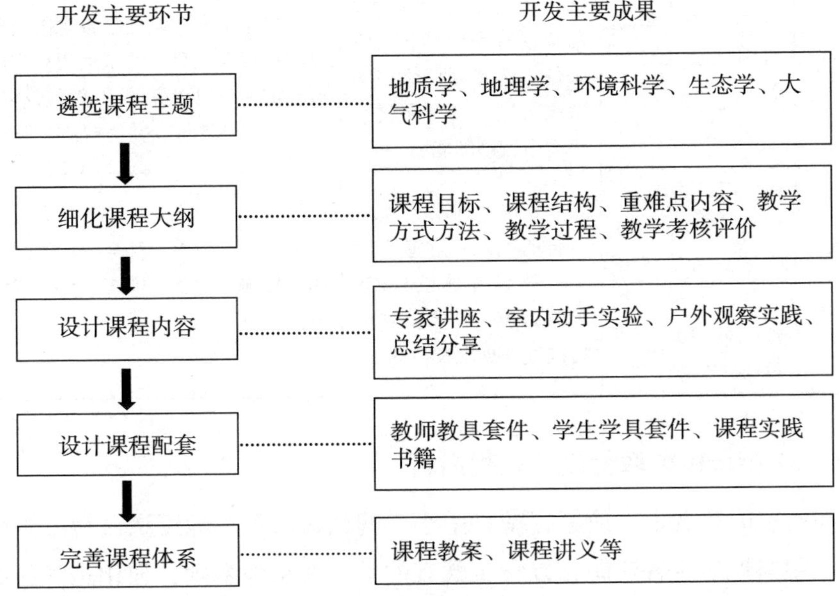

图1　地学科普课程开发流程

（一）立足核心素养设计课程目标

课程目标在课程设计、实施与评价中占据核心地位，也是科普课程体系构建的重要基础与依据。本套课程的目标（见表1）设计充分考虑核心素养培养要求和义务教育课标要求，凝练成“知识与技能、能力与素养、情感、态度与价值观”三维目标。

表1　地学科普实践课程——“宝石大磨王”（小学版）课程目标

课程目标	具体目标	核心素养培养要求	《义务教育科学课程标准（2022版）》对应目标要求
知识与技能	了解宝石及其原石的特点，宝石分类和光泽、光学效应	能自觉、有效地获取、评估、鉴别、使用信息	认识常见物质的变化，能利用所学知识描述现象的变化过程，并初步解释现象发生的原因

续表

课程目标	具体目标	核心素养培养要求	《义务教育科学课程标准（2022版）》对应目标要求
能力与素养	了解探秘宝石的科学方法，掌握科学观察与分析能力	逻辑清晰，能运用科学的思维方式认识事物、解决问题、指导行为，能依据特定情境和具体条件，选择制订合理的解决方案；具有在复杂环境中行动的能力	能通过分析、比较、综合等方法，抓住简单事物的本质特征。采用不同方式（如小论文、调查报告等）呈现探究的过程与结果，尝试运用科学原理进行解释，对探究活动进行过程性反思和总结性评价，完善探究报告
情感态度价值观	以宝石托物喻志，树立坚韧不拔、吃苦耐劳等优秀品质。了解自然资源的珍贵，懂得保护资源	具有发现、感知、欣赏、评价美的意识和基本能力。热爱并尊重自然，具有绿色生活方式和可持续发展理念及行动	了解科学、技术、社会、环境之间的相互影响，愿意采取行动保护环境、节约资源

（二）衔接校内教材设计课程内容

在内容的遴选上，应紧密衔接中小学的教材内容，深度融合地方独特的自然风貌与地学科普资源，以学生既有的学习经验为基础，强化跨学科的主题学习。充分调动社会资源，引导学生深入自然与社会大课堂，在此基础上，本课程通过精心编排，充分参考中小学教材，衔接语文、科学等课程的人教版、苏教版、教科版、鄂教版等教材知识点内容，并将科普教育与思想政治教育深度融合（即“科普思政”）（见表2），通过地学科普课程，不仅传授自然科学知识，还润物细无声地融入爱国主义教育、环保意识、科学精神等思政元素，以帮助学生树立正确的价值观。

表2　地学科普实践课程——“宝石大磨王”（小学版）课程内容

主要内容	衔接教材
1. 基于GIS技术成果介绍宝石的定义、特点、分类、分布和光学效应 2. 辨认宝石、观察宝石的光学效应、亲手制作宝石项链 3. 户外宝石矿物场地或地质类博物馆实地观察宝石矿物 4. 总结课程内容与价值观引导	小学语文（北师大版）三年级下册p59 小学科学（苏教版）五年级下册p43–48

（三）四段式教学模式组织课程实施

赫尔巴特曾深刻阐述了兴趣作为学习内驱力的核心价值。教育的任务不仅在于传授知识，还在于激发和保持学生的兴趣。兴趣存在于经验之中，只有与儿童经验相联系的内容才能引起儿童的兴趣，从而更好地接受教材。[13] 此外，教育家杜威的教育思想中，反对忽视学生的直接经验，只传递间接经验的教学方式，主张采用活动课程，强调直接经验在学生学习过程中的不可或缺性。[14] 基于教育规律和中小学学生心理特点，课程实施由"老师讲故事""我的课堂我做主""户外瞧瞧去"和"今天我真棒"4 个环节构成（见图 2）。

"老师讲故事"环节，教师通过丰富且生动地讲解学生感兴趣的、可理解的课程内容，最大化激发学生对于课程内容的兴趣，提高知识吸收率。"我的课堂我做主"环节，通过动手实践，将直接经验和间接经验相结合，深化对所学内容的理解。之后在学生的兴趣和求知欲达到顶峰时，带领学生到户外地学科普实践点，进入"户外瞧瞧去"环节，在真实的环境中结合所学知识进行科学考察。学生在进入户外科普基地之前，须通过自主学习和教师指导确定学习目的和问题导向，之后有目的地进行观察实践，完成科普手册中设定的实践任务。通过知识的学习和亲身实践后，学生将在室内进行"学习成果展示"，进入"今天我真棒"环节，通过小组交流、总结报告等形式，分享学习心得与体会，深化对地学知识的理解。在整个课程实施过程中，科普思政始终贯穿其中，在潜移默化中培养学生的道德品质、价值观念与社会责任感，实现了学科核心素养与思想政治教育目标的双重达成，为学生的全面发展奠定基础。

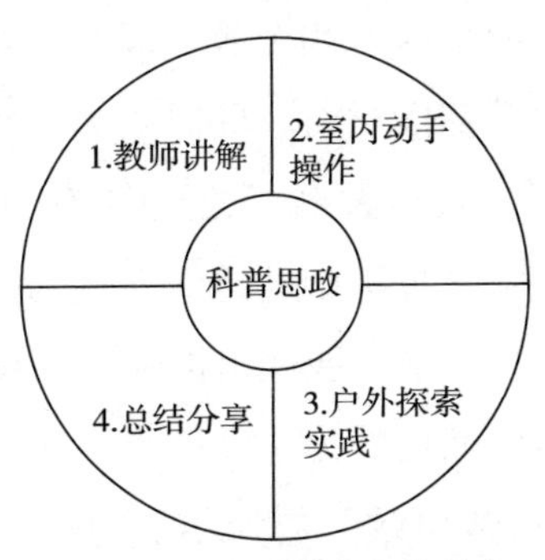

图 2　地学科普课程实施流程

（四）全方位的课程评价方式

课程评价是对教学效果的验证，应覆盖多个维度，不仅有对学生表现的评价，还需对科普教师及科普基地进行评估。具体而言，我们采取多元主体评价的方式，结合过程性评价与终结性评价，对学生的学习过程和结果进行全面评估。同时，我们也鼓励学生对科普实践导师、科普基地及整体活动效果进行评价（见表 3）。这种全方位的评价体系有助于我们更准确地了解课程实施的效果，进而不断优化课程内容与教学方式。

表 3　地学科普实践课程评价维度

题　项	评价类别	细分类别
教师对学生学习情况进行评价	学习过程评价	学习态度、学习方法、知识和技能掌握情况等
	学习成果评价	项目任务完成情况、作品展示情况等
	其他方面评价	创新意识、科学思维等
学生对课程实施情况进行评价	对课程教学的评价	教学方式、教学效果等
	对基地 / 营地的评价	安全性、硬件配套条件、服务情况等
	对授课教师的评价	知识水平、授课方式、师风师德等

（五）课程特色："4+1"教学模式，可操作性极强

"4+1"教学模式，即科普思政结合四段式地学科普课程教学模式，构成了本课程的核心创新与独特之处。本课程围绕核心素养的培育目标，在结构上巧妙融合了讲授、观察、实验、讨论等多种科普形式，形成了"专家讲座 + 室内实验 + 户外观察 + 课程总结"四位一体的地学科普传播模式，并创新性地结合中小学生年龄特点设计为配套的"老师讲故事""我的课堂我做主""户外瞧瞧去""今天我很棒"四个教学环节，每个环节均配备了丰富多样的活动内容和相应的教学辅助材料。同时，为一线科普教师提供了全面的教学资源支持，包括教案、教学大纲、教学讲义、配套 PPT 及教师用具等，极大地便利了科普导师在教学过程中的组织实施与评价，也便于青少年在实践活动中进行阅读、参考与记录，展现出极强的可操作性和可复制性。

另外，科普思政作为该课程的另一大亮点，实现了地学知识与思想政治理论内容的深度融合。"科普思政"作为小节内容（见图 3），以深入浅出的

方式将政治理论知识、历史文化、价值理念等融入地学知识之中，引导青少年树立正确的国家观、民族观、历史观与文化观，进一步丰富了地学科普课程的内涵与价值。

研学思政：

《三字经》中写道："玉不琢，不成器"。一颗宝石不仅需要地质条件上的千锤百炼才能形成，更需要精雕细琢的复杂工艺才能呈现出它的美丽高贵！结合你的生活或者学习，思考这段话对你的启发。

图3 《宝石大魔王》科普思政内容

四、地学科普课程的推广

地学科普课程主要惠及中小学生及社区青少年。其推广方涵盖了教育局、科协、地质学会、旅游局、中小学等官方机构，以及科普研学营地、科教企业等民间力量。课程开发团队要为推广方提供丰富的科普课程资源和运营服务保障，确保高质量科普实践落地。其中，运营服务保障主要聚焦于科普导师团队的供给与建设、课程开展的标准与要求构建等。推广方式上，一方面采用"自上而下"的推荐机制，如教育局向各中小学校推荐、科技协会向下级协会和社区推荐、地质学会向地质博物馆和地质公园等学会成员单位推荐；另一方面采用"横向联动、形成科普网链"的合作推广方式，如政府机构、科普研学场馆和中小学在实施科普活动时彼此配合，互相推荐。同时，推广方通过科普课程的推广和科普实践活动的落地，也获得了丰富且高质量的科普实践课程资源以及接触用户的重要入口。这种互动不仅拓宽了课程的覆盖范围，也促进了科普资源的优化配置，从而形成科普事业的正向循环。

五、结　语

我校地学科普团队借助学校地学学术研究资源，充分利用学科优势，积极投身科普事业，先后出版了《青少年科普实践系列丛书》《中小学科普研学实践系列丛书》等地学科普实践作品，并获得中国地质学会“第一届优秀科普产品奖”、自然资源部“国土资源优秀科普图书”称号、湖北省科技厅“湖北省优秀科普作品”等荣誉。[15][16]通过“送课入校”的模式，与洪山高中、武大附中、光谷四小、光谷八小、襄阳四中等学校建立长期科普合作关系，影响和服务2万人以上。此外，还在中国地质大学逸夫博物馆、秭归产学研基地、神农架国家公园、贵州省地质博物馆等十多所室内外科普场所开展科普课程和服务，与相关科普基地建立了长期友好的合作基础，积极地承担地学科普的社会责任。

但在实践中依然会面临许多现实问题和挑战。在未来，我们将会以现有成果为基础，加大对地学科普人才的培养力度，并通过实践反馈不断优化课程设计，继续深化和拓展地学科普工作。

参考文献

[1] 习近平．为建设世界科技强国而奋斗：在全国科技创新大会、两院院士大会、中国科协第九次全国代表大会上的讲话［M］．北京：人民出版社，2016.

[2] 刘佳霖．新时代背景下青少年科普课程开发探析［J］．科技传播，2023，15（12）：21–24.

[3] 甘蕴琪，何玉榆，杨礼香，等．STEAM 教育在中小学科普课程设计中的实践［J］．教育现代化，2020，7（42）：147–151.

[4] 罗昊．高校实验室文化导向的科普模式研究［J］．科技传播，2022，14（02）：30–34.

[5] 董倩，谢军．面向青少年的科普与教育融合：概念、价值、路径［J］．今日科苑，2022（12）：51–59.

[6] 王萌．我国科普研学实践活动现状与改进对策：来自芝加哥科学与工业博物馆的启示［J］．学会，2021，1（386）：56–60

[7] 核心素养研究课题组．中国学生发展核心素养［J］．中国教育学刊，2016，38（10）：1–3.

[8] 中华人民共和国教育部．义务教育科学课程标准（2022 年版）［S］．北京：北京

师范大学出版社，2022.
[9] 杨洁美，李金霞 . 基于建构主义理论促进学生深度学习的教学研究：以“产业转移”为例[J] . 地理教学，2021,(20)：56–59.
[10] 周姣术，朱华 . 浅谈皮亚杰认知发展理论对当代教育教学的意义 [J] . 科学理论，2017,(08)：172–173.
[11] 赵晓静 . 国内地理研学旅行方案设计研究综述 [J] . 地理教学，2022 (13)：61–64+24.
[12] 曾启鸿，王光辉 . 海洋强国背景下的海洋研学旅行课程开发与活动设计 [J] . 武汉船舶职业技术学院学报，2024, 23 (02)：47–51.
[13] 包锋 . 赫尔巴特教育思想中的人文关怀及其当代价值 [J] . 辽宁师范大学学报 (社会科学版), 2023, 46 (03)：76–83.
[14] [美] 杜威 . 民主主义与教育 [M] . 王承绪，译 . 北京：人民教育出版社，2011.
[15] 刘福江 . 中小学科普研学实践系列丛书 (小学版 共 10 册) [M] . 北京：中国地质大学出版社，2021.
[16] 刘福江 . 青少年科普实践系列丛书 [M] . 北京：中国地质大学出版社，2017.

作者简介

闫亚丽，中国地质大学（武汉）教育研究院硕士研究生，研究方向为科普教育。

刘福江，中国地质大学（武汉）地理与信息工程学院副教授，研究方向为遥感应用、地学科普研学。

林伟华，中国地质大学（武汉）地理与信息工程学院副教授，研究方向为地理空间分析与遥感、地学科普研学。

郭艳，中国地质大学（武汉）计算机学院副教授，研究方向为数据结构、优化算法、智能算法以及在遥感图像处理中的应用。

如何在科学教育中开展科技创新实践活动

——基于芬兰中小学科学教育观察的思考

王振强[①] 徐文彬 贾明娜 艾元元

自2000年开始芬兰学生在每三年一次的PISA测试中的成就突出，在科学领域的成绩表现也优于我国发达地区学生在相应学科中的表现。[1]综合七次PISA测试结果可知，芬兰学生的科学素养在OECD成员国中一直位居前三，并且多次位居首位。[2]在这些优异成绩的背后，芬兰中小学科学课程体系起着重要的作用。科学素养提升不仅与正式的科学教育有关，也离不开非正式的科学教育的影响。为此，本文就目前芬兰中小学科学课程体系的特点进行分析，以期为我国中小学科学科技创新活动的开展及教学实践提供参考和借鉴。

一、芬兰中小学科学教育的整体结构、特点

自2014年起，芬兰教育体系提出了七大贯通能力，包括：思维与学会学习；文化素养、沟通与自我表达；自我照顾、日常生活技能与保护自身安全；多元识读；信息技术素养；职业素养与创业素养；参与、介入和构建可持续发展的未来。[3]这些能力不仅是芬兰教育体系的显著特色，还贯穿于各个年级的整体架构中，并体现在每一个科学主题学习的内部结构上。

① 基金项目：国家教材建设重点研究基地2023年度教育部规划项目“美英日澳四国中小学技术与工程教材实践项目体系与呈现方式研究”（项目编号：2023GH-YB-JJ-Y-03）阶段性研究成果。&中国陶行知研究会生活·实践教育专业委员会2022年度重点课题“晓小工学团：培养儿童自主力的实践研究”（课题批准号：SHSJ2022011）。

（一）芬兰中小学科学教育的整体架构

芬兰基础教育学校的课程结构体系分为六个层次。第一层次是基本价值、任务和目标，主要依据国家的要求和规定；第二层次涉及学习观、学校文化、学习环境与工作方式方法，主要体现学校的教育理念；第三层次包括课时分配、语言课程和知识战略。芬兰的课时分配较为灵活，在满足国家基本要求的前提下，各地区和学校可以根据实际情况进行调整。第四层次是跨课程主题，主要围绕国家公布的八类主题进行跨学科设计、开发与实施；第五层次是学科课程，涵盖语言、数学、科学、艺术、社会等国家规定的课程；第六层次是学习支持，包括学生辅导和福利服务，主要针对有特殊教育需求的学生。2015 年 3 月，芬兰国家教育委员会正式发布了《国家课程大纲》。2016 年 8 月，该大纲首次在 1~6 年级实施，次年逐步推广至 7~9 年级。同时，芬兰也启动了高中阶段的课程改革。芬兰的贯通素养和技能涉及从幼儿教育到高中教育的全过程，并将这些素养和技能有机融入课程学习中。

（二）芬兰中小学科学教育的主要特点

芬兰贯通能力的培养贯穿于所有学科，并通过联合项目或活动实施。教师需要设计多样化的指导方案，并与学生共同合作，规划跨课程的活动与主题。芬兰教育注重将学习与学生的日常生活及校外世界紧密结合，以此促进贯通能力的培养。例如，2003 年，赫尔辛基大学成立了首个 LUMA 中心；2013 年 11 月，芬兰成立了国家 LUMA 中心，并在各地区设立分中心。这些分中心根据当地实际情况研发和设计活动课程，旨在推动贯通素养的落实。芬兰课程体系中设有跨课程主题板块，涵盖八大主题：立人、文化身份与国际化、媒介素养与沟通、公民参与与创业精神、环境责任感、幸福与可持续发展的未来、安全与交通，以及科技与个人。[4] 2016 年后，芬兰将小学科学课程改为“环境研究”，分为 1~2 年级和 3~6 年级两个阶段。这门综合性学科融合了生物学、物理、地理、化学和健康教育等领域知识，同时融入可持续发展观等理论，将自然科学与人文科学的观点有机结合。由此可见，跨课程主题学习或项目已深度融入芬兰教育体系，并有效指向贯通素养和技能的提升。

二、芬兰中小学科学教育课程内容呈多元化趋势

芬兰的课程关注的内容多元，课程大纲包括了环境、信息、健康、人类、安全等多元领域，体现了注重结合背景环境的特点。芬兰课程壁垒正在被打破，知识边界正逐步淡化，学校围墙在逐步被突破。

（一）基于“环境研究”进行科技创新实践活动

环境研究以科学信息为基础，关注批判性思维的发展，注重生态的可持续发展，引导学生了解人类的选择对当今和未来生活和环境的影响。环境研究是一门综合性学科，不仅含有小学和初中科学（生物学、地理、物理、化学和健康教育）相关的知识领域，还包括可持续发展观等理论。环境研究的多学科性质要求学生学会在不同的情境下获取、加工、产生、呈现、评估和评价信息，目的是让学生充分认识到各种知识领域对环境、技术、日常生活、人类和人类活动的重要性。芬兰小学、初中科学围绕环境研究进行学习的核心内容领域统计见表 1。[5] 例如，芬兰把科学课程搬到林中和湖畔，让学生在真实情境中学习科学。

表 1　芬兰小学、初中科学核心内容领域

阶 段	学 科	核心内容
小学	环境研究	1~2 年级：成长和发育；在家庭和学校的行为；观察周围环境及其变化；探索和实验；对生命基本需求的反思；践行可持续的生活方式。3~6 年级：我作为一个人；在日常生活情境和社区中的行为表现；探索多元化的世界；探索环境；自然的结构、原理和循环；构建一个可持续发展的未来
初中	生物学	生物学研究；实地考察自然和周围环境；生态系统的基本结构和功能；生命是什么；人类；可持续发展
	地理	世界地图和区域；世界的现状和变化；地球上生命的基本条件；景观和生存环境的改变；人与文化；可持续的生活方式和可持续利用的自然资源
	物理	科学研究；日常生活和环境中的物理；社会中的物理；物理学塑造世界观；相互作用和运用
	化学	科学研究；日常生活和环境中的化学；社会中的化学；化学塑造的世界观；物质的性质和结构；物质的性质及其变化
	健康教育	健康地成长和发育；影响健康的因素和预防疾病；健康、社区、社会和文化

小学科学是一门综合性课程，在内容领域呈现递进关系。初中阶段的课程为分科课程，各个学科除了强调学科特定的知识外，都重视“实验研究”，同时体现与日常生活以及周围真实世界、环境的关系，注重把可持续发展观念在科学课程教学中进行渗透。

（二）基于“现象教育”进行科技创新实践活动

芬兰的《课程大纲》中强调把现象式教学作为重要的教学方式之一。并在学生学习、教师准备、环境等方面进行现象式教学阐述。芬兰开展的现象式教学有两种模式：一种是由一位教师独立完成多学科教学；另一种是由多位教师合作完成。[6]《课程大纲》要求每所学校至少选择一个跨学科主题，每个学生每年参与至少一个基于现象的跨学科主题项目。例如，在芬兰某小学开展“庆祝芬兰独立一百年”为主题的活动，该主题共设置6个课时：这就是芬兰（地理、历史、文化、语言），演奏国歌（音乐、母语），演绎芬兰童话故事（母语、戏剧表演、视觉艺术），制作芬兰传统美食（烹饪、物理测量、食品健康、化学、宗教），独立日庆典（手工课、美术课），制作视频《这就是芬兰》（母语表达、视觉艺术、音乐、信息技术），由一位全科教师负责实施完成。

三、基于“隐式教学”开展科技创新实践活动

芬兰早期科学教育设置的整体框架遵循以儿童为中心的价值观和学习理念，提出了儿童横向能力培养的多重目标以及五个学习领域（如图1），即丰富的世界语言学、多种多样的表达方式、“我”与“我和社会”、对自然环境的探索、自我的成长、改进和发展等。在横贯能力指引下，通过共同主题内容的有效互动，驱动教师群体、家长和社会间的相互作用，综合运用“正式与非正式”“虚拟与现实”相结合的方式加以实现。芬兰的教育生态、儿童学习环境以及评价体系的核心理念，共同组成了保障儿童健康和幸福成长的教育生态系统。

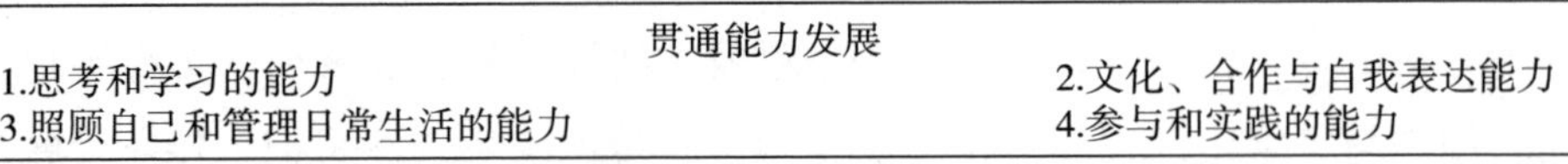

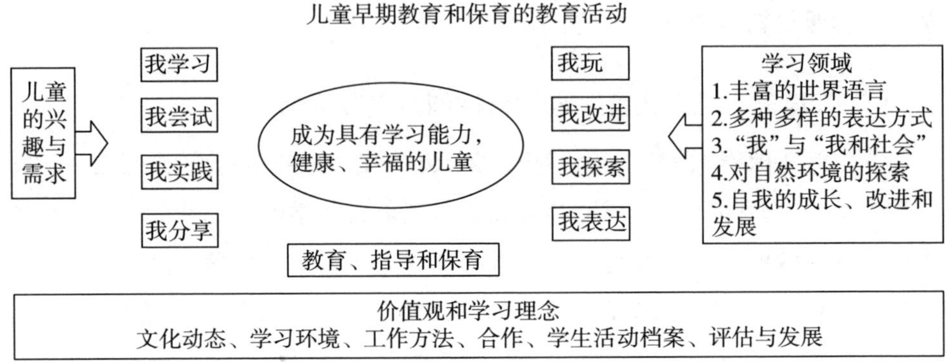

图 1　芬兰早期教育阶段教学活动的实施框架[7]

芬兰儿童早期科学教育课程并不局限于传统意义上的教育现场，其主题课程的设置已经从现实空间跨越到了虚拟空间，成为芬兰儿童早期科学教育“双维度、四象限”中一个独特的教学环境类别。[8]芬兰学前教育阶段的儿童拥有自己的 ICT（Information Communication Technology，信息通信技术）设备，使得网络媒体、虚拟现实等虚拟化的教学方式能够在教育的早期阶段走进科学主题课程。特别是在具有一定危险性的主题课程和安全教育类课程中，信息技术能够得到很好的应用，例如儿童不仅可以在虚拟空间中学习如何在火灾中逃生，也可以跨时空去宇宙探险。同时，虚拟的科学主题课程也可以通过传统的纸媒、电视、广播等知识传播途径得以补充。[9]因此，芬兰在虚拟与现实领域的科学主题课程使其教育资源能够以多方位、立体化的形式存在，并渗透于媒介文化的多个层面。例如，学生通过虚拟的主题课程认识和了解了当地的特产、风俗习惯，感知科技的力量以及课外技术力量在建设可持续环境中的作用，解决未来可能遇见的现实问题。

三、对我国开展科技创新实践活动的启示

中小学科技创新活动是科学教育的重要组成部分，是科学教育突出知行

合一、创新实践的最佳载体，也是面向全体学生提升科学技术素养、落实拔尖创新人才早期培育的有效途径。我国中小学科技创新活动最早可追溯到1979年，主要集中在全国青少年科技创新大赛、“小小发明家”奖励活动、奥林匹克学科五项竞赛（数学、物理、化学、生物、信息学）这三大类。据初步统计，全国每年参加发明创造和科学论文撰写比赛的青少年约有1500万人。[10] 2023年，南京市各区提交到市一级参加青少年科技创新大赛的科创作品近800项。反思过去的中小学科技创新活动，存在“成人替代多，学生实践少；动手操作多，动脑思考少；重视成果多，重视过程少；少数学生参与多，多数学生参与少”等问题。[11] 基于对芬兰科学教育的观察及对我国科技创新实践活动开展情况的审视，我们可以从中获得关于我国在科学教育中开展中小学科技创新实践活动的一些启发。

（一）树立大科学教育观，构建“科技+”创新活动格局

科学教育包含正规科学教育、非正规科学教育。非正规科学教育是与科学相关活动的统称。研究表明，校外活动对科学教育有着重大贡献。[12] 国外关于科技竞赛的研究发现，科技创新竞赛对学生个人具有积极影响，有助于培养科学兴趣、提高学习积极性，有利于学生未来的教育发展和职业追求。[13] 在我国，有研究者发现，参与过科技活动的学生不到参测学生的一半，高中生、中小学生及城乡之间存在不均衡现象。[14]《中国科学教育研究报告（2019）》指出，我国学科竞赛活动发展报告总结了学生参加学科竞赛的优点。例如，学科竞赛较好地完成了学校科普的教育目标，同时肩负着选拔学科拔尖创新人才的任务；学生个人参与学科竞赛活动的体验丰富多样，呈现出个性化特点；学生在情感态度和价值观方面有较好的提升效果。[15] 也有学者运用小学科学综合评价追踪小学生在学校参加三年科技创新活动对综合成绩的影响，发现科技活动不仅有助于激发学生的学习兴趣，提升合作能力、语言表达能力和问题解决能力，还能提高学生的科学综合成绩。[16] 因此，在大科学教育观下构建中小学科技创新实践活动体系，有助于推动科学教育的发展。需要在中小学统筹建立以“科技+”为核心的不同类型、难度各异的科学普及、科学挑战、科技创新等活动，比如“科技+课后服

务”“科技 + 社团”“科技 + 社会实践活动”“科技 + 科技周”“科技 + 课间游戏”等。开展以“科技 +”为主的校级竞赛活动（如寻找生活中的科学问题、科学调查等）；开展以“科技 +”为主的市区竞赛（对科技创新大赛按照主题进行细化），还可以组织学生参加国际、全国和省级的各种类型比赛。

（二）坚持跨课程理念，实现“科技创新活动”的日常融合

《义务教育课程方案（2022 年版）》明确强调，各学科课程要用不少于 10% 的课时设计跨学科主题学习，并将其作为推进综合学习的重要路径。[17] 德国政府不仅为青少年设立“小研究者之家”等项目，还定期举办各类科技竞赛。例如，为激发学生对 MINT[18] 的兴趣，比赛设置了低门槛的入门级，以吸引尽可能多的儿童和青少年参与。在高级别的比赛中，儿童和青少年往往能达到大学水平。每年有超过 50 万儿童和青少年参加比赛。在自然科学、数学和技术领域，最著名的青少年竞赛是“青少年研究”。“MINT 集群”的教育内容一般都具有低门槛、实用且贴近日常生活的特点。儿童和青少年可以通过实践和参与的形式探索自己的兴趣所在，拓展和提高相关技能。截至 2023 年底，德国教育部共资助了 53 个“MINT 集群”。[19] 例如，南京晓庄学院附属小学每年定期举行科技节活动、寒暑假科技周活动。这些活动主要侧重于科普兴趣的普及，不具备竞赛和选拔性质。在日常生活中，我们应思考如何开展跨学科项目以推进科技创新实践活动。[20] 2024 年，南京市教育局举行“和鸣 7.0：绿水青山”活动，主要围绕环境教育展开，活动涉及科学、信息科学、艺术、劳动等学科。比如，基于学校新校区的扩建，开展新校区“操场设计”“科学教室”“信息教室”“普通教室”的设计及其功能探讨。

（三）直面现实世界真实问题，开展“多元化的科技创新活动”

芬兰在科学课程教学中，会把课堂搬到林中和湖畔，开展“自然学校”体验教育，进行“营地生活”训练等。自然环境远比任何运动场都复杂，且蕴藏着危险。作为教师，要在保护措施到位的情况下，让学生获取知识，明确安全边界。相较于竞争，自然环境教育更强调合作的重要性。1996 年，联

合国教科文组织报告提出四大支柱：学会生存、学会求知、学会做事 / 工作、学会共处。在 2024 年出版的《未来学习者的素养和教育》中，再次将探究、批判、创造、协作、关怀作为五种关键素养。[21] 这些素养与学生在真实问题中学习紧密相关，与芬兰倡导的环境研究、综合性主题学习具有内在一致性。例如，我国每年举行的科技创新大赛主要包括物质科学、生命科学、技术与工程、地球与宇宙等几大领域。针对中小学生不同的年龄、性别特征，还应基于学生真实生活中的问题，开展多元化的科技创新活动。例如，南京晓庄学院附属小学每年都举行科技节活动，活动分为个人项目和团体项目。2024 年举行的以“家”的工程设计和制作为主题的活动，就是基于苏教版小学 1—6 年级科学教材和学生兴趣调查确定的主题活动。

参考文献

[1][2][4][5] 桑锦龙，王凯 . 芬兰中小学科学教育观察［M］. 北京：北京师范大学出版社，2021.

[3] Finnish National Board of Education National Core Curriculum for Basic Education (2014)［M］. Helsinki: Finnish National Board of Education, 2016.

[6] 钱文丹 . 这就是芬兰教育［M］. 北京：中国人民大学出版社 . 2020.

[7] FNBE. National Core Curriculum for Early Childhood and Care 2018［M］.Helsinki: National Board of Education Press，2018.

[8] DILLON J. Science, the Environment and Education Beyond the Classroom［C］// Second International Handbook of Science Education. Dordrecht: Springer Press，2012.

[9] 徐扬，曾早早，冯启磊 . 芬兰儿童早期科学教育改革中的“隐式教学”［J］. 北京教育学院学报，2023（03）：77–85.

[10] 翟立原 . 中国青少年科技创新大赛的发展历程［J］. 科普研究，2008（8）：12.

[11] 杨健 .“双减”背景下中小学科技创新活动的问题省思与推进路径［J］. 江苏教育研究，2023，（12）：8–13.

[12]［美］诺曼 · 莱德曼，桑德拉 · 埃布尔 . 科学教育研究手册卷Ⅱ（扩展版）［M］. 李秀菊，刘晟，姚建欣，译 . 北京：外语教学与研究出版社，2022.

［13］郭俞宏，薛海平，王飞．国外青少年科技竞赛研究综述［J］．上海教育科研，2010，（09）：32–36.

［14］郭舒晨，李秀菊，赵芳芳，等．我国青少年科技活动参与现状、特征与对策分析：基于全国 22 座城市的大规模调查结果［J］．中国电化教育，2021，（12）：17–25+54.

［15］王挺．中国科学教育发展报告（2019）［M］．北京：社会科学出版社，2020.

［16］WANG Z Q, NI X Y, XU W B. Using Comprehensive Evaluation to Improve Students' Academic Achievement and Attitude［M］. REAL：Research in Education Assessment and Learning，2023，（8）.

［17］中华人民共和国教育部．义务教育课程方案（2022 年版）［S］．北京：北京师范大学出版社，2022：3.

［18］许丹莹，王兴华．德国"小研究者之家"项目的理念、运作机制及启示［J］．世界教育信息，2021，34（03）：75–79

［19］MINT–Cluster［EB/OL］．［2023–04–07］.https;//www.bidung–fors–chung.digital/digitalezukunft/de/bildung/mint–cluster/mint–cluster_node.html.

［20］王振强，徐文彬，贾明娜．小学科学教育的研究热点与未来展望：基于人大复印报刊资料 2006 ~ 2023 年的转载数据分析［J］．教育科学论坛，2024，（13）：37–39.

［21］［芬］汉内莱·涅米，王晨．未来学习者的素养和教育［M］．北京：世界图书出版公司，2024.

作者简介

王振强，男，河南新密人，南京师范大学学校课程与教学博士生，南京晓庄学院附属小学科学教师，全国高级科技辅导员，主要从事科学课程与教学研究。

徐文彬，男，南京师范大学课程与教学研究所常务副所长，教授、博士生导师。

贾明娜，女，河南封丘人，南京市江宁区谷里中心小学教师。

艾元元，女，陕西榆林人，榆林高新区第三小学信息科技教师。

企业开展科学教育实践的策略研究

——以蓝色起源公司为例

王　宇　赵晓飞　刘文静　伊和夫

一、引　言

科学教育是以自然科学内容为主，发展个体及群体科学素养的教育教学活动。广义的科学教育包含学前教育至高等教育、继续教育各学段，涵盖学校正式科学教育和校外非正式科学教育（如家庭、工作场所、博物馆、社区等）。[1] 当今时代，科学教育的重要性日益凸显，不仅关乎个人的全面发展，更是国家竞争力的重要体现。2023 年 2 月，习近平总书记在二十届中共中央政治局第三次集体学习时强调："要在教育'双减'中做好科学教育加法，激发青少年好奇心、想象力、探求欲，培育具备科学家潜质、愿意献身科学研究事业的青少年群体。"同年 5 月，教育部等 18 部门联合印发的《关于加强新时代中小学科学教育工作的意见》指出，要用好社会大课堂，统筹动员工农企业等单位，向学生开放所属基地、生产线等资源，为广泛实施科学实践教育提供物质基础；引导高科技工农企业开展"自信自立技术产品体验"活动，鼓励中小学生勤于探索、勇于实践，这些举措充分彰显了国家对企业开展科学教育的重视与期待。

目前，我国学界对企业开展科学教育的研究尚处于起步阶段。申盼以美国 PASCO 公司为例，分析了其在科学实验室设备和教师资源方面的具体支持措施，以此为基础，对私营企业支持科学教育的模式进行了探讨。[2] 赵慧敏选取广州市科普基地中的 103 家企业为样本，统计其拥有科技资源的情况，分析总结其利用科技资源开展中小学科学教育活动的现状和困境，并提出了相应的对策建议。[3]

在国家高度重视并积极推动企业参与科学教育的时代背景下，对这一领域进行进一步研究显得尤为迫切。蓝色起源（Blue Origin）公司作为航天领域的领先科技企业，多年来始终坚持面向公众，开展独具特色的科学教育实践，取得明显成效，具有较高研究价值。基于此，本文采用案例分析、文献调查等方法，选取蓝色起源公司的科学教育实践为研究对象，进行深入探究和总结，以期为我国企业在科学教育领域的创新发展提供有益借鉴。

二、蓝色起源公司的科学教育实践

蓝色起源是一家总部位于美国的私营航天公司，由亚马逊公司创始人杰弗里·贝索斯（Jeff Bezos）于2000年创立，该公司致力于通过技术创新降低太空探索成本，实现太空资源的高效开发和利用。公司核心科技资产“新谢泼德”（New Shepard）火箭，是一款先进的可重复使用的亚轨道飞行器，不仅成功实现了多次无人、载人飞行，为微重力环境下的科学研究提供了宝贵的实验平台，还开创性地展示了太空旅游的商业可行性。

在推动技术创新的同时，蓝色起源公司积极投身科学教育事业，成立非营利组织未来俱乐部（Club for the Future）专门负责科学教育相关事项，通过打造具有广泛影响力的品牌科学教育项目、设计实施特色科学教育课程、积极资助和参与多种科学教育活动等方式，在推动科学教育发展创新方面取得显著成效。

（一）打造具有广泛影响力的品牌科学教育项目

未来俱乐部（Club for the Future）充分发挥公司核心科技资产“新谢泼德”火箭作用，创造性地推出了集实践教育、创意表达与太空探索于一体的品牌科学教育项目“向太空发送明信片”（Postcards to Space），自2019年启动以来，已经累计与100多个国家的教育机构建立了合作关系，吸引全球超过10万名青少年参与，成功发射数十万张承载梦想的明信片进入太空，[4]充分展示了科技企业在推动科学教育发展方面的广阔前景和巨大潜力。

“向太空发送明信片”项目的参与实施分为几个阶段。首先是创意制作阶段，青少年通过传统的手绘、书写等方式，回答诸如“你会在太空中建造什么来帮助地球？”或“为什么你认为地球需要太空？”等启发性问题，将答案绘制在纸质明信片上，邮寄给未来俱乐部；2023 年项目开辟了数字明信片创作渠道，搭建了线上平台，青少年能够方便地通过 App、网站工具等，将他们对未来太空生活的设想制作成数字明信片上传到线上平台，这一转变极大地提升了项目的可及性和创意的多样性。其次是将明信片送入太空阶段，未来俱乐部的项目团队收到明信片后，会对其进行分类整理，然后将纸质明信片及存储有数字明信片的硬盘，同其他科研载荷一起装载至“新谢泼德”火箭当中，送入太空执行任务并返回地球，经历一次真实的太空之旅。第三是纪念封装与回馈阶段，所有经历太空之旅的明信片，无论是纸质还是数字形式，都将被加盖“飞向太空”官方邮戳，赋予独特的纪念价值，返还给创作者，激励他们在科学探索的道路上继续前行。[5]

“向太空发送明信片”项目展现出了以下鲜明特点。一是围绕企业核心科技资产设计实施，充分利用“新谢泼德”火箭，为青少年提供了直接参与太空探索的机会，将真实的太空探索任务转化为生动的科学教育实践，激发他们对航天领域的浓厚兴趣与持久热情。二是构建全球合作网络，通过与全球 100 余个相关组织的深度合作，形成了一个多维度、跨领域的合作生态系统，显著增强了项目的国际影响力，例如，2020 年，未来俱乐部与保加利亚的 BrightCap Ventures 合作，将“向太空发送明信片”项目引入保加利亚，这一合作得到了保加利亚教育部的大力支持，有效提升了保加利亚青少年对航天科学的热情和参与度；[6] 2021 年，未来俱乐部与印度的模型火箭公司 Rocketeers 合作，将“向太空发送明信片”项目作为印度科学节的一部分推广至印度全国，吸引超过 100 万名学生、教育工作者以及普通民众关注和参与，[7] 极大地激发了他们对太空探索的好奇心。三是创新应用数字技术优化学习体验，项目打造了专门的数字互动平台，使来自全球的青少年跨越地域限制，通过各种电子设备方便轻松地创作、提交太空明信片，有效扩展了项目的覆盖范围。

（二）设计实施特色科学教育课程

在过去的几年里，蓝色起源公司与多个教育伙伴，如爱斯蒂斯教育（Estes Education）、微软黑客技术（Microsoft Hacking STEM）等紧密合作，共同设计了45个标准化的科学教育课程，[8]这些课程严格遵循下一代科学标准（Next Generation Science Standards，NGSS）进行设计，明确了各自适合的K–12年级和年龄阶段，旨在通过强调探究实践，做到寓教于乐、学思结合，为青少年提供高质量的科学教育服务。

这些课程具有两个显著特征。一是主题广泛，涵盖太空探索的多个方面，包括鼓励学生思考创新技术方案的"太空工程"（Engineering for Space）课程；让学生扮演声学工程师，研究通过使用不同材料来降低乘员舱噪声的"阿斯特罗杯"（Astro Cup）课程；引导学生更好地理解和应用数据科学的"用数据科学震撼它"（Rock–it with Data Science）课程；以及让学生制定太空宪法，鼓励学生探讨太空治理框架，理解太空法律与国际合作的重要性和必要性的"空间宪法"（Space Constitution）课程等。二是注重实践操作与真实情境模拟，一个典型的例证是与美国航空航天局（National Aeronautics and Space Administration，NASA）合作开展的"Ianos项目"（Project Ianos）课程，其中的"过滤饮用水中的液体废物"实验，不仅让学生亲手操作实验，将物理、化学知识应用于真实情境中，而且贴近实际太空探索中水资源循环利用的现实需求，能够使学生更加深刻地理解太空环境下资源管理的复杂性和重要性。[9]

（三）积极资助和参与各种科学教育活动

蓝色起源公司通过参与和资助一系列科学教育活动，如千万美元资助计划、NASA TechRise学生挑战赛、未来俱乐部大使等，激励更多年轻人有机会接触并投身于太空科学研究，为科学教育领域注入大量资源和活力。

大力开展千万美元资助计划。2021年，蓝色起源公司通过公开拍卖"新谢泼德"火箭首航载人座位的方式，成功筹集了2800万美元资金，之后从这笔款项中拿出1900万美元，将其提供给包括美国航空航天学会（American Institute of Aeronautics and Astronautics，AIAA）、布鲁克·欧文斯奖学金

（Brooke Owens Fellowship）等在内的19个专注于太空科学教育的非营利组织，每个组织获赠100万美元。[10] 这些资金主要用于以下几个关键领域：一是设立专项奖学金与经济援助项目，关注并优先资助来自经济条件较差地区或弱势背景的青少年，降低他们获得科学教育的门槛，确保机会平等；二是科学教育内容的创新开发与实施，包括具有高度互动性、实践导向的课程体系、实验项目及实践活动等，激发青少年对太空科学的好奇心与探索精神；三是构建科学教育的跨领域合作交流网络，促进企业、学校、科研院所、社会组织等不同主体间的知识共享、经验交流与合作创新。

积极参与NASA TechRise学生挑战赛。NASA TechRise学生挑战赛是美国航空航天局主办的一项全国性竞赛，该赛事鼓励6~12年级的学生组成团队，设计能够在亚轨道火箭或高空气球上实施的科学实验方案，获胜团队将有机会将他们的实验方案付诸实践，2022年共有5000余名学生，近600个团队参加该项赛事。蓝色起源公司在NASA TechRise学生挑战赛中扮演了重要角色，24个优胜团队的科学实验方案被选中在蓝色起源公司的“新谢泼德”火箭上实施，[11] 实验内容丰富多样，包括测量温室气体、太空农场灌溉系统以及月球尘埃缓解措施等多个前沿领域，这些在“新谢泼德”火箭创造的微重力环境下进行的科学实验，不仅收集到了宝贵的研究数据，也让学生们获得了验证科学理论、亲历科研过程的宝贵经验。

打造未来俱乐部大使团队。为进一步增强公司在科学教育领域的品牌影响力，有效构建公司与社区、学校、非营利组织、政府机构等之间的沟通桥梁，激励年轻一代参与太空探索的热情，蓝色起源公司精心组建了一支由行业专家、工程师、太空爱好者、社区领袖以及企业家等构成的未来俱乐部大使团队。这些大使凭借其在各自领域的专业知识、丰富经验和广泛人脉，通过举办专题演讲，组织实施社区活动，指导动手实践项目等方式，显著提升了蓝色起源公司在科学教育领域的公众认知度。例如，拉里·鲍威尔大使作为一名工业工程师，在鲍勃·琼斯高中的志愿服务中，指导20名学生动手体验了设计工程从纸上想法到最终产品的不同阶段，制作了一个用于在博物馆中投递明信片的信箱，成功支持了“向太空发送明信片”品牌科学教育项目。[12]

三、我国企业开展科学教育实践的现状与挑战

在国家大力推进科学教育的时代背景下，我国越来越多的企业开始认识到科学教育对于培养未来人才、促进技术创新的重要性，并积极贡献自身的科技资源和技术专长，通过实施科学教育项目、建立科普教育基地、举办科技竞赛和科技夏令营等方式，为青少年提供了接触科技的宝贵机会，有效拓宽了青少年的科技视野，为国家的长远发展积蓄了强大的人才动能。例如，由中国科学技术协会指导、腾讯公司主办的“腾讯青少年科学小会”，以精彩纷呈的科学讲座、趣味十足的互动体验等活动，激发了青少年对科学探索的浓厚兴趣；华为公司的“未来种子 2.0”计划，为高校学生提供了深入接触前沿通信技术的机会，通过线上线下相结合的课程培训以及实践操作等活动，有效增强了高校学生的科技创新能力。然而，同时也要看到，虽然我国企业在科学教育领域取得了很大进步，但也面临着一些问题与挑战，主要包括以下几个方面。

首先，缺乏制定统一的科学教育规划。尽管多数企业已逐渐意识到科学教育的重要性并付诸实践，但普遍没有构建起能够彰显企业特色、契合科学教育总体目标的科学教育规划，导致企业在开展科学教育实践时，常常出现活动主题与企业核心业务、技术优势结合不紧密，缺乏深度和专业性；活动形式局限于传统的资金资助或常规的科普活动，创新性不足；活动内容与实际教育需求之间存在偏差，针对性和时效性不强；活动组织存在散乱无序、资源使用效率低下等问题，以至于企业的科学教育价值难以得到有效发挥。

其次，没有具有广泛影响力的品牌科学教育项目。虽然众多企业致力于提升科学教育的质量与成效，并为此投入了可观的资源和精力，但在具体实践过程中，却未能有效聚焦于打造标志性的品牌科学教育项目，存在“撒胡椒面”现象，这种分散的资源配置模式，导致企业虽然推出了多个科学教育项目，但因缺乏主题聚焦和品牌意识，连续性和系统性不足，既难以在公众心目中留下深刻印象，也难以在众多相似项目中凸显其独特价值，形成规模效应和持续影响力。例如，大疆公司面向青少年开展了一系列科普活动，如

"11·9青少年消防安全科普活动""RoboMaster青少年挑战赛"等，这些活动虽然富有教育意义并激发了青少年的兴趣，但整体来看仍需进一步整合资源，强化品牌形象，提升活动的系统性和连贯性，以便构建具有广泛影响力的品牌科学教育项目，提升其在科学教育领域的知名度。

第三，未能构建起高效的协同合作机制。在推进科学教育的过程中，企业常常独立行动，或仅与少数合作伙伴维持浅层次合作，未能与学校、科研院所、社会组织等多元主体建立深度协同合作机制。深度合作的缺失，既未能使企业最大化利用其在技术创新、实践应用和资金支持等方面的独特优势为科学教育注入活力，也未能有效利用学校、科研院所、社会组织等多元主体的丰富资源和专业能力为科学教育增添动力，限制了跨领域知识交流、资源共享和创新能力的融合发展，无法形成一个围绕科学教育，集技术研发、理论深化、实践推广和社会参与于一体的综合生态系统，大大降低了科学教育的可持续发展能力。

四、企业开展科学教育实践的策略

"他山之石，可以攻玉。"面对上述问题和挑战，基于对蓝色起源公司科学教育实践的经验总结，分别从教育规划、品牌项目、融合发展三个层面提出策略与建议。

（一）制定统筹全局的科学教育规划

企业的科学教育规划是指企业为实现其科学教育目标，以自身的核心业务、技术优势以及教育实践资源等为基础，结合国家的科学教育发展目标和社会需求，制定的全面、系统、具有前瞻性的发展蓝图。规划明确了企业在科学教育方面的目标、战略、步骤和保障措施，为其开展科学教育实践指明了前进方向，不仅体现了企业对科学教育的重视和投入，也能够极大地彰显企业的社会责任。企业在制定科学教育规划时，需要深刻洞察和密切关注所处行业的特征及其发展趋势，明确自身的核心竞争力，强调科学教育实践与实际需求相匹配，同时保持一定的灵活性，以便在变化的社会环境中及时调整和优化。

深刻洞察和密切关注所处行业的特征及其发展趋势。行业特征和发展趋势可以向企业揭示行业演进的宏观路径和市场需求的变化动向，为其构建科学性、合理性与前瞻性兼备的科学教育规划提供了重要依据。因此，企业在制定科学教育规划时，应当通过设立专门的研究小组或者与外部智库合作，持续追踪分析行业报告、政策文档、技术白皮书等，以数据和实证研究来支持规划制定，确保开展的科学教育实践能够紧密贴合行业发展步伐，有效应对未来挑战。以绿色能源行业为例，该领域的企业在制定科学教育规划时，不仅要深入理解全球能源转型的大趋势，紧跟可再生能源技术的最新进展，还需密切关注环境保护政策的最新动向，如碳中和目标下的政策激励与约束机制等，并以此为依据制定科学教育规划，确保教育内容的全面性和前瞻性。

明确自身的核心竞争力。通过深入剖析自身的核心竞争力，包括技术创新能力、市场占有率、品牌影响力、人才储备及企业文化等关键要素，企业能够清晰地认识到自身的独特优势，这些优势不仅可以为企业带来商业上的成功，更为其开展科学教育实践提供了宝贵的资源支撑。因此，企业在制定科学教育规划时，应确保自身的核心竞争力能够渗透到科学教育实践的全链条、各环节当中，使之转化为独具价值的组成部分，增强科学教育实践的实效性与吸引力。例如，专注于生物技术研发应用，拥有多项生物科技专利和产品，以生物科技为核心竞争力的企业，在制定科学教育规划时，可以通过强调结合企业的生物科技研究成果，开发一系列针对青少年的生物科技课程；举办以生物科技为主题的科学活动，如生物科技创意大赛、生物科技实验室开放日等；采用派遣企业的生物科技专家为公众举办讲座等方式，将自身的核心竞争力转化为科学教育实践的标志性特色。

强调科学教育实践与实际需求相匹配。企业在制定科学教育规划时，必须紧密关注社会和个人对科学教育的实际需求，确保实施的教育实践能够切实满足这些需求。一方面，企业可以通过开展有计划和有针对性的问卷调查、专家访谈、实地考察等方式，深入了解不同目标受众群体对科学教育的具体需求，如学生对新技术的好奇心、家长对孩子科学素质提升的期望、学校对科学教育资源的需求，以及当前科学教育领域的热点和难点等，以便更加精准地定位自身的科学教育方向和目标。另一方面，企业需要结合国家的科学教育政策和发展战略，将自身的科学教育规划与国家的大政方针相衔接，确保企业的科学教育实践符合国家的发展方向和总体要求，争取获得政策支持和资源倾斜，提升科学教育实践的质量和效果。

（二）打造高质量的品牌科学教育项目

品牌科学教育项目是指能够系统、有效地提升公众或特定群体的科学素养，培养其创新思维和实践能力，并具有广泛社会影响力和品牌价值的科学教育项目。这些项目通常具有清晰的教育目标，内容涵盖多个科学领域，注重跨学科融合，能够持续地为公众提供高质量的科学教育服务，社会影响力广泛等特征。高质量的品牌科学教育项目不仅有助于企业塑造良好形象，彰显社会价值，还能在提升公众科学素养、培养创新人才、推动社会发展等方面发挥重要作用。因此，在科学教育规划框架内，通过科学合理确定项目主题，利用企业优势资源赋能项目实施，强化项目品牌形象，提升项目的认知度和影响力，集中力量打造品牌科学教育项目显得尤为重要。

科学合理确定项目主题，是打造高质量品牌科学教育项目的基础。品牌科学教育项目的主题，是指该项目所选择并聚焦的、用于实现其教育目标的中心议题或核心内容。确定项目主题时，需综合考虑多个关键因素。首先，要确保项目主题与企业的教育目标高度一致，能够直接促进教育目标的实现。其次，要评估项目主题的跨学科融合潜力，即其是否能够融合不同科学领域，提供综合性和创新性的学习体验。此外，项目主题的选择应基于可获得的资源，包括但不限于合适的人员、必要的设备和充足的场地等，同时，主题的选择还应体现品牌的特色和企业价值，确保项目不仅具有教育意义，还能增强品牌与公众之间的连接，提升企业的社会影响力和美誉度。例如，专注于人工智能科技的企业，可以选择“人工智能：探索未来科技”作为品牌科学教育项目的主题，不仅贴合当前社会对人工智能的广泛关注，还具备跨学科融合的潜力，可以涵盖计算机科学、数学、心理学、哲学等多个领域，能够通过设计实施一系列科学教育实践，如编程课程、数据分析讲座、

AI 伦理讨论等，让公众在实践中掌握相关科学知识，增强社会责任感。

利用企业优势资源赋能项目实施，是打造高质量品牌科学教育项目的核心。企业的优势资源，如资金、场地、先进设备、技术专长以及行业人才等，是构建高品质品牌科学教育项目不可或缺的条件。为最大化提升科学教育项目的实施效果和社会影响力，企业需要紧密围绕项目主题，充分发挥优势资源作用开展科学教育实践，如：发挥资金优势，设立专项基金支持项目的运行与奖励机制的实施；发挥技术与设施优势，开放企业独有的科技资源，为项目提供实践平台；发挥人才优势，集结企业内部专家与技术人才，为项目提供智力支持等。蓝色起源公司充分利用其雄厚的资金优势，独一无二的科技资产“新谢泼德”火箭，以及在航天领域的技术专长和众多行业人才，精心打造的“向太空发送明信片”项目便是利用企业优势资源赋能项目实施的良好典范。

强化项目品牌形象是打造高质量品牌科学教育项目的关键。良好的品牌形象塑造，不仅可以提升公众的认知度与信任感，还能吸引更多潜在参与者和合作伙伴的关注，为项目注入更广泛的资源与支持。首先，为项目设计统一的视觉传达体系，包括色彩、标志、字体以及图形元素，确保项目主题下的所有科学教育实践，如科学夏令营、科普讲座、实验室开放日等，在视觉呈现上具有一致性和协调性，能够在公众心中塑造清晰、独特的品牌形象。其次，为项目制定系统化的宣传推广策略，包括但不限于线上平台的精准推广和互动营销、传统媒体的广告投放以及线下活动的现场宣传等，通过多维度、全方位的传播路径，提升品牌科学教育项目知名度与吸引力，吸引并扩大目标受众群体，为项目的长期发展奠定坚实基础。

（三）积极推动科学教育跨领域融合发展

企业加强与教育机构、科研单位及社会组织等多元主体间的深度合作，对提升科学教育的质量和效果具有显著意义。这种深度合作不仅能够集中各方力量共同解决科学教育中的重大问题，提高教育资源的利用效率，实现优势互补，还能持续推动科学教育理念、方法和技术的更新与完善，有助于营造一个更加健康、多元和富有活力的科学教育生态系统。通过构建多方参与的合作框架，探索创新的合作模式，大力推广成功案例，可以进一步促进企业与多元主体间的深度合作，实现科学教育的全面进步。

构建多方参与的合作框架是实现深度合作的基础。合作框架需要明确界定企业、学校、科研院所及社会组织等多元主体在科学教育实践中的合作目标、方式、期限以及责任分配，强调资源互补、风险共担及利益共享等原则，并且具备高度的包容性和灵活性，可以适应不同合作主体和多变的教育环境。同时，合作框架应包含一套有效的调整和完善机制，以确保合作能够持续、稳定发展。此外，还需通过签订长期合作协议、成立联合工作小组以及定期召开联席会议等方式，加强各参与主体间的沟通联系，形成更加紧密的合作关系。

探索创新合作模式有助于激发各参与主体的积极性和创造力。针对科学教育的特点和实际需求，企业与其他多元主体间可以探索尝试多种合作模式，例如，可以通过构建由高校、研究机构与企业共同参与的“产学研联动平台”，实现科研成果的快速转化与应用，同时为学生提供实习实训机会，增强理论与实践的紧密结合，促进教育内容的实时更新与教学质量的显著提升；鼓励不同学科背景的教育机构和企业形成战略联盟，共同设计并实施跨学科学习项目，以解决复杂问题为导向，培养学生的综合素养和创新能力。这些创新性的合作模式将极大地激发参与各方的创造力和协作热情，推动科学教育在理念、方法和技术上的全面进步。

重视成功案例的推广与应用能够加速科学教育的整体发展。在合作实践中，企业与各参与主体应及时总结和提炼成功案例的具体做法与成效，形成可复制、可量化、可推广的经验和实施策略，通过学术会议、教育论坛、专业期刊及线上知识平台等多元化的传播渠道，积极分享这些经验证据、最佳实践与创新思路，提升科学教育的整体质量和效率，促进科学教育生态系统的健康持续发展。

五、结　语

蓝色起源公司利用其航天领域的独特资源，通过“向太空发送明信片”

项目、精心设计特色科学课程，以及全方位资助科学教育活动等举措，在科学教育实践方面积累了丰富的成功经验，对我国企业推进科学教育创新发展具有重要的借鉴作用。未来，随着社会对高素质人才需求的日益增长，企业应当更加主动地将科学教育融入其社会责任体系之中，不仅要持续加大资源投入，还需不断创新教育方法和内容，深化与多元主体的合作和跨界联动，构建开放包容的科学教育生态系统，为培养具有国际竞争力的科技创新人才奠定坚实基础。

参考文献

[1] 郑永和，苏洵，谢涌，等 . 全面落实做好科学教育加法 构建大科学教育新格局［J］. 人民教育，2023（19）：12–16.

[2] 申盼 . 私营企业支持科学教育的模式探讨：美国 PASCO 公司的经验与启示［J］. 江西电力职业技术学院学报，2021，34（08）：42–44.

[3] 赵慧敏 . 企业利用科技资源开展科学教育活动的现状研究——以广州市企业类科普基地为例［J］. 中国科技教育，2024（04）：60–62.

[4] Club for the Future.25,000 Postcards Soar to Space as Club for the Future Expands Collaborations with Leading STEM Organizations［EB/OL］.（2021–04–14）［2024–06–15］.https://www.clubforfuture.org/zh–CN/news/club–for–the–future–expands–collaborations–with–leading–stem–organizations.

[5] 王宇，赵晓飞 . 科普场馆学习资源数字化建设的思考与启示：以“英国科学博物馆集团”为例［J］. 今日科苑，2024（03）：29–39.

[6] Club for the Future.Club for the Future Expands Global Footprint, Brings ‘Send a Postcard to Space’ Program to Bulgaria［EB/OL］.（2020–09–08）［2024–06–15］.https://www.clubforfuture.org/zh–CN/news/club–expands–global–footprint.

[7] Club for the Future. ‘Send–a–Postcard–to–Space’ Program Expands Across India［EB/OL］.（2021–03–01）［2024–06–15］.https://www.clubforfuture.org/zh–CN/news/send–a–postcard–to–space–program–expands–across–india.

[8] Club for the Future.Club for the Future – Year in Review［EB/OL］.（2021–12–20）［2024–06–15］.https://www.clubforfuture.org/zh–CN/news/club–for–the–future–

year–in–review.

[9] Club for the Future.Lessons [EB/OL] . (2018–12–20) [2024–06–15] .https://www.clubforfuture.org/zh–CN/lessons.

[10] Club for the Future.Club for the Future Selects 19 Space–Based Charities to Each Receive a $1 Million Grant [EB/OL] . (2021–07–14) [2024–06–15] .https://www.clubforfuture.org/zh–CN/news/club–for–the–future–selects–19–space–based–charities–to–each–receive–a–usd1–million–grant.

[11] Club for the Future.NASA TechRise Student Challenge Winners Announced [EB/OL] . (2022–01–21) [2024–06–15] .https://www.clubforfuture.org/zh–CN/news/nasa–techrise–student–challenge–winners–announced.

[12] Club for the Future.Club Ambassador Larry Powell Shines the Light on STEM Careers for North Alabama Students [EB/OL] . (2021–11–17) [2024–06–15] . https://www.clubforfuture.org/zh–CN/news/club–ambassador–larry–powell–shines–the–light–on–stem–careers–for–north–alabama–students.

作者简介

王宇，内蒙古科学技术馆高级工程师，研究方向为科普教育。

赵晓飞，内蒙古和林格尔县蒙古族学校英语教师，研究方向为英语教育。

刘文静，内蒙古科学技术馆高级工程师，研究方向为自然科学研究与科学教育。

伊和夫，内蒙古科电数据服务有限责任公司运维工程师，研究方向为计算机科学与教育。

“跨学科融合”理念在科技馆教育中的实践与思考
——以青岛科技馆“未来汽车工程师—探秘齿轮”课程为例

金　钊　洪施懿　林　曦

一、跨学科融合概述

（一）概　念

跨学科融合是一种教育理念和实践方法，它强调将不同学科的知识、技能和思维方式整合起来，形成一种综合性的认知方式和教育教学模式。这种融合旨在打破传统的学科界限，强调学科之间的联系与互补，鼓励学生从多角度思考问题，促进创新思维和问题解决能力的培养，让学生能够在现实世界的问题解决中应用多学科的知识。

科技馆作为重要的科普和教育机构，是实施跨学科融合教育的理想场所。能够提供丰富的资源和实践机会，融合多学科内容，为学生创造一个充满探索和创新的学习环境。

（二）国家政策

近年来，中国政府高度重视科技创新和教育改革，出台了一系列政策文件，旨在推动教育现代化，培养创新型人才。《义务教育科学课程标准（2022 年版）》中明确要求将跨学科融合的理念融入教学中，培养综合运用知识解决问题的能力；课程内容应当涵盖自然科学、工程技术和社会科学等领域，促进学生对世界有全面的认识。《国家中长期教育改革和发展规划纲要（2010—2020 年）》中明确提出要加强素质教育，培养学生的创新精神和实践能力。《中国教育现代化 2035》提出了推进教育现代化的战略目标，其中包括深化教育教学改革，强化素质教育，推动跨学科融合教育的发展，强调了跨学科融合教育的重要性，提倡在学校教育中引入 STEM/STEAM 教育理念，以适应未来社会的需求。通过跨学科融合教育，培养学生的创新意识、实践能力和团队协作精神，为实现教育现代化奠定坚实的基础。[1]

二、“跨学科融合”理念在科技馆教育中的应用分析

（一）科技馆在“跨学科融合”理念实施中的优势

科技馆可以提供丰富的互动体验和实践活动，提高学生的综合素质，通过不同学科间的知识交叉，促进学生在多个学科领域内获得全面的知识体系，让学生更好地理解世界的复杂性和多样性；科技馆作为互动学习中心，可以提供多样化的项目和挑战，鼓励学生从多角度思考问题，提高学生的创新能力，让学生在实践中学会如何将不同领域的知识和技术结合在一起，激发学生的创新潜能；科技馆可以带领学生走出校园，面对真实的场景和问题，让学生在实践中学习如何应对复杂问题，培养批判性思维和解决问题的能力，通过将理论知识与实际相结合，培养学生将理论知识应用于实际问题的能力。

（二）科技馆在“跨学科融合”理念实施中的现状及问题

科技馆作为科普阵地，面向公众传播科学知识，开展跨学科类科普教育，对推动科技发展和建设创新型国家具有重要意义，但同时也面临很多问题：

一是知识体系的整合难度较大，难以将不同学科领域之间的知识体系整合在一起，形成统一的教学或展示内容；二是资源的分配与利用，跨学科项目往往需要更多的资源投入，包括人力、物力和财力，难以合理分配有限的资源，确保跨学科项目的有效实施；三是评估与反馈机制不健全，跨学科活动效果评估难以标准化，缺乏有效的评估工具来衡量跨学科学习成果，不能够及时和有效地反馈；四是教育模式的转变，传统的教育模式可能无法完

全适应跨学科融合的需求，需要探索新的教育模式，以更好地支持跨学科的学习。

三、“跨学科融合”理念在科技馆教育中的应用——以青岛科技馆“未来汽车工程师”之“探秘齿轮”课程为例

青岛科技馆“未来汽车工程师”之“探秘齿轮”课程，充分利用科技馆“机械传动”展品作为教学资源，采用PBL项目式与5E教学法相融合的教学模式（见表1），以制作一辆变速小车为驱动性任务引入，涉及机械知识中的齿轮传动、工程设计与制作等内容，融合数学、科学等学科知识，面向五六年级的学生开展课程，该课程共设置七个环节：导入→体验→实验→设计→制作→迁移→交流，以下是详细的跨学科融合内容。

表1　跨学科融合的应用

学科核心概念	学习内容	5~6年级
能的转化与能量守恒	能的形式、转移与转化	知道简单机械及其在生产生活中的应用
技术、工程与社会	技术与工程创造了人造物，技术的核心是发明，工程的核心是建造	知道工程以科学和技术为基础，知道发明会用到一定的科学原理
工程设计与物化	工程是设计方案物化的结果	利用工具制作简单的实物模型，根据实际反馈结果进行改进并展示

（一）教学对象

本课程面向10~12岁学生，课程受众人数15~20人，该年龄段的学生已经具备一定的分析、比较、推理、概括的方法和实验设计、现象描述、总结归纳等探究性学习的经验，思维方式开始从具体形象思维逐步向抽象逻辑思维过渡。学生在五年级科学课“齿轮传动”中已初步了解齿轮，但更多停留在对图片的简单观察和生活经验的简单认知上，较难将知识应用于实际问题，整体知识的系统性还有待提高，学以致用的能力还需加强。因此，让学生自己动手并探究学习齿轮的知识，这样不仅能激发受众的学习兴趣，还有助于培养其分析和解决问题的能力。

（二）教学目标

1.科学观念

理解工程技术的内涵，让学生在“问题—设计—制作—检验—优化”的过程中，了解齿轮的基本特点，了解齿轮转动的工作原理、掌握齿轮变向及变速的规律。

2.科学思维

合理运用观察、分析、比较、概括和基于实证等方式探究齿轮传动，能够基于实验数据，合理分析现象，归纳总结齿轮的工作原理，并运用这一科学思维方法进一步培养创新思维和发散思维。

3.探究实践

能够在“问题—假设—实验—验证”的过程中完成实验探究，形成科学探究的意识；掌握针对问题设计控制变量实验方案并根据实验情况调整方案的方法，初步具有技术与工程实践能力。

4.态度责任

在观察现象、记录数据的过程中培养严谨的态度和实事求是的科学精神，在分析现象得出结论的过程中培养批判性思维和独立思考的能力，在齿轮的发展与古今应用中，感悟科学家坚持不懈、敢于创新的精神；在合作探究中，保持探究热情，培养敢于质疑、勇于求真、基于实证的科学态度。

（三）教学方法

该课程采用PBL项目式与5E教学法相融合的教学模式，PBL与5E教学法都是旨在提高学生主动学习能力和实践能力的教学模式。PBL是一种以项目为中心的学习方法，学生通过完成一个真实的、开放式的项目来学习新知识。[2] 5E教学法包括五个阶段：引入、探索、解释、迁移和评估，强调通过学生的主动参与来激发他们的兴趣，然后引导他们逐步深入理解和应用知识。[3]这两种教学法在跨学科教学中的融合能够极大地丰富学生的体验，促进深度学习的发生。

该课程从发布驱动性任务：制作一辆变速小车引入，吸引学生投入于齿轮的探索和学习活动中；在探索齿轮的过程中教师鼓励学生去发现和提出自己的问题；通过实际操作和实验，学生能够阐述他们所发现的内容，并尝试将其与相关理论联系起来；这有助于学生从不同的角度理解和解释现象，促进跨学科学习；教师鼓励学生深化他们的理解，动手设计并制作变速小车，学会将知识学以致用，强化了 PBL 中关于解决问题和创新思维的目标，最后组织学生评价与反思，不仅要评估自己的学习成果，还要反思整个学习过程。这有助于学生认识到跨学科知识的重要性，并了解如何在未来的学习和工作中更好地应用这些知识。

（四）活动安排

1. 活动时长：90 分钟

2. 课程内容安排（见表 2）

表 2 教学内容安排

课 时	教学环节	活动时长	教学内容
1	角色扮演，任务驱动	10 分钟	创设小汽车工程师角色，发布驱动性任务：制作一辆变速小车
2	体验展品，认识齿轮	10 分钟	动手体验“机械传动”展品，在体验中观察不同齿轮的外观形态、运动轨迹，并自主动手搭建齿轮结构
3	试验探究，深入齿轮	20 分钟	小组合作，自主设计实验，探究主动轮与齿轮传动方向的关系、齿轮大小与齿轮传动速度的关系，合理地运用控制变量，对比等科学方法，完成“假设→验证”的过程，归纳总结出齿轮变向和变速的规律，深度了解齿轮
4	头脑风暴，创意设计	10 分钟	了解变速结构，在图纸上设计变速小车，标注齿轮的位置，所需齿轮的数量、大小
5	动手操作，检验成果	20 分钟	根据设计图纸，动手搭建变速小车，通过赛车比赛检验搭建成果，优化变速结构，完成“设计→搭建→改造→验证”的过程
6	知识迁移，拓展应用	10 分钟	再次回顾展品“机械传动”，理论与实际相结合，了解不同的齿轮传动的用途以及我国古代发明的相关应用，弘扬中华传统文化和科学家精神
7	分享交流，评价总结	10 分钟	分享交流，评价总结，以未来汽车工程师的角度展望未来，培养正确的价值观和科学观

（五）教学过程

1. 角色扮演，任务驱动

阶段目标：通过角色扮演，增强学习的趣味性，并基于情景引出任务“设计一辆变速小车”和学习内容齿轮结构，激发学生的学习兴趣，培养学生的职业观念和劳动意识。

设计意图：通过工程师角色扮演，创设教学情境，激发学生的兴趣；以任务驱动为导向，引发学生猜想与思考，引出学习内容，激起学生的知识探索欲望。

教师活动：带领学生更换服装，化身汽车工程师进行沉浸式角色扮演，向学生展示三辆外观相同的小车，引发学生猜想：哪辆小车跑得最快？为什么？

图 1　学生观察小车

学生活动：根据自己的观察，进行猜想，畅所欲言。选取符合自己观点的三辆小车进行竞赛，揭晓答案。根据竞赛结果，对比三辆小车的结构，发现小车的齿轮排列结构不同。

教师活动：发布驱动性任务——制作一辆变速小车；引出本课程的主要内容——机械传动和齿轮结构。

2. 体验展品，认识齿轮

阶段目标：深入了解展品，通过互动体验，认识不同的传动类型以及齿轮的组成，掌握观察、记录的科学方法。

设计意图：通过体验展品和模型操作，观察直观的现象，引导学生了解齿轮的结构及特点，获取直接经验，突出学生的主体地位。

教师活动：带领学生体验“机械传动”展区，引导学生在体验中观察展品中不同齿轮的外观形态、运动轨迹。

学生活动：以小组为单位体验展品，通过观察对比，认识各类传动，归纳总结齿轮定义。

根据老师提供的各种形状的齿轮，选择齿轮并自主搭建。

图 2　学生操作齿轮

教师活动：引导学生转动不同的齿轮结构，观察搭建的各种齿轮结构的不同点，启发学生探究影响齿轮传动的因素有哪些并就此提出假设。

3. 实验探究，深入齿轮

阶段目标：引导学生运用控制变量法和设计对比实验，小组合作，自主实验，探究齿轮转动方向的规律和齿轮转动速度的规律，完成“假设—验证”的过程，掌握分析、归纳、总结的科学方法。

设计意图：突出学生的主体地位，利用教具模型进一步了解齿轮结构的特点；引导学生通过控制变量法，探究齿轮转动方向的影响因素；通过不同齿数的齿轮设计对比实验，探究齿轮转动速度的影响因素，深入学习齿轮的知识。

实验一：探究齿轮转动方向的影响因素

教师活动：教师为学生提供材料，引导学生自主设计实验，探究主动轮与齿轮传动的方向的关系。

图 3　学生观察记录

学生活动：用不同齿轮排成一条直线搭建齿轮结构，分别顺时针、逆时针转动主动轮，观察齿轮传动的方向，推测物体运动的方向，并记录到表格（见表 3）。

表 3　探究齿轮转动方向的影响因素记录表

齿轮数	主动轮	从动轮	运动方向
2	顺时针转动	逆时针转动	与主动轮反向
2	逆时针转动	顺时针转动	与主动轮反向
3	顺时针转动	顺时针转动	与主动轮同向
4	顺时针转动	逆时针转动	与主动轮反向
总结	主动轮影响齿轮传动的方向，传动由单数齿轮组成的物体运动方向与主动轮同向，传动由双数齿轮组成的物体运动方向与主动轮反向		

教师活动：鼓励学生以小组为单位，分享实验结果，教师公布正确答案，引导学生总结。

学生活动：归纳总结结论：主动轮影响齿轮传动的方向，传动由单数齿轮组成的物体运动方向与主动轮同向，传动由双数齿轮组成的物体运动方向与主动轮反向。

实验二：探究齿轮传动速度的影响因素

表 4　不同齿轮规格

小齿轮		中齿轮		大齿轮	
齿数（个）	14	齿数（个）	28	齿数（个）	42
直径（cm）	1	直径（cm）	2	直径（cm）	3

教师活动：教师为学生提供材料，引导学生小组合作，自主设计实验，探究齿轮大小与齿轮传动速度的关系，并将数据记录下来（见表 4、5），根据数据做出分析。

图 4　学生对比实验

学生活动：分别转动大、中、小三个齿轮，观察其余两个齿轮的转动速度，测量小球离桌面的高度。

表 5　探究齿轮传动速度的影响因素记录表

（1）转动大齿轮 3 圈			
	大齿轮	中齿轮	小齿轮
转动速度变化	/	加快	加快
距离桌面高度	4.5cm	6.8cm	13.5cm
（2）转动中齿轮 3 圈			
	大齿轮	中齿轮	小齿轮
转动速度变化	减慢	/	加快
距离桌面高度	3cm	4.5cm	9cm
（3）转动小齿轮 3 圈			
	大齿轮	中齿轮	小齿轮

续表

转动速度	减慢	减慢	/
距离桌面高度	1.5cm	2.3cm	4.5cm
总结	大齿轮与小齿轮连接时，大齿轮作为主动轮时速度将加快，小齿轮作为主动轮时速度将变慢		

学生活动：分析对比数据，发现各因素间存在比值关系，得出齿轮大小与齿轮转速的关系。根据教师引导，在确保完成任务的前提下，学会积极思考并利用多种科学方法，多角度解决问题。

教师活动：根据学生的发现，总结齿轮大小与齿轮转速的关系，同时拓展传动比：传动比 = 从动轮齿 数 / 主动轮齿数 = 主动轮转速 / 从动轮转速。

4. **头脑风暴，创意设计**

阶段目标：以任务为导向，将理论与实践相结合，引导学生结合齿轮变速与变向的规律，搭建变速结构，以小组为单位讨论交流，设计变速小车方案，在动手动脑中培养学生的团队精神，促进学生之间的互帮互助。

设计意图：遵循理论与实践相结合的原则，学生在完成理论知识学习的基础上，通过搭建齿轮箱进一步掌握齿轮结构的知识，并引导学生通过讨论交流，头脑风暴，设计变速小车，实现知行统一。

教师活动：通过前两个阶段的探究实验，教师提供不同大小齿轮材料，组织学生在现有材料的基础上设计变速小车，引导学生画出设计草图或简单模型，标注齿轮的位置，所需齿轮的数量、大小和布局。

学生活动：小组间相互合作，进行头脑风暴，设计变速小车，并通过简笔绘画等形式呈现设计思路。

图 5　学生设计小车

5.动手操作，检验成果

阶段目标："搭建→改造→验证"，通过三个环节，完成变速小车的搭建，形成对齿轮结构的完整认知；通过项目制作形成直接经验。

设计意图：根据设计动手搭建小车，应用齿轮，让学生在动手动脑的过程中，不断体验试错的过程，领悟工程师的匠人精神。

教师活动：组织搭建设计结果，并实时指导。针对不同学生调整任务难度，对完成程度高的小组设置更高的要求，增加变速选择；对于难完成的学生搭配学习搭档，帮助学习。

学生活动：小组之间相互合作，完成变速小车的搭建。

图 6 学生动手搭建小车

教师活动：设置比赛：比一比谁先到达终点，检验成果。

学生活动：观察比赛中各小车的运动速度，制订改造计划，同时利用相关材料适当修改各小车，完成比赛。

6.知识迁移，拓展应用

阶段目标：理论与实际相结合，再次回到展品"齿轮传动"，回忆齿轮传动的用途以及我国古代发明的相关应用和其他时期科学家们的研究，弘扬中华传统文化和科学家精神。

设计意图：通过探究实验与展品的结合，查阅古今应用及科学家研究的资料，了解中华传统文化和科学家精神。

教师活动：进一步联系生产生活实际，引导学生思考不同传动方式在生活中的应用；同时，通过故事与展品相结合的方式，学习中华传统文化与科学家精神，了解齿轮传动技术的发展历程。

7.分享交流，评价总结

阶段目标：通过分享交流、总结收获等互动过程，完成知识的巩固，深化学习成果。

设计意图：通过分享、交流、总结等方式进一步巩固知识，并及时对学生的观点和行为进行反馈，让学生在完成任务的过程中，养成良好的科学习惯，形成正确的价值观和科学观。

教师活动：引导学生从齿轮结构的组成、齿轮的特点及影响因素等几方面总结活动内容。组织完成“未来汽车工程师”之“探秘齿轮”学习评价量化表，引导学生进行反思。

学生活动：总结收获，展望未来：从未来汽车工程师的角度，写下对未来科学世界的愿景，以及他们个人想要达成的科学目标，完成评价表（见表6）。

表6 “未来汽车工程师”之“探秘齿轮”学习评价量化表

<table>
<tr><th colspan="2">评价目标</th><th>评价标准</th><th>我的收获</th><th>权重</th><th>自评</th><th>组评</th></tr>
<tr><td colspan="2" rowspan="4">学习目标</td><td>通过学习探究后，对齿轮传动有了新的认识</td><td>（对齿轮传动有何新认识？）</td><td>5</td><td></td><td></td></tr>
<tr><td>能用多种科学方法获取本节齿轮课程的重点知识</td><td>（这些新认识是如何得来的？）</td><td>10</td><td></td><td></td></tr>
<tr><td>能运用课堂知识技能去解决生活中相关的问题</td><td>（将所学知识迁移至生活中有何收获？）</td><td>5</td><td></td><td></td></tr>
<tr><td>在制作变速小车的项目任务中，能够有创新、新颖的设计角度</td><td>（我的创意和发散性思维体现在哪里？）</td><td>5</td><td></td><td></td></tr>
<tr><td rowspan="5">学习能力</td><td rowspan="3">发现问题</td><td>课堂中对齿轮有不明白的问题能主动向老师请教</td><td>（关于齿轮，我最大的疑问是什么？）</td><td>5</td><td></td><td></td></tr>
<tr><td>课堂中能够主动观察各项齿轮实验和思考，提出有创意的问题</td><td rowspan="2">（我印象最深的一个问题是？）</td><td>10</td><td></td><td></td></tr>
<tr><td>积极提出问题或主动回答老师提问</td><td>5</td><td></td><td></td></tr>
<tr><td rowspan="2">探究问题</td><td>对于课堂中出现的问题敢于质疑或对他人的结论敢于通过证据去否定</td><td rowspan="2">（我印象最深的一个探究环节或实验是什么？）</td><td>10</td><td></td><td></td></tr>
<tr><td>能够提出好的看法和建议，被师生采纳与实施</td><td>5</td><td></td><td></td></tr>
</table>

续表

评价目标	评价标准	我的收获	权重	自评	组评
学习方法	学会记录学习要点，能够基于实证，实事求是的记录实验数据	（对今后学习其他知识点有何启发？）	10		
	能够通过小组合作更快更好地完成各项任务，包括探究、制作等环节		10		
学习态度	通过探究学习，在解决问题、完成任务过程中能够充分考虑多种因素	（对今后分析判断事物有何启发？）	10		
	尊重他人意见，在探究中遇到困难时能够相互鼓励		10		
总分					
关于齿轮我还有什么疑问？					

（六）教学效果评估与辐射推广

1. 实施情况

该课程依托科技馆学校团队预约形式开展，为进馆学生提供指向性明确的学习主题，自 2024 年 3 月份实施以来，累计开课 43 次，受众达 815 人。

2. 课程效果评估

活动效果重点基于学生学习评价量化表进行分析，针对观察、动手、表达、分析等方面，设置了学习目标、学习能力（发现问题、探究问题）、学习方法、学习态度这四个评价目标，既有过程中的定性收获，也有结果性的定量分数。

在前两期，评价表仅设置自评、组评两项定量分数，且在课堂结束后才让学生填写，前两期学生平均分数为 86 分，自第 3 期开始后，新增“我的收获”这一过程性评价，学生可在课程中填写，或课后再次补充完善，整体平均分数提高至 92.3 分，也启发了授课教师要在课程中随时关注学生探究动态。通过过程性评价、学习评价量化表、学习单检测，课堂参与度较传统单一教学模式有显著提高，为学生提供多元化的发展方向。

3.课程反馈

在与 7 名校方教师的沟通中，校方教师认为：

（1）生动直观的探究环节：本堂课区别于校方课程的最大亮点，在于探究实验环节，学生能够充分发挥主观性进行形式多样的探究，更直观地理解了齿轮的核心知识点。

（2）跨学科知识融合：构建跨学科课程内容体系，较好地引导学生利用数学、物理、科学等多学科知识分析和解决问题。

（3）馆校合作可行性：有效衔接了学校科学课程，无论是展品、实验器材等都是对学校科学课的补充，同时可重复使用，活动成本较低，易于实施，4 名教师有意向将该课程延伸至“课后三点半延时服务”，进校实施。

从实际效果来看，本次课程实施较好地完成了教学目标，学生对齿轮知识的掌握不再局限于纯理性的记忆，更重要的是：掌握、获取这些知识所运用的科学方法和科学思维，通过这些思维方法的学习，对今后学习其他知识能有更好的启发。

四、“跨学科融合”理念在科技馆教育中的启示

（一）明确“跨学科融合”的教学目标

在跨学科融合的科技馆教育中，合理地分析知识并明确目标，选择中心主题并围绕这个主题构建一个问题或一系列问题，有助于教师整合不同学科的知识体系。不仅可以更好地帮助学生从多个角度理解问题，激发青少年的学习兴趣，还能够促进学生深入理解跨学科知识，帮助他们认识到不同学科之间的联系。同时明确的目标为评估学生的学习进度提供了标准，便于教师量化学习成果，教师可以根据课程效果及时优化教学策略，调整教学内容，更好地满足不同学生的学习需求。

（二）采用合适的教学方法

传统的教育模式可能无法完全适应跨学科融合的需求，在跨学科融合教育中，探寻新的教育模式至关重要，它不仅关系到单一学科知识的传授，还

涉及多个学科间的整合与应用。教学方法直接影响到学生的学习效果、兴趣以及长期的知识掌握能力。不同的教学方法能够适应不同学习风格的学生，激发他们的潜能，并帮助他们更有效地吸收知识。例如，PBL 项目制学习围绕某一主题或问题设计综合性项目，项目内容可横跨多个学科，使学生在完成项目的过程中整合并掌握多领域的知识与技能；PBL 基于问题的学习引导学生通过解决现实中的问题，综合运用多学科知识与技能；而 PBL 探究式学习强调通过提问、探索与研究主动建构知识体系，鼓励学生学习并关联不同学科的知识，形成系统性的认知。

（三）选择丰富多样的教学形式

科技馆作为一种非正式教育场所，拥有丰富的科教资源，在促进跨学科教育方面拥有诸多优势。例如开展互动体验式教学，利用互动展品让学生亲手操作，体验科学原理和技术应用；进行项目制学习：设计真实或模拟的项目，让学生在解决实际问题的过程中学习跨学科知识；开设不同主题的工作坊，让学生在动手实践中学，如举办一个关于可持续建筑的工作坊，让学生结合物理学、建筑设计和环境科学的知识设计一个节能房屋模型；创意与艺术结合，鼓励学生运用跨学科知识进行创意设计，如设计一款结合物理学原理的艺术品；社区与企业合作，让学生参与解决社区实际问题的项目。例如，与当地公园合作，让学生设计并实施一项改善公园生态环境的计划；在教育资源与课程开发中，开发跨学科的课程，将不同学科的知识点有机地结合在一起等。

五、结　语

本文根据跨学科融合教育的发展背景和国家政策，分析了跨学科融合理念在当今科学教育里的现状，列举了目前科技馆教育活动所面临的局限和问题，探讨了科技馆在进行跨学科融合教育时的设计策略和设计要素，并介绍了我馆教育活动设计的思路，希望为未来科技馆的跨学科融合教育活动设计思路提供参考。

参考文献

[1] 唐烨伟，郭丽婷，解月光，等．基于教育人工智能支持下的 STEM 跨学科融合模式研究［J］．中国电化教育，2017，（08）：46–52.

[2] 董艳，孙巍．促进跨学科学习的产生式学习（Do PBL）模式研究：基于问题式 PBL 和项目式 PBL 的整合视角［J］．远程教育杂志，2019，37（02）：81–89.

[3] 朱幼文．理念与思路的突破：从“馆校结合”到各类教育项目：“科普场馆科学教育项目展评 / 培育”带来的启示［J］．自然科学博物馆研究，2021，6（01）：42–52+95.

作者简介

金钊，青岛科技馆展览教育部科普辅导员，本科，理学学士，主要从事校本课程及研学活动开发设计。

洪施懿，青岛科技馆展览教育部副部长，本科，主要从事科技馆教育活动及研学策划与实践。

林曦，青岛科技馆副总经理，厦门科技馆展览教育部经理，本科，文学学士，主要从事场馆运营及展教活动开发。

企业助力科学教育的案例分析

——3M 公司在明尼苏达州开展 STEM 教育项目的经验与启示

李 野 彭 平

习近平总书记指出，当今世界百年未有之大变局加速演进，“科技创新成为国际战略博弈的主要战场，围绕科技制高点的竞争空前激烈”。科学技术从来没有像今天这样深刻影响国家的前途命运。而科学教育是提升全民科学素质、建设教育强国、实现高水平科技自立自强的重要基础，面对加快建设教育强国、科技强国、人才强国的目标要求，新时代科学教育在服务“三位一体”统筹推进中发挥着重要的基础性作用。

伴随国际竞争日趋激烈，科学教育作为建设世界人才中心与创新高地的推进器，受到各国高度重视，成为全球各国推动经济和社会发展的核心战略之一。与我国的科学教育概念相似，美国最早提出 STEM（Science, Technology, Engineering, Mathematics，即科学、技术、工程和数学）教育，积累了丰富的 STEM 教育实践、改革的经验，并将其作为发起国际科技竞争和人才竞争的战略手段。虽然政策支持为公共教育体系在 STEM 教育领域的发展提供了有力的推动，但公立学校仍面临着资源分配不公、性别与种族差异、资金短缺等挑战，无疑制约了其在提供高水平科学教育方面的潜力。

在这一背景下，企业尤其是具有科研和技术背景的企业在 STEM 教育资源配置中的参与，已成为社会化科普协作格局中的关键力量。3M 公司（以下简称 3M）作为这一趋势的典型代表，通过持续投入、广泛教育支持和创新实践，在 STEM 教育领域取得了显著成就，展现了企业在推动地方发展和提升国家竞争力中的积极力量。3M 的成功案例表明，企业对科学教育的支持不仅有助于实现自身价值观的传播和后备人才培养，更对促进社会整体进步具有深远影响。

一、3M公司概况与企业社会责任理论框架

3M 自 1902 年成立以来，在科学研究和技术创新领域积累了丰富的经验，如今已经成为全球知名的多元化科技巨头。3M 坐落于美国明尼苏达州的圣保罗市，不仅为当地经济提供了大量的就业机会和税收收入，而且在社区发展和建设中扮演了重要角色，对州内的文化和社会生活产生了深远的影响。

企业社会责任（Corporate Social Responsibility，CSR）理论为 3M 在企业社会责任方面的承诺和履行提供了理论基础和行动指南。该理论是指企业在追求经济利益和股东价值最大化的同时，主动承担对社会、环境和利益相关者的责任。根据卡罗尔（Archie B. Carroll）在 1979 年提出的 CSR 金字塔模型，企业的社会责任可分为经济责任、法律责任、伦理责任和慈善责任四个层次。因此，企业社会责任理论不仅仅是企业的慈善捐赠或公益活动，而是要求企业将社会责任融入其核心经营策略和日常运作中，推动可持续发展。

作为公司履行社会责任、确保未来技术创新和业务持续发展的关键战略中的重要部分，3M 长期以来一直积极参与并支持明尼苏达州的 STEM 教育，通过与地方政府、教育机构和非营利组织的紧密合作，开展了一系列 STEM 教育资助和项目。这些实践不仅提升了当地教育水平和学生的科学素养，也为 3M 企业自身培养了大量后备创新人才，进一步巩固了在全球市场的竞争优势。

二、3M在明尼苏达州的STEM教育实践

（一）STEM教育项目分类概述

在 STEM 教育领域，3M 展现了多元化的参与方式，包括资金投入、资源提供、竞赛支持以及社区科普活动的开展（见表 1）。

1.财务支持与资助

3M 的 STEM 教育投资策略严格依据伦敦基准集团（London Benchmark Group, LBG）的社区投资评估机制，专注于资助学校和非营利组织开展的 STEM 教育质量提升项目。这些资金主要用于优化教学资源、设计创新课程、建立教育创新项目，并致力于在基础教育阶段“孵化”学生的科学精神和创新素质。

表 1　3M 在 STEM 教育领域的投资项目概况

项目名称	资助对象	资助内容	资助目的
3M 匠心奖（Ingenuity Grants）	明尼苏达州 3M 社区（3M Community）公立学校三至八年级教师	个人奖金最高 3500 美元。自 2003 年以来，3M 匠心奖已累计向 3M 社区学校提供了超过 360 万美元的资助②	表彰教师们在数学、科学和经济学课堂中引入创新、巧妙的教学方法，激发学生对 STEM 学科的热情和兴趣
UNCF 3M 科技改善生活奖学金（UNCF 3M Science. Applied to Life.）	明尼苏达州圣保罗市公立或特许高中代表性不足的（underrepresented）毕业生以及大学一年级在读生	UNCF 3M 基金规模 500 万美元，为 STEM 专业的本科生提供连续四年、最高 2.5 万美元的奖学金。奖学金获得者还有机会接受 3M 高级工程师及管理层的一对一职业指导③	扶持社会弱势群体中具备科学家潜质的青少年群体接受 STEM 专业高等教育并提供 STEM 职业发展指导，促进教育公平
SPPS 3M（STEM programming in Saint Paul Public Schools）	明尼苏达州圣保罗市公立高中代表性不足学生	3M 在圣保罗学院（St. Paul College）成立 SPPS 3M 高级学习中心（SPPS 3M Advanced Learning Center），学生可以使用先进的设备进行实验操作，修读多项 STEM 课程并获得相应的大学课程学分	

2.教育项目和资源

3M 积极推进科学激励项目（Science Encouragement Programs，见表 2），与明尼苏达州公立学校携手合作，通过一系列互动和实践的特色活动，引导中小学生深入体验科学的魅力，点燃他们对科学探索的热情。

② 数据来源：DonorsChoose.org

③ 数据来源：UNCF（United Negro College Fund）.org

表 2　3M 科学激励项目概况

项目名称	参与对象	活动内容	活动目的
3M 访校奇才（Visiting Wizards）	明尼苏达州梅普尔伍德镇，距离 3M 公司 20 英里内小学一至六年级	3M 工程师亲临学校课堂，通过科学演示和互动实验，向学生展示科学原理在现实世界中的应用，涵盖空气动力学、真空技术、风能以及低温科学等	为学生提供亲身体验科学乐趣的机会，激发学生对STEM学科的兴趣。同时提供视频录制资料，以便教师在未来的课堂中开展教学活动
科技讲座（Tech Talks）	明尼苏达州青少年群体，尤其是代表性不足社区的学生	来自不同技术岗位、教育背景和成长环境的 3M 专家与学生进行面对面的交流，分享他们的成长与成才经历	展示 STEM 领域工作的多元性和机遇，激发学生投身科技工作的兴趣和动力
3M TWIST（Teachers Working in Science and Technology，如图 1）	明尼苏达州初中、高中的数学、科学和技术教师	3M 与明尼苏达州技术协会联合，为当地中学的 STEM 教师开展为期六周的暑期专业发展培训，其间教师们将与 3M 的科研人员共同参与实验室或工厂技术项目	STEM 教师可以获得前沿的科技知识和实践经验，以此丰富教学内容，并直观解答学生关于学校课程的实际应用的问题
STEP 科学培训（Science Training Encouragement Program）	明尼苏达州圣保罗公立学区（St. Paul Public School District）高中三、四年级学生	学生在学期中每周两次参与 3M 提供的课程，并在暑假完成至少 40 天的全职实习	学生有机会参与具有实际应用价值的前沿科研项目，体验通过科学研究解决现实问题带来的成就感

图 1　3M STEM 工程师在小学开展“访校奇才”活动

3. 支持STEM竞赛

参与 STEM 竞赛使学生能够将课堂所学的理论知识运用到实际中，增强了问题解决和团队合作能力。3M 通过与教育机构、非营利组织以及其他企业建立稳固且深入的合作关系，持续推动 STEM 竞赛的发展和繁荣（见表 3）。

表 3　3M 合作 STEM 竞赛项目概况

项目名称	合作机构	参赛对象	比赛内容	支持方式
FIRST 机器人竞赛（FIRST Robotics Competition）	FIRST 组织	高中生	参赛选手需设计并制造能够完成特定任务的机器人	为参赛团队提供资金、设备和技术支持。3M 员工自愿担任教练，为明尼苏达州参赛团队进行技术指导
3M 青年科学家挑战赛（Young Scientist Challenge）	Discovery Education	五至八年级学生	参赛者需提交一段时长 1~2 分钟的视频，说明他们为解决日常问题提出的解决方案及背后的科学原理	3M 科学家和教育领袖为明尼苏达州参赛学生提供专业指导

4. 社区参与和展览活动

在不断推进 STEM 教育项目的过程中，3M 也致力于加强与社区的互动（见表 4），向更广泛的基层民众普及 STEM 教育的理念，并为学生提供展示 STEM 学习成果的平台和机会。通过参与当地科普活动和科学博物馆的建设（如图 2），3M 为公众提供了更易于获得的 STEM 资源和多样化的科学体验。

表 4　3M 参与社区 STEM 项目概况

项目类型	参与方式
社区科普活动	积极参与明尼苏达科技节（Minnesota Science & Technology Fair）、自然与科学节（Nature and Science Festivals）等多项科普活动，协调科普资源展出、组织学生科技作品评审并提供奖品赞助，以此激励学生的创新思维和科学探究热情
馆企合作	为明尼苏达州科学博物馆（Minnesota Science Museum）、明尼阿波利斯儿童博物馆（Minnesota Children's Museum）、明尼苏达州立博物馆（Minnesota Historical Society Museums）等公共科普场馆提供互动展览项目，使公众能够通过亲身体验来了解科学原理和科技应用

续表

项目类型	参与方式
公共 STEM 活动	定期在明尼苏达州内社区举办公共 STEM 活动，包括实验演示、科学教育活动以及由 3M 科技工作者带来的沙龙、讲座

图 2　3M 为明尼阿波利斯儿童博物馆捐赠的互动展项

（二）STEM教育项目实施过程

3M 为在明尼苏达州开展的 STEM 教育项目制定了全面、系统的长期计划，贯穿了从基础教育到高等教育的整个教育体系链条，目标是全面提升学生在科学、技术、工程和数学领域的综合素质。该计划的实施主要围绕以下几个核心环节展开。

1. 评估教育需求，确认合作伙伴

项目初期，3M 深入调研了明尼苏达州不同教育主体和层级在 STEM 教育方面的需求。通过与教育管理者、教师、学生和家长沟通，了解项目利益相关方的预期，确保项目的设计能够满足实际需求。在此基础上，3M 积极与州内政府部门、教育机构、社区组织和非营利组织建立合作伙伴关系，确保项目既符合现有的教育政策和标准，又能够获得必要的资源支持，从而促进项目的长期和深入发展。通过这些努力，3M 成功打造了一个多元化的 STEM 教育合作网络。

2. **设计教育项目，由点到面推广**

在制定STEM教育项目方案时，3M首先会确立具体、明确且可量化的项目目标，如提升学生科学兴趣、扩大STEM教育资源覆盖、增强教师STEM教学能力等，并以目标为导向开发适合学生年龄和能力的互动性、创新性STEM课程和活动。同时，3M还利用自身科技和人才优势设计特色活动，为学生提供独特的STEM学习体验。

在实施过程中，3M往往采用分阶段推进策略，首先在明尼苏达州内已有合作基础或者STEM资源相对缺乏的学校或社区启动试点项目，收集包括学生参与度、学习成果、教师反馈等多方面的数据，并根据评估反馈及时对项目进行调整和优化。试点项目取得预期成效后，3M会将经过优化的STEM项目逐步扩大到更广泛的区域，并为新加入的学校教师、社区人员提供培训和技术支持。

3. **长期跟踪与持续改进**

3M注重STEM教育项目的长期效果和持久影响。通过开展定期评估、收集反馈和根据评估结果有针对性地追加资金，进行项目创新，确保项目能够为明尼苏达州持续培养具备创新能力和科学素养的年轻人才。3M还会定期与合作伙伴沟通，调整教育战略，以适应科技发展和教育需求的变化。

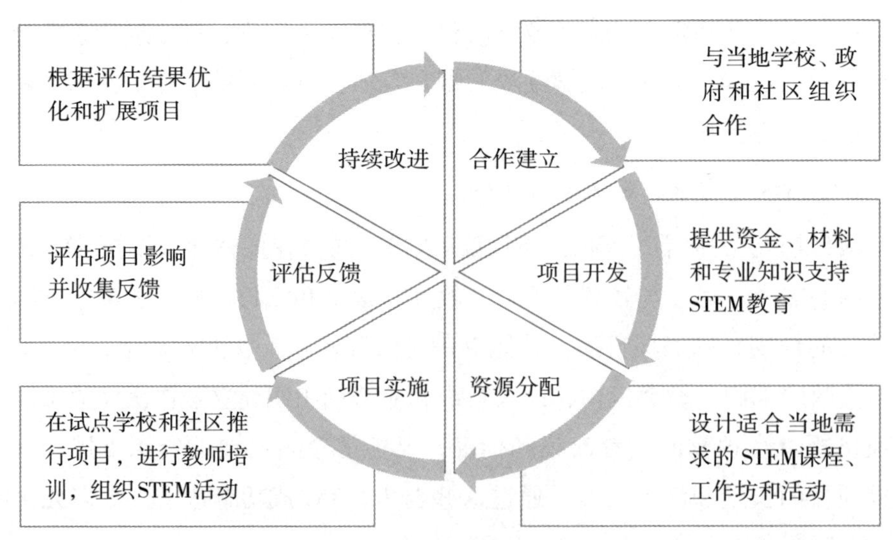

图3　3M实施STEM教育项目流程图

3M 在明尼苏达州的 STEM 教育实践是一个从需求分析到项目实施、再到持续改进的系统性过程（如图 3）。通过与当地教育系统和社区组织的紧密合作，不仅提升了 STEM 教育水平，也为企业自身培养了未来的技术创新人才。这一过程展现了 3M 在履行社会责任、投入教育和实现企业战略方面的承诺，进一步在社区及行业中树立了良好的企业形象。

三、3M在明尼苏达州的STEM教育实践讨论

（一）对当地产生的影响

3M 的持续赞助和支持在明尼苏达州 STEM 教育领域产生了显著影响。在基础教育方面，通过资助实验室建设、提供最新的科学教材和先进的技术设备，极大地优化了当地学校的 STEM 教学资源和教学条件，为学生提供了更多实验操作和实践活动机会，从而有效提升了学生的科学知识和技能水平；在教师成长方面，通过开展针对 STEM 教师的专业培训项目，帮助其不断更新教学方法、掌握最新科技动态、更加高效地使用教学资源，从而增强了 STEM 教师的教学能力，提升了课堂的吸引力和教学效率；在人才托举方面，3M 通过提供奖学金和举办科学竞赛，为学生在 STEM 领域的学习和探索提供了支持和平台。奖学金减轻了有潜力的 STEM 专业学生的经济压力，而科学竞赛则激励学生们在科研实操和技术创新领域积极探索；在 STEM 社会服务方面，3M 基于技能的志愿服务项目 3M Impact 为学生搭建了与 STEM 行业专家直接沟通的桥梁，使学生有机会获得宝贵的行业经验和前沿知识。这种实践经验的融入，不仅加深了学生对科学理论的理解和应用，也为他们未来的职业发展规划提供了宝贵的启发和指导。

3M 在明尼苏达州科学教育领域的长期而稳定的贡献，为 STEM 人才的成长和培养创造了良好的环境。这些新兴人才有效缓解了当地科技与工程行业的人才短缺问题，将成为支撑明尼苏达州产业竞争力、推动地方经济增长和社会转型的关键力量。这些高素质人才的存在，也将吸引更多的企业和研究机构在明尼苏达州投资，形成资源的聚集效应，进一步促进社会的繁荣和

发展。

因此，3M 对 STEM 教育的持续支持不仅提升了当地的教育水平，还增强了社区的凝聚力和社会福祉。随着教育质量的持续提升，社区成员的归属感和团结精神也日益增强，为打造一个更加和谐且充满活力的社会环境提供了坚实的基础。

（二）成功因素分析

其一，建立持续稳定投入机制。3M 对明尼苏达州教育的长期支持是其 STEM 教育项目成功的关键因素。公司持续投入的资金、资源和时间既确保了项目的连续性和稳定性，也使项目能够持续扩展其影响力和深度，从而实现长期的积极收益。

其二，执行社区本土化策略。3M 在设计和执行 STEM 项目的过程中，深入考虑了明尼苏达州的地区需求和文化特色。通过对当地社区和教育机构的深入调研和紧密合作，3M 制定了符合地方实际需求的教育方案。这种因地制宜的本土化策略也增强了项目的科学性和实用性。

其三，构建多领域合作伙伴关系。3M 积极建立了一个多元化的合作伙伴网络，涵盖政府部门、教育机构、非营利组织和企业等。这种合作模式不仅拓宽了项目的影响范围，促进了资源的有效整合，还为不同受益群体提供了更为广泛的资源和支持。

其四，实行动态评估与质量改进。为更好地评估 STEM 教育投资成效并为未来投资决策提供数据支持，3M 与 Ecotone Analytics 合作，采用计算社会投资回报率（SROI）的方法进行合作。此外，3M 定期对 STEM 教育项目进行效果评估并根据收集到的反馈信息不断进行项目优化。这种基于反馈的持续调整机制使 STEM 项目能够根据实际需求的变化进行不断优化，确保项目执行的效率和质量。

（三）挑战与不足

虽然 3M 在推动明尼苏达州 STEM 教育方面取得了显著成果，但在项目实施过程中仍存在一些挑战和待改进之处。正视并解决这些问题，对于 3M

及其他致力于推动 STEM 教育的企业而言至关重要，这有助于企业在支持 STEM 教育的行动中取得更为显著的成效，产生更广泛的社会影响。

其一，项目的需求具有复杂性和多样性。明尼苏达州不同地区的学校和社区在资源配备、学生背景和教学水平上存在显著差异，导致各地对 STEM 项目的期望和要求也各有侧重。在这样的教育生态中，如何设计能够广泛适用的 STEM 教育方案，成为 3M 需要解决的一个关键问题。

其二，3M 需要确保项目的可持续性。这些 STEM 教育项目在很大程度上依赖于 3M 进行持续性的资源投入。当企业资源或战略方向发生变化时，项目可能会因缺乏自我维持能力而难以为继。因此，3M 也要探索增强项目独立性和长期生存能力的途径。

其三，项目效果评估的复杂性同样不可忽视。一方面，不同 STEM 教育背景下的学校和学生群体的实际情况差异很大，这将影响评估结果的效度；另一方面，教育成效的显现往往需要一个较长的周期，短期内难以精准评估项目执行的效果。虽然 3M 尽可能采取了科学的评估和反馈机制，但仍不足以全面捕捉项目的长期效果。

其四，项目的成效在一定程度上受限于社区的参与程度。项目的顺利执行很大程度上依赖于社区中目标群体的配合、支持和积极参与。如果受资助者对 STEM 教育的重要性缺乏充分认识，可能会阻碍项目的推广和实施，从而影响项目在某些地区实现预期目标和发挥应有的积极作用。

四、结论与思考

（一）主要研究发现

本项研究通过分析 3M 在明尼苏达州支持 STEM 教育的实践案例，展现了企业在履行社会责任、推动地方教育发展中的积极作用。通过与政府部门、教育机构、非营利组织和社区组织的紧密协作，3M 成功地将其企业的资金、科技和人力资源转化为 STEM 教育领域的强有力支持，显著提高了当地学生的科学素养和创新能力。3M 的实践不仅证明了企业在 STEM 教育领域大有可为、大有作为，也为其他企业积极参与地方教育发展提供了重要的参考和经验。

对于中国企业而言，3M 的成功实践为如何因地制宜，汇聚多元化资源以促进地方科学教育事业的发展提供了范例。在当前我国深入实施创新驱动发展战略、加快实现高水平科技自立自强的宏观背景下，中国企业在助力地方科学教育领域，不仅承载着更为重大的社会责任，也肩负着历史赋予的崭新使命。因此，企业应主动融入并积极响应“实施科教兴国战略，强化现代化建设人才支撑”战略蓝图，加大在科技科普资源支持、课程体系创新、教师专业成长等方面的投入与贡献，为实现教育资源的均衡分配与教育质量的全面提升、培养具备国际竞争力的创新型人才贡献社会力量。

（二）对我国企业参与构建大科学教育新格局的借鉴价值

3M 在明尼苏达州的 STEM 教育项目为其他企业如何有效参与并推动地方 STEM 教育提供了成功案例。尽管这些实践是基于美国特定的社会结构和教育体系，但它们所蕴含的经验和策略具有普适价值，为中国企业做好科学教育加法，参与构建大科学教育新格局提供了宝贵的借鉴价值和启示。

其一，企业在参与科学教育事业时要兼顾科学教育公平与优质培养。在积极挖掘、培养青少年科技人才的同时，3M 也致力于推动社会公平，计划在 2025 年底前面向特定代表性不足群体提供五百万次 STEM 学习机会。同样地，中国企业在建立“以政府供给基础教育为主体、以社会力量供给其他教育为补充”的多元参与的教育供给体系改革中，一方面要落实党的二十大关于“着力造就拔尖创新人才”要求，营造良好的科学教育生态，为拔尖创新人才成长提供广阔平台；另一方面也要认识到当地科学教育存在的发展不均衡问题，向教育资源薄弱地区、学校及特殊儿童群体倾斜科教资源，确保科学教育项目和资源能够实现更广泛的普及和覆盖。

其二，企业可进行多层次的资源投入与社会参与。借鉴 3M 的综合支持模式，可以结合自身资源和社会力量，提供多层次的教育支持。例如，企业可以利用自身的技术专长，提供教学设备、师资培训和课程开发等方面的援助。同时，企业还可以借助中国丰富的志愿组织资源，鼓励员工参与教育公益项目、积累社会志愿服务时间，这不仅能够提升企业的社会形象，也能为教育事业注入新的活力。通过这样的方式，企业能够在支持教育的同时，实现社会责任与商业价值的双赢。

其三，企业也应积极融入社区共建共享的新格局。中国社会重视企业的社会形象和责任履行，特别是在地方社区的教育发展中，企业的积极参与有利于提升社区的和谐与稳定。3M 促进社区参与的经验，可以启发中国企业在教育合作中重视与社区的多样化互动，如科学夏令营、校企合作、馆企合作项目等，促进企业与社区的共建共享，增强社区公众对企业的认同感和支持度，共同推进地方教育事业的发展。

参考文献

[1] 王鹏 . 新质生产力的科学内涵与发展路径 [N]. 经济日报，2024-06-04（10）.

[2] 龙海涛 . 新时代高质量发展视域下“大科学教育”新生态构建研究 [J]. 中国多媒体与网络教学学报（上旬刊），2023，（10）：142-146.

[3] 刘文利 . 科学教育的重要途径：非正规学习 [J]. 教育科学，2007，（01）：41-44.

[4] 波碧 . 美国公司为推进科学教育事业采取更多行动 [J]. 世界研究与发展，1992，（02）：82-83.

[5] 朱迪 · S · 莱德曼，刘怡 . 非正规教育机构在发展和支持公众理解科学中的重要性 [J]. 自然科学博物馆研究，2017，2（03）：65-72.

[6] 李青 . 现代性视角下美国非正式科学教育发展研究 [D]. 成都：四川师范大学，2021.

[7] 赵慧臣，陆晓婷，马悦 . 基础教育、高等教育、企业以及教育管理部门协同开展 STEM 教育：美国《印第安纳州科学、技术、工程和数学（STEM）行动计划》的启示 [J]. 电化教育研究，2017，38（04）：115-121.

[8] 吕英，王正斌 . 国内外企业社会责任理论综述 [J]. 合作经济与科技，2008，（24）：26-28.

[9] 肖丹 . 打造共建共治共享的社区治理格局 [J]. 人民论坛，2018，（16）：78-79.

[10] Brower J, Mahajan V. Driven to be Good: A Stakeholder Theory Perspective on the

Drivers of Corporate Social Performance [J] . Journal of business ethics, 2013, 117: 313–331.

[11] Katavić I, Kovačević A. Integrating Corporate Social Responsibility (CSR) into business strategies and practice [J] . 2011.

[12] Stohlmann M, Moore T J, McClelland J, et al. Impressions of a Middle Grades STEM Integration Program: Educators Share Lessons Learned from the Implementation of a Middle Grades STEM Curriculum Model [J] . Middle School Journal, 2011, 43 (1) : 32–40.

[13] Stohlmann M, Moore T J, Roehrig G H. Considerations for Teaching Integrated STEM Education [J] . Journal of Pre–College Engineering Education Research (J–PEER) , 2012, 2 (1) : 4.

[14] Moss C. The Need for Improved STEM Education and the Opportunities Available [J] .

[15] Davis D, Veenstra C. Community Involvement in STEM Learning [J] . Journal for Quality and Participation, 2014, 37 (1) : 30–33.

[16] El–Deghaidy H, Mansour N. Science Teachers' Perceptions of STEM Education: Possibilities and Challenges [J] . International Journal of Learning and Teaching, 2015, 1 (1) : 51–54.

[17] Klein S E. Corporate Social Responsibility and Line of Business Integration: A Case Study of STEM Investments within Technology Companies [J] . 2014.

[18] 课题组，王素，张永军 . 科学教育：大国博弈的前沿阵地：国际科学教育战略与发展路径研究 [J] . 中国教育学刊，2022 (10)：25–31.

[19] 杨体荣，沈敬轩，黄胤 . 美国 STEM 教育改革的主要阶段、实践路径与现实困境 [J] . 比较教育报，2023，(03)：134–148.

[20] 3M News Center–3M Stories. 3M sets new STEM Goal to Empower Underrepresented Individuals [EB/OL] . (2021–04–28) .https://news.3m.com/3M-sets-new-STEM-goal-to-empowerunderrepresented-individuals.

[21] 郭靖祎，蒋奋 . 习近平法治思想中有关教育公平的重要论述研究 [J] . 浙江大学学报 (人文社会科学版)，2022，52 (8)：19–27.

[22] 郑永和，苏洵，谢涌等 . 全面落实做好科学教育加法 构建大科学教育新格局 [J] . 人民教育，2023 (19) .

作者简介

李野，北京科学中心研发策划岗，研究方向为科学传播。

彭平，明尼苏达州米内顿卡公立学校教师，明尼苏达大学双城分校博士，研究方向为教育学。

科普场馆个性化研学课程设计与实践

——以长春中国光学科学技术馆“组合拳”式研学课程安排为例

韩莹莹　贾晓阳　姚　爽

一、场馆研学概述

（一）场馆研学概念

研学旅行是一个新型概念，一方面是“旅游+”概念下的新模式，另一方面研学又包含学习的成分，且由各地教育部门下发相关政策文件，归属于教育行业。场馆研学则是指基于科技馆、博物馆等科普场所，由学校组织学生进行相关的研学活动，是新型的馆校结合模式。[1]近几年场馆研学得到了广泛的政策支持与市场认可，充满发展的动力与活力。一方面，研学旅行作为一种新型科普形式有助于促进馆校之间的合作，在课程衔接方面得到进一步提升，打破地域限制，延伸到全国各地；另一方面，研学旅行为科技馆发展注入新鲜血液，带来更多生命力。

（二）个性化教育设计的理论基础

个性化学习是指以反映学生个性差异为基础，以促进学生个性发展为目标的学习范式。即承认并尊重每个学生的学习风格、兴趣和能力差异，鼓励学生根据自己的兴趣和目标自主选择学习内容和方式，培养学生的创新思维和解决问题的能力，鼓励其在学习中不断探索和尝试。

个性化教育设计的理论基础是多元化的，主要包括马克思的实践人学、[2]加德纳的多元智力理论[3]以及建构主义学习理论。[4]实践人学强调人类的本质是一种“自由自觉地活动”，即“改造对象世界”的物质生产劳动。为个性化教育提供了哲学基础，即教育应当关注学生的主体性，尊重其自由自觉的活动能力，促进学生的全面发展。加德纳认为每个人都具有多种智力，包括言语—语言智力、逻辑—数理智力、视觉—空间关系智力等。为个性化教育提供了心理学基础，即教育应当认识到学生的智力差异，提供多样化的学习资源和策略，以满足不同学生的需求。建构主义学习理论由瑞士心理学家皮亚杰提出，强调学习者是教学活动的中心，教师主要充当组织者、指导者和帮助者的角色。在个性化科学教育中，建构主义学习理论的应用主要体现在情景教学、协作学习和个性化指导等方面。

（三）我国场馆研学存在的问题

当前我国科普场馆的研学活动大都强调实操体验，而缺乏书面指导材料。学生对活动内容不了解，使得研学旅行大都流于形式，成为走马观花的“打卡”式旅游，偏离了研学旅行的初衷。科普教师专业程度不够，讲解词精妙绝伦，却吸引不了多少学生，学生更多的是处于似懂非懂的状态，教学过程缺少教学法支撑，达不到教学目标，更无法对教育效果进行评价。学生多、老师少，无法提供个性化服务。学生在场馆研学过程中出现探究学习水平低、缺乏教师指导等情况，使得很多学生在行为上表现出一种服从或是盲从。重视活动过程，忽略活动结束后的反馈评价，因此对活动改进缺乏建设性意见，活动质量停滞不前。在课程的内容上开发程度不够，缺乏深度和针对性。研学方案设计不用心，活动方案之间几乎没有差别，连续几年都不更新。

二、基于场馆资源的“组合拳”式课程安排

为了高效整合科普场馆的丰富资源，激活展品的教育潜力，激发科普教育工作者的热情与动力，推出“组合拳”式研学课程安排（见图 1）。这一安排聚焦于为多样化的研学团队量身定制研学方案，根据团队需求与兴趣，灵活组合各类科普活动。通过多样化的学习资源与教学策略，确保每位学生都能获得与其学习风格和目标相契合的科普体验。

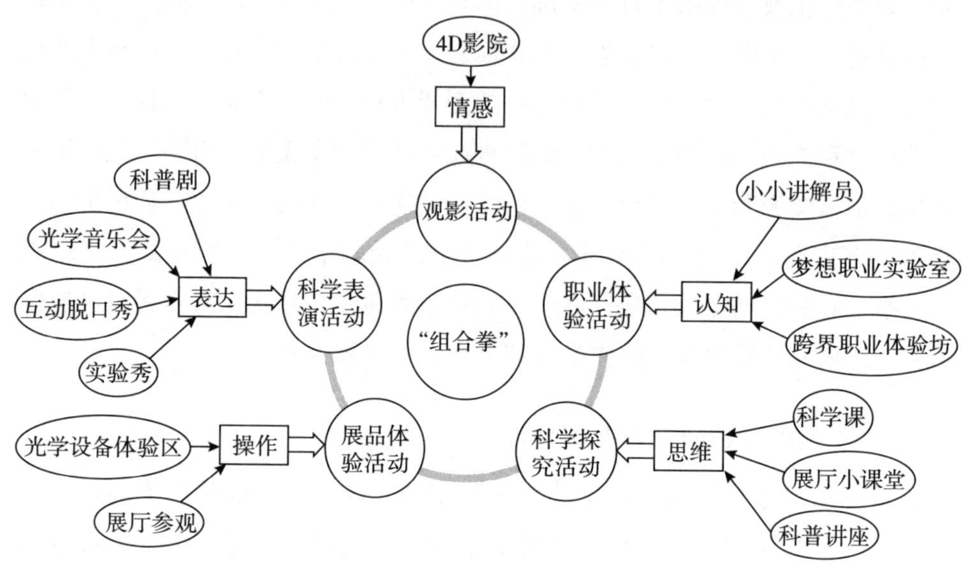

图 1 "组合拳"式研学课程安排总览

（一）科学表演活动——表达

科学表演，深度融合了教育启迪、娱乐享受与深度互动三大特性，旨在通过精心设计的舞台表演，将深奥的科学原理转化为直观可感的精彩瞬间。它不仅让抽象的科学知识变得易于理解，更以个性化的方式激发观众内心深处对科学世界的好奇与向往。该体系包含情景舞台剧、光学音乐会、实验秀和互动脱口秀等，个性化教育特征尤为凸显。

情景舞台剧。《钢铁侠的激光装备》与《新白雪公主传奇》不仅仅是传统故事的翻新，更是科学创意的璀璨绽放。前者让观众在惊叹于未来科技的同时，理解激光技术的奥秘；后者则以现代科学视角重塑经典童话，让科学与童话的梦幻结合，激发孩子们对科学探索的无限遐想。

光学乐器音乐会 OMI SHOW。"激光马林巴琴""音符像素琴""立式扬琴""贝森鼓""球鼓"和"螺旋鼓"，无论从外形结构到演奏方式都颠覆了传统乐器的概念，展示了光学传感技术的原理与应用。通过精心编排的曲目，如红歌联奏、世界名曲联奏，有的欢快清新，有的气势恢宏，再配合灯光和音响，实现了真正意义上的科技与艺术融合。观众可以亲自上台体验，动手演奏乐器。还设计了特雷蒙琴和红外激光演奏玩偶供不同年龄段小朋友互动。

实验秀。《玩转偏振光：变身魔法师》，利用偏振光的特殊性质，结合巧妙的实验设计，营造出令人惊叹的视觉效果，使观众仿佛置身于一个充满魔法和科学的世界之中。邀请观众身着魔法师斗篷演示实验效果并拍照留念，让参与者在享受视觉盛宴的同时，也能亲身体验科学的魅力。

互动求证脱口秀。《是真的吗？》每期活动推出四个网上流传的“科普”话题进行真伪判断。活动形式采用近几年脱口秀演绎方式，将互动、实验、表演、观众体验等多种形式融入其中。此外话题的求证还会与本馆展项相结合，如视力角、魔幻涂鸦、眼睛的奥秘等展项。

（二）展品体验活动——操作

在展品体验区，我们精心策划了一场围绕光学设备的沉浸式探索之旅。展品体验区不仅仅是一个展示光学设备的场所，更是一个个性化教育的实践基地。在这里，每个人都可以成为自己科学探索之旅的导演，展示自己的创意和好奇心。通过安全培训、设备介绍、操作演示、亲身体验和成果展示等环节（见图2），展现光学领域的深邃魅力，确保每一次体验都能成为连接公众与科学世界的桥梁。

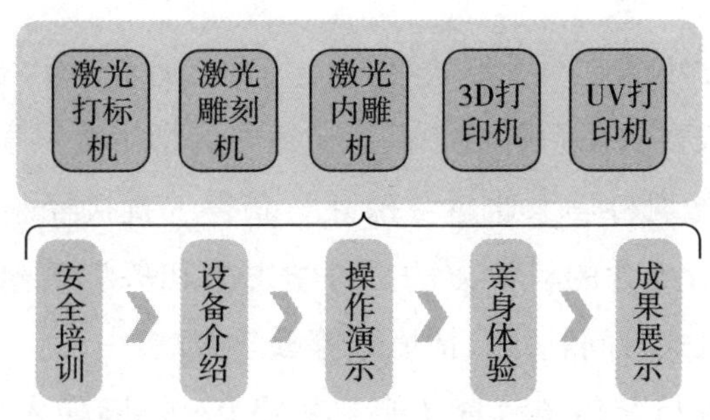

图2　光学设备体验区设备介绍及体验流程

展厅参观环节的设计意图，旨在创造一个既富有教育意义又充满吸引力的环境，使参观者能够沉浸其中，深入了解展示内容，同时享受参观过程。一般科普场馆常设展厅展品数目众多，想通过一次参观过程使公众弄懂每一个展品的原理显然不切实际，尤其对于自然科学类展品。因此，如何增强参观者的参与感、情感共鸣和认同感，是展厅参观环节设计的重点。另外，可以根据研学团队需求或者受众群体的不同，筛选与其兴趣相契合的展品进行参观，“量身定做”学习路径，提升参观的满意度和效果。

（三）科学探究活动——思维

科学探究活动精心构建了多元化的学习平台，包括科学课、展厅互动小课堂以及深度科普讲座，旨在通过阶梯式与差异化的课程设计，充分彰显个性化教育的核心理念。这一体系不仅体现在课程形式的丰富多样上，更深刻地融入了对课程内容难度的精心划分，以及对学习者高阶思维能力培养的不同层次要求。

科学课形式活泼，内容丰富，跨学科整合，实践操作性强，成本低，易于传播和推广，适合学龄前或者低年级小朋友参与。展厅小课堂（又称“展项大解密”），摆脱传统课堂三维空间的限制，将课堂搬到了展厅，科学老师面对面、手把手陪你玩展项。由于设在展厅，受众群体比较广，公众随走随听，没有束缚感。这种设计不仅增强了展项的趣味性和吸引力，而且提高了观众参观的体验感和舒适度。自我馆成为爱国主义教育基地后，将展品进行串联，开发出“中国古代光学”“人物王大珩”“光学科学家”等课程，旨在弘扬科学家精神。

科学课和展厅小课堂两种形式融合，开发出适合高年级学生的高阶科学课。该类课程不仅要聚焦学科核心概念，还要为学生提供学习情景。力求做到：立足展品，再现科学家通过“探究”获得“直接经验”的“实践”过程，体验到其背后蕴含的科学方法、科学思想和科学精神。合理运用探究式、体验式、项目式、问题式、情境式等教学方法。

科普讲座在保持其传统教育功能的基础上，不断融入新的元素和理念。例如融入故事化叙述，我馆“科学家精神”系列讲座多采用这种形式。再比如社交媒体互动，在讲座过程中或结束后，利用社交媒体平台（如微博、微信、抖音等）进行互动，鼓励听众分享学习心得、提问或参与讨论。这不仅可以扩大科普讲座的影响力，还能增强听众的参与感和归属感。还可以采取公众参与科学项目的方式进行科普讲座，这些项目允许非专业人士参与科学研究，为科学事业作出贡献，增强了公众对科学的参与感和责任感。

（四）职业体验活动——认知

目前较成熟的职业体验活动是"'小小讲解员'暑期体验营"。该活动是面向儿童（特别是小学生）的社会实践活动，旨在通过让孩子们担任科普场馆的讲解员，培养其语言表达、自信心、团队协作等能力。活动包括选拔、培训、实践、结营等环节。培训形式不限于实地讲解，还可以采用角色扮演、微宣讲等形式。奖励机制必不可少，通过设立结业证书、表彰大会等激励机制，激发孩子们的参与热情和积极性。

（五）4D影院观影活动——情感

针对研学需求，4D 影院不仅是技术展示的窗口，更是实施个性化教育的创新平台。通过精心挑选的影片内容，既确保了技术的前沿性与安全性，又兼顾了教育意义与经济效益，确保每一次观影都是一次合法合规的知识探索之旅。这种定制化的观影体验，不仅提升了孩子们的参与感和兴趣度，还促进了他们对新技术、新知识的理解和接受。尤为值得一提的是，4D 电影中的故事叙述与角色塑造，往往蕴含着深刻的情感教育与社交启示。它们以生动直观的方式，引导孩子们在情感共鸣中学会自我表达，理解并尊重他人的情感世界。

三、研学课程个性化定制

SERVQUAL 模型源于 1988 年美国学者，旨在评估"服务质量"，通过顾客感知与期望之差来衡量。[5] 该模型涵盖感知性、可靠性、回应性、保证性和移情性五大维度，现已拓展至教育行业。学者如苏州大学张远应用于博物馆体验评价，[6] 扬州科技馆王宇明则探索其在科技馆研学中的应用。[5] 基于此，本文结合 SERVQUAL 模型提出研学课程个性化定制的"三步走"实施策略（见图 3），旨在精准定位课程目标、丰富课程内容、确保实施成效。

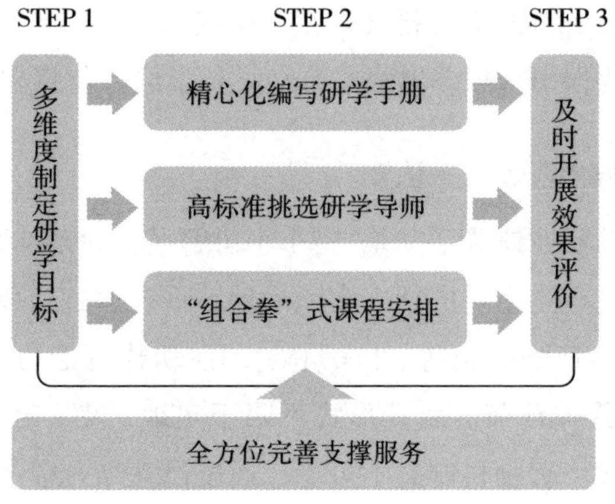

图 3　研学课程个性化定制“三步走”实施策略

（一）多维度制定研学目标

在制定研学旅行的目标时，移情性是一个至关重要的考量因素，它促使我们以平等视角理解并纳入所有参与者的情感与见解。这里主要包括学校、学生和家长。因此，制定研学目标首要步骤是深入洞察学校的发展蓝图与家庭教育的期望，确保研学目标的设定能够与用户需求精准对接。提升学生的研学能力，特别是他们在研学过程中的交流互动能力，已成为学校能力培养战略中不可或缺的一环。同时，随着家庭经济条件的普遍提升，家长们愈发重视为孩子创造更多拓宽视野、丰富阅历的机会。为了确保研学目标的可行性与实效性，我们必须紧密结合学生当前的素养水平与能力现状。这意味着目标不应脱离实际，应基于对学生知识结构和学习能力的深刻理解来量身定制。

（二）高品质构建研学课程体系

1.精心编写研学手册

研学手册实为研学活动的导航图，其科学编制是研学筹备工作中必不可少一环。一方面，作为辅助手段，能够显著提升学生的预习效果，在启程前对即将展开的活动有初步的认知，并在整个研学旅程中持续发挥指导作用。另一方面，从实体体验的价值上，给予学生可感可触的实物无疑是极其珍贵的。手册的内容应全面而细致，涵盖研学学案、研学日记记录、知识点概览及研学瞬间留念等多个方面。

2. 高标准挑选研学导师

SERVQUAL 模型中可靠性维度，要求研学课程要精心挑选研学导师。研学导师的专业性、亲和力、责任心直接决定活动的成效与质量。这就要求研学导师既要扮演父母的角色，充满爱心和引导，又要承担朋友、教师的职责，组织互动、问答，解决各种学习问题，最后作为整个活动的领队，还要在安全、健康方面给予监督。这就要求在活动启动前对导师进行系统化的培训。

3.“组合拳”式课程安排

活动课程体系对应 SERVQUAL 模型中保证性维度。正如《关于推进中小学生研学旅游的意见》所强调的，组织单位需构建一套全面而系统的研学旅行活动课程体系，这凸显了课程对于提升研学成效的关键作用。这就要求科普场馆在开发各种类型科普教育活动时，须清晰界定活动主题及目标受众，并紧密围绕学生的现有知识水平与认知结构来定制课程内容。采取“组合拳”式课程安排，能够满足全面性和系统性、灵活性和适应性的需求。

（三）及时开展效果评价

效果评价对应 SERVQUAL 模型中回应性维度。深入有效的评价能够反映研学活动的实际效果，为研学旅行的持续进步与创新提供有力支撑。活动评价有过程性评价和形成性评价。笔者主张二者兼顾。过程性评估强调在活动期间进行，通过问答、互动等形式获得直接反馈，有助于确保活动按照既定方向顺利进行，促进学生主动参与和自我反思。而结果性评价侧重于活动后，采取学习单、调查问卷等形式，综合评价和衡量学生的批判性思维能力、实践操作能力以及创新思维能力。这种评估不仅是对活动成效的检验，也是对未来研学活动设计优化的重要参考。

四、研究总结与展望

科普场馆不仅拥有丰富的科普资源和先进的教育设施，还具备开放、互动、实践等特性，为研学旅行提供了理想的平台和丰富的素材。结合科普场馆的独特优势，我们提出了基于科技馆科普资源的“组合拳”式研学课程安排，为每个参观者提供个性化研学路径。并基于 SERVQUAL 模型的五个维度，提出研学活动“三步走”个性化实施策略，旨在明确方向，高品质把控研学质量。科普场馆在研学旅行中的作用日益凸显，成为促进学生全面发展的重要力量和平台，希望本文所述能为同行学者开发个性化研学课程提供有益的参考和启示，共同探索个性化研学课程的新思路、新方法。

参考文献

[1] 周翠萍，马帅，晁晴. 以信息技术赋能，探索“双减”背景下场馆研学新样态[C]// 馆校结合助推“双减”工作：第十四届馆校结合科学教育论坛论文集. 北京：社会科学文献出版社，2022：466–474.

[2] 李雪健. 理论人学到实践人学的革命：兼作对马克思“实践生成本体论”的一个说明[J]. 哲学研究，2021（6）：45–50.

[3] 王友涵，胡中锋. 多元智力理论回顾与反思：纪念多元智力理论诞生 40 周年[J]. 全球教育展望，2024（3）：3–11.

[4] 黄娟，陈军剑，郑碧英，谢朝阳，李育超，梁馨云，张薇，杨维青. 基于建构主义学习理论的以“学生”为中心、“以赛促学”教学模式研究与实践[J]. 中国高等医学教育，2024（2）：75–90.

[5] 王宇明. 基于 SERVQUAL 模型下科技馆研学旅行活动的探索与实施路径：以扬州科技馆主题研学旅行活动为例[J]. 科学教育与博物馆，2019（6）：445–450.

[6] 张远. 综合性博物馆旅游体验质量测评体系的构建与实证研究[D]. 苏州：苏州大学，2015.

作者简介

韩莹莹，长春中国光学科学技术馆科技辅导员，科技辅导员 / 助理研究员。

贾晓阳，长春中国光学科学技术馆科技辅导员，科技辅导员 / 助理研究员。

姚爽，长春中国光学科学技术馆馆员，馆员 / 助理研究员。

科学顾问赋能馆校结合高质量协同发展

——以“中小学科学副校长”机制为例

洪在银

一、馆校结合背景

（一）关于馆校结合

馆校结合，也就是馆校合作，主要是指科普场馆（像博物馆、科技馆等）与学校为达成共同的教育目标，充分融合科普场馆的科普资源和学校的教育资源，进而开展的一种教学活动。这里的“馆”，包括博物馆、科技馆、科普教育基地、公共文化机构及场所，像天文馆、海洋馆、美术馆乃至动物园等也可归入这一范畴。“校”，则主要以学校为主，重点关注青少年这一教育主体，学校承担着直接教书育人的职能。馆校结合通过建立双方的联系，构建教育共同体，持续推动双方教育功能的深化与发挥，以此拓展和延伸各自的教育空间，促进科学教育的进一步发展。

（二）馆校合作历程

2006 年 8 月，中央文明办、教育部、中国科协联合下发了《关于开展“科技馆活动进校园”工作的通知》，旨在促进未成年人校外教育的发展，充分发挥场所教育功能，满足学校科学教育的需求，缓解区域间科普资源不平衡的状况。这一举措为科普场馆科技馆领域校外教育与学校教育构建合作伙伴关系提供了契机，也标志着馆校结合正式开启。此后，在多方部门的共同努力下，馆校结合工作不断推进。例如，2012 年中国科协青少年科技中心、中国科学技术馆、中国自然科学博物馆协会共同主办了“首届科技场馆教育项目展评”活动，有力推动了科技场馆教育活动的开发，助力馆校结合与科学教育工作的融合发展。另一方面，国家及省市教育部门也多次出台相关指导意见，进一步推动馆校结合工作迈向新的台阶。

（三）“双减”下的馆校结合

2021 年 7 月，中共中央办公厅和国务院办公厅联合印发了《关于进一步减轻义务教育阶段学生作业负担和校外培训负担的意见》（以下简称“双减”），明确提出要全面改革义务教育，减轻学生的校内作业负担与校外培训负担。“双减”政策出台后，给学校及学生的课余时间和空间更多了。

2021 年 12 月，教育部办公厅和中国科协办公厅联合印发了《关于利用科普资源助推“双减”工作的通知》旨在认真贯彻落实中共中央办公厅、国务院办公厅印发的“双减”政策，发挥科协系统资源优势，教育部、中国科协决定充分利用科普资源助推“双减”工作，有效支持学校开展课后服务，提高学生科学素质，促进学生全面健康发展。

2023 年 12 月 11 日，为深入贯彻习近平总书记关于在教育“双减”中做好科学教育加法的重要指示精神，教育部等十八部门印发《关于加强新时代中小学科学教育工作的意见》，文件要求各地充分利用科技场馆等资源建设科学教育基地，并促进形成中小学与科技场馆等的常态化合作，推动科学教育高质量发展。

因此，在国家政策引导及政府各部门的大力支持下，推动学生高效利用时间，促进科普场馆与学校科学教育深度融合，能够进一步推动馆校结合的发展进程，助力“双减”政策高质量落地实施。

二、新时代馆校结合下科学顾问机制的必要性

随着社会的进步、科技的发展以及公众教育需求的不断提升，传统的馆校合作模式已不再局限于“学校走进科技馆”或“科技馆进校园”等单一活动形式。在这些合作形式的推进过程中，如何实现馆校合作的深度融合，成

为亟待解决的问题。此时，科学顾问模式应运而生。科学顾问是指在企业或政府相关机构中担任重要角色的专家群体，他们凭借在科学、科技领域丰富的专业知识和经验，能够投入充足的时间为教育提供科学和技术指导。在馆校结合的推动下，科普场馆领域的科学顾问——包括科普教育专家、科普传播人才及科普辅导员等，能够充分发挥其专业优势，承担起科学顾问的职责，助力科普场馆实现其教育职能。这一模式不仅满足了政府对教育的需求、学校对资源的需求，也实现了科普场馆的科普功能。科学顾问机制的引入，为馆校结合的进一步发展提供了强有力的支持，发挥了重要作用。

（一）教育的深化需求

1.推进人才培养发展

从受众角度来看，科学顾问通过参与馆校合作的各种活动（如科普讲座、科学实验、科学竞赛等），一方面能够带动和提升学校专职科学教师的教学水平，提高其专业素养；另一方面，在推动学生创新人才培养方面也发挥着重要作用。科学顾问凭借丰富的专业知识和实践经验，激发学生的创新思维和实践能力，从而为培养科技创新人才提供有力支持。

2.推进科学素养提升

在科普领域，科学顾问的来源呈现出多元化的特点。他们能够有效地推进馆校合作，助力提升公众的科学素养。在与学校合作的过程中，科学顾问的工作并非仅仅局限于基础的科普讲座和科普实践。他们还能够从多个领域拓展并丰富科普形式，例如参与科普活动、撰写科普文章、制作科普视频等，进一步向公众传播科学知识，弘扬科学精神。

（二）学校的资源需求

1.科普资源的需求

科学顾问是连接科技馆与学校的重要纽带，在推动双方资源共享和优势互补方面发挥着关键作用。他们能够促进科技馆的各类科普资源（如展品、实验设备、科普课程等）与学校的教育资源（如师资力量、教学设施、学生群体等）实现有机结合，最大化地提高资源的整合与利用效率。此外，科学顾问还能在长期合作中帮助双方发掘潜在优势，推动合作内容的不断创新与丰富，为馆校合作的可持续发展提供有力支持。

2. 专业科普的需求

科普场馆中的科学顾问通常具备深厚的科普专业背景和丰富的实践经验，能够为馆校合作提供科学、专业的指导。在教育领域，科学顾问可以帮助科技馆和学校明确合作目标，特别是在科学教育方面，制定科学合理的科普合作方案和馆校共建计划。这种专业化的科普模式不仅贴合科学教育的要求，还能有效激发学生的学习兴趣和探索欲望，为科学教育的深入推进提供坚实保障。

（三）场馆的发展需求

1. 发挥场馆资源利用的最大程度

科普场馆的主要受众是青少年群体。除了在场馆内提供科普展览、策划组织科普活动及教育课程外，场馆还可以通过“走出去”或“引进来”的方式，将科普资源带入校园或吸引青少年走进科普场馆。在这一过程中，科学顾问扮演着重要角色。他们通过开展各类专业科普服务，不仅推动了场馆资源的充分利用，还进一步放大了场馆资源的社会效益。

2. 推进产教结合助力教育质量提升

科学顾问依托平台，将科普场馆打造成科普成果和科研成果转化与应用的实践基地。通过展示最新科研成果，科普场馆能够紧跟科技热点，保持内容的时效性和前沿性。同时，科学顾问还引导科普场馆与学校加强科学教育研讨与教学交流，推动相关科普领域或科研成果融入教学内容中，让学生在学习过程中接触到最前沿的科学知识和技术，从而提升科学教育的质量和效果。

三、科学顾问的机制探索——以厦门市“中小学科学副校长”机制为例

科学副校长作为科学顾问的一种身份，更侧重于在学校内部担任具体职务，能够直接参与学校的科学教育与管理工作，与学校科学教育工作存在紧密的合作关系。在馆校结合的模式中，科普场馆的科学副校长更是发挥着直接的衔接作用。

（一）“科学副校长”的实践概况

为贯彻落实习近平总书记关于在教育“双减”中做好科学教育加法的重要指示精神，“各校由校领导或聘任专家学者担任科学副校长”被写入 2023 年 5 月教育部等 18 部门联合印发的《关于加强新时代中小学科学教育工作的意见》。中小学科学教育是一项具有战略意义的工程。近年来，世界主要发达国家都高度重视中小学科学教育，纷纷将其作为培养拔尖创新人才、增强国家战略科技力量的重要举措。在此背景下，如何做好科学教育加法成为学校和教育部门面临的重大课题。一些地方开始探索引入以科学家为代表的高质量校外科学资源，以激发学生的好奇心、想象力和探索欲，努力在孩子们心中播撒科学的种子。[1]

在政策文件的指导和时代背景的推动下，各地科学副校长纷纷到岗履职。2017 年 10 月，深圳市盐田区举行首批科技教育副校长聘任仪式，聘请 16 位来自华大基因的科研骨干和顶尖专家，担任盐田区首批科技教育副校长；自 2019 年起，北京市怀柔区先后聘请 43 位来自中国科学院大学、中国科学院的教授、研究员以及高新企业的工程师担任中小学校科技副校长，实现区域中小学全覆盖。越来越多的科学家以“科学副校长”的身份走进校园。例如，安徽省合肥市包河区宣布区内所有中小学均配备科学副校长；浙江温州以“小小爱迪生”项目立项为例，招募首批百名科学副校长并开设相关课程。各地纷纷推进科学副校长的落地实践。

（二）中小学科学副校长的厦门实践

2024 年 3 月，厦门市教育局等十四部门印发《关于加强新时代中小学科学教育工作的实施意见》，出台 27 条举措，为科学教育提供有力支持。“27 条”的亮点之一是提出六个 100%，为科学教育落地奠定基础，即全市学校 100% 每年开展一次科学节活动，学生 100% 参与学校科学节活动；全市开展科学类课后服务活动的学校数占比 100%，每周参加 1 次以上科学类课后服务的学生数占比 100%；全市 100% 的学校走向社会或借助第三方力量开展科学实践活动，100% 的学校建立“一校一品”的科学教育品牌。通过多部门协同推进科学教育工作机制，实现课内课外、校内校外统筹加强科学教育。[2]

紧接着，3 月 26 日，厦门市教育局联合厦门市科技局、厦门市科学技术协会发布《关于中小学科学副校长配备及管理工作的通知》，对各区教育局、科技局，各区科协，市直属中小学就中小学科学副校长配备及管理工作进行了部署：一是围绕选聘中小学科学副校长，通过组建市、区两级中小学科学顾问专家库，学校按照“就近就地、双向择优”原则从专家库中聘任 1 名专家担任学校科学副校长，聘期三年，到期可续聘；二是明确科学副校长工作职责，包括带头弘扬科学家精神、发挥专业特长、发挥资源优势、加强沟通协调等。

截至当年 5 月初，厦门市教育局对外发布消息，已聘任科学副校长 315 名，实现中小学全覆盖；组建市、区两级中小学科学顾问专家库，汇集 490 多名科技专家，建成厦门市中小学科学教育顾问专家信息平台，每所学校设有独立账号密码，可直接联系专家进校指导。中小学科学副校长通过入校开讲座、培训教师、提供资源等形式履行职责。市教育局希望通过这一举措，将科学家们的专业特长、前沿成果、行业资源融入校园日常，为厚植基础研究人才和拔尖创新人才的培养土壤提供助力。

（三）科普场馆与馆校结合中的科学副校长

馆校结合的关键在于“结合”。场馆的科普活动凭借丰富的展品和多样化的体验方式，在教育功能、教育资源、教育经验等方面与学校存在显著差异。馆校结合开展的科学教育活动，能够在场馆和学校之间形成有效的互补，既符合校内教育规范化、系统化的特点，又具备更大的自主性、灵活性和多样性。[3]以科技馆馆校结合为例，科技馆作为校外科学教育的重要阵地，拥有丰富的科普资源，能为学生提供沉浸式的学习情境和大量的实践机会；而学校则具备系统的课程体系和专业的师资力量，能为学生提供系统的科学教育。案例中科学顾问、科学副校长的形式，对于深化馆校结合、实现科普资源的有效整合与互补，共同提升科学教育质量成效显著，其过程与经验也带来诸多启发。

1.机制建设，凝聚合力

推进科学顾问机制（即本案例中的科学副校长机制）的构建，核心部门发挥着至关重要的作用。其中，政策制定与主导部门——教育部门首当其冲，其次是科技工作者、科学顾问的资源牵头部门——科协。以这两个部门为主体推动馆校合作机制及形式，意义重大。尽管还涉及其他联合部门，但关键在于主导部门推动联合相关职能部门制定针对性政策，以此明确馆校合作的目标、原则、方式和保障措施，进而带动多方联动，凝聚各方力量支持，确保馆校合作顺利开展。

2.实施落地，协同发展

在政策支持下，下一阶段仍需主导部门继续发挥业务指导、资源整合与协调作用。例如，地方教育局、科协负责协调学校与场馆之间的资源分配，应依据科学顾问的履历，结合其科学专业特长、空间位置以及学校科学教育发展方向，进行有效沟通与协调，使双方能够充分利用各自的资源优势，实现资源共享和优势互补。

3.质量监督，长效运营

机制的落地并非仅仅依靠一纸通知文书。响应构建机制后，最重要的是成效反馈。因此，案例中主导部门在建设初期同步制定了奖励表扬机制，如厦门市“科学副校长”机制明确规定，市科协、教育、科技等部门每年联合评选一批优秀科学副校长，对工作认真、作风扎实、成效突出的科学副校长予以表扬。在馆校合作过程中，监督和评估职责得到了有效贯彻，这些合作成果的评估和反馈都值得借鉴。另一方面，在推动馆校合作创新与发展的道路上，质量监督给相关部门在保障机制长效运营方面带来了全新挑战。馆校合作在探索创新教学模式与教学方法、提升学生综合素质与创新能力等方面，仍有较大的提升空间。

四、馆校结合的思考

相比高校教授或高科技企业的专家，科技馆的科学副校长具有鲜明的特点：他们更专注于科普领域，致力于推动科学知识的普及。然而，科学副校长机制尚处于起步阶段，未来发展任重而道远。因此，如何推进场馆资源的共建共享，促进馆校合作的进一步深化，笔者认为可以从以下几个方面着手努力。

（一）科普场馆功能性深化

基于科普场馆的背景，科学副校长要为馆校合作带来更优质的科普资源，场馆自身需深化其科普功能。

一是提升科技馆展陈资源质量与吸引力。从展陈内容着手，确保场馆展览、展品兼具科学性与趣味性，在提高公众参与度的同时，激发公众的科学兴趣。

二是保持展览、展品的完好率与更新率。加强展品维护，适时淘汰并更新展品，持续保持场馆的新颖性，满足公众、学生二次及多次科普体验的需求。

三是提高科普服务教育能力。从科普工作者角度出发，注重科学副校长的能力培养，以此带动科技辅导员队伍科普综合素质的提升，真正发挥科学副校长擅长的科普教育能力，提高学生的学习效果。

四是强化科普宣传与推广。在强化科普宣传、提升科普场馆科普传播能力的过程中，有效扩大科普影响力。

（二）学校教育主动性提升

一方面，学校充分利用科普场馆的展品和设施，开展场景式、体验式学习活动，让学生在实践中学习科学知识，提高动手能力和解决问题的能力，加强馆校合作过程中学生与场馆的资源互动。另一方面，积极参与科学副校长组织的专业学习或培训，把握科学副校长提供的科普教育相关专业培训机会，提升教师的科学素养和教学能力，使其能更好地引导学生参与馆校结合活动，真正实现馆校科普教育的融合。

（三）科学顾问的协同机制构建

一是以机制促合作。科学副校长发挥沟通桥梁作用，切实推动合作关系落地，确定学校与科普场馆等校外教育机构建立长期稳定的合作关系，共同制定教育计划和活动合作方案，签订战略性合作协议。

二是以合作促共享。科普场馆提供丰富的科普资源和专业指导，学校提供学生资源和教学需求，实现双方资源共享和优势互补。

三是以共享促提升。在馆校合作过程中，采用学生评价、教师评价及家长评价等多元化评价方式，全面评估学生及科学副校长在馆校结合活动中的能力与效果。在此基础上，及时反馈活动情况和评价结果，在推进合作机制优化的过程中调整教学策略和方法，有效促进学校教育的创新性发展与提升。

参考文献

[1] 孙瑜．中小学迎来新角色：科学副校长如何答好科学教育加法题［N］．科技日报，2024 年 4 月 18 日 005 版．

[2] 佘峥．厦门这道“加法”答得很科学［N］．厦门日报，2024 年 5 月 28 日 A03 版．

[3] 李申予，刘通．基于学校课程体系的馆校结合科学课程的设计与实施案例［C］// 第十三届馆校结合科学教育论坛论文集．北京：中国科普研究所，2023：136–148.

作者简介

洪在银，厦门市科普作家协会会员，研究方向为场馆运营、科学教育及科技志愿者。